風響社 あじあブックス 別巻❷

# 中国の宗族と祖先祭祀

馮爾康
小林義廣 訳

風響社

馮爾康 著
中国古代的宗族和祠堂

## ●目次

装丁＝オーバードライブ・前田幸江

●中国の宗族と祖先祭祀

# 第一章　略論——現在から説き起す

宗族とは何だろうか。それは古い時代の事柄なのに、一体全体、どうして現在それを取り上げようとするのだろうか。確かに、宗族は長い歴史をもっているにもかかわらず、全く消え去ることなく、現在でも宗族の活動が存在している。とくに、宗族から派生した、もしくは宗族から異化したと言われる宗親会は、中国大陸・台湾・香港、そして海外の華人社会に存在しており、補注1 時として、その活動は今でも非常に活発である。かくて、宗族・祠堂・族譜の歴史を研究し検討するに際して、現実社会の些かの現象を論ずることから始めて、それを話の糸口にすることは何ら差し支えとはならないであろう。糸口であるからには、全面的系統的な論述にはならず、単なる「こぼれ話」となるにすぎない。そもそも、歴史上、前近代の宗族は、どのような地位にあったのだろうか。現在、宗族や宗親活動が存在する原因は何か。この疑問が解明されれば、前近代と現代の宗族の歴史は貫通することができよう。ここで筆者は三つの方面の事柄、もしくは三つの問題を述べようと思う。一つは現代の宗族と宗親会に関する断片的な活動状況であり、二つめは前近代の社会生活における宗族制度の重要性であり、三つめは現代人の宗族史研究である。こうした問題を取り上げる主旨は、前近代の宗族を研究する学術的意義と現実的意義を闡明《せんめい》にするためである。

一九八五年四月一九日、華人の王贛《こう》駿は、〔米国の〕同僚とともに宇宙に飛び立ったが、事前に台北の王氏宗親会は、彼に「三槐堂」と書かれた当会のペナントを携行して一緒に宇宙を遊泳するようにと求め、彼はそのとおりにした。宇宙からの帰還後、王贛駿は台北に帰ってきて、このペナントを王氏宗親会に返却した。そのとき、当会は前例を破って、彼のために正門を開けて、そのペナントを受け取り彼を歓待した。王贛駿は『我能、爾也能〔私は出来た、貴方も出来る〕』という書物の中で、「これ〔宇宙に行ったこと〕は、王氏の子孫の身として極めて面目を施した」と語った[1]。王贛駿は、華人として初めて宇宙船に乗って宇宙で科学的探求を行った人物であり、華人の面目を施したといえよう。とはいっても、彼が華人として目印にしたものは何ら特別なものではなく、宗族の旗であったのである。ここから、現代の華人の社会生活における宗親団体とその活動や、それと同時に、それらが人類の先進的科学技術と一つに結びついていることが知られる。

台北の黄氏一族の大宗祠牌坊

二〇世紀一九八〇年代、台湾で「台湾と大陸の血縁」「香火〔線香〕」と題する映画が製作されて上映された。その内容は、台湾の人びとと大陸の人びとが共に同胞であり、共通の祖先をもつ血縁関係にあることを反映していて、自分たちのルーツをたどり、先祖を探すというものであった。そもそも、台湾海峡を挟む両岸の中国人は、どちらも親族を大切にする宗親観念をもっており、それは中華民族の伝統文化の重要な構成要素であり、いつか中国統一に向かう一種の思想的土台となっているのかも知れない。

大陸でも似たような映像が撮影された。王智の脚本と演出によるテレビ・ドキュメンタリー「太原尋根〔太原にルーツを訪ねる〕」は、タイからの、王という姓氏の来訪者が山西省で見た太原王氏一族の過去と現在とを描いたものであった。「太原の王氏一族」は、歴史上で最も著名な望族〔名家〕の一つで、周の霊王の太子である喬の後裔と見なされ、その上、彼は中国中の王を姓氏とする人びとの共通の始祖とされている。映像は後漢末年の王允[補注2]（すなわち『三国志演義』で、呂布が貂蝉《ちょうせん》に戯れるという物語の、その演出者）、唐代の詩人の王維、明代の兵部尚書の王瓊《けい》など、王氏一族の栄光ある人物の歴史をたどり、そして王氏一族の先祖代々の墓と族譜とを追跡していた。さらに二〇世紀一九七〇年代末以来の、タイ・ビルマ・カナダ及び台湾と香港に在住する王氏一族が、山西にやってきて投資する状況が紹介されていた。国内外の王氏の一族の山西における活動は、内陸の省である三晋（山西）に海外と連携するルートを作らせ、そして譜牒学研究に対する山西の人びとの関心を促進させ、併せて八〇年代後期に譜牒学研究センターを創立させ、学術活動を展開させたのであった。山西の遣り方は、ある種の宗親活動が現代の社会生活と緊密に結びついていることを明確に示している。

　宗族には必ず姓氏があり、一方、姓氏は宗族が存在して初めて生み出される。とりわけ、上古と中古の時期、古い歴史を有する一族は、姓氏が一族の符号となっていたが、それが伝わっているうちに、宗族と姓氏の両者は分けることが出来なくなってしまった。正にそうした理由から、同姓でありながら、もともと面識のない両人が、互いに同姓だと判明したとき、往々、ある種の親近感をもち、冗談めかして、「我われは五〇〇年前は一家だったのだ」と口にしてしまったりする。報道によると、次のようなことがあったという。村鎮（村や町）の市場で取引していて、争いになった両者が、元来、互いが同姓であると分かると、すぐさま「我われは一人の祖先の子孫なのだ」と言って、遂には仲直りして、再び争いを起こさなくなってしまったのだという。姓氏が宗族の符号になると、それはとても神聖なものになって、それに所属する人はそれを誇りに思うようになる。そして、人びとは、いつも「大丈夫、行きて名を改めず、坐して姓を改めず（一人前の男は、行動していても休息していても、姓名を隠し変えなければならないようなことはしない。つまりいつも公明正大だ）」と述べ、姓氏を生命のように見なすのである。だから、姓名の隠蔽は、万やむを得ない事柄であった。改名改姓して、地主の家に身を寄せて、奴僕となってしまうと、人に軽蔑され、自分の一族から除名され宗族を出て行かねばならなくなる。そして、祠堂に赴いて、祖先の祭祀や一族の集会に参加することはできなくなり、名前は族譜に掲載されなかった。なぜなら、改姓は大いなる恥辱であったからである。また、一族に大罪を犯す人物が出ると、皇帝の命令によって姓氏が変えられ、一族の消滅が引き起こされてしまった。こうして、姓氏は宗族と関わっているために、一部の人にとっては、姓氏はある種の同族としての心情を抱かせ、同姓の人に対してはある種の同族感情をもってしまうということが了解されよう。

同姓は一方で同宗〔同じ一族〕なのであり、同姓同宗であることが判明すれば情感はより深まるであろう。筆者は友人から次のような話を聞いたことがある。山東省臨沂《りんぎ》県に、馬という姓の仕入れ係がいて、仕事で江蘇省にやってきたが、途中で乗ってきた車が故障して、修理する人を探していたところ、修理に関して多くの面倒に遭遇してしまった。しかし、修理人と話し込むうちに、彼は山東から当地に移住してきた人で、しかも意外にも同族の人だと判明し、そのために修理人は一生懸命にサーヴィスしてくれたという。この仕入れ係は同宗の利点を味わったために、帰郷すると一族を動員して族譜の編纂を行い、族人同士の繋がりを強めた。大体、こんなことが原因で、世の中に族譜を編集する気風が現れてきた。筆者は、一九九四年、折しも家譜を編纂中であった江西省南昌市の王先生を訪問したが、先生の話に拠ると、江西の民間では、嵐のような修譜〔族譜の編纂〕騒動は、既に過ぎ去ってしまって、多くの一族が新たに編集された族譜を出版する段階となっているということであった。また、筆者は南昌新建県や江西省西部の萍《へい》郷《きょう》市の農村で新たに編纂された多くの族譜をみかけ、編纂者とは言葉を交わし、さらに族譜を専門に印刷している人たちとも会った。そもそも、大陸の民間の修譜活動は、台湾・香港や海外の華人と密接に連繋して行われている。台湾・香港や海外の同胞は、内地にやって来て自分のルーツや先祖を訊ね歩いたり、親戚や友人を訪問したりすると同時に、本源の一族が祠堂を修繕したり、族譜を印刷したりする援助金を出資している。

修譜は、単に農村の事柄ではない。故郷の人が族譜を作る段になれば、都市で仕事をして生活している族人にも連絡をして、彼らに対しては、各人の家族の資料を提供し、資金を出して手助けするように求める。都市に住む族人は、あるいは親族としての情愛からか、あるいは郷里の族人に自分のルーツを忘れていると罵られることを恐れて、大体は家族のデータや族譜編纂の経費を提供するのである。この種の族人同士の関係以外にも、聯宗《れんそう》〔同姓同士が同族と認め合う〕という事柄もある。その場合、甲という土地に暮らす某姓の人が、乙という土地に移転した族人のところに行くのである。さもなければ、かつて移住して出て行った族人が故郷に赴き、一族を探し求めて、家譜を調査したり、当該一族の系譜を聞き出したりして、同じ先祖の子孫だと確認されれば、一緒になって修譜という事態になるのである。この類の、聯宗して族譜を繋げようとするときの連絡者は、多くの場合、自分で旅費や食事代と宿泊費を工面して、数百里や数千里の長旅をしたりするけれども、それを心から喜んで実行し、行うに値する事柄だと考えている。また、現在、一族の中に宗族活動を行う族人がいて、多少とも一族に経済条件の調っている場合には、かつては生産隊の事務所や倉庫として使用された、半世紀以前の古い祠堂の破損家屋を修理してそれを一新し、そこに祖先の位牌を置いて祭っている。あるいは学校の教室となっていたものを、再び祠堂として復活させた場合もある。[補注3]

ある宗族では、古い近隣の結社である「社火〔祭りに際して行う娯楽演芸〕」を復活させていた。社火の日を迎えると、族人からお金を徴収し、地方演劇団や映画隊を呼んで来て上演させた。族人たちも信仰する神霊を御輿《みこし》として担いで練り歩いて楽しみ、それと同時に親戚や友人を招いて、一緒に楽しい時間を過ごした。

宗族活動が盛行するに伴って、宗族同士の間で、土地境界、祖先の墓、水資源の利用などの問題をめぐって紛争が発生した。とくにそれが村落の民衆利益と結びつくと、ひいては村落同士の械闘《かいとう》〔素手でなく得物を手にしたぶつかり合い〕が引き起こされて、それには一一〇人や一〇〇〇人を上回る人が参加して、死傷者が出たりして、悪い社会的影響を招いていた。

大陸の宗親団体で、とくに一部に「宗親会」と呼ばれているものは、〔外部から〕「導入」された語句である。台湾と香港や海外の華人で宗親の活動に熱心な人は、多くの宗親会を成立させていた。前述の台北の王氏宗親会はその一例である。宗親会は祖先祭祀や、会員に対する互助と文化活動を行い、一族の子弟に対しては奨学金を支給し、物故者には弔慰金を送り、学術活動に参画することもあった。たとえば、一九八九年、香港の袁氏宗親会が出資して、香港中文大学歴史系に「明末清初華南地区の歴史人物の功績研究討論会」を主催してもらった。筆者は招待されてそれに参加して、袁氏一族の人たちが先祖の袁崇煥〔明の万暦の進士、明末に北辺防備に尽力しながら誣告されて獄死〕に思いを馳せる熱情を知り得た。また、筆者は〔台湾〕台北市外の双渓にある故宮博物院において、その向かい側の山腹に鄭氏宗親会の建造した壮麗な鄭成功の祠堂を眺望した。袁氏一族と鄭氏一族の宗親会活動からは、宗親会の力量と人びとの濃厚な親族感情とを感じさせてくれる。宗親会は、台湾、香港、大陸にのみ出現しているわけではなく、海外華人が集中する地域にも往々にして存在しており、二一世紀になっても、彼らは依然としてその活動に従事している。

この種の活動は、大半が中華の伝統的節句の期間中に行われる。その活動内容は、主に会員同士の友好を深めたり、育英や養老に対する互助をしたり、政治的な見解表明をしたりなど三つの方面である。サンフランシスコの李氏一族の敦宗総公所〔公所は会館〕は始祖の誕生日と春節を祝うために、二〇〇六年三月一一日〔陰暦二月一三日〕に連合祝賀会を催し、公所の大礼堂〔大講堂〕で祖先祭祀の儀式を挙行し、料理店で春節の連合晩餐会を開催し、そこで「祖先の遺徳を崇敬し、一族間の友誼を語り合い、一緒に春節を祝った」という[2]。同じサンフランシスコの譚氏一族の公所では、二〇〇六年三月二六日〔陰暦二月二七日〕に春季の祝賀会を開催し、祖先祭祀を行い、奨学金を授与し、盛大な宴会を開いた。そして、「譚姓の子弟が、真面目に学問に取り組み、品行に精進し、高度な学問や技術の習得に努めるように、奨学金を設けて、それを激励の補助金とし、それと同時に敬老金を設けて、高徳の老人に対する崇敬の気持ちを示した」。二〇〇八年度の奨学金は、大学に進学した者、高校・中学校・小学校で勉学していて成績が年平均三点以上の者、会員歴二年以上の家長で、中国語の学校で勉学している者が、その申請を提出できた。敬老金は、満六五歳以上で、入会歴一〇年以上で、従来から会の義務を尽くしてきた人が申請できた(3)。ボストンの至孝篤親公所は一五〇〇名の会員を擁し、二〇〇八年九月一二日、中秋の集会が行われ、それに六〇〇人が参加した。そして、各人が一〇元を寄付して奨学金とし、一二名の学生に奨学金を与えた。二〇〇九年二月七日晩には、「春季連合敬老会及び会員年次会」が開催され、陳・胡・袁の三つの姓氏（いずれも舜を共通の先祖とする）の宗親一一〇〇名が出席し、中国武術団による新年を祝う獅子舞や武術実演がなされた。そして、四名の大学生に各人一〇〇〇元の奨学金が出された。また、コンピューター部門が増設され、一〇五歳の陳梁葵には敬老金が支給された。北米の『星島日報』の二〇〇八年一〇月一日付けの新聞には、B9《ママ》版の紙面一面に「有人宇宙船神舟七号の発射成功と無事帰還」と題する全面広告を載せたが、それの署名者の中には些かの宗親会も含まれていた。つまり、全米昭倫総公所・米国馬氏宗親総会・全米遡源総堂・原宗公所・サンフランシスコ市馮翊堂・米国滞在伍胥山総公所・余風采総堂・米国朱沛国総堂・米国西部梅氏公所・葉家公所・米国至孝篤親総公所・サンフランシスコ市至孝篤親公所・陳穎川《ママ》総堂・鄧高密総公所・中山劉族福建宗親会などである。同年一〇月一〇日、北米の『世界日報』は双十節（辛亥革命の起こった一〇月一〇日を祝う）を祝う全面広告を載せたが、祝賀を寄せたものにも、些かの宗親会が含まれていた。つまり、全米黄氏宗親総会・米国李氏敦宗総公所・米国至徳三徳総公所・サンフランシスコ市至徳三徳総公所・陳穎川《ママ》総堂・米国龍岡親義公所・サンフランシスコ市龍岡親義公所・オークランド龍岡親義公所・オークランド黄氏宗親会・オークランド至孝篤親公所・林西河総堂・米国李聖頤堂・米国李鳳頤堂・梁至孝総公所・劉家公所・関家公所・張家公所・趙家公所などである。宗親会が有人宇宙船の旅立ちと、双十節とを祝ったのは、疑いもなく政治活動への参画の意味を有している。要するに、宗親会は依然として少なからざる活動を行っており、それは友誼・奨学・養老などの方面から一族の生活を手助けしようと望んでいるからである。

人びとは、どうして、現在でも、昔の人のように祠堂を建造し、家譜を編纂し、宗親組織を作るのだろうか。その原因は、

江西萍郷泉渓の劉氏一族の祠堂（1994年撮影）

きっと極めて多く、そして全ての原因を明確に説明することはとても難しいけれども、筆者の見解では、祖先の功徳に想いを馳せるという要素が重要であると考えている。祖先祭祀は、時として人びとから迷信行為とか、その種の要素があると思われているが、決して迷信的な妄動ではない。そもそも、人びとの生産や生活環境は、先祖がそれらを選別し切り開いて、当代の人がそれを継承してきた。祖先が、それらを上手に選択していれば、子孫はその利益を享受する。どうして祖先の功徳に感謝しないでいられようかというのである。たとえば、江西省萍郷《へいきょう》市彭高郷泉渓村の劉氏一族は、清朝前期の移民で、広東から湖南へと、幾つかの土地を転々として、最後に泉渓村に移ってきた。ここには、幾つかの泉水があって、一族の祖先は、その中から米篩《べいし》泉を選択し、その付近に定住した。この泉水は飲用に供され、併せて渓流を形成して、水田を灌漑できた。聞くところによると、泉水の水質は良く、住民はそれを飲用しているが、今でも癌に罹患する人はおらず、別の場所の泉水とは水質が極めて異なるという。そこで、二〇世紀初めに、族人たちは、飲み水の水源に想いを馳せ、水源に囲いを巡らし、その旁らに「思源亭」を建造し、祖先がこの良い土地を彼らに与えてくれて、子孫たちが生まれ育ち暮らしていける記念とした。現在、思源亭は壊れてしまい、既に存在しないが、水源の囲いは完璧に保存されていて、人びとがこの往事を語るとき、それを誇りとする気持ちを充分に抱いている。筆者一行は、その囲いの側で劉氏の族人たちと一緒に写真に収まり、彼らと喜びを分かち合った。見たところ、人びとの祖先の功徳に感謝する気持ちは消えることはないだろうと思われる。

近年、彼らは三つの祠堂を修繕し、族譜を続撰し、それと同時に古い族譜を翻刻し〔そのまま再製すること〕、祖先祭祀と族譜発刊を記念する大会を開催した。それには台湾の族人も駆けつけて参加して、彼らは修譜や祠堂修築と井戸の修築に出資し、その上、最も下の年代の中で、年齢が最も高い少年に奨励金を支給した。それは彼が勉学して一廉《ひとかど》の人になることを願ってであるが、実際上は一族の興隆という強い願望を表しているのである。

族譜を編纂しようとする人には、共通してある種の心理が働いている。すなわち、族人間の輩分〔世代・長幼の序〕を明確にして、族人同士の呼称や近親結婚の防止に役立てようというのである。多くの農村の住民は、今でも一族が纏まって居住する状態であるけれども、長年にわたって修譜していないので、互いの輩分関係を知らず、互いの呼称も正確ではない。過去には、子供に名前をつけるとき、宗族の統一の輩行字〔同じ輩行にある族人が使用する名前の一部の共通漢字や共通の偏〕を使っていたが、現在ではそれが分からなくなって使用されなくなっていたり、その上、宗族の中には以前の輩行字が使い尽くされて、勝手に名前を付けたりしていた。かくして、このような場合、人びとは名前を通じて自分と族人の輩分や、互いの族人としての関係を知ることができず、互いの呼称や交際に不便となっていた。そこで、改めて輩行字を定め、族人が子供に命名するときの規準とし、人倫を重視できるようにした。修譜に際しては、族人は自分の家の資料を提供し、加えて金銭を納めねばならなかったが、大多数の人たちは依然として修譜に喜んで参加し、族譜に名前が載ることを望んでいた。人びとが、このように国家の戸籍簿に名前が登記されるよりも、族譜登載を重視するのは、自族の古い族譜から先祖の歴史を理解できるので、現在、当人の名前が登載されると、後になって子孫が族譜を披閲したとき、その名前を探し出せるからである。これこそが後世に名前を残すということなのである。こうした事実から、私たちは、宗族活動に従事する人たちが、それほどに族譜の記録作用を重視していることを思い知らされる。そして、それは、歴

江西萍郷泉渓の劉氏一族の祠堂
（小学校になっていた）

史意識の強烈さと、その意識が修譜に対する促進作用となっていることを明示している。中国人の歴史重視は、古くからであり、それが文化的伝統となっている。今日、宗族活動が進展し、家譜が編纂されるのは、文化の伝承といえよう。客観的な生活の必要性からすると、伝統的文化観念が存在することによって、現代人に伝統を忘却させなくしてくれるのである。そして宗親活動に対する熱意があって、それによって初めて上述のような種々の現象が現れてきている。

ここまで書いてくると、私たちは次のようなことを考えざるを得ない。すなわち、現今の中国社会において、宗親活動は前近代の社会と同様に、人びとの社会生活の一つの内容や、一つの構成部分となっており、併せて社会的変化に対して些かの影響を与えているのだ、と。現実に宗親活動が存在しているので、それを人びとがどのように取り扱こうとしたとしても、いずれの場合もその客観的存在を無視はできない。そのため、中国の国情を認識して、近代化した中国を建設しようとすれば、この種の現象を等閑視できないのである。当然、現代の宗親活動は、前近代の宗族や祠堂から発展し、変遷してきたものであり、この種の国情を深く理解しようとするならば、宗族活動の歴史を追跡し、その発展の道筋と変化の趨勢を理解しなければならない。

現在の宗族活動は、前近代と比べれば、生活や生産に及ぶ影響は、無論、そのいずれもかなり少なくなっている。前近代社会では、宗族は宗法制度や宗法社会の祖型そのものであり、それは一種の社会組織として、非常に早くから出現し、長期にわたって続き、影響面も広範囲にわたっていた。宗族関係は人びとの最も主要な社会関係であり、宗法思想と宗法制度は、全ての社会構造と社会生活とを貫き、その社会作用の巨大さは、他の社会団体とは比べようもないものである。これに対しては、ただ若干の事例を挙げれば明瞭となるだろう。

皇帝一族の宗廟の存否は、政権の興亡を表している。私たちは北京において、天安門の西側（右側）には中山公園、東側（左側）には労働人民文化宮を目にすることができる。多少とも歴史の常識を有する人ならば、明朝と清朝の時期、

清朝の太廟（北京）

現在の中山公園は社稷壇《しゃしょくだん》であり、それは皇帝が土神を祭祀する場所であり、労働人民文化宮は、元来、そこに太廟があって、皇帝が祖先の位牌を祭る場所、つまり皇帝の宗廟の所在地であったということを知っている。社稷壇と太廟は、王朝政権が実際に存在している、その象徴であった。社稷壇は本書の主題と関係ないので、これ以上贅言する必要はない。そこで、太廟だけをみてみると、それは皇城〔宮城〕の目立つ位置に設置され、皇帝は、それを自分たちの一族政権の標識としており、そこに祖先の位牌が存在していて、そうして初めて当該一族の政権の存在が明示されるのであり、さもなければ政権を喪失してしまっているのであった。それ故に、各王朝の最後の皇帝は、常に、「宗廟、血食すること能わず〔宗廟に犠牲を捧げて祖先祭祀をできなくなった〕」という罪科を作り出したと自分を責めるのである。つまり太廟に行って祖先祭祀ができず、祖先の位牌は新王朝の皇帝の位牌に取って代わられ、元々の王朝一族の政権は崩壊してしまったと言わざるを得なかったのである。太廟は、このように新旧政権の交替を証拠立てている。また、太廟は政治と連関することも多い。たとえば老いた皇帝が亡くなると、継承者は彼に廟号〔謚号〕を贈与し、彼の位牌を太廟の中にきちんと供えてやらねばならなかった。たとえば、明朝を建国した朱元璋が亡くなった後、太祖という廟号が贈られて尊ばれたので、後世の人は彼を明の太祖と呼ぶのである。彼の子供の朱棣《てい》皇帝が亡くなると、廟号を初めは「太宗」と定めたが、後に謚号を「成祖」と改めたので、『明史』は彼の歴史を叙述するに際して、その巻の題目を「成祖紀」と記した。太廟は皇帝一族の祖先を祭る場所なので、国家に大事が起こると、いずれも必ず太廟に行って祭祀の典礼を挙行し、祝文〔祭文〕を読み上げ、祭祀事項を報告し、それを「告廟」と呼んで、天子の祖先に対する孝行を示した。正に、「死に事《つか》えること生に事えることの如し〔生者と同様に死者に仕える）」だったのである。たとえば、新皇帝の即位、皇后や皇太子の冊立や廃位、大きな戦争を行ったり終結したり（出師と凱旋）などの宣言は、いずれも告廟儀式を伴わねばならなかった。要するに、太廟は政権の象徴であるが、そのことは宗族の歴史を知らなければ、その意味を理解しがたいのではないかと思われる。民間においては、家廟・祠堂の祭祀がある。それよりも簡単なものとしては、母屋の中央部屋に「親」の位牌が置かれ祭祀された。すなわち、中央の部屋には「天地君親師（天地の神・国君・親・法師）」の位牌が供えられ、そこに祭祀される神霊の中に先祖、つまり「親」の位牌は、欠くことのできないものとして存在していた。たとえば、壮《チュアン》族のような少数民族は、家屋の中に「天地親師」の位牌が供えられ、その位牌に君主は含まれないが、祖先の位牌（親）は依然として存在していた。もし、どのような個人・家族・宗族にしても、祖先がいないとすれば、それは来歴の不明を意味し、個人・家族・宗族の根源がないということであって、社会に足場をもつことが困難となるのであった。それは、丁度、国君が太廟を失うこと、すなわち政権を喪失することと同様のことであった。

　歴代の王朝政府は、「孝」を天下統治の政策とし、宗族に対して政治に携わる便宜を提供してきた。漢代以来、各王朝は「孝廉（親孝行で潔白な人）」を推挙する政策を実施し、「孝子順孫（親孝行と従順な孫）」の中から官吏を選抜した。そして各王朝は恩蔭制度を実行して、貴族官僚の子弟に爵位や官職を獲得させた。つまり、貴族の子孫は父祖の爵位を世襲出来たが、これを「襲爵」と言った。他方、高級官僚の子弟は、父祖の職位に従って相応の官職を得られたが、それが「恩蔭」である。国のために亡くなった官員の子弟は、学校入学の機会や官職を得られたが、それを「難蔭」と言った。これと同時に、同族の子孫の出仕に際しては、上の世代の職務によっては回避せねばならぬ官職があった。たとえば、父兄が試験官となっていれば、その子弟は受験できなかったり、当該の試験官を避けた試験に参加したのである。また、父兄とその子弟は同一の役所や同一の地方に在職できなかったが、その場合、官位の低い方が官位の高い方に遠慮した。上の世代が死去すれば、官職に就いていた子孫は帰郷して服喪しなければならなかった。更に政府は累世同居共財の一族〔何世代も財産を分けずに同居している一族〕に対して「義門」という称号を与えて、その一族の賦税や徭役を減免したり、場合によっては、この一族の庶民身分の成員を高級官僚に任命したりして、当該一族の社会的地位を高め、正に他の宗族がそれを真似するようにさせた。

政府の法令中の宗親原則〔家族・宗族の重視を法律に反映させる考え〕は、宗族の族員の生活に重大な影響を及ぼした。晋朝以来、喪葬礼の五服〔五等級の服喪規定〕制度を法律に導入した。それがいわゆる「五服に准じて罪を制す」であり、宗親の範囲に属する人同士は、原告と被告の親族関係を考慮して、同じ犯罪でも処罰が異なった。つまり、同様の犯罪を犯した人であっても、五服制内の異なる地位にあることによって、違った処罰となったのであり、卑幼〔目下〕であれば重く罰せられ、尊長〔目上〕であれば減刑された。たとえば、子孫が父祖を殴打した場合、傷害を与えたか否かを問わず、いずれも極刑、つまり凌遅処死の判決が下された。補注4 他方、父祖が子孫を殴打したときは、それは躾けの権利を行使したとされて、罪には問われなかった。このように五服の関係にある親族は、法律上不平等な地位に置かれていた。法律は、「父は子の為に隠し」、「子は父の為に隠す」〔『論語』子路篇にある語句〕という原則を実行していたが、それは家の中に犯罪事件があった場合、互いに庇い合うことが可能であり、その上、子孫が父祖を告発することを許さないのであり〔大逆謀叛は除外する〕、これは現在の法律が犯人蔵匿罪に処するのとは異なっていよう。これと対応して連坐法というものもあり、家族の中に政治犯罪〔たとえば、反逆したり秘密宗教を組織したりする〕を犯す者が出た場合、家族も巻き添えとなって、同様に刑罰を受け、遂には「九族に株連す〔九族に連坐が及ぶ〕」、「満門、抄斬す〔一門が財産を没収され斬首となる〕」となって、災いが無辜の者にも至ってしまうのであった。この他、成文化されていない慣習法も、民衆の生活に影響を与えた。たとえば、田地や家屋を売りに出す場合、最初に必ず一族の人に買う意志があるかどうかを訊ねなければならず、族人に買う人がなくて初めて他姓の人に売却できたのであり、これが「売産は先ず親鄰を尽くす」ということであった。この事柄の本意は、財産を余所者の手中に移譲させないということであるが、しかしながら、これによって売買の自主権を売り主から些か失わせてしまっているのである。

民間の宗族の中には、強大な社会的勢力を保有しているものもあった。そもそも、宗族は、諸種の社会集団の中では、基本的には小団体に属し、多くの場合、十数戸・数十戸・数百戸から構成されているが、規模のかなり大きいものには、数千戸に達するものもあった。その上、宗族には特徴があって、それは一族が一つの村落や幾つかの村落に跨って集結して生活をしている場合、当該地域において社会勢力を形成し、結果として当地の情勢と社会秩序に影響を与えていたという点である。両晋南北朝時期の冀州の劉氏一族、清河の張氏一族、并州の王氏一族、濮陽の侯氏一族らの宗族は、それぞれ一万人近い族人を擁し、纏まって居住していた。すなわち、「煙火相い接し、比屋して居る〔炊事の煙が延々と続き、家屋が隣り合って住んでいる〕」という状態を形成し、強大な社会的勢力となっていて、遂には旅人を襲って強奪し、役所とも対抗関係にあったのである。[4] 清代の安徽省旌徳県では、「人煙湊集し、城郷皆な聚族して居る〔炊事の煙が集まっていて、県城もその周辺の郷村も一族が纏まって居住していた〕」、「大族の人丁は万余に至る有りて、其の次も数千を下らず、最少も亦二三百人〔大きな一族は成人だけでも一万余人もおり、それに次ぐ一族も数千人を下回らず、最も小規模な一族でも二〜三百人ほどの成人の族人がいた〕」という。[5] 旌徳県に近い績渓県の場合も、「人は皆な聚族して居り、奉先するに千年の墓有り、会祭するに万丁の祀有り、宗祏《そうせき》に百世の譜有り〔人びとは、いずれも一族が纏まって居住しており、祖先祭祀をすると、中には千年の歴史をもつ墓もあったし、祖先祭祀に一万人が集まる場合もあり、祖先の御霊屋には百世代も連ねた族譜を置いている場合もあった〕」という状況であった。[6] 祖先祭祀に一万人も集まる宗族は、その組織も巨大で、社会的影響も当然に大きかった。しかし、彼らは政府の法令を遵守し、政府の掲げる理想と一致する行動をしていた。それ故に、旌徳県では、「族は各《おのおの》に祠あり。春冬毎《ごと》に必ず合祭し、以て相い聯属す。姓は各のに譜有り。凡そ支派は必ず分裂すれば以て昭穆を序《の》ぶ。故に皆な比戸は稽うるべし。奸偽は托足する所なし〔各宗族には祠堂があって、毎年、春と冬には一族合同の祖先祭祀が行われ、それによって親族同士の繋がりが維持された。各姓氏には族譜があって、各宗族の支派が枝分かれすると、その度に親族同士の昭穆〔先祖の位牌の順番〕に順序を明確にする処置がなされた。そこで、どの家でも一族の中の世代と長幼の順が明確に分かり、そこに邪悪な連中が付け入る余地はなかった〕」であった。このように、宗族は一族の各家や各戸を、しっかりと管理したので、社会の不安定分子は活動できにくく、そのために「托足する所なし〔付け入る余地はなかった〕」であった。宗族は、自然に政府の社会治安と社会秩序とを維持する手助けをしていたのである。

ところで、民衆は祠堂や祖先の墓で倫理教育を受けねばならなかった。族人は祠堂に行って祖先を祭り、祖先の墓に行って墓参りをすると同時に、族長や尊長の訓戒を受けねばならず、彼らが講釈する皇帝の聖諭、儒教の倫理、祖先の教訓に耳を傾けねばならなかった。そうすることによって、政府や宗族の求める、分を弁《わきま》えて常態を守り抜く人間に適合できるようになった。

宗族の家譜編纂は族人の社会生活にとって一大事であった。それというのも、一族や自分自身の系譜〔血統関係〕や族望〔一族が初めて居住した土地あるいは発祥地〕が判明すれば、各人に関係した社会的地位・出仕の状況・婚姻対象として誰を選択したか・交遊対象・人間関係といったものを知ることができるからであった。文字のない時代、人びとが系譜を理解する役割は、口頭伝承によって担われ、それによって一族の歴史を保存していた。たとえば、二〇世紀以前の彝《い》族〔四川・雲南・貴州などに居住する少数民族〕の社会では、「どの一族の支派にも、共通の男性祖先から始まって、代々伝えられてきた父子が名前を重ね連ねて行く系譜が存在していた。それは彝族の言葉では〝茨〟と称していた。一族の成員は童年時代から〝茨〟の厳格な教育を受けてきた。もし、成人後になっても、当該一族の本家と分家の世系を誤りなく充分に暗誦できなければ、彼は社会と一族の蔑視を受けることとなり、甚だしい場合は〝外人〔余所者〕〟と見なされて奴隷身分に落とされた。これに反して、もし一族の本家と分家の系譜を暗誦できれば、彼はどの地域に行って、一族の如何なる見知らぬ人に出会っても、肉親と見なされて、親身な持て成しを受けた。それ故に〝一族のいる地域に行くときは携帯用食品は持つ必要はない。一門の三代を頼れば、どこでも安全に過ごせる〟という諺」があった。[7] 他方、漢族の無文字時代にも、こうした系譜を口頭で伝承する時期があった。それが「瞽矇《こもう》（瞽史）説史（盲人が歴史を語り伝える）」ということである。瞽矇は一種の官職であって、楽器演奏と歌唱を責務としていたが、歌う内容の一つに帝王や貴族の家柄と功徳があり、それを通じて人君を戒めていた。文字が出現して以後は、役所が系譜の編纂を主宰するか、あるいは民間で系譜の編纂を行うかに関わりなく、修譜は宗族にとって一貫して重要な責務であった。政府と民間からみて、いずれも修譜とその製品、つまり族譜とは、等閑視できない事柄であった。それというのも、政府の人材任用と個人の任官とにとって、譜牒が一種の証拠となっていたからである。

上述の各種の事例は、中国において、政治権力と宗族、宗族と社会、宗族と教育、宗族と族人の社会生活とは、それぞれが密接不可分な関係を持っていることを明瞭に示している。社会学者の全慰天は、「中国社会の中において、同族団体は各種制度の組み合わせの中心に位置する。経済・宗教・政治・教育などの様々な制度は、いずれも同族団体を主としており、それと一つに結びついている」と語っている。[8] このように、間違いなく、宗族制度と宗法思想とは中国の全社会生活を貫いており、したがってその彩りは中国の歴史的様相を色濃く染め上げていて、中国の歴史的変遷と過程に影響を与えている。

私たちが中国の歴史を語るとき、往々にして家と国とを一つに繋げて、「天下を家とす」とか、「家と国の政治」とか、「家と国は同じ構造」とか称している。そして、周代は、「君統（国家政権）と宗統（宗子権力）の統一」と説明されている。それは具体的な言い方をしたとき、中国史は、要するに拡大された家族の歴史であると誇張化して語る場合もある。こうした言い方が正しいか否かは、国内外の学者の研究成果を使って検討してみても構わないと思われる。アメリカの中国系学者、許烺《ろう》光の『宗族・種姓《カースト》・倶楽部』と題する一冊は、[9] 中国人、インド人、アメリカ人という異なる文化を比較しているが、カーストでインドを表わし、クラブでアメリカを表わし、そして中国人の文化を代表するのは宗族だというのである。許烺光ばかりでなく、アメリカのコンロンビア大学教授G・B・サンコン〔G. B. Sancon〕は、キリスト教に対する中国とインドの前近代文明の抵抗力を比較する中で、インドは主にカーストが抵抗力となり、中国は祖先崇拝の観念が抵抗力となったと考えている。[10] もし、私たちが、早い時期に移住した海外華人の歴史を用いて、この問題を少し立証してみるとすれば、移住した華人はキリスト教をそれほどは受け入れていないことを発見するだろう。しかも、華人たちは中国の祠堂・会館・幫会《バンフイ》〔民間の秘密結社〕を現地に移植しており、それからすると、華人の祖先信仰は明らかにキリスト教の普及に対抗できていたのである。このように見てくると、サンコンの分析と中国の歴史の実際とは合致している。中国の歴史家の陳寅恪《ちんいんかく》は、早くも、一九一九年に「中国の家族倫理道徳の制度は、もっとも早くから発達していた」と指摘した。そして、それに続けて、称謂学〔人や物の呼称をめぐる学問〕や名称学の知識を用いて中国文化と西欧文化の相違を比較し、また中国の文字中に伯・叔・妯《ちく》・娌・甥・舅などの親族呼称が極めて多く、それらは西欧文化では曖昧で区別しないと語っている。これとは反対に、西欧の化学元素の七〇～八〇種に及ぶ名称は、中国では逆にそれらに対する名称はなく、「思うに、その国で最も発達した事柄には、それの名称も完備している」というのである。[11] 学者たちは、異なる文化形態の比較の中から、中国宗族の役割と位置とを見出し、中国文化の特徴、つまり家族倫理文化を捉えている。そして、宗族組織と宗法制度が中国の歴史を構成する重要な特色であり、宗族社会という言葉を使用して中国社会を表すことができるように思われるのである。

　中国史上における宗族史の独特の位置が、国内外の学者の宗族に対する思い入れ、すなわち研究上の関心や興味を決定づけている。以下、その研究を紹介しよう。中国人学者は、既に宗族に関する数十篇の専著と、百編を数える専論を著している。その中に次のような専著がある[補注5]〔※訳者が馮爾康氏の原著の書名を、発行年代順に並べ変えた〕。

・陶希聖『婚姻与家族』〔商務印書館、一九三四年〕〔天野元之助氏の邦訳『支那に於ける婚姻及び家族史』生活社、一九三九年〕。
・高達観『中国家族社会之演変』〔正中書局、一九四四年〕。

・呂思勉『中国制度史』（「第八章　宗族」）（上海教育出版社、一九八五年）。
・毛漢光『中国中古社会史論』（台湾・聯経出版公司、一九八八年）。
・朱鳳瀚『商周家族形態研究』（天津古籍出版社、一九九〇年）。
・陳其南『家族与社会』（台湾・聯経出版公司、一九九〇年）。
・陳支平『近五〇〇年来福建的家族社会与文化』（上海三聯書店、一九九一年）（台湾・揚智文化事業股份有限公司、二〇〇四年）。
・鄭振満『明清福建家族組織与社会変遷』（湖南教育出版社、一九九二年）。
・徐揚杰『中国家族制度史』（人民出版社、一九九二年）。
・馮爾康等『中国宗族社会』（浙江人民出版社、一九九四年、これは二〇〇九年に上海人民出版社から『中国宗族史』と改題・増補されて刊行）。
・銭杭『中国家族制度新探』（香港中華書局、一九九四年）。
・常建華『宗族志』（上海人民出版社、一九九八年）。

外国の学者の関心と研究とは、古くは早い時期に中国に来訪した耶蘇会士が記した書簡にまで遡ることができ、それらは中国の宗族社会に対して、多くの描写を行っている。西洋人は、明清時代の宗族史と政治史との研究に依拠して、一〇数年前にケンブリッジ中国史の『人民共和国史：革命中国の興起（一九四九―一九六五）』（*The Cambridge History of China* vol. 14. The people's Republic, part 1 : The Emergence of Revolutionary China 1949-1965）を刊行した。その中で、それらの研究資料を使って、次のような説明を行っている。すなわち、皇帝政治下の官僚政治は全力で「家族制度と伝統的な中国社会の秩序を維持しようとしていた」[12]と。欧米学者の中国宗族の歴史に関する著作は、二〇世紀後半期になって公表されてきた。その著作は次のとおりである。[補注6]

・Denis Twitchett, "The Fan Clan's Charitable Estate, 1050-1760", David S. Nivision & Arthur F. Wright ed., *Confucianism in Action*. Stanford U. P., 1959.
・Maurice Freedman, *Chinese Lineage and Society:Fukien and Kwangtung*. London U. P., 1966.〔邦訳：石川栄吉・大林太良・米山俊直　監修『中国の宗族と社会』弘文堂、一九八七年〕。[補注7]
・Maurice Freedman ed., *Family and Kinship in Chinese Society*. Stanford U. P., 1970.
・Maurice Freedman, *The Study of Chinese Society, Essays by Maurice Freedman*. Stanford U. P., 1979.
・Hilary J. Beattie, *Land and Lineage in China:A Study of T'ung-Ch'eng County, Anhwei, in the Ming and Chi'ng Dynasties*. Cambridge U. P., 1979.

日本の学者は中国の宗族を研究対象とし、些かの専著が存在する。それは以下のとおり。[補注8]

・加藤常賢『支那古代家族制度研究』（岩波書店、一九四〇年）。
・清水盛光『支那家族の構造』（岩波書店、一九四二年）。
・牧野巽『近世中国宗族研究』（日光書院、一九四九年）〔『牧野巽著作集』第三巻、御茶の水書房、一九八〇年所収〕。
・清水盛光『中国族産制度攷』（岩波書店、一九四九年）。
・多賀秋《あき》五《ご》郎《ろう》『宗譜の研究〈資料編〉』（東洋文庫、一九六〇年）。

以上に述べてきた、中国古今の宗族の事象と国内外の研究者の紹介から、読者が次のような印象をもたれるかどうかは私には判らない。つまり、昔の人の宗族活動は、社会生活の各方面に浸透し、社会の歴史的変化と過程に影響を与えてきており、他方、今日の宗親活動も一定程度の活発性があって、忽《ゆるが》せにできない社会現象となっている。また、中国宗族の歴史的特性と重要性によって、それに対する国内外の学者の関心を呼び起こし、喜ぶべき研究成果が生み出されている、と。もし、私たちが以上に述べたような認識を共有するとすれば、自然と次のような問題が提起されるだろう。すなわち、中国の宗族組織の前途は如何なるものであり、どこに向かって発展して行くのだろうか。また、どのように発展して行けば、伝統宗族の改善となり、人びとの豊かな生活を達成させ、現代社会の前進を促進する作用を果たすのであろうか、と。筆者は、こうしたことが宗族の歴史研究と認識の主要な目的であり、また、本書を著述する目的でもあると考えている。少し具体的に言えば、次のようになる。

1. 中国の歴史上の宗族制度と宗族活動の具体的状況を説明する。
2. 前近代中国の宗族文化の積極面と消極面とを分明にする。
3. 古い事象は省略し、新しい事柄を詳述し、読者が一層に興味を抱く内容を多く紹介する。書名に「祠堂」という語句を入れたのは〔原題：『中国古代的宗族和祠堂』〕、この主旨を表すためである。

本書の目標と一致させるために、本書は次のような構成となっている。つまり、第一章は宗族の歴史の概略を行い、宗族史研究の社会的意義を説明する。第二章は宗族の発展簡史である。第三・四・五・六・七章は、宗族の歴史に関して、個別に特定の主題を掲げて論じ、最後に小結に進む。

注

（1）王贛駿『我能、爾也能』（台湾・聯経出版公司、一九八六年）七三―七五頁。
（2）北米『星島日報』二〇〇六年三月五日付け記事。〔補注：『星島日報』は一九三五年に創刊され、香港に本拠を置く繁体字の日刊紙〕。
（3）北米『星島日報』二〇〇八年一〇月一日付け記事。
（4）唐・杜佑『通典』巻三〈食貨三〉「郷党」。〔補注：馮爾康氏は、『通典』の内容を役所に対抗するまでの勢力となっていたという箇所までとしているが、原文は「煙火連接、比屋而居」までである。なお、魏晋南北朝時期に、地方の宗族が地域社会に武断している様子は、徐揚杰『中国家族制度史』（人民出版社、一九九二年）二二五―二二六頁に詳しい〕。
（5）『嘉慶旌徳県志』巻一〈疆域〉「風俗」。
（6）『乾隆績渓県志』陳錫「序」〔補注：台湾・成文出版社版・中国方志叢書の『乾隆績渓県志』は、当該の記述は三頁下段〕。
（7）『思想戦線』編集部編『西南少数民族風俗志』（中国民間文芸出版社、一九八一年）五六頁。
（8）全慰天「論〝家天下〟」（呉晗等編『皇権与紳権』天津人民出版社、一九八八年）一〇七頁。
（9）中国語訳本は、華夏出版社から一九九〇年に刊行されている。〔補注：Francis L. K. Hsu 氏を本文では許倬光と記すが、訳文は許烺光に訂正して記す。なお、この書物 *Clan, Caste, and Club*（Priceton U. P., 1963.）は、日本語訳もあり、そこでは世界文明社会の比較の対象の中に日本を入れ、さらには訳者の詳細な解説が付されている（作田啓一・浜口恵俊　共訳『比較文明社会論――クラン・カスト・クラブ・家元』培風館、一九七一年）。そして、この日本語訳の書物に対しては、重松伸司氏の詳細で的確な書評がある（『史林』五七―六、一九七四年）〕。
（10）張存武「迎接歴史比較研究時的来臨」（韓国『東方雑誌』五四～五七合併号、一九八七年）。
（11）呉学昭『呉宓与陳寅恪』（清華大学出版社、一九九二年）。
（12）謝亮生等訳『剣橋中国通史〈剣橋中華人民共和国史――革命的中国的興起〉』（中国社会科学出版社、一九九〇年）一・二頁。〔補注：*The Cambridge History of China* vol. 14. Cambridge U. P., 1987. p.1〕。

補注

（1）華人という言葉は、一般的には中国文化・習慣を受け継ぐ在外の中国系の人びとを指すが、国内に適用するとき、漢族以外の少数民族をも含めた中華人民共和国統治下の公民を意味している。ここでは国内外の中国系の人びとを総称している。詳しくは、戴國煇「中国人にとっての中原と辺境――自分史〈台湾・客家・華僑〉と関連づけて」（橋本萬太郎 編『漢民族と中国社会』山川出版社、一九八三年）を参照。
（2）『三国志演義』第八回に始まる話だが、後漢の司徒の王允は、暴虐の限りを尽くす董卓を排除するために、自分が手塩にかけた養女で絶世の美女の貂蟬を使って、董卓とその養子の呂布を仲違いさせようと計画した。

（3）一九四九年の中華人民共和国成立以来、文革期を頂点として、宗族は解体され、宗族の施設である祠堂などの建物が学校や倉庫などに転用されていった。だが、改革開放以後、とりわけ一九九〇年代以降、宗族やその施設が東南中国を中心として次第に再建されてきた。そうした歴史的経緯や宗族再建の様子は、宗族に関する多くの論著に言及されているが、ここでは瀬川昌久『中国社会の人類学――親族・家族からの展望』（世界思想社、二〇〇四年）「第五章　現代における宗族の復興」を挙げるに止める。

（4）凌遅処死については、古典的論文として、仁井田陞「凌遅処死について」（同氏著『中国法制史〈刑法〉』（東京大学出版会、一九五九年）がある。

（5）宗族に関する著書は、無論、ここに挙げられたものばかりではなく、一九九〇年代以降、極めて多くなっている。本書が出版された二〇一三年以前のものの中で、重要と思われるものを幾つか列挙しておく。羅香林『中国族譜研究』（香港中国学社、一九七一年）、葉顕恩『明清徽州農村社会与佃僕制』（安徽人民出版社、一九八三年）、銭杭・謝維揚『伝統与転型――江西泰和農村宗族形態』（上海社会科学院出版社、一九九五年）、徐揚杰『家族制度与前期封建社会』（湖北人民出版社、一九九九年）、王善軍『宋代宗族和宗族制度研究』（河北教育出版社、二〇〇〇年）、李文治・江太新『中国宗法宗族制和族田義荘』（社会科学文献出版社、二〇〇〇年）、林耀華『義序的宗族研究』（三聯書店、二〇〇〇年）、廖慶六『族譜文献学』（台湾・南天書局、二〇〇三年）、黄寛重『宋代的家族与社会』（台湾・東大図書公司、二〇〇六年）、王善軍『世家大族与遼代社会』（人民出版社、二〇〇八年）、柳立言『宋代的家庭和法律』（上海古籍出版社、二〇〇八年）、常建華『宋以後宗族的形成及地域比較』（人民出版社、二〇一三年）。

（6）欧文の宗族に関する図書は、無論、これに止まらない。その研究内容については、瀬川昌久 編訳『中国文化人類学リーディングス』（風響社、二〇〇六年）を参照して欲しいが、どうしても挙げておかねばならない幾つの著作を以下に記しておく。Lin Yueh-hwa（林耀華）, *The Golden Wing:A Sociological Study of Chinese Familism.* London, 1947. Francis L. K. Hsu（許烺光）, *Under the Ancestors'Shadow:Kinship, Personality & Social Mobility in Chiana.* Stanford U. P., 1948. Hui-chen Wang Liu（劉王瑞）, *The Traditional Chinese Clan Rules.* New York, 1959. Burton Pasternak, *Kinship & Community in Two Chinese Villages.* Stanford U. P., 1972. Hugh D. R. Baker, Chinese Family and Kinship. Columbia U. P., 1979. Patricia B. Ebrey and James L. Watson ed., *Kinship Organization in Late Imperial China:1000-1940.* California U. P. 1986. Lloyd E. Eastman, *Family, Field, and Ancestor:Constancy and Change in China's Social and Economic History, 1550-1949.* Oxford U. P., 1988.〔補注：邦訳『中国の社会』平凡社、一九九四年〕。

（7）M・フリードマンは、これに先立ち、一九五八年に *Chinese Organization in Southern China,* Athlone Press. London, 1958 を出版し、それは同氏の論文"A Chinese Phase in Social Anthropology,"*British Journal of Sociology* no. 14. 1963. とともに、『東南中国の宗族組織』（弘文堂、一九九一年）として邦訳・出版されている。

（8）日本の中国家族・宗族研究は、戦前から現在に至るまで、著者がここに挙げるものに止まらず、多くの研究が存在する。主なものを以下に掲げる。諸橋轍次『支那の家族制』（大修館書店、一九四〇年、『諸橋轍次著作集』四、大修館書店、一九七五年）、仁井田陞『支那身分法史』（東方文化学院、一九四二年）、仁井田陞『中国の農村家族』（東京大学出版会、一九五二年）、仁井田陞『中国法制史研究〈奴隷農奴法・家族村落法〉』（東京大学出版会、一九六二年）、滋賀秀三『中国家族法の原理』（創文社、一九六七年）、福武直『中国農村社会の構造』（『福武直著作集』九、東京大学出版会、一九七六年）、多賀秋五郎『中国宗譜の研究』（日本学術振興会、一九八一年）、谷田孝之『中国古代家族制度論考』（東海大学出版会、一九八九年）、瀬川昌久『中国人の村落と宗族』（弘文堂、一九九一年）、聶莉莉『劉堡――中国東北地方の宗族とその変容』（東京大学出版会、一九九二年）、山田賢『移住民の秩序――清代四川地域社会史研究』（名古屋大学出版会、一九九五年）、石田浩『中国同族村落の社会経済構造研究――福建伝統社会と同族ネットワーク』（関西大学出版部、一九九六年）、井上徹『中国の宗族と国家の礼制』（研文出版、二〇〇〇年）、吉原和男・鈴木正崇・末成道男 編『〈血縁〉の再構築――東アジアにおける父系出自と同姓結合』（風響社、二〇〇〇年）、熊遠報『清代徽州地域社会史研究』（汲古書院、二〇〇三年）、阮雲星『中国の宗族と政治文化』（創文社、二〇〇五年）、井上徹・遠藤隆俊 編『宋―明宗族の研究』（汲古書院、二〇〇五年）、小寺敦『先秦家族関係史料の新研究』（汲古書院、二〇〇八年）。また、倉橋圭子『中国伝統社会のエリートたち――文化的再生産と階級社会のダイナミズム』（風響社、二〇一一年）は、宗族の中から科挙及第者を輩出するために、文化的資本が極めて重要な役割を果たしていることを族譜を使用し、統計学の手法を用いて明らかにした意欲作である。

# 第二章　宗族の構造と変遷

前述したように、宗族は一種の社会団体であり、一つの社会組織を形成するが、それには幾つかの条件、あるいは幾つかの要素を必要としている。まず、血縁的要素である。つまり、宗族を構成する各家族の男性成員は、（どの家族の成員であっても、宗族全体の）一人の共通祖先の子孫であって、いずれも当該祖先の血を受け継いでいる。すなわち、宗族を構成する各家族は、互いが血縁関係を有していて、血縁的紐帯が彼らを一つに結びつけているのである。このために、血縁こそが宗族形成の基本的要素なのである。その次は地縁的要素である。あらゆる人間は、どこかの地域に住むものであり、その上、近代以前の人びとは流動性に乏しいので、同じ血縁関係を有する族人は一緒に住んでいる。そこで、ある村落に生活する人間は、いずれの人間も互いに血縁関係をもっている。この種の状況が、いわゆる「一族が集まって居住する（聚族而居）」ということなのである。族人が一緒に生活することは、一族の組織形成に便宜を提供する。このように、人と地域は密接不可分であり、ある一族は、ある土地と結びついて一組になっているといえる。たとえば、「太原の王氏」とは、この一族が山西省太原を祖籍とする王氏一族であると言っているのである。[補注1]ところで、血縁関係と地縁関係を有している人びと同士は、ただ宗族を組織する可能性をもつだけで、それだけでは決して団体が形成されるわけではなく、誰かが組織作りの代表者となって、人びとを集合させる必要がある。そのために、組織原則をもち、指導機関を樹立しなければならない。したがって、宗族が団体を形成するためには、第三の条件を必要とする。つまり、指導者と組織機構である。この三つの条件が揃って、宗族は成立するのである。漢代の人間は、『白虎通』の中で、「族」と「宗」との言葉を解釈して、「族」とは高祖から玄孫に至る異なる世代の人が、相互に恩愛の感情を抱いて集まる家族を言うのであり、「宗」とは尊重の意味であって、族人は祖先祭祀を主宰する人に対して敬重の気持ちを抱いて、併せて彼の一族管理を受け入れることを言うと述べている。(1) このように、『白虎通』は、「族」と「宗」とを極めて明瞭に区別している。そこで、私たちは、近代以前の人びとの認識と宗族の歴史の実際状況とを綜合して、宗族とは男系血縁関係を有するそれぞれ個別の家族が、宗法観念の規範の下で組織された社会組織であると考えている。つまり、私たちが、宗族の歴史を語るとき、この種の認識は切り離せないのであり、血縁関係、地縁関係、宗族の法規、宗族の組織構造及びその指導者を等閑視できない。

物事は全て変化しており、宗族団体も長い歴史の中で、何度も変化を生じてきたが、現代の変化が最も顕著である。ここで私たちが、叙述を展開しようとしているのは、近代以前の宗族にすぎず、そこで今日の宗親会の観念に関しては他の機会を待ちたい。

## 一　先秦時期——宗子制と典型的宗法制時代の宗族形態

歴史文献と考古資料に拠っても、太古の時期、いつ宗族が誕生し、どのような状態であったのかを説明し切れないが、殷代まで来ると、宗族に対しては大雑把な描写をすることが可能である。紀元前一七世紀から一一世紀にかけての殷代は、王権貴族専制の社会であった。甲骨文・青銅器の銘文・考古学的発掘・古典文献などが提供する資料によって、私たちは、殷代の社会には、階級や階級区別が存在し、宗族組織もあったことを知っている。

殷代の宗族には多様な類型があった。まず、王族とその代々の子孫〔子姓〕の宗族である。王族は、現在、王位にある国王とその子供や、まだ分家していない兄弟・侄《おい》たちから構成されている。ここで特に注意する必要があるのは、「王位にある国王」とは、「そのときの王」のことで、彼を中心に王族が組織され、その成員は、わずかに、そのときの王の子孫とまだ分家していない兄弟や侄たちである点である。何代か前の王の兄弟は全て王族には属さず、早くに王族から分離されて、別の類型の宗族を作り出している。これが子族である。子族は、国王の子供が分家することによって生み出されるが、老王の在位中に分かれてゆくのか、あるいは老王が亡くなってから初めて分かれるのかは、それほど明瞭になっているわけではない。両方の可能性があると思われる。ここに、また二種類の情況が付け加わる。一つは、その首領が甲骨の卜辞の中で、「子某」と称せられるものであり、それは現在の王と血縁関係が近い。別の種類の首領は「子某」と称せられず、明らかに現在の王との血縁関係はかなり遠く、王族から早い段階で分離されてきたものであるが、それは全く殷王の同姓親族である。以上の三類型が子姓の宗族である。これらの系統以外にも、沢山の異姓の宗族が存在し、それは次のように区分できる。一つは殷の王族と代々にわたって婚姻関係を結んでいる宗族で、それには有莘《しん》氏や有蘇氏などがある。二つめは殷王によって征服されたが、文化上では殷と互いに融合してしまった異姓の宗族である。このように、殷代の宗族は子姓系統と異姓系統の二大類型によって構成されている。これらの諸宗族は、一つの社会の中において共同で生活し、彼らを一つに結びつけているのは、血縁関係、姻戚関係、臣属関係、それと共通文化であり、それらによって全体構造が形作られるのであるが、その中核に位置するのは王族であった。

各種の宗族の中には、その内部構成員の組織構造の状況を窺える場合がある。西周初期、かつて「殷民六族」を周公の子供の魯公〔伯禽〕に与えた。『春秋左氏伝』定公四年〔紀元前五〇六〕の条には、〔伯禽を〕魯公に封じ、「殷の遺民六族、つまり条氏・徐氏・蕭氏・索氏・長勺《ちょうしゃく》氏・尾勺《びしゃく》氏に、それぞれ宗氏〔本家〕を率い、その分族を集め、奴隷〔類醜〕を従えさせ」たとある。[補注2]「それぞれ宗氏を率い」、「その分族を集め」とあるところからみると、殷人の宗族には、宗氏と分族の二つの階層があって、宗氏とは宗族であり、分族とは宗族の支族であって、それは宗族の支配を受けていたと思われる。そして、分族は、各族人の家族から組織され、彼らに付き従う奴隷つまり「類醜」もあった。そのため、殷人の宗族の内部構造は、宗氏――分族――族人家族及び従属民ということになる。『春秋左氏伝』が記述しているのは、西周初期の殷人の宗族の姿であったけれども、しかし、そのとき周朝は、まだ殷人の宗族の内部構造を全く変えていなかったので、したがって当時の形態は殷代の実際情況あるいはその延長であったにちがいない。

　殷代の宗族が内包する家族や人口は、それほど多いはずがない。王子が国王から初めて分離するのは、当該の王の後、二〜三代を過ぎない時期であろう。時間が経ってくると、子孫が増加し、人口も増えて、その結果、分族が発生せざるをえない。かくて、殷代の宗族は、かなり規模が小さいのに、宗族数が逆に多いということになる。『戦国策』巻一一斉策四「斉宣王見顔斶《しょく》（斉宣王が顔斶《しょく》と会見した）」には、殷の湯王の時代、「諸侯三千（が存在していた）」と述べている。諸侯とは、実際は宗族の首領を意味しており、「三千」は概数だろう。つまり「諸侯三千」とは、宗族の多さを反映し、また宗族が社会に普遍的に存在する組織であることを説明しているのである。

　殷代においては、人びとは常に族長名・族名・一族の居住地名を同じ名称で表現していた。つまり、一つの名称が、族名にも、地名にも、その上、族長名にも使用されたのである。族名と地名が一緒であることは、一族の人たちが集居していたからであり、ある土地は、ある一族が所有しており、同一の名称を用いて、一族と土地とを表すということを、当時の人たちは誰でも理解し、その上、簡単かつ容易にそれらを記憶していた。そして、族長名と族名が一致しているのは、族長と一族は一体であって、「族」とは族長のことであり、そのことは族長が宗族内における権威を有する地位を占めて、宗族の代表であることを物語っていた。族長は族人を治め、生産を組織して指導し、当該一族の経済権と武装統括権とを掌握しており、さらに重要なのは、彼は宗族祭祀の主宰者として祖先祭祀の権限をもっていたのである。

宗族は、祖先祭祀を重大で神聖な活動だと見なしており、祭祀の必要に応じて、事前に占いを行って、祖先神に対して祭祀の具体的対象、日時、場所、祭祀の方法、使用する犠牲のお伺いを立て、その意志表示の事柄を知ることができた。殷代の人たちは、宗族祭祀の場所を「宗」「亜」「室」と称していた。〔後漢・許慎の〕『説文解字』は、「宗」を「祖廟を尊ぶなり、宀に従い示に従う〔祖廟を尊重する意味であり、字体は宀と示から成り立っている〕」と解釈しており、室内つまり祖廟で祖先を祭祀していたのである。「亜」は、多少、後世の四合院〔中央の庭を囲んで、北側に正房と呼ばれる母屋、東側に廂房、西側に西廂、南側に前房あるいは倒座を配する四棟の建物で構成される住宅様式〕に似た建物であろう。そして祭祀実行者の身分によって、祭祀の形式には、御祭、歳祭、餉祭などという区別が存在した。祭祀の参加者は、子姓の一族では王が祭祀を主宰し、祭祀対象と関わる同姓の貴族を参加させた。祭祀には、牛・豚・子豚・酒などを供えた。宗族は、祭祀を通して、祖先に対して、祖先の神霊による庇護、幸運の光臨、災厄のお祓いといった願いを求めるなど、重大な事柄を祖先神に伝達しようとした。古人が、「国の大事は、祀と戎〔戦争〕とに在り」と述べているのは、[2]主に殷周時期の情況を語っているのである。戎〔戦争〕は国家と宗族にとって重要な事柄であった。宗族は自ら武装し、それを自衛と他に対する攻撃とに使用したが、それぞれの宗族の武装は、やはり殷王朝の常備軍の重要な供給源でもあった。

殷代の宗族には、すでに大宗と小宗の区別があった。専門家の研究成果によると、殷代の祭祀方法を巡っては新旧両派に分かれ、大宗と小宗に対して、両派には、それぞれ異なった祭祀方法があって、祖先の配偶者に対する祭祀にも異なった規定が存在していたという。旧派は大宗に対する祭典を「祀」礼と称し、小宗の祭典を「祭」礼と呼んでいた。『周礼《しゅらい》』の「地官・鼓人」の疏文に、「天神は祀と称し、地祇〔土地の神〕は祭と称す」とあり、人びとは天地に対して、それぞれに区別のあることを理解をしていて、祀天と祭地とは上下の区別がなされていた。とすれば、このような祀と祭との差異も、恐らく大宗と小宗に区別があったことの証明となるだろう。

全体からいうと、殷代は血縁を紐帯とする宗族が社会に普遍的に存在していて、宗族には組織機構と代表者、すなわち王と族長がいて、宗族は頻繁に祭祀活動を行い、武装し、生産を組織して、社会を支える機軸となっていた。だが、宗族が政権とどのように統合されていたのか、宗族は社会の唯一の組織であったのか、大宗と小宗の制度は厳密であったのかといった問題は、これ以上は明確にならず、周代になって事柄が明瞭になってくる。

現在の陝西省西部に興起した「姫」を姓とする周王朝は、「八百諸侯」を糾合して、殷王朝に取って代わり、鎬京《こうけい》（現在の咸陽市）に都を建設し、政治制度を制定したが、その政治制度の最も重要なものが分封制と宗法制である。周王は、血縁の親疎による分封（封建）原則を採用して、まず同姓の親族を封建し、その後に異姓を封建した。親族の諸侯には兄弟子侄《てつ》を充てた。たとえば、召・鄭・魯・晋・衛などがそうであるが、これらの親族の諸侯は都の近辺やその東方各地に分散して配置され、それによって、彼らの「王室を夾輔する（君主の近くにいて助ける）」便宜が図られた。それと同時に、殷の滅亡を手助けした異姓の功臣に対して、その報奨として諸侯に封じた。たとえば、姜姓の斉がそうである。また、歴史的に由緒ある宗族も諸侯とした。舜の子孫が陳、禹の子孫が杞に封建されたのがその例である。その上、殷王朝の子姓で周に帰順した宗族、たとえば（紂王の同母庶兄の）微子啓を宋に封建して諸侯とし、殷の遺民を籠絡しようとした。その次は、些か文化的に遅れた地域の宗族で周に帰属してきたものも、周王は諸侯とした。たとえば秦や楚がそれである。このように、周朝が分封した諸侯は、異なった宗族・政治・地域の背景を持っており、諸侯には姫姓の諸侯、異姓の功臣の諸侯、古い由緒ある一族の諸侯、元殷室の諸侯、それから後進地域の諸侯に分けられ、彼らによって諸侯の全体が構成されていた。周朝は、諸侯を封建して、彼らに土地を与え、封建された土地の民衆統治と政治は彼らによってなされ、諸侯は周王に対しては貢物を納め、王室を守り周王に従軍するために軍隊を派遣した。周王は、諸侯国の業務を直接に管理できないので、諸侯は封地では民衆を治める絶対的権力をもっていた。諸侯は、どの氏族、どの場所の宗族を代表しているかに関わりなく、いずれの諸侯国でも、その中核は諸侯の宗族であった。

周王が同姓の諸侯をどのように分封したかというと、その分封の原則は宗法制である。この制度は、大宗と小宗とに区別され、嫡長子が大宗として、父親の地位を継承し、宗子と称せられた。嫡長子以外の子供は小宗として、別に分封される。宗子は始祖以来の祖先を祭祀する祭祖権をもっており、宗子以外の子供たちは、この種の権限をもっておらず、始祖を祭ろうとすれば、宗子が主宰する宗廟に出掛けて行わねばならず、これによって「敬宗（宗族を尊ぶ）」を図ろうとしていた。大宗と小宗は祖先祭祀の権限によって区別され、異なる地位を具備するのである。また、大宗は、小宗に対して分封を行い、小宗は祖先祭祀と受封とによって大宗に服従した。かくして、全ての宗族に凝集力がもたらされた。これが「収族」と呼ばれるものである。周王が同姓諸侯を封建するとき、周王が大宗であり、諸侯が小宗となる。諸侯の嫡長子は、諸侯の爵位を受け継ぎ、嫡長子以外の子供たちは卿に封ぜられる。このようにして諸侯の宗族内に、また大宗と小宗とが析出され、諸侯の地位を受け継ぐ者が大宗であり、卿に封ぜられる者が小宗となる。卿はその封土において、また大宗と小宗の精神に基づき、小宗に当たるものを大夫に封じ、次に大夫は士を封ずる。諸侯は周王からすると、小宗であるが、自分の封土にあっては大宗である。卿、大夫、士もそれぞれ同様であって、それ故に小宗には二重性があって、それぞれの内部において大宗と小宗が区別されるのである。このように分封制と宗法制は結び付き、各段階の貴族とその宗族を分封したが、この種の情況は、春秋時代の晋国の大夫の師服が「天子が国を建て（つまり諸侯国を分封して、公室を作る）、諸侯が家（諸侯の子供たちの家族、つまり卿の家族）を立てる、卿は側室（卿の小宗すなわち大夫の家族）を置く、大夫には弐《じ》宗（大夫の分家、つまり士の家族を打ち立てる）を有し、士は隷子弟（服属する子弟の成員）を有す」と説いているとおりである。[3]

諸侯から卿・大夫・士までが周代の各級の貴族を構成しており、それぞれの宗族も、また各級の貴族宗族である。宗族の成員には貴族身分の人も、平民身分の人も存在していた。たとえば、士の宗族内部において、士の身分を継承する嫡長子は士族貴族であるが、嫡長子以外の子供は平民となる。すなわち、前述の「隷子弟」であって、それは社会上の庶人と国人である。それと同時に、貴族宗族には、農奴や奴隷のような多くの従属民が存在していた。

各級の貴族宗族の他に、周代の社会には、純粋に平民に属する宗族が存在していなかったのであろうか。これに対して、学界の見解は統一されていないが、筆者は平民宗族がいたという意見に同意する。これは、ある貴族宗族が没落した後に形成された可能性がある。たとえば、紀元前五九六年、晋国では内乱が発生し、大夫の先縠《こく》氏の宗族が亡ぼされた。その一部の族人は皂《そう》（爵位のない衛士）・隷（罪人）に降格され、幾つかの場所に分散させられたが、その集団は解散させられず、後になって連合して一緒になって、晋国の巨大な宗族を背景とする趙鞅と戦った。貴族一族としての先縠氏が没落して後に生き残った宗族は、当然、平民宗族であったに相違ない。文献の記述によると、周代の平民には、自身の祖先祭祀のための物品と儀式があったようである。たとえば、『国語』晋語上には、「庶人は焼き魚の供物がある」とあって、それは貴族が牛や羊を祭祀供物とすることと異なるが、このことから平民にも自身の宗族があった可能性を暗示してくれる。とはいえ、周代の平民宗族組織は、それほど普遍的でも発達もしていなかったであろう。

こうしてみると、宗族の構造という方面からみて、周代は、周の王族、諸侯・卿・大夫・士といった各級の貴族宗族と、それに平民宗族から組織され、その中でも王族と貴族宗族が主流であって、平民宗族は発展しておらず、その地位も低かったといえよう。したがって、周代は王族と貴族の宗族を主体とする時代だと見なせる。

先述したように、周代は分封制と宗法制が結び付き、上は周王や諸侯から下は士に至る各段階の貴族階層制が樹立されていたが、これらの貴族は、それぞれの段階の政府の首脳であり、またそれぞれの所在地の宗族の首領でもあって、一身に二重の身分を兼備していた。つまり、周王は宗子が天子を兼備して、いわば族権と君権を一身に集め、天下の共通の主人となって、宗統と君統の統一を達成していた。そのとき、封建された諸侯国は約七一あり、その中で姫姓が五五であって、諸侯の三分の二以上を占めていた。異姓の諸侯国は少なかったが、この場合、周王は、ただ君統を実現しているだけで、宗統を貫徹できなかった。とはいえ、異姓諸侯の国内では、各諸侯は君統と宗統を統合できていた。したがって、周代は少数の異姓諸侯が存在していたけれども、全体的にみると君統と宗統の統合という、その精神と制度とが貫徹し実現していたというべきであろう。宗統と君統の統一という体制は、宗族制も一種の政治制度として機能していて、分封制と完全に合致していたことを表している。まさに、宗統と君統の統一という点からすると、周代の宗族制は、本質的には宗子制であって、宗子はこの制度の核心要素であるといえよう。周代以後、大小の宗法制は基本的に実行できず、分封制は変化し、宗統と君統は分離してしまった。だが、後代の人びとは、周代の宗法制を模範とし、それを回復して、「敬宗収族」の境地に到達しようとした。そのために、周代は典型的な宗族制の時代だといえるのである。

　周王と諸侯は、宗族を専門に管理する機構と官吏とをもっていた。周王朝には、宗伯という官職があった。『尚書』〈周書〉「周官」には、「宗伯は邦礼を掌り、神人を治め、上下を和す」と記載されているように、宗伯は各種の祭祀事務を主管し、王族の祭祀は、彼の管轄範囲内で行わねばならなかった。しかし、また小宗伯というものもあって、それは「三族の別を掌り、[補注3] 以て其の親疎を辨ず」とあるように、(4) もっぱら周の王族内部の親族関係・戸口・祭祀・継承などの事務を所管していた。その他、小史は王室と諸侯の血縁関係や世代〔「輩分」〕関係を識別する役割を担っていた。『周礼』の「小史」には、「小史は邦国の志を掌り、系世を奠《さだ》め、昭穆を辨ず。若し事有れば、則ち王の忌諱を詔《つ》ぐ〔小史は諸侯国の記録を司り、諸王と諸侯の系譜を確定し、諸王や諸侯の昭穆を明確にしている。だから、祭祀があると、王に対して、王として避けねばならぬ先王の忌日と諱とを告げる〕」とあり、専門家の解釈によると、引用文中の「邦国」は諸侯国を指し、「奠」は「定」と同じ音であって、査定するの意味だと解釈されるという。また、「系」は帝王の世系であり、「世」は諸侯の氏姓の出所を記した書物〔「世本」〕のことであり、「忌」は、先代の王の命日、「諱」は、先代の王の諱を指しているとされる。小史は諸侯国の歴史記録を主管するが、その中で重要なのは帝王と諸侯の世系や両者の祖先の世代関係〔「昭穆」〕を明確にすることであって、それらは「帝系」「世本」として纏められ、先王の宗廟中で祭祀などのことがあったときに、当代の王にそれらを告げて誤謬の生じないようにしなければならなかった。小史は、中央政府の官職であり、その主要な任務は王と諸侯の世系関係を明確にすることと、併せてそれらを記録することであった。諸侯国には公室の事務を専門に取り扱う官職が設置されていた。たとえば、楚には三閭大夫という職があって、楚王の一族の昭氏・屈氏・景氏の三族を管理して、宗譜を編修し、優れた族人を表彰して、彼らが楚国のために尽力できるように鼓舞した。屈原は、この職務を担当していた。[5] 彼は、『楚辞』の「招魂」の中で、秦に行って帰国しない楚の懐王が帰って来られるようにと願って、「室家遂に宗《とうと》び、食多方なり〔一族一家の方がたは、貴方がお帰りになったので、皆、貴方をば御本家の御当主として尊敬いたしまして、御馳走のお献立は、それは種々様々でございます〕。（中略）華酌既に陳ねて、瓊漿《けいしょう》有り。故室に帰り反《かえ》れ。敬して妨ぐることなし〔見事なお銚子がもうならべられまして、赤玉色のお飲み物も出されております。帰ってもとのお部屋にお戻りなさいませ。皆、一同、尊敬いたして邪魔などするものなどおりません〕」と述べた。[補注4] その意味は、宗親たちが一堂に集まって、酒宴を整えたが、ただ懐王の帰国を待って、初めて彼に酒を勧めるということである。ここには、公室の宗族生活が反映されており、概ね屈原が宗族の職官を担っていたことと関係している。それ故にこそ、彼は、あれほど公室の事務を知悉していたのである。『周礼』には、また「族師」という職務を載せており、それは「其の族の戒令・政事を掌る」とあって、その職掌は、春秋の祭祀と、毎月の初めに族人に向かって法令を読み上げること、孝悌を実践している家の事迹を記録して、族中の各戸の人口・性別や、人口数や分家のことなどを登録することである。あるいは人びとの職業と地位とを根拠として貴賤を区分し、卿大夫の一族は「貴」とし、平民の一族は「賤」と見なした。『周礼』の成立はかなり遅く、そのために周代に族師が存在していたかどうかは断定しにくいが、それでも、ここに述べている職掌は、すでに関係する官吏の責務があった可能性を示している。

祭祀方面において、各階層の宗族は、それぞれ異なる宗廟や祭祀規則を持っていた。文献の記載によると、天子は七廟、諸侯は五廟、大夫は三廟、士は一廟をそれぞれ設置できたが、庶民は廟を建てられず、家屋の正殿〔「寝」〕で祖先を祭った。天子の七廟とは、天子の父、祖父、曾祖父、高祖、始祖ら七人の祖先の享堂〔祖先の位牌や像を安置する建物〕のことである。諸侯の五廟は、まず最初に諸侯となった祖先が祭られ、以下の四廟は、〔祭祀する人物から〕四代前の亡くなった〔始封の諸侯の〕子孫の享堂である。大夫の三廟も、最初に、初めて大夫となった祖先を祭る。[6] 宗廟中の神主は、始祖の位牌を真ん中に置き、その〔向かって〕左側に第二世代、右側が第三世代であり、第四代は第二代側、第五代は第三世代側に置き、以下、各代の安置方法は、この原則〔偶数が左、奇数が右〕に従い、左側を「昭」、右側を「穆」と称する。このような安置方法の原則が昭穆制度と称されるのである。[7] 宗廟には、祭祀される人の神主が置かれ、祭祀するときに、さらに当該の祖先の像も置く。「廟」の本来の意味は、「先祖の皃〔貌〕を尊ぶなり」とあるように、[8] 祖先の容姿を表示して、子孫の追憶や思い出に提供しようというのである。しかし、周代の人たちは、まだ肖像画の技術がなかったので、祭祀に際しては被祭祀者の幼い孫を捜し出して、神主の側に置き、それを祖像と見なしたのである。古代では、それを「尸〔かたしろ〕」と称した。[補注5]

宗廟昭穆制

祭祀に供える品物は、祭祀者と被祭祀者の身分の相違に従って厳格な区別があった。国君は、牛を殺して供物とし、大夫は羊を供物に使用し、士は豚か犬、庶民は魚を供えた。貴族宗族の祭祀供物の共通点は〔動物を殺傷して〕犠牲を使用することであり〔魚は犠牲とは見なさない〕、どの階層の人たちも、みな同じく稲・粱《りょう》〔おおつぶのアワ〕・黍〔もちキビ〕・稷《しょく》〔うるちキビ〕と肉乾〔ほしにく〕・肉醤〔ひき肉〕を使用した。[9]

祭祀には異なる類型がある。天子には、四時の祭祀があって、それは春祠・夏禴《やく》・秋嘗・

冬烝である。諸侯の祭祀は春礿《やく》・夏禘・秋嘗・冬烝である。また〔天子にも諸侯にも〕祫祭というものがあり、それは多くの先祖の合祀である。周代の祭祀は、祖先に対する周期的な祭祀である。この他、殷代の人びとと同じく告祭というものもあったが、それは事柄の重大さに対応して行われる特別な祭祀である。

宗族は文化教育を推し進め、そのため周王は辟雍などの王学を設立し、諸侯は黌宮《こうきゅう》〔あるいは頖宮《はん》・泮宮《はん》ともいう〕を設置して、貴族の子弟を入学させた。そこでは、武芸と文化知識が学ばれ、知能を高め、将来、国事と家事の管理を行えるようにしたのである。

以上の説明を通して、周代の宗族制度は、殷代に比較すると、大小宗法制度と宗法管理体制を完備しており、あらゆる貴族と一部の平民の身体とを宗族団体の中に置かせて、かなり濃密な宗族生活を過ごさせたということを容易に理解させてくれる。宗族は集まって住み、祖先を祭祀し、教育を行い、一族の歴史を編纂し、宴会・娯楽活動・軍事活動を行った。周王と各階層の貴族は宗法制を利用して、嫡子〔正妻の生んだ子供〕と庶子〔妾の生んだ子供〕との区別を明確にして、子供たちの継承問題を処理したが、それには一種の有効な手だてを講じた。つまり、嫡長子が父親を継承して大宗となり、他の子供たちは小宗となり、大宗が小宗を統率した。それは実質的に「兄を以て弟を統《す》ぶる」ということであり、この方式の中に家族制度を納めて、子供たちが衝突して騒動を生ずることを避けたのである。それと同時に、この原則を実行することによって、分封制を順調に貫徹させ、周王と各級貴族の、階層秩序と階層権力を維持させ、周朝政権の安定と社会の発展のために有益な作用をなしたのである。それ故に、宗法制が周代初期に積極的な意義をもっていたのであった。

周代の政治階層制と宗族階層制が、その内部矛盾を増大させて行くにつれて、春秋時代に入ると、一部の諸侯卿大夫が勃興してきて、下のものが上に反抗して、宗法制を破壊していった。その結果、宗法に基づく元来の社会秩序の維持が困難になってきた。たとえば、晋の文公は、なんと周の襄王を召しだして河陽〔河南省孟県〕に連れて行ったし、楚の荘王は周朝に鼎の軽重を問うて、周王の権威が地を払って失墜したことを表し、周王の宗子としての地位は役立たず、実際上は小諸侯の地位に下降したことを示したのである。諸侯国も巨大な変化を蒙り、大夫に罪があっても、諸侯はそれを無理に咎め立てしようしなかった。それらは、最早、大小宗法制が機能していないことを示していた。この種の状況下において、諸侯・卿・大夫は有能な人材を用いるために、元々、血縁関係のない人を多く起用して、以前の族人に代わって行政管理に従事させた。諸侯と卿大夫は、競って変法を実施して、時代の変化に適応し、その生存発展を図った。こうしたゴタゴタの中で、周の王室が衰微しただけでなく、諸侯の中にも卿大夫に取って代わられるものも出現した。たとえば、韓・魏・趙の三家は晋を分割し、斉の場合、田氏が姜氏に代わった等々。士の地位も上昇した。戦国時代の社会大変革中において、大小宗法制と分封制はともに深刻な破壊に遭遇し、西周の宗族構造は、二度と存在しなくなった。秦の統一に伴って、宗族制は新たな時期に入ったのである。

## 二　両漢〜隋唐時期——名族・貴族の宗族制時代

### 1　三段階の変化——両漢・魏晋南北朝・隋唐

戦国時代、大宗・小宗から成り立つ宗法制度が破壊された。その後、秦朝の皇帝は宗族制度を重視せず、皇族でさえも大切にされなかったので、たとえ血統上は帝室の成員であっても、当人が中国の統一戦争に軍功を立てなければ、皇族として尊重されなかった。皇族でさえも、このようであったから、他の宗族に至っては何の援護策もなかった。漢が秦に取って代わると、漢の高祖は、あのように急速に秦朝が滅亡した一つの重要な原因を、秦が宗室を分封せず、帝室を支える勢力がなかったことによると考えた。そこで、諸侯・王を大いに封じて、一定の範囲内で大宗・小宗を基本とする周代の宗法制度を復活しようとした。しかし、意図したとおりに事が運ばず、非常に早い時期に呉楚七国の乱が出現し、大小の宗法制度は推進されず、結局、宗法制度の一部を復活させるだけになった。漢初、功臣や外戚に恩賞を与えて、彼らを世襲貴族にしたが、それらが次第に貴族宗族を形成していった。また、漢代は官吏登用に孝廉政策を実行していたが、それは一群の宗族を育成することになった。つまり、孝廉〔親孝行で廉潔な人物〕を官僚候補生として中央に推薦するとき、本来、「孝義」の家の人材を選択すべきであるが、実際上、その制度は貴族官僚に壟断されてしまっていたからである。後漢の順帝時期、田歆は河南尹として、六人の孝廉を推挙しようとしたが、貴族や外戚が彼の下に次々と手紙を寄越して、各自の意中の人物を推挙するように要求してきた。彼は、それらを拒否もできず、致し方なく〔大部分を貴族や外戚の推挙する人にして〕、一人の人材〔「名士」〕を何とか推薦者に含めて、孝廉の政策意図にも沿うようにした。[10] かくて、孝廉推挙は上層階層の宗族の発展を促進させたのである。

民間においては、秦漢時代以降も戦国時代の貴族宗族が少し残されていた。唐・杜佑『通典《つてん》』は、秦漢時代の豪族の情況を示して、次のように語っている。〔戦国時代の〕六国の滅亡後、秦末期になると、豪族が至るところで相次いで謀反を起こした。だからこそ、漢の高祖が天下を平定して後、社会秩序を安定させるために、若干の大族を本拠地から切り離した。たとえば、もともと斉にいた田氏一族や楚の景氏一族らは全て関中に移され、それらの統制の便宜を図った、と。[11] 徙民政策は、決して古くからある豪族を消滅させようとしたのではなく、それに規制を加えようとしただけであった。事実、長期にわたって発展した宗族の中には、京劇「将相和〔将軍と宰相が力を合わせる〕」の主人公廉頗〔信平君〕の子孫のような事例もあった。[補注6] 廉頗は、元々、戦国時代の趙の貴族であったが、前漢になって、この一族はさらに強勢となり、「豪宗」と見なされるようになった。その族人の廉褒は右将軍に任ぜられ、子供の廉丹は益州牧となった。曾孫の廉范は蜀軍太守となると、田地・貨財・穀物を全て「宗親朋友」に贈った。[12] 廉頗と同時代で同国の趙奢は有名な武将で、趙王は彼に馬服君という爵位を贈ったが、その子供の趙括が軍隊を率いると、よく知られているように、秦の将軍の白起によって、四〇万の軍隊は長平坑〔山西省高平県西北〕で殺された。趙奢の子孫は、馬を姓氏とし、前漢時代に依然として大族であった。その中で、馬通は功績によって重合侯に封ぜられたが、族人に反乱を企んだ人物がいて没落した。後漢時代になると、馬援は開国の功臣になったが、「大丈夫たる者、砂漠で血みどろの戦いをして、屍を馬皮に包まれて帰還すべきだ」と豪語し、その言葉は後世の人に語り伝えられた。馬援の娘は後漢の明帝の皇后となり、子孫は繁栄し、累代の名望ある家柄となった。山西の太原は周代の晋国の所在地で、漢代になると、晋の諸侯と同族の子孫は先祖の功名を誇って、大胆な行動をして、名声が挙がり、当地に勢力を築いた。王莽の時代、太原の王覇は、王莽の帝位簒奪を理由に出仕を拒否した。そこで、後漢の光武帝は彼を召し出して官僚に就けたが、司徒の侯覇も彼を推薦して、自分の官位を譲り渡そうとした。そのとき、閻陽という別の官僚は、太原の旧家や大姓は、従来から世を欺き名声を盗み取ろうとしてきたが、王覇は、こういった種類の人間であり、彼を宰相にすべきではないと述べたので、この事は沙汰止みになった[13]。廉・馬・王らの幾つかの一族の事例は、漢代には戦国時代から継続してきた豪族宗族が存在しており、それは旧家であることを明示している。だが、漢代にも些かの宗族が興起してきていた。後漢の光武帝の雲台「二十八将」の一人、鉅鹿郡宋子県〔河北省欒城県東〕出身の耿《こう》純は、小官僚の家族の出身であったが、彼の宗族は人数が多く、当地の大姓であった。彼は、光武帝が河北を経略したとき、一族の耿訢《きん》・耿宿・耿植らとともに宗族・賓客二〇〇〇余人を率いて、光武帝に帰順して、各地を転戦した。また一族の人たちが郷里を懐かしむことを恐れて耿訢らを郷里に帰らせて自分たちの家屋を焼かせ、断固、光武帝に付き従う決心を固めた。一族の中には老人や病人もいて、彼らは従軍に向かないので、光武帝は、彼らを蒲吾県〔河北省平山県〕に住まわせるように命じ、併せて耿純の族人〔耿伋〕を蒲吾の県長に任命した。耿氏一族は功績によって四人が列侯に封ぜられ、関内侯が三人、太守クラスの官位に就いた者が九人いた[14]。このように、宗族は以前に比べると益々強大になった。後漢末、官渡の戦いで[補注7]、鉅野県〔山東省鉅野県〕出身の李典は宗族と部曲〔隷属部隊〕を率いて曹操のために軍糧を運んだ。彼らは、元々、乗氏〔山東省鉅野県〕に居住していたが、魏郡〔現在の河南省安陽市、河北省邯鄲市の間一帯〕

への移住を求めて、曹操の同意を得たところ、移住に参加した宗族・部曲は一三〇〇〇余人に上った[15]。耿純・李典型の宗族は規模も大きく、それらの宗族は漢代においては、それほど多くは見られないが、それでも強壮な宗族や巨大な一族が発達していることを明らかに示している。大雑把に言って、〔戦国時代の〕六国の戦乱を経過して以後、後漢時期になると、宗族は既に復活し、その活動も次第に回復し、多くの新しい宗族と世家大族を生み出し、貴族・官僚・平民の中には宗族活動も行っていた。そのために、両漢は宗族再建の時代だといえよう。当然、この時期の宗族は周代のそれとは性質が顕著に異なるが、それについては後述する。

両晋南北朝時代に宗族は発展したが、その発展の指標は貴族（「士族」）宗族の出現と発達であった[補注8]。貴族は、両漢の世家大族を基礎にして、魏晋の時期に形成された。私たちは、北朝・魏収の『魏書』、唐初の官修の『北史』や『南史』を読むとき、それらは他の正史とは異なるという鮮明な感覚をもつだろう。これらの正史の列伝は一人を書くとき、それと同時に、その中に当該人物の父祖・兄弟・子孫・族人も書き記され、個人の伝記が一族の伝記〔「家伝」〕になってしまっているのである。魏収のこの叙述法の発明は、当時、宗族勢力が強大化して、それが家族史という書き方となって、歴史の実際に表れてきたことを物語っている。魏晋南北朝の歴代の政府が実行した九品中正制は、貴族に出仕の権利と迅速に昇進する権利とをもたせ、さらには勢力を拡大して、官界を壟断し、中央から地方に至るまでの政治権力を掌握せしめ、併せて全国各地に散らばって、地方勢力とならしめた。北魏は、かつて宗主督護制を実施して、基層政治組織の長官と宗族の族長とを一体のものとしたが、それは実際のところ周代における君統と宗統との統合の趣きを少しばかり有していた。とはいえ、このときは、ただ県以下の基層単位に実施されたにすぎず、しかも短期間に終わってしまったが、確かにそれは宗族、とくに貴族宗族の強大化を反映していた。北魏の孝文帝は、太和一九年（四九五）に姓族詳定の政策を実施し、〔各等級の貴族に認定される〕各項目の条件を具体的に取り決めた。たとえば、三代にわたって中高級の官職に連続して就任すれば、貴族の中のどれか一つの階層に入れられた。その政策が定着すると、多くの貴族宗族が、この条件によって相応の等級に入れられたが、貴族の中には認定された等級が適切ではないと考えて再審理を要求したので、宣武帝時代に査定の命令が下されるまで、その決定が引き延ばされた。人びとが、こうしたことを重視したのは、自己の宗族の地位と待遇とに関わっていたからである。そして、北魏の姓族詳定は、かなりの程度、鮮卑族を貴族制度に組み入れるための政策であった。元来、鮮卑の社会制度は遅れていて、中原に入ってから、鮮卑族は漢人とくに上流社会の士大夫に蔑視されていた。その上、鮮卑族内部においては、各一族の間には実際上、身分差別があったけれども、それは決して法定上の区別ではなかったので、勲功著しい一族の子孫も、仕官するとき、制度上の助けがなかった。北魏政府は、この点を考慮して、建国以来、「当代に勲功が著しく、王公の地位に至ったことが明白な」一族を、漢人と同じく貴族と定め、その子孫は貴族の資格に照らして出仕し、もはや下級官吏に充当されないとした[16]。そこで、鮮卑族の中でも、穆・陸・賀・劉・楼・于・嵇《けい》・尉《うつ》の八姓の大族を全て貴族とした。漢人宗族からすると、貴族及びその中の階層等級は、本来、客観的な存在であって、政府と社会の承認を受けたものであるが、法規上はそれほど明確ではなかったので、北魏の姓族詳定は、その欠陥を埋め合わせ、法定化したものであった。もっとも、この政策の社会的価値は、ここにあったわけではないけれども、重要な点は、それが鮮卑の上層宗族を全社会の貴族宗族体系に中に組み入れ、彼らの崇高な地位を認め、それと同時に〔漢族社会に以前から存在していた〕貴族体制を強化し、それに新しい血を入れたことである。少数民族の宗族が貴族階層に入れられたことは、貴族制の発展と成長を表している[補注9]。

姓族詳定によって認定された少数民族の貴族は、歴史上は「虜姓」と総称され、東晋南北朝時期の、四種類の貴族の一つを構成していた。そして、それと同時期に北朝に存在していた漢人貴族は、「郡姓」と称された。晋室が〔永嘉の乱によって〕南渡したとき、北方の一部の貴族は南に移った。たとえば、陳郡〔河南省淮陽県〕の謝氏、琅琊〔山東臨沂県〕の王氏、泰山〔山東省泰安県〕の羊氏らである。彼らは江南に到達した後、「僑姓」と呼ばれ、南方土着の貴族の朱・張・顧・

陸らの氏姓は、「呉姓」と称された。この郡姓・虜姓・僑姓・呉姓の四姓が、東晋南北朝時代の貴族の全体を構成していた。言い換えると、この点は次のように纏められよう。その時期の貴族は、この四部分の人たちによって構成されていたが、どの部分に属する人たちであっても、それぞれの地域や各民族ごとに異なる利害を有していて、互に矛盾関係にあった。それでも全体としては共通利害を有して、一つの全体つまり貴族宗族階層を構成していたのだ、と。

貴族とは、単純に一家一戸の身分地位を指し示すものではなく、一家一戸をその中に含む一族の地位のことである。貴族制が盛行した時代、家族は宗族の中に包摂されていた。そのために、ある宗族が貴族と認定されると、その一族に属する人間や家族であってこそ、初めて貴族と称され、それに相応しい地位を取得できた。したがって、まず貴族が存在して、その後に貴族と呼ばれる家柄が存在したといえよう。当然ながら、貴族の一族が具体的に形成されていない以前の段階では、まず、三世代にわたって五品以上の官位をもつ人を輩出しつづけなければならず、こうして、その一族は貴族となる可能性をもったのである。貴族と個人とは密接不可分である。しかし、一旦、貴族になると、それが一族団体の観念となって、個人や家族のみならず、近親の家族をも包み込んでしまっていた。もし、ある一族が貴族であるならば、その一族に属する各家族の成員も等しく貴族の待遇を享受し、免役や恩蔭といった特権も、一族を単位としていたのである。

魏晋南北朝時代、貴族の宗族が強大になると、貴族は社会矛盾の焦点となった。つまり、貴族は皇帝や帝室貴戚と中央政府の支配権をめぐって争う一方、貴族は平民宗族の成員が出仕したり昇進したりする権利を抑圧して、双方の間に先鋭な闘争を作り出したからである。また、貴族は、管轄下の従属民と、深刻な階層衝突や階級衝突を繰り広げた。その中で、王朝政府の中には、些かの処置を講じて、貴族の伝統的権力を削減していった。北魏晩期と〔南朝の〕梁朝時期、孝廉と秀才を推挙する方面において、家柄の規制を緩めたり、試験方法を改変したりして、庶民宗族の人材を政府に集めようとしたが、それは正に科挙制出現の萌芽であり、専ら貴族に奉仕していた九品中正制を科挙制に転化させる事態が始まったということである。南朝政府は、時として、寒門出身の人物を任用して機密を掌管させ、貴族が政権を壟断する情況を少しばかり改変した。この時期に南朝では「侯景の乱」が発生したが、〔侯景の乱よりも二十数年ばかり前に〕北朝では「六鎮《りくちん》の乱」が起こり、多数の貴族の要人が殺害され、貴族の活力が大いに傷つけられ、貴族の衰退を加速させた。たとえば、六鎮の乱の最中、五二八年、河南郡河陰県〔河南省孟津県〕において、二〇〇〇余人の王侯や卿大夫が殺害されたが、この事件は、中央の貴族実権派に対する地方の実力派酋領の闘争であり、名門貴族に深刻な打撃を与えた。(17) 隋末の農民軍は、隋朝の官吏や貴族の子弟に遭遇すると、少しも容赦せずに殺戮を行った。こうした政治制度の多少の改変と貴族成員の大量の殺害によって、唐朝初年には、魏晋南北朝の貴族は没落してしまっており、生き残った旧貴族も、政治上・経済上において、その多くは苦境に陥っていた。彼ら生き残った貴族は、自存のために、昔日の家柄と名望を利用して、新貴族と婚姻を結び、結納金を獲得して、生計を維持させた。この現象は、当時の人に、「売婚」と呼ばれた。他方、新貴族も、社会的地位を取得するために、喜んで旧貴族との縁組みをして、自分の名声を高めようとした。たとえば、唐初開国の功臣の徐勣・魏徴・房玄齢は、そのいずれもが旧貴族と姻戚となり、一方、高宗朝の寒族出身の宰相の李義府は、旧貴族との通婚を求めたが、拒絶されてしまった。

唐朝政府は、旧貴族に打撃を与えるために、幾つかの措置を講じた。たとえば、結納の金額を決めて、旧貴族の財物取得を規制した。また、高宗は上級の貴族同士の通婚を制限し、隴西の李宝・太原の王瓊《けい》・滎《けい》陽の鄭温・范陽〔河北省涿県〕の盧子遷・清河〔河北省清河県〕の崔宗伯・博陵〔河北省深県〕の崔懿・趙郡〔河北省趙県〕の李楷ら七姓一〇家に命令を下して互いの婚姻を禁止したのである。とはいえ、この種の禁止は、かえって旧貴族の社会的地位を引き上げ、効果は限定的であった。〔それは次の話にも窺われる〕唐朝成立の二〇〇年後、文宗は公主を貴族に嫁入りさせようとしたが、それでも嫁ぎ先の家がこの婚姻を喜んでいないことを気に掛け、憤りのあまり不平を漏らして、次のように語った。「民間では婚姻を結ぶとき、現在の官品を見ないで、ただ、古くからの家柄だけを重視している。我が李家は、すでに二〇〇年も天子となっているのに、それでもまだ崔家や盧家に及びもつかないとでもいうのか！」と。[18] こうした事実は、魏晋南北朝の旧貴族は衰退したが、それと同時に、一部の貴族はそのまま残り、唐代貴族の構成要素の一つとなっていたということを明瞭に示している。[補注10]

唐代、〔皇帝たちは〕旧貴族に打撃を与えると同時に、新貴族を育成し、その地位を高めようにした。その顕著な実例は、三度にわたる官修の譜牒編纂において、新貴族を持ち上げ、旧貴族を抑えつけるとともに、貴族制は維持されたということである。太宗は、『氏族志』の編纂を命じて、唐朝の官僚を重視するという原則を定めた。それは、現今の官爵の高下のみによって、貴族の等級を決め、「昇降去取〔官位の上下とその取捨選択〕」という原則を通じて、些かの旧貴族は貴族の資格を取り消されたのであった。しかも、たとえ旧貴族が貴族内部に留まっていても、新貴族とともに、改めて新たな社会的等級に区分された。こうして、皇族〔皇帝一族〕を第一等、皇后の一族を第二等、元来の家柄を誇る崔氏を第三等とした。書物の完成後、この中にも入れなかった些かの新貴族は、高宗と則天武后に迫って、『氏族志』を廃棄させ、新たに『姓氏録』を作成させた。それは完全に現任官の品官の高下によって、貴族を九等に分け、当該の新貴族を収録したのである。また、軍功があって、五品の官位に達した人は、貴族となることができた。今回の編纂では、また次のような規定を設けた。この書物には、官僚となった本人とその子孫、兄弟を収めるだけで、それ以外の親族は収録されず、官職を有しない旧貴族の支族は、もはや著録しないというのであった。[19] 唐朝政府は、氏族譜の編纂を通して、旧貴族を斥け、新貴族を登用し、さらにはどこの貴族が名族かといった、名族の地域的分布状況を改変しようとした。元来、古くからの貴族である崔氏・盧氏・鄭氏らは、いずれも〔函谷関以東の〕関東に生活の基盤を置いていたが、旧貴族に打撃を与えるということは、東方を根拠地としていた旧貴族に危機を生じさせ、その名族として地位を壟断してきた情況が、〔函谷関以西の〕関西の貴族集団に取って代わられたことを意味していた。

唐代の貴族政策は、社会に膨大な貴族宗族集団を存在させることになった。ただし、このときの貴族は、魏晋南北朝時期のそれと大いに異なる点があった。①旧来の貴族宗族は、長期にわたって文化と家風を蓄積し、その上に、代々、官僚を輩出する必要があり、それを生み出すことは容易ではなかったが、一旦、貴族になってしまえば、その地位を長期に維持させた。しかし、唐代になると、出仕して五品以上に出世して、初めて貴族に入れられた。これは、貴族になるのも早いが、貴族でなくなるのも早いということである。そして、貴族という資格には官僚としての実質を具備させる必要があったということであり、そこから宗族が宋代官僚制の方向に容易に発展してゆくこととなった。②唐代には、従前の貴族の構成員の社会的身分は低下し、それに反して、平民や甚だしくは半賤民の家族でさえも、出仕したり、軍功を挙げさえすれば、いとも簡単に貴族宗族の隊列に入ることができたのである。このようにして、貴族の高貴性が低下していった。③貴族が政界を壟断する情況は既に改変され、その上、科挙制が出現して、貴族制に致命的な打撃を与えた。そもそも科挙合格者に貴族出身者が相当数いたのである。その事実によるかぎり、科挙の貴族制に対する影響が大きくないとは、どうして言えようか、それは不可能である。もとより、科挙合格者に貴族出身者が多いけれども、それは彼らが就学条件に恵まれており、文化の伝承もあったからである。そもそも科挙は文化・教養の有無を合格の規準としていたので、彼ら貴族が容易に及第できたのは、道理に叶っている。しかし、ここで注意しなければならないのは、科挙による出仕と、貴族の恩蔭による出仕とは意味が異なるということである。確かに、科挙による貴族子弟の出仕は、彼らが貴族出身であるという理由によるのではなく、あくまで科挙という国家試験を通して出仕の資格を取得したということであり、この点は、まさしく家柄のよくない家の子弟と同じ出仕の方途である。それ故に、科挙と貴族とは、双方とも文化を重視するという点で共通する側面をもっているものの、それでも科挙制と貴族制は、全く別の制度であり、科挙の出現こそが、まぎれもなく文化と官位に対する貴族の独占を打破したのであった。

貴族は、最終的に歴史の舞台を降り、五代以後、彼らの影も形も二度と見られなくなった。一部の貴族には後裔がいなかったわけではないが、最早、代々官僚となることなく、貴人としての地位を子孫に伝えられず、以前のような大族の地位とその社会的影響力をもたなくなっていた。ある学者は、次のように指摘している。貴族宗族とは、官職・血縁一族・政治階級が三位一体となったものであるが、そもそも科挙制は官職に対する貴族の独占権を失わせた。しかも唐代において、もともと貴族であっても、官僚を輩出した家族でなければ、貴族としての身分登記をしないという政策は、血縁一族の凝集力を減少させたのである。これが貴族の質的変化の社会的要素であった、と。この他に、戦争が貴族に与えた打撃も軽視できない。安史の乱は、中原と北方の貴族とに対して、大きな災厄に遭遇させた。この戦乱のために一部は死亡したり、あるいは一部は湖南・江西などに逃亡して、新たな土地で平民になってしまい、再び貴族になることを困難にしていた。これは、東晋が南渡して、貴族が長江を渡ったときとは、情況が甚だしく異なる。唐末の農民戦争は、一層、多数の貴族成員を消滅させた。韋荘「秦婦吟」中の「天街、公卿の骨を踏遍す〔都中の街路を行くと、至る所で亡くなった公卿の骨を踏みしめる〕」という詩句は、この種の事実を写し出している。[補注11] その上、別の方面からいうと、経済制度の変化もあって、最早、貴族はそれに適応できなかったのである。世族〔代々の名族〕と貴族とは、「そのいずれもが中国前近代社会中の宗族構造と封建経済の発展潮流とが結合した結果の産物であった」[20]。貴魏晋南北朝時代に実施された租調制・蔭客制・給客制は、貴族宗族が大量に従属民を抱え込むことを認めていた。貴族は、その荘園経済を経営し、荘園経済を自己存立の堅実な経済的基礎としていたので、長期にわたって存在できたのである。しかし、唐代の地主経営方式に変化が生じ、小作制が発展し始め、次第に貴族は経済力を喪失し、元来の状態を維持できなくなっていった。

　秦漢から隋唐に至る宗族をみると、秦漢は回復期であり、魏晋南北朝は発展期であるのに対して、隋唐の宗族は、それらに比べて相当に見劣りする。両晋南北朝時代、民族間の闘争は激烈を極め、漢族は生存を図るために、宗族組織に助けを借りざるをえなかった。しかし、少数民族は、元来の氏族団体が中原文化に出会った後になって、氏族に対して些かの改造を行い、それによって自身の勢力を発展させていた。そうすることは、同時に中原文化と足並みを揃えて、中国統治を進めることに便利であった。これこそが、北魏が姓族詳定や宗主督護制を実行した社会的原因であった。両晋南北朝時代の宗族勢力の隆盛は、宗族の歴史における一つの特徴といえよう。

## 2　宗族の諸形態とその内部構造

以上、秦漢・魏晋南北朝・隋唐時期の宗族の特徴とその発展段階を述べてきた。その上、宗族の構成状況を考察して、この時期の宗族の認識を一歩前進させようとしてきた。この時期の宗族は、構造上からみると、皇族〔皇帝一族〕・世族〔代々の名族〕・貴族・豪族・小族〔小規模の一族〕・寒族〔非名門の一族〕・義門などを包括している。

### (1) 皇族

皇族とは、帝王の一族のことであり、王朝の興亡に従って興亡し、王朝と終始を共にする。両晋南北朝時代、王朝交替が頻繁で、そのために皇族の興廃も早かった。王朝の興隆時期には、皇族はもとより高貴な身分であったが、王朝の滅亡時には、その結末は極めて悲惨であった。

この時期、皇族の管理機構は、すでに完備していた。秦代から宗正が設置されて、皇族の事務を管理していたが、蕭梁時代、この機構は宗正寺と称され、それが後世に踏襲された。その長官は、通常、二品級の官僚が充てられる高級な役所であった。その中に、宗正卿・丞・郎などの官職を設け、漢代には所属の官吏が四一名も存在して、皇族の戸口の掌管、成員の親疎・嫡庶の区分を行い、皇族の祭祀を主管していた。両晋南北朝時期、皇帝は度々、宗師・大宗師を任命して、皇帝の主宰する宗室会議に適切な助力をさせ、帝室一族内部の紛争を処理させていた。宗室の成員は貴族に封ぜられたが、漢初の諸侯王は、地方の管理と統兵権をもっていた。だが、〔前漢の景帝時代の〕呉楚七国の乱以後、この種の政治参画権は取り消され、帝室は、地位に相応しい給与〔「食封」〕を受ける貴族となった。両晋南北朝時代、帝室の一族は朝廷にあって政治を補佐するか、朝廷を出て重要な地方に駐屯するかして、その権力はかなり大きいものであった。唐代になると、封爵があっても、土地と人民は支給されず、官位と爵位の称号を与えられているにすぎず、赴任する必要はなく、富貴な閑人となってしまっていた。つまり、「実は匹夫と異ならず」という有様であった。(21) このように、両晋南北朝から隋唐に至るこの時代、皇族の発展動向は、政治参加から不参加の方向に行き、権力衰退の道をたどった。富貴という点では、決して下降しなかったが、実際の権力と地位は下がったのである。

### (2) 代々の名族と貴族

秦漢時代の、世族〔代々の名族〕は、魏晋南北朝の貴族の前身であった。貴族は特定の風貌や家風を有していて、それが民衆とは異なる身分であることを明瞭に示していた。南北朝末期の顔之推は、当時の南方貴族の装いを凝らした出で立ちを次のように語っている。つまり、香料を焚きしめた衣服を着て、顔をつるつるに剃り上げ、揺れの少ない長轅《ながえ》の馬車に乗り、底の厚い靴を履き、綾絹で縁取られた碁石文様のクッションに座り、いつも多色の糸で織られた枕に寄りかかり、周囲には各種の骨董や珍宝を並べ、家の出入りはゆったりとして、人びとは、まるで神仙の姿もかくばかりかと見ている、と。(22) この種の優雅で長閑な風格が、貴族の必須条件であった。貴族は服装・風采・風格・言葉遣い・飲食を気に掛け、そうでなければ貴族に値するとされなかった。記録によると、劉宋時代、河東郡汾陰県〔山西省万榮県〕の貴族の薛道生は、潁川郡〔河南省許昌市〕出身で秣陵《まつりょう》〔江蘇省南京市〕令であった貴族の庾淑之に鞭打たれた。そこで、堂兄〔年上の従兄弟〕の薛安都は報復しようとしたが、領軍将軍で河東郡〔山西省永済県〕の柳元景に次のように忠告されて押しとどめられた。「貴方の堂弟〔従弟〕の出で立ちと言葉遣いは、卑賤な家柄の人と同様であり、貴族の仲間に入っているけれども、その顔つきや人柄のどこに貴族が体現されているといえますか。それだからこそ、庾淑之は貴族だということを知らずに、彼を打ち据えたのです。貴方は庾淑之を咎め立てするべきではありません」[23]。かくして、貴族の風格がなかった薛道生は、むざむざと打ち据えられたが、このことから貴族の風格と貴族の身分とが一緒であり、決して軽視できなかったことが見て取れる。

貴族内部は、その等級が王朝の規定によって区分されたが、北魏は六等に分けられていた。つまり、三世代にわたって三公（一品中）を輩出すると、膏粱〔美食を食べる富貴な人〕の貴族とされ、三世代、尚書令・尚書僕射《ぼくや》（従一品）に就いた宗族は、華腴〔衣食の美しく豊かなこと〕の貴族、九卿・領軍将軍（二品上）に三世代就いた宗族は甲姓、三世代、九卿・刺史を輩出した一族は乙姓、三世代、散騎常侍・太中大夫（三品下）に就任した宗族は丙姓であった。そして、三世代、吏部正員郎（従四品上）を輩出した宗族は丁姓であった。この六種類の宗族の中、膏粱と華腴は極めて少なく、それらと甲姓・乙姓は名門貴族を構成し、丙姓は中級貴族、丁姓は下級貴族であった。

貴族は高い政治的・社会的地位を有し、その成員は官職に就く権利をもっていたが、名門貴族の子弟は、ひとたび出仕すれば直ぐに六品の官職を得られ、そして、たとえ低級の貴族であっても、起家官〔最初に就任する官職〕は九品を下ることはなかった。かくして、貴族は、官僚家族の団体とか、官僚予備軍の集団だとかいえるのである。貴族は政府に対して徭役の負担をしなくてもよく、その特権によって、佃客・衣食客〔王公貴族の私的部下や小作人〕・典計〔大家の私的使用人で、主人の所有する耕地を見回ったり小作料をとりたてたり、農園の財計に関わる仕事をした〕などのような大量の蔭戸〔政府に登録されていない戸〕を抱え、それ故に広範な経済的実力をもっていた。

### （3）豪強宗族

一部の、族人数の多い庶民の宗族は、地方上に強い影響力をもっていたが、しかし貴族と異なって、中上級の官職には就けないか、あるいは、そもそも官僚になれなかった。彼らは政府に対して徭役を負担すべき家柄であり、南朝では「役門」「次門」「三五門」〔大体、徴兵時には一家に三丁〔丁は成人男性を指す〕がいれば一人、五丁がいれば二人を出す家族〕と称された。要するに、徭役に応ずるか否かが、この種の宗族と貴族との根本的差異であった。しかし、この豪強宗族が大きくなり、地方に勢力を張れば、かえって地方の官庁と貴族の圧迫を受けた。この種の豪族中、一部は官僚となる道を歩んで、貴族となったけれども、この貴族となる過程は長期を経過して完結するのであって、貴族の隊列に入らない前は、依然として豪族であった。

（4）平民小族

平民小族は、豪族と同様に政治勢力がなく、しかも族人数が少なく、社会勢力を有していなかった。とはいえ、人びとは生存の必要から、血縁関係にある人との間に宗族団体を形成した。たとえば、東莞《とうかん》郡〔山東省莒《きょ》県〕には、鄭・趙という二つの一族の活動が見られ、両者の間には復讐事件が発生していた。もとはといえば、趙族の人が鄭族の人を殺害したところ、鄭一族はその下手人を捕え、その二日目の早朝に一族が集合して被害者の墓前で下手人を殺して復讐を遂げようと準備をしていた。しかし、当日の夜明け、趙一族側では、鄭一族の一老人を捕えたので、そこで双方が捕虜を交換し、互いの憎しみを解いたのであった。(24)

（5）義門宗族

同宗の人たちが一緒に生活し、炊事を共同で行い、財産を共有し、一つの宗族を組織すれば、それは一つの宗族家族〔宗族が一つの家族の意味〕だといえよう。その成員は相当に多いけれども、何十人だったり何百人だったりとまちまちである。そして、そこでは一族内外の人間関係は、かなり上手に処理されて、社会輿論の好評を獲得し、一部の宗族家族は政府の表彰を受け、徭役を免除されていた。たとえば、鄆《うん》州寿張県〔山東省東平県〕の張公藝の家族は、北朝時代から〔一緒に暮らし炊事を共同で行う〕同居共爨を開始し、唐初には九代目になっていた。高宗は自らその家を訪問して、張公藝に一致団結の原因を訊ねたところ、彼は百回も「忍」の字を書いて回答としたが、それは族人同士が忍従して初めて揉め事がなく平和に暮らしていることを示しており、この忍従の精神は一般の人では為し得なかったので、それを見聞した高宗は感動のあまり涙を流したという。補注12

以上、幾種かの宗族は、一緒になって宗族全体を構成していた。これらの宗族は、社会的地位の相違によって二つに大別できる。一つは、皇族と貴族であり、これらは特権宗族であり、社会の階層構造の中における特権階層に相当する。もう一つは豪強宗族・平民小族や大部分の義門宗族であり、それらは併せて寒族と称せられ、政治的特権はなく、平民の宗族であり、社会の階層構造の中では平民階層に属する。こうしたことから、宗族組織が属する階層と社会の階層構造とは対応関係にあり、一致している。しかし、社会の階層構造は複雑であって、その上、社会には準賤民と賤民という両種の階層も存在していて、この両種の階層の成員は宗族を形成する権利をもたず、特権階層あるいは一部の豪族に従属する人たちであった。

貴族の宗族が発展する情勢下において、宗族の規模は割合に大きかったが、その貴族の宗族は南北朝時期が最盛期であった。たとえば、清河の張氏一族、濮陽の侯氏一族は、一説では一万人近い成員を持っており、河東汾陰の薛氏一族は「世よ強族と為り、同姓は三千家」であった。(25) 河北郡〔河北省大名市〕の韓氏一族と馬氏一族は、それぞれ二〇〇〇余家を擁し、会稽郡余姚県〔浙江省余姚市〕の虞氏一族は一〇〇〇余家あった。こうした幾百幾千の家を抱える宗族は、その内部の血縁関係は複雑で、宗族は沢山の房に分かれ、房の下は、また支派に分かれていた。たとえば、今日でも劉姓を名乗る家は、「彭城〔郡〕〔江蘇省徐州市〕の劉氏」だと自ら誇りにしているが、その「彭城の劉氏」は、漢代の楚元王の子孫であって、南北朝時期には大きな四つの支脈に分かれていた。つまり、彭城の綏輿里・安上里・

従亭里と呂県のそれぞれの一支である。琅琊〔山東省臨沂《ぎ》県〕の王氏一族は東晋南朝と命運を共にした著名な貴族だが、その中で、丞相の王導を出した一支〔「馬糞巷房」〕は子孫が繁栄し、膏粱〔富貴で華麗な〕貴族に属していた。他方、王導の侄《おい》で、書聖の王羲之の一支〔「烏衣房」〕は家が衰退し、貴族ではあったけれども、王導の房支とはとても比べものにならなかった。王導の玄孫の王僧虔は南斉の御史中丞となったが、この種の台憲〔検察の機能をもつ御史系統〕の官職は清く貴くはなく、名族は就任を喜ばなかったので、王僧虔は、「これは烏衣房の人の官職であり、私は、一寸、味見をしたにすぎない」と言い訳をした。[26] この逸話から、烏衣房は馬糞巷房とは比べものにならないくらい衰退していたとわかる。こうした宗族における房支の区別は、宗族の強大さと内部構造の複雑さを示しており、一方では宗族の分化情況と房支の重要性とを反映している。

## 3　宗族の第一次民衆化の時代

殷周時期の宗族は貴戚・貴族の宗族であって、平民の宗族は極めて少なかったが、秦漢から隋唐時期になって、この情況は変化した。第一に、皇族の実際的地位が下がった。皇族成員の封爵はとても高かったけれども、最早、周代のような分封でなく、その変化したものとなっていた。というのも、封建された者は、基本的には封地の民事を取り扱えなくなって、ただ虚名を享受するだけであり、唐代になると宗室は匹夫と変わりなくなってしまったからである。要するに、周代の〔王室〕の姫姓成員の封建諸侯とは、同日に語れないのである。その他の宗族は、皇族に対して「素族」と一括して称せられたが、皇族の地位の低下に相反して、素族の地位は上昇したといえる。第二に、秦漢から隋唐に至る時期、君統〔君主の系統〕と宗統〔宗族の系統〕は分離し、貴族宗族が君主と敢然として拮抗するという現象は、他の時期にはない現象であった。この時期、分封制と大小宗法制が実行できなくなって、自然と君統と宗統とは切り離され、皇帝は皇族以外の宗族を規制できず、規制しようとすれば、必ず政治権力の手段に依拠して、間接的に実現せねばならなかった。それと同時に、貴族勢力が強大になったことによって、皇帝権力は貴族内部の事柄に干渉しにくくなり、貴族自身はさらに多くの自主権をもつことになった。とくに、南朝の貴族は尊重された。たとえば、南斉の武帝が寵愛して信頼していた中書舎人の紀僧真は、武人の出身であり、貴族になろうとしたが、武帝はそれに向けて自分から動こうとせず、こうした事柄をどうもできないと語り、貴族の首領の済陽〔山東省定陶県〕の江斅《こう》・陳郡〔河南省太康県〕の謝瀟と相談するように求めた。その結果、紀僧真は、江斅から貴族の仲間入りを面と向かって断られてしまったが、これは「士大夫は、故《もと》より天子の命ずる所に非ず」であることを明示している。[27]また、侯景は梁の武帝に対して琅琊の王氏や陳郡の謝氏の娘を娶りたいと要求したが、武帝は侯景に向かって、王・謝の家柄は極めて高く、とてもお前では結婚できないだろうから、江南の朱氏や張氏といった貴族よりも下の宗族から配偶者を捜すべきだと告げている。それを聞いて腹を立てた侯景は、将来、江南の貴族の娘たちを全て奴僕に支給してやると語ったという。[28]このように、貴族となることが出来るかどうかは、当該一族の歴史によって決められ、どの家柄と婚姻関係を結ぶかも貴族社会によって決定された。南斉と梁の君主は、こうした客観情勢を理解しており、貴族の権力を尊重し、それらに皇帝権力で干渉しようとはしなかった。そのことは角度を換えてみると、貴族が皇帝の命令に断固として逆らえたのは、彼らが一門の名望を維持し、強大な社会勢力をもっていたからである。第三に、平民宗族も増加したことは、その一定の力を表していた。豪族の規模が拡大し、族人が多くなると、それは平民の小姓〔勢力のない〕宗族も合わさって、多くの民衆が宗族団体の中に身を置くようになったことを明瞭に示している。つまり、平民宗族も一つの社会的力を形成したのである。たとえば、北魏の広平郡〔河北省永年県〕の李波の宗族は強大で、官軍を大いに破り、その強力な武力を見せつけていた。その一族の女子の武功も並大抵のものではなく、民衆の歌に「李波の妹、字は雍容は、裳裾を掲げて、まるで草むらを巻き上げるように馬に乗り、右に左に矢を射かければ必ず次々と中る。このような婦女子であるならば、どこに〔その結婚相手に〕相応しい男の子がいようか」と言われていた。[29]

## 三　宋元——官僚宗族制の時代

宋元時代の社会構造と官僚政治は、魏晋南北朝や隋唐時期のそれらとは極めて異なっている。宋代、貴族は消滅し、科挙制度が発展し、科挙出身者が官僚の主要な供給源となった。宋朝の皇帝は「士大夫と共に天下を治」めていた。そして、官員の家族を「官戸」と称したが、それは品官の家は田賦や徭役の免除権利を享受できるという意味である。科挙出身の官員の一部は、もともと社会階層が高い家族であったけれども、大多数は一般平民の出身であった。それだけではなく、官位を買う現象も流行していた。遼朝の金持ちは官僚になりたければ、牛と駱駝を各一〇頭か、あるいは百頭の馬を納めればそれを獲得できた。金朝は何度も詔勅を出して、糧食を寄付した富民に官職の授与を認めた。元朝の捐納《えんのう》制度〔寄付金による官位授与の制度〕は、かなり乱発気味で、どのような社会身分でも構わなかったので、たとえ職人や奴僕であっても、銭糧を納めさえすれば品官の隊列に登ることができた。このように、捐納制度は、官員の出身階層の平民化をさらに促進させた。したがって、宋元時代の官員の来源は、九品中正制の時期に比較して複雑で、社会身分は多少とも低下したであろう。また、この時期の政治闘争は、往々にして官僚内部で進行した。たとえば、北宋の新旧党争は、それ以前の時期の、貴族・皇族・官僚間で進行していたのとは異なっている。宋元時代の社会は、官僚が主宰する社会だというべきだが、その官僚は幾つもの社会階層を背景にしており、しかも民衆化の方向に向かっていて、社会の上層に壟断されてはいなかった。まさに、この種の官僚制度が、宋元の宗族組織と宗族活動に巨大な影響を与え、併せてそれらが官僚階層に色濃な痕跡を刻みつけ、官僚宗族を宗族の主体とさせたのである。

宋代の官僚は、宗族を組織し、一族の活動を展開することに対して、一定の関心を示している。『宋史』を繙くと、多くの官僚が宗族活動を提唱し主宰する記述を見出せる。『宋史』巻二八五「賈琰《えん》」伝は、賈琰が三司副使に任命されると、兄弟の遺児を養育し、「全部で百人の一族は集団で生活し、互いに衣食を分け与え、言い争って仲違いすることがなく」なり、かなり大規模な一つの家族を作り上げていたと述べている。巻二八七「王嗣宗」伝には、嗣宗が進士出身であり、枢密副使・検校太保にまで出世したが、彼は最も「宗族と仲睦まじく、侄《おい》たちも自分の子供のように慈しんだ」と記されている。巻二九四に語られている胥偃《しょえん》は、長沙の出身で、家に数千畝の良田を所有し、進士合格後、所有していた田産を族人たちに分け与えたという。巻二九六には、歙《きゅう》州休寧県〔安徽省休寧県〕出身の査道の話を載せる。青年時代に家が貧しかった査道は、都に行って科挙の受験をするお金がなかったが、ある族人が三万銭を贈って路銀に充てさせ、そのお陰で進士及第した。進士及第の後、都で左正言・工部員外郎に任命されると、まだ彼の家はかなり貧しかったにも拘わらず、身寄りのない族人を一か所に住まわせ、給与を彼らに分け与えたというのである。巻三〇〇「王鼎」伝には、王鼎が進士となり、刑部郎中に任命され、遼朝の使節となったが、その折りに朝廷から頂いた一〇〇〇匹もの縑《けん》〔かとり絹〕を全て族人に分け与えたと記されている。

元代は宋代を受け継いで、また官員と民間の宗族活動が発展した。唐州〔河南省唐河県〕出身の趙毓《いく》は福州の司獄に任命されたが、〔任期を終えると〕老母のために隠退した。一族は大人と子供を合わせて百人いた。趙毓は族人が代々にわたって住まいも食事も一緒にすることを望み、そのために血を啜って天を祭って盟約を行った。その盟約では、長年、そうした生活を変えないことを表明していた。[30]延安路〔陝西省延安市〕の張氏一族は、八世代にわたって分家を行わずに竈を一緒にし、百余人の族人は、従来から争い事を起こさず、族長は初代の嫡男系統の人から選ばれていた。[31]浙江龍泉県の季汶《ぶん》は一族の貧窮者に田畑を買え与え、彼らの生活を支えた。母方の祖父には子孫がいなかったので、自分の一族の中から賢良な人物を探し出して跡継ぎとし、さらに件《くだん》の祖父の祭祀用として、その後嗣に土地を与えた。[32]浙江永康県の呂文燧とその祖父は、義田を設置して族人の食事費用に充て、義塾を創設して族人の子弟を教育した。[33]

上述の宗族活動は、宋元時期の宗族の特徴を些か反映している。第一は、官僚が宗族を組織化することが相当に多く、それによって社会の尊敬を受けたので、その一族の族人を詐称する現象が出現したことである。たとえば、福建興化軍仙遊県出身の蔡襄は進士出身で、仁宗朝に官僚となり、開封府の知事や三司使を歴任した。一方、後世、奸相として有名となった蔡京は、蔡襄と同郷ではあったが、同族ではなかった。蔡京は同郷の蔡襄が先朝に官僚となり、自分はその後輩であることを理由にして、名門〔の蔡襄の一族〕に取り入ろうと考えた。そこで自分を蔡襄の族弟〔祖先を同じくする後輩〕に見せかけた。[34] 興味深いのは、蔡京の子孫たちが、その祖先の悪評によって、あえて蔡京の子孫だとは口にせず、相次いで蔡襄の子孫を偽称して、祖先を忘れようとし、蔡京と同様に人びとに嘲笑されたことである。[35] 宋代の李克義は、少卿となった遠縁の祖先を直系の祖先と詐称し、官戸と偽って郷里で威張りちらし、役所に摘発されて処罰された。[36] 宋元時期の官僚宗族は多少発展したけれども、中古の貴族宗族と異なる点は注意しなければならない。宋元時期、官僚の恩蔭や免役の特権は、当該人物の家族内部に実行されただけで、中古のように宗族規模で行われなかった。宗法制度から言うと、官僚宗族は貴族と比較して極めて脆弱だったといえよう。

第二は、平民も宗族を建設したことである。延安の張氏一族、龍泉の季氏一族と章氏一族は、いずれも平民宗族であり、加えて、その多くが義門として役所から表彰された。清代の歴史家の趙翼は、正史の史料を利用して、『南史』『北史』『唐書』『五代史』に記録される義門は六五家で、『宋史』は五〇家、『元史』は二家であるという統計を出した。[補注13] 彼の統計は完全には正確ではないが、それでも宋元時期の義門が決して中古を下回っていないことを反映している。以前に触れたように、義門の多くは平民の一族であり、このことは平民宗族の発展の状況を反映している。平民宗族も一定の社会的勢力を持っていたのである。たとえば、南宋時期の湖南の蒋氏一族や何氏一族ら三つの宗族は、千余人もの族人を召集して、県令を拘束し、官員を殺害した。[37]

第三は、多くの宗族が経済力を有して族人を金銭的に助け、宗族の義塾を創立して族人を教育したことである。官僚が禄賜〔給与と褒賞〕や田産の全部あるいは一部を族人に分け与えることは、宋代以前にもよくあったけれども、北宋の参知政事の范仲淹に至って義荘を建立して、宗族が族人の面倒を見る新方式を創始した。范氏義荘が創建される数十年前、後周の宰相の李穀は、故郷の洛陽に寺廟と家屋を建設し、官僚になれなかった族人を住まわせ、また族人に田地を分け与えたので、政府は李穀を表彰した[38]。これが范仲淹に義荘創建の示唆を与え、そのモデルを提供したのである。皇祐二年（一〇五〇）、范氏義荘は出現したが、それと同時に范氏の家廟の太平功徳寺が創建された。義荘創建時に范仲淹は一〇〇〇余畝の田地を供出し、それを「義田」と称し、その収入によって遠い祖先から別れた族人の生活費とした。范氏義荘は、范仲淹の子供で宰相の范純仁が朝廷に申請して朝廷の保護を獲得した。范氏義荘の後、信州鉛山県〔江西省鉛山県〕出身で、大理評事となった劉輝が数百畝の田地を購入して義田として、生活する術のない族人を扶養した〔王闢之『澠水燕談録』巻四「忠孝」〕。紹興府諸曁県〔浙江省諸曁県〕の黄振仁は妻の劉氏と義田を購入し、数十人家の族人が義田を頼って生活をした[補注14]〔『乾隆諸曁県志』巻二八「義行」〕。南宋初の宰相の張浚は義荘を設置し、族人と姻戚の面倒をみた[補注15]〔『嘉泰会稽志』巻一三「義田」〕。

　宋元時期、祖先祭祀の方法に関して言うと、その制度も民間の実際状況も、前代と比べて少なからざる変化があった。唐末五代の大反乱以後、貴族の消滅に伴って、家廟も壊され、宋初の官僚は家廟を持たず、四時《しいじ》〔春夏秋冬の四季〕の祭祀は家屋内で行われるにすぎなかった。徽宗時代になると、「流俗の情に循《したが》い〔俗世間の人情に準拠して〕」、節度使以上の官僚は五世代前の祖先を祭ることが認められ、文武の升朝官〔正八品～従七品の官僚〕は三世代前まで、その他の下級官僚と士人や庶民は、二世代前の祖先祭祀を、それぞれ許された。これらの祭祀場所は自宅〔の門内の〕左側か、住宅の外側に設置された[39]。たとえば、秦檜は臨安の自宅の中門左側に祖先廟を設置し、大堂を五つの部屋に分け、その真ん中の部屋に五世代前からの祖先の位牌を置き、〔五世代前の高祖の位牌から向かって〕東側は二つの昭牌〔二世代前と四世代前の祖先の位牌〕、西側には二つの穆牌〔一世代前と三世代前の祖先の位牌〕をそれぞれに置いた〔『宋史』巻一〇九「礼志」の「群臣家廟」の項〕。徽宗時代における祭祀法の改変は、当時の社会に流行していた祖先祭祀の習慣を考慮したものであった。思想家の程頤らの所説によると、元来、〔国家が〕官僚と民衆に五代前の祖先祭祀を認めないのは、宗法と道理に合致しないからだということであった。程頤は、次のように説いている。歴代の王朝は宗親法を実施して、五服〔斬衰《ざんさい》・斉衰《しさい》・大功・小功・緦麻〕関係を範囲として、服喪の範囲を高祖以降の族人としていた。当然、祭祀の範囲も高祖までに遡るべきだったが、〔王朝が決めた廟制〕に規制されて、官員の大多数と平民は、いずれも高祖や曾祖父を祭祀できなかった。しかし、それは道理にも服喪の規定とも合致しせず、宗親法の貫徹と孝道倫理の実践には相応しくなかった、と。程頤の家族は、五世代前からの祖先を祭祀する条件を満たしていなかったので、彼は自分で勝手に高祖以降の祖先の祭祀を実行したのであった。[40] このように、程頤は理学〔宋学〕の大家であったが、それでも結局は朝廷の規定に違反して、自分の思うとおりに行動したのであり、民間の人は尚さらに朝廷の規定に無頓着であった。しかし、平民の私的な祭祀は、官員のそれとは結局は相違していた。それというのも、官員は朝廷の規定に従って家廟を建てることができたが、平民は建廟することができず、祖先の牌位〔位牌〕を並べるにしても、一つの小さな部屋に置くことができるだけであって、官僚たちの広大な家廟とは比べようもなかったのである。それ故に、朱熹は民間で五世代前の祖先を祭っても、それは僭越で儀礼に反した行為だとして問題にすることはしなかった。[補注16] 宋元時期、また始祖を祭る現象も出現したが、本来、天子以外は如何なる官民であっても始祖を祭祀できなかった。しかしながら、朱熹は、「どの家も始祖を祭るべきではないけれども」、「現在、祭祀に関する政府の法制がなく、各家が自分で勝手に習俗に従って祭祀しており、こうした事柄を急には変えられないので、習俗に従っておくことは、それはそれで良い」と述べており、[41] 民間の習俗に従うことを主張するのだから、それは民間の人が始祖を祭祀することを朱熹は認めていることになる。以上のように、宋元時代、官民の家廟と祖先祭祀が拡大してゆくと同時に、廟祭と寝祭〔居住する建物で祭祀する〕の過渡形態である家祠堂が出現し、それは明清時代の祠堂の前身となった。詳しい内容は後に再び述べる。

南北朝から唐代にかけて〔朝廷は貴族の譜牒を官修してきたが〕、それ以後、官修譜牒が衰退すると、朝廷は皇族の族譜である玉牒の編纂を取り仕切るだけであった。少数民族が政権を掌握した時代は、朝廷は少数民族の族譜にも注意を向けたが、〔漢族の〕官民の族譜に対しては、族譜が官員の任用と関係がなくなったので、もはや責任をもつ必要がなくなって、それに再び関心を寄せなくなった。まさに、この種の状況下で、私家による族譜編纂という新体制が出現したが、それは宗族活動の一つの側面を反映している。ところで、唐以前、私家による自己一族の族史編修は存在していたが、惜しいことに完全に保存されているものはなく、その完備した姿と体裁とを知るすべはない。北宋時期、欧陽脩と蘇洵は、ほとんど同時期に各自の族譜、つまり「欧陽氏譜図」と「蘇氏族譜」を編纂したが、両方ともに完全に残って現在まで伝わっている。彼らは、「詳親疏遠〔親を詳《つまび》らかにし遠を疏《おろそ》かにす〕」という原則を採用したが、それは血縁の近い族人を詳述し、疎遠な族人を略述したり省略したりすることであった。その体例をみると、序文や跋文があり、そこでは族譜編纂の指針が説かれている。「譜図」や「譜表」では祖先の世系図や世系表が作成され、「伝」は祖先のための伝記である。この二つの族譜は体例が完備し、家族の歴史表現に適合していて、後世の族譜編纂の模範となり、「欧体」「蘇体」と称された。今日に至るまで多くの一族が族譜を編纂するとき、矢張り、この欧蘇体の体例が基本的に使用され、その影響の深さを見ることができる。欧蘇二氏の家譜の他にも、少数の宗族が族譜を編纂していた。たとえば、文天祥『盧陵文丞相全集』には、幾篇かの族譜の序文や跋文があり、そのことは族譜出現の明証であるが、その数は何しろ少なく、それが文天祥の不満であった。彼は、「跋呉氏族譜」という文章の中で、「魏晋以来、唐に至るまで、門閥が最も尊ばれ、それ故に譜牒が重視されたが、近世は譜牒編纂が廃れてしまった。このことを私は常に長嘆息している」と記している。[42]〔このように、宋代の〕族譜編纂は、それほど多くはなく、しかも人びとの満足するものではなかったけれども、些かの一族は、この活動に従事していたこと、とりわけ新しい体例を創出したことは、充分に重視するに足りる。

宋元時期の宗族を考察するとき、軽視すべきでない点は、この時期は長年にわたって伝世してきた名門勢族を欠いていることで、これこそが前代と極めて異なっていた。それというのも、社会構造が変化し、伝統的貴族は存在せず、官僚はその地位を世襲できず、さらに、かつての名門貴族のように、清流と称される官職から仕官して、昇進も迅速な制度的保証を享受できなくなっており、代々官僚となったり顕官となったりできる人は極めて少なくなっていたからで、そのために何代にも官職を受け継ぐ名門がいなくなったのである。義門宗族の中には何世代も同居していたために、政府に表彰されていたけれども、それでも政府も警戒心をもっていて、むざむざ当該の宗族を強大化させようとしなかったのである。たとえば、江州〔江西省九江市〕の義門陳氏を例示できよう。陳氏一族は南唐の旌表を受け、宋初には徭役などの雑科を免除され、族人は千余人もいて、真宗の大中祥符四年（一〇一一）には陳氏の族長の陳旭が江州助教に任命され、陳旭の死後、弟の陳蘊《うん》が一族を主宰した。仁宗の天聖元年（一〇二四）、政府は陳蘊を引き続き江州助教とした。その後、一族の陳度が太子中舎に就き、陳延賞が進士に合格して、職方員外郎を授けられ、陳可も進士となった。[43]このように、陳氏一族は巨大で族員数も多いだけでなく、当地区で勢力があり、その上、朝廷の内外で官職をもっていて、政府に圧力を感じさせていたので、この一族が王朝に反逆行為を起こし、社会秩序の安定に影響を及ぼすのではないかと恐れられた。そこで、仁宗は、嘉祐七年（一〇六二）、一族保全を名目として、強制的に一族を分家させ、併せて地方官を派遣して陳氏一族の集居する土地に行って、この命令の執行を監視させた。[補注17]『義門陳氏大宗譜』の記載によると、当時、三七〇〇余口の族人がいて、族人は、この一族が所有していた二九一か村荘に配属されており、それらの村荘は各地の軍・州・県に散在していた。かくして、族人は現在の江西・江蘇・浙江・福建・広東・湖南・湖北・安徽・山東・四川・広西・陝西の各省に分散していった。[44]つまり、仁宗の命令によって、このような一つの大規模な地方社会組織と勢力が解散させられ弱体化させられたのである。この事例は、政府が権力で大族を統御し、大族はそれに反抗できる力のないことを表しており、決して中古のように貴族が自主権をもって、政府の干渉を受け付けなかったこととは異なっていた。

宋代において、代々に継承されてきた勢族や大族を欠いていたことは、北宋と南宋との間に政権が急激に変化した時期に宗族が示した態度からも説明ができる。金朝が中原に入って、宋室が南渡したとき、大族は王朝を手助けして突発事態に対処することも出来ず、自分たちを守ることさえも出来なかった。〔明末清初の〕顧炎武は、この点を鋭く観察していて、「裴村記」という一文の中で、「靖康の変において、自分たちを守れるほど統率が出来た家は一軒もなく」、本当に、いわゆる「君主は頼れる大臣はおらず、民衆には頼れる大きな一族も存在していなかった」。そして南北朝時期、塞〔砦〕を設置して自衛し、後趙や前秦に成功裏に抵抗した汾陰の大族薛氏のような一族も存在しなかったと書き記している(45)。当然、このことは宗族が自分たちを少しも守りきれなかったと言っているのではなく、ただ、かなり大きな〔政治的・社会的な〕情勢変化には宗族は役立たず、大事件の発生に対しても重大な影響を与えないということを述べているにすぎない。

顧炎武は、この文章中において、さらに裴氏一族の所在地の裴村は、山西省聞喜県に位置し、そこは唐代には河中節度使の管轄区に属し、唐朝の東西両京に近接した、いわゆる「近畿地」であって、「その土地は〔唐朝にとって〕重要な位置を占め一族も尊敬されており」、それ故に裴氏一族や付近の解州〔山西省運城県〕の柳氏一族や汾陽〔山西省陽曲県〕の薛氏一族は、「皆、数百年間も官職に就き、高官も絶えなかった」と述べている。つまり、このことは世家大族が政治の中心付近に多く居住して、一族の影響を発揮することや、封建王朝に重用されること、その伝統的地位を保持することに便利であったといえよう。五代の分裂時代、政治の中心は定まらず、両宋時期には都が北だったり南だったりであり、元代は、再び北方に都が置かれたので、いずれも首都付近は代々の大族を培養するには困難であった。加えて繰り返される政権の大変動の中で、人口は南に移って、政治の中心とは離れてしまい、容易に勢力ある大族を形成できなかった。許烺光は『宗族・種姓《カースト》・倶楽部』と題する書物の中で、宗族勢力の強弱は政治の中心と関わると認めていた。そして、唐代以前、宗族と政府は密接に関係しており、政治の中心に位置する宗族の勢力が発展し強大となったが、唐代以後は、宗族と政府の関係は減少し、政治の中心にいる宗族勢力は小さく、南方の宗族が発展したと述べている。[補注18] 彼は、私たちが関心をもつべき問題や、研究すべき問題を提示した。それというのも、宋元以後、南方の宗族活動は北方に比較して活発であり、それは海外の華人社会にも影響を与えるまでになっており、それを真剣に研究して現実に合う解釈を出す必要があったからである。

宋元時期の宗族の特色を総括すると、以下のような認識となるのではなかろうか。①宗族の管理という側面からみると、多くの場合、官僚が宗族を掌握しており、この時期の宗族は官僚宗族を代表とする、いわば官僚宗族の時代であった。②公定の祖先祭祀方法に対して、官民が挑戦したという状況からみて、つまり違法に五世代前の祖先を祭祀したり、少数だが、始祖を祭祀したりという事実からすると、より多くの民衆が宗族建設に関心を寄せていたはずである。そして、その点は秦代から唐代にかけての宗族と比べて、一層の民衆性をもたせることになったのであり、したがって宋元時期は宗族民衆化の第二段階となったといえよう。③宗族に基づく政治の地位が低下した分、社会に対する影響は重要性を増した。中古においては、貴族とは要するに貴族宗族のことであって、両者は一体であり、政府は貴族を用いて政治を掌握していた。つまり貴族の宗族が政権に参与していたのであったが、宋元時代の官僚と官僚宗族とは同等ではなく、あらゆる官僚は誰でも宗族の後ろ盾をもっていたわけではない。官僚の政治参加は、あくまで個人的行為であって、その一族が一定の勢力を具備して、初めて当該個人の政治参加が一定の影響をもつようになったのである。それと同時に官僚宗族は中古の貴族が多く有していたような多数の従属民をもたず、政治と経済に対する影響も少なかった。要するに、官僚宗族を貴族宗族と比較すると、その社会的影響力は、かなり小さかったといえよう。

## 四　明清――紳衿宗族の時代

紳衿という言葉は、漢代以来の、官学の学生――弟子員――に淵源をもっているが、ある種の重要な社会的身分と強大な社会勢力を有する結合体としては、明清時代に出現した。紳衿は、二種類の身分や地位にある人を含んでいる。一つは、紳であり、それは、また縉《しん》紳・搢《しん》紳とも称される。「紳」という漢字の本来の意味は、大きな帯であり、前近代中国において、身分ある人の身につけるものを形容し、「峨冠博帯〔高い冠と幅広の帯〕」という語句に示されるように、「博帯〔大帯子〕」は紳を指している。したがって、大帯子つまり紳を締める人は身分と地位をもっているのである。もう一つの縉は、赤い絹織物である。縉紳の本来の意味は、腰に赤い絹織物を使用して作った幅広の帯を纏う人のことであり、そこから意味を広げて官僚となった人を指した。「搢紳」の中の「搢」という漢字は、差し挟む〔「插」〕と解釈され、搢紳は、官員が朝廷に参内するときに使用する笏〔備忘のために帯の間に差し挟む手板〕を帯の間に差し挟むことをいうのであり、それによって「搢紳」が官員の別称となったのである。明清時代になると、「搢紳」という言葉の含意に少し変化があり、官員を指す曖昧な別称から変化して、退職した官僚や、一時的に老親の扶養や服喪のために、官籍に名前を連ねながらも実職に就いていない官員を専ら称するようになった。一方、間違いをしでかして免職されて帰郷した官員は、搢紳の範疇には入らない。衿とは、上着を前で重ねるときの、表部と裏部が接合した部分を指し、明朝政府によって、秀才は生地が藍色の絹で衿が青色の長衣を着ると規定されていたので、秀才は青衿と称された。そのために科挙〔のいずれかの段階に〕及第した読書人を広く指して衿士と言い、衿士には挙人・貢生・秀才・監生〔国子監監生・捐納監生〕や未就官の進士も含まれた。明清の制度では、進士・挙人・貢生は、いずれも官僚となることができ、それらの人たちは、正途出身と称された。とりわけ進士と挙人に及第すれば、昇進はかなり容易であり、しかも〔地方から中央に至る〕各段階の役所の責任者に充当された。しかし、挙人・貢生・秀才・監生の合格者数は多く、官職には限りがあったので、挙人・貢生は、それらに合格しても直ぐに官職に就くことは難しく、一定の時間を待たねばならなかった。時には進士でさえも、様ざまな原因から官僚になれなかったので、これらの未任官の人たちは全て士人の隊列に数え入れられた。これらを併わせて見てみると、紳衿とは、要するに科挙のどの段階かで合格しながら出仕していない士人を指すのである。あるいは、官僚となったことはあるが、既に官職に就いておらず、そのため、もはや官僚ではない人を指している。彼らは官僚ではないが、さりとて平民でもなく、官と民の間に位置する一種特殊な社会階層である。こうした人たちの数は、それほど多くはなく、張仲礼の『中国の紳士――その一九世紀中国社会における影響に関する研究』での見積もりによると、(46) 一九世紀中葉以前、あらゆる科挙〔のいずれかの段階の〕出身者〔捐納監生や現任官僚も含む〕は約一一〇万人だという。もし当時の人口を四億人として計算すれば、それら人たちが全人口中に占める比率は、二・七五%、つまり一〇〇〇人中に二・七五人が科挙〔のどの段階か〕に及第した士人であるということになる。紳衿は、特殊な社会的地位を有していた。清朝の河南巡撫の田文鏡は地方官の行動規範を『州県事宜』として著し、その書物は、皇帝の認可をも受けていた。その第一条は「紳士を待つ」と題するが、彼は、「紳は県の名望であり、士は四民〔士農工商〕の最初に位置づけられる。従って、紳士が州県と関わるとき、農工商が権勢から遠く隔たって、敢えて州県と往来をしないのとは異なる。そして州県の紳士との関係は、州県官とその上司の巡撫・藩司・道員・知府との関係が上司と部下という体面を重視して、軽々しく接触しないのとは異なる」と述べている。ここの話は、紳と士との地位上の区別は別にして、主に紳士が享受している特殊な地位を述べており、紳士は、ほとんど州県の地方官と同等の関係〔平等関係〕にあり、それは州県官が上司の巡撫・藩司・道員・知府との間に有する主従関係とは異なり、また彼らを一般民衆として取り扱えず、適切な待遇と敬意を与えねばならなかったということを示している。事実上、明清の政府は、官僚と紳衿とに多くの特権を与えていた。たとえば、明朝は、官僚の賦役免除の仕方を決め、一品の京官は、銭糧三〇石と三〇丁分の徭役を免除し、以下、品階に応じて漸減して行き、九品は銭糧六石と六丁分の徭役が免除された。地方官の免除分は京官の半分であり、致仕した官員〔紳〕は在職官員の七割、閑居している官員は一般的に現職の五割を免除された。国子監生・挙人・秀才は衿士であるが、銭糧二石と二人分の徭役を免除された。清代も、同様の優免制度があったが、免除される銭糧と人丁は些か少なく、衿士に対しては本人の丁銀が免除されるだけで、特権免除は明代に比較して遠く及ばなかった。紳衿は、また司法上の特権をも持っていて、訴訟になっても法廷に出席しなくてもよく、家族の誰かを派遣して処理できた。紳衿が犯罪事件を犯すと、まず当人の科挙及第の資格を剥奪され、その後で拘束されて裁判にかけられた。紳衿は特権階層として、その全人口に占める比率は極めて少なかったが、そもそも総人口が多かったので、絶対数は決して少なくなかった。そして、彼らは各地の民間に散らばっていて、平民を凌ぐ身分的位置にあり、地方の公共事業である育嬰堂〔孤児院〕・養済院〔貧民救済所〕・棲流所〔流民収容所〕・義渡〔公共の渡し場〕などといった慈善団体や近隣住民の団体事務を取り仕切り、地方社会の支配勢力となっていた。宗族団体は、当然ながら彼らの管掌範囲外にあったはずはなかろう。

## 1 祠堂の設立と宗族の類型

祠堂は、元来、一群の建築物を指し、族人の祖先祭祀の場所であったが、明清時期になると、それは宗族の別称となり、族人の組織的活動や族長施政の場所となり、従前の祠堂とは異なる存在となった。筆者も、この種の概念で明清の祠堂を述べることにする。

明朝初期、制度上、貴顕官僚は家廟を設置して、高祖・曾祖父・祖父・禰《でい》〔父〕という四代の祖先を祀ることができた。しかし、士庶《ママ》は家廟を建てられず、曾祖父以下の三代〔あるいは祖父と父の二代〕だけを祀ることができた。嘉靖年間、明の世宗〔嘉靖帝〕は、礼部尚書の夏言の提案を受けて、士民《ママ》も四代前の祖先を祭祀できるようにしたが、祠堂建設

山西介休の張氏一族の祠堂図
（道光 26 年刊『定陽張氏族譜』所収）

は許さなかった。そして、それと同時に官僚と庶民の双方に冬至に一族の始祖を祭祀することを認めた。その〔始祖祭祀の〕遣り方は、紙で牌位を作成し、祭祀を終えると、それを焼却するというものであった(47)。

こうした明代の祖先祭祀儀礼の改変は、当時の民情と符合していた。それというのも、既に民間では四代前の祖先や始祖を祀るという現象は、それほど珍しくはなく、政府の規制は乗り越えられており、制度に違反して祠堂を建設し、始祖を祭祀することも行われていたからである。たとえば、明初、浙江金華府浦江県の王氏一族は祠堂を建設し、族長が息子や侄《おい》たちを引き連れて、時節に従って祖先を祭祀していた(48)。明代の嘉靖以前、徽州府の各村落では「各家ごとに祠宇を構《かま》え、季節ごとに祠宇に供物を捧げた」(49)。江西建昌府広昌県では、少しでも経済力のある宗族は「必ず宗祠を立てた」(50)。しかし、明代では祠堂を建設して、祖先を祀ることには一定の普遍性があったけれども、それでも多くの一族は祠堂建設に至らないでいた。無錫出身の人で太僕少卿の荘起元は、万暦年間〔一五七三―一六二〇〕に次のように語っている。家廟の儀礼はそれほど普及していないので、祠堂の設置は、十軒のうち五軒に足りないほどであった、と(51)。この種の状況は、清朝中期以後に大幅に変化した。乾隆時代〔一七三六―一七九五〕の協辦大学士の陳宏謀は、福建・江西・湖南の人びとが「皆、一族が集まって住み、一族には宗祠があった」と述べている(52)。嘉慶時代〔一七九六―一八二〇〕の士人の張海珊は、宗族活動を重視する一族が、どのような地方にもあると説き、しかも山東・山西・江蘇・江西・福建・広東が一層盛んであるとしている(53)。彼らが取り上げた省区以外にも、安徽・浙江の民間でも、同様に祠堂を建造し、祖先を祀ることが盛行していた。安徽には、そうした伝統があり、たとえば「徽州では一族が集まり、宗法を極めて重視していた」とあり、[54]浙江奉化県の人たちは、「一族の人びとが集団で居住し、どの一族も祖祠を造って神主にお供えをしている」という。[55]この種の祠堂建設の情熱は、地方によってはさらに突出しており、人びとはまず祠堂を造ってから住宅を建てており、宗祠を自分たちの生活よりも一層重要な地位に置いていた。たとえば、広東潮州の人びとは、「家屋より以前に、必ず祠堂を先に建て、宗法を明確にして、〔祭祀を継承する男子が〕断絶すると、その後継者を決め、〔祖先祭祀の費用を捻出する〕祀田を重視していた」とあるように、[56]宗族・祠堂を中軸に置く生活を極めて重視していた。福建莆田県では、また「家屋を建てるとき、まず宗廟を先に建てるが、それは〔この土地の〕習慣によると考えられている」と言われていた。そして、当地は宗祠の建設が多くて、県城内の五分の一が、それに占拠されていたという。[57]もともと、農村の人たちは一族が集まって居住しており、宗祠は郷村に設置されているのであるが、莆田県の県城内にそれほど多くの祠堂が存在するということは、城内居住民による宗族組織の建設を体現しているといえよう。南京の城内・城外には、王氏・包氏・秦氏・龔氏・李氏ら一族の祠堂が存在していた。[58]江西の農村の人びとは、自分たちの住む郷村に祠堂を建設する他に、省都の南昌にも綜祠を建造し、宿泊業務の用途に充てていた。そして、綜祠建造が多すぎて、南昌の旧家の住宅が売却し尽くされて、次々と祠堂に変えられたという。[59]

明清時代、各地の宗族活動は均衡がとれていなくて、北方と辺境

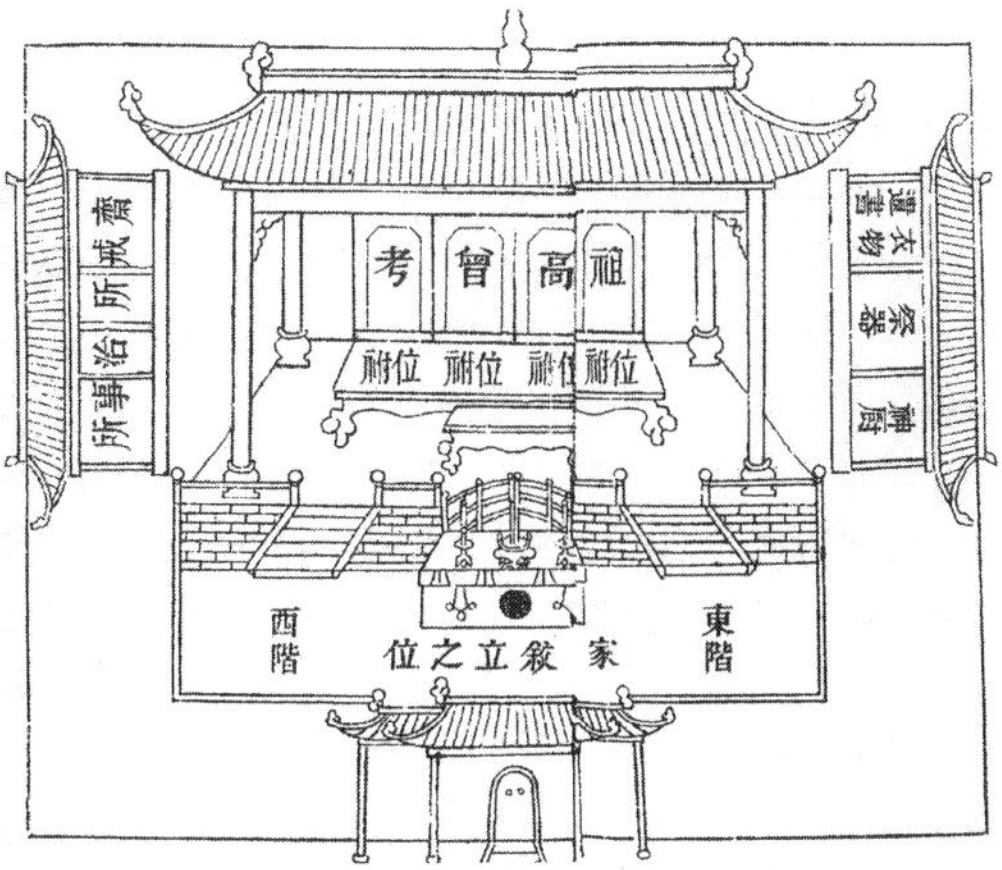

山西平遙の冀氏一族祠堂図
（光緒 30 年刊『冀氏宗譜』所収）

の省区は、それほど盛んではなかった。河北蠡《れい》県出身の李塨《きょう》は、宗族に対する態度が南北で異なることを深く認識しており、南人は自惚れが過ぎて宗親をひけらかし、北人は見識が浅すぎて、宗族関係を理解していないと指摘している。[60] 清末の鍾琦は、四川・甘粛・雲南・貴州の各省人は宗法を理解していないと述べている。[61] まさに呂思勉が「一族が集団で居住する風習は、古代では北方が南方よりも盛んで、近世は南方が北方よりも盛んである」と説いているとおりであった。[62]

全体からいうと、明清時代の宗族は祠堂を建造し、祖先祭祀を行う活動を発展させてきたが、それらは長江流域及びそれ以南の地区でかなり活発であり、北方は些か劣り、西南と西北の辺境地域は活動が稀にしかみられなかった。

宗族〔活動の発展程度〕は祠堂建設を一つの徴表とするが、宗族の規模は大小あって一様ではない。とはいえ、多数は規模が相当に厖大で、一〇〇〇人の男性族員を擁するものもあった。たとえば、前出の張海珊の「聚民論」の中で、一族は「多い場合は一万余家、少ない場合も数百家」であったと説いている。安徽陵陽鎮の寧氏一族は八〇〇〇人であった。[63] 一九二三年、広東香山県は県志を刊行したが、それに載る統計によると、隆鎮の高氏一族は、すでに二六代を重ね、族人が一〇〇〇〇余人いたという。[64] この数字は、中華民国初年に出生した人を含んでいるが、絶対多数は清代に誕生した人であると思われる。宗族の人口が多くなると、その内部の血縁関係も自然と複雑になり、それから分かれ出る支派も多くなる。多くの大族は、幾つかあるいは十幾つかの支派に分かれている。たとえば、新昌県〔江西省宜豊県〕呂氏一族は、郷賢祠・名宦祠・応辟祠・忠孝祠・両河奉恩祠・余慶祠・敦睦祠・下坂善継祠・崇報祠・甘棠追遠祠・墈《かん》頭昌後祠・畳石追遠祠ら十幾つかの房派が区分され、房派の下には支派もあった。たとえば、郷賢祠房の下には崇本・崇福・崇孝・重六公・重九公・重二公・重四公・重七公多盤・重十六公藝山らの支派があり、応辟祠房の下には福昌・福徳・下棗園衍慶・万石坑篤慶・八里追孝らの支派があった。湖南益陽の熊氏一族の内部は一六房に分かれていた。ある宗族は厖大で、族人は、異なる省・府・県に散らばって住み、彼らは各地に住む同族と一緒になって族譜を編纂することを通じて、一つの宗族を形成していた。たとえば、湖南省平江県の葉氏一族は、湖北省蒲圻《き》県から移住してきたのだが、蒲圻の葉氏一族は、従前どおり平江葉氏の総本家であり、乾隆年間〔一七三六―一七九五〕に両地の族人は互いに同宗であることを確認して、一緒になって族譜を編纂した。こうしたことから、宗族の内部構造は、以下のようであることが分かる。一般の宗族は、宗族→房分となり、大宗族は、宗族→房派→支派となる。聯宗〔血縁関係のない同姓同士が一族と認め合い、親族の付き合いをすること〕の宗族は、始居地宗族→移住地宗族→房派→支派となる。それらに応じて、宗族が祠堂を建てるとき、房分や大宗法と小宗法の観念に依拠して、異なった種類の祠堂を建設する。つまり、通常の状態では、宗族全体の宗祠、房派の支祠を別々に設置した。いわゆる「一族には必ず祠があり、同姓の祖先は、全てここに集められる。服喪をすべき近い親族は、また支祠を造る」ということである[65]。広東番禺県では、「一〇〇〇人規模の宗族は、祠が数十か所もあり、小規模の宗族で族人が百軒に満たない場合でも数か所に祠がある」という状態であった[66]。このように、宗族の大小を問わず、どの宗族にも宗祠や支祠があった。たとえば、江蘇省武進県の荘氏一族は、大宗祠・小宗祠・支祠・分祠など、何層にもわたる祠堂の階層構造をもっていた。

安徽歙県の棠樾鮑氏一族の支祠

　祠堂における祖先祭祀は、同宗の族人の統一した活動であって、一家族一世帯が勝手に行えるものではなく、祖先祭祀には管理機構や責任者を必要としていた。通常の状態としては、宗族には族長が、房支には房長が設けられる。その宗族の首長の名称は一様ではなく、族長は、ある宗族では宗子・宗長と呼ばれ、房長も分長や宗支公正と称せられた。族長は一族全体の事務を管理し、房長は当該の房の事務を主管し、それと同時に族長を助けて全族の些かの事柄を処理していた。

たとえば、広東省博羅県の林氏一族の規定には、「族内に族長を設け、族事を司る。一族内の五房には房長が置かれ、房中の事務を管理し、族内の事務を助ける。一族を召集して処理せねばならぬ重大な事柄を除いて、それ以外の一切の事務は、各房長が共同して当たる」[67]。ある宗族は、族長と房長以外に、別に講正・講副を設け、族人に対して忠孝倫理を読み聞かせて教え込んだ。共有財産をもつ宗族は、その管理人員を置いたが、それには総理・監察・荘正・荘副などの様々な名称があった。また、ある宗族では、約正や約副を置いて、族人の不法行為の糾弾と族人間の紛争処理を専門に担当した。

宗族の首長の決め方には、大体、両種の遣り方があった。一つは自然選択である。つまり宗法観念を篤信する宗族は、長房〔一族全体の本家〕の長支〔本家の嫡長子系統の支派〕の中から人を出して族長〔宗子〕に充てるが、これは完全に血縁原則に依拠して決めるのであって、その他の社会的条件〔たとえば、能力・人望・財産〕を問題にしていないので、自然選択というのである。もう一つの遣り方は、公開で相応しい人物を討議して推挙するものであり、これは宗族の事務を采配できる人材を選出するのである。後者の選択方法は、諸々の要素を考慮に入れねばならぬが、決して血縁原則と全く無関係だというのではない。ところで、宗族の役員を決めるとき、族長と他の実務担当人員との選択基準は全てが一致しているとは限らない。まず、族長となる条件は、世代が高く年齢も上であり、品徳に優れ、威信に溢れていることであり、これらが総合的に考慮されるのであって、ある一点の条件だけには固執しない。江蘇省武進県の張氏一族の規約に規定する族長の選択規準は、「族長は輩行〔世代〕と年齢を選択の基準とするが、何よりも徳を大事にし、もし世代が高くとも、人びとに充分に信用される徳がなければ、断固として、人びとは当該人物を排除し、彼の命令を聞かない。それはどうして不可能といえようか。もし信義が充分であり、品行が端正であれば、たとえ尊長でなくとも、当然、一族の賢者として共同で推挙して、全てのことを彼に上申し、その命を聞くべきである」[68]。年齢と輩行〔世代〕という条件と同時に、品徳を強調するのは、それは族長は威厳と人望を持って、族人を統率して族内事務を上手に処理し、宗族を隆盛にさせるためであった。その他の族内仕事の人員の選択条件に関して、考慮すべき観点は族長とは異なる。要するに、「才能と品徳とに優れている」でなければならなかった。品徳だけも不充分であり、仕事がよく出来なければならず、才能という条件は不可欠である。品徳と才能の具体化されたものが、家庭が富裕であり、人柄が廉潔であることであった。彼自身の家計が良ければ、宗族の公有財産を横領しないはずだからである。そして、もし公有財産の管理がよくなくて、宗祠経済が損害を受けたとき、彼は自分の家産を使って些かの埋め合わせができるからである。こうした事柄を考慮したことによって、武進の荘氏一族の、祠産管理人に対する要求は、「出自が良く、事務処理に長け、清廉である」ことであった。この目標に依拠する限り、族長や房長が相談して決めた人は、それを辞退できなかったし、選抜すべき適切な人がいない場合も、その地位は求めても許されるものではなかった。[69]この二種類の方式の中で、宗子が一族の実務を主動する宗族は、それほど多くなかった。宗子は飽くまで祖先祭祀の儀式の主祭を担当するだけで、象徴的な意義しかもっていなかった。宗族の本当の責任者は族長であった。

祠堂と祠産を実際に管理する人は、功績や名声ある人が相当部分を占めていた。官僚や紳衿が祠堂を建設したけれども、彼ら自体が多くの場合、祠堂を統括する族長であった。明初、昭武府（福建省昭武市）の葉興祖は、建寧県（福建省建甌県）の県学教諭となった。その一族の家廟は元末の戦乱中に破壊されていたので、葉興祖は別の場所を選んで新たに宗祠を建てた。[70]万暦時代、浙江仁和県出身で、吏部尚書となった張瀚の家祭用の享堂は、元来、住宅の中にあったが、その住宅が手狭になり、享堂も粗末であったので、後になって張瀚は住宅外に場所を選んで宗祠を造った。祖先祭祀のときになると、彼は全ての族人を召集して祭祀に参加させ、祭祀が終わると供物の肉を族人と一緒に食べた。また、彼は族人に対して次のように宣言した。つまり、族人は輪番で宗祠に来て焼香事務を主宰し、それは一月ごとに代わる。元旦や春と秋の祭祀には、族人は必ず参加しなければならず、理由もなく欠席できない、と。また彼は若干畝の田地を購入して、祠堂祭祀の費用に充て、祠堂を長期に維持できるようにした。[71]明らかに、張瀚は族長の職責を担当していたといえよう。先述の武進の荘氏宗族は、祠堂・義田の主要な責任者には荘延臣がいたが、彼は明末の布政使であり、もう一人の荘起元は明末の太僕寺少卿であった。清代の浙江総督の李衛は、徐州〔江蘇省徐州市〕出身で、「一族が繁栄し族人数も多い」大族に所属し、彼自身は大宗の嫡長であった。本籍の徐州にいたときは、一族の業務を主宰しており、浙江の任地に到着しても、依然として遠くから一族を統制していた。そして、人を郷里に派遣して二人の年下の族人〔李懐瑾と李信枝〕を捕まえさせて杭州の役所内に勾留したところ、一族の人たちから批判を受け、結局は李氏一族を離脱しようとする族人を出すに至った。しかし、彼の説明によると、この両名は年少時に父親を亡くして、〔一族の誰も彼らを監督しない結果〕好き勝手に不法行為を働いたので、一族の秩序を維持するために族長の権力を行使せざるを得なかったのであって、一族から恨みや謗りを招いたが、少しも容赦しなかったというのである。[72]また、宜興県〔江蘇省宜興県〕篠里の任氏一族で、相前後して宗正に就任した者には、夔《き》州〔四川省奉節県〕知府の任允淳、挙人の任縄隗、通永道道台の任烜《けん》がいた。

　宗族は、官僚よりも紳衿に多くは掌握されていた。アヘン戦争時期、阿片厳禁論者であった黄爵滋は、福建の漳州や泉州の郷村の習俗では、どこでも族長が存在していて、それらは「生員や監生、あるいは世代が上の者が多く就任し、上手に族人を統率していた」と述べている。[73]彼は、漳州と泉州の二府の状況を述べたのだが、しかしそれはほぼ全国的な状況を反映している。すなわち宗族を掌握するのは、その多くの場合、衿士や、族人を統制できる能力を有する平民であったのである。筆者〔馮爾康〕は、同治年間に編纂された『太湖県志』の巻二四〈人物志〉「義行伝」を調べたところ、祠堂を建設し祭田を設置した八例の中、その創始者の五人が生員や監生であり〔庠生・附貢生が各一名、監生は三人〕、他の三人は平民であったことを発見した。また江西の『同治建昌県志』を翻閲すると、祠堂を建設し田産を設置した七例の中、官僚が両家、衿士が一家、平民が四家であった。さらに中華民国年間に編纂された四川の『雲陽県志』の巻二三〈族姓〉「宗祠表」をみると、清朝の嘉慶から光緒に至る時期、二一家が宗祠を造ったが、その創始者の中、四人が生員で廩生が一人、つまり衿士が五人であって、その他の一七家は庶民が創設したものであることが分かった。雲陽は移民地区であって、代々続く世家大族はそれほど多くなく、科挙合格などによる功績や名声を有する人も他の地域と比較して少なく、したがって宗族建設を行った人の中で庶民が多いのは理解不能というわけではない。[補注19]

義荘を建造し宗族を掌握できたかなりの部分は、官僚紳士であり、その次は衿士と職員〔胥吏のことか?〕であった。平民もいたが、その比重は小さかった。それというのも、義荘設置のためには、何百畝かの土地を持たなければ、義荘は作り上げられなかったので、財力も勢力も有する家でなければ、それらを成し遂げられないからである。明代の弘治〔一四八八―一五〇五〕朝の首輔大学士で、宜興県〔江蘇省宜興県〕出身の徐溥は、八〇〇畝の徐氏義荘田を設置し、宗族を扶養した。[74] 呉県〔江蘇省蘇州市〕出身で、大学士の申時行は、一一〇〇畝余りの田地を用いて申氏義荘を創建し、そこからの収入を祖先祭祀と族人に対する支給とに使用した。[75] 呉江県〔江蘇省呉江市〕出身で、〔検察事務を司る〕僉《せん》事の沈《しん》瓚は田地を寄付して沈《しん》氏義荘を創建した。[76] 先述した武進の荘起元は、族人に対して、進士に及第した人は祠堂のために三〇畝の祠田を、挙人及第者と貢生で任官した人は一五畝をそれぞれ寄付すべきだと諭した。康熙時代〔一六六二―一七二二〕、荘鎬はこの訓戒を重ねて表明した。明代の宗祠を運営しようとする官僚紳士の観念は、清代に入ると人びとの心に深く入り込み、そして民間にも影響を与えたので、義荘建設をしようとする人の階層も複雑になってきた。光緒年間〔一八七五―一九〇八〕に編纂された『余姚県志』の巻一三「義挙」には一二家の義荘が載っているが、その中で官員が建てたものは三家、職員は一家であり、その他の八家は平民である。この他に、平民の寄付による義荘や義田の建設事例はとても多い。たとえば、明代の金華県〔浙江省金華県〕出身の戴玕《だいけん》は五〇〇畝の土地を寄付して義荘を建て、宗族や姻戚の貧窮者を救済した。[77] 清代の無錫出身の厳昭は、一介の農夫身分でありながら、五〇〇畝の土地を寄贈して義荘を設立し、また祠堂を拡張した。[78] 浙江鎮海県出身の葉成忠は、買弁商人出身であるが、上海で商売を

孔子廟の大成殿

し、郷里に祠堂を建てて、家譜を続修し、義荘を設置した(79)。

平民の族長には農民も商人もおり、あるいは農民でありながら商人でもある場合もある。たとえば、福建永福県の鄢《えん》瑞龍は商業を営みながら、義を重んじ金銭を軽んじ、晩年には族長に推挙され、「族人は彼をとても尊敬し、彼が一言いうと、皆が心から従った(80)」。浙江山陰県の田邦俊は勤勉な農民であり、商業も兼業していたけれども、けっして暴利を貪らず、「晩年に族長となり、度々、村人に善行をするように教え諭した(81)」。清朝の中後期になると、商工業に対する人びとの観念が変化して、ますます多くの人びとが商工業は国家の経済と民衆生活に有益な職業であると認識するようになった。商工業者の社会的地位が高まる情勢の下で、商人は族人の尊敬を受けるようになり、族長の職責を担っても、少しも怪しまれなくなった[補注20]。

明清時代の祠堂・祀田・義荘の建設者やその管理人の社会的身分は、宗族の多様な社会的類型を具体的に表しており、官僚の宗族、紳衿の宗族、平民の宗族といったものが存在している。この他にもまだ言及していない皇族や貴門の宗族もあり、貴門宗族の中には、曲阜の衍聖公〔孔子の子孫が世襲する爵位〕の孔府一族もあった。孔子の子孫は漢代に褒成侯に封ぜられ、二〇〇〇〇戸の食邑を与えられて以降、長年にわたって衰えることがなかった。明代には二〇〇〇頃の祭田が王朝から給付され、それらは廟戸・佃戸・工匠・僕役・礼生・楽舞生の調達費用に使用された。清代には孔府は一揃いの管理機構をもち、宗王府〔皇族の事務を扱う役所〕に比較してもさらに完備していたであろう。孔府は中国史上唯一の何世代も続いた貴門宗族であり、世界史上、爵位を最も長く世襲してきた一族かもしれない。そうしてみると、明清時期の宗族は、皇族・貴族・官僚・紳衿・平民の諸類型の宗族によって構成されていたといえよう。だが、二つの点が前期と情況を異にしていた。

第一は、この時期、紳衿の宗族が宗族の主体であった点である。紳衿は政治的特権を有し、政府が依存する勢力であり、官僚集団の予備部隊であった。また地域社会の代表でもあって、役所と民間の仲介となって、政府にとっては民間に対する代弁者であり、民衆にとっては地域社会の利害の代表であり、政府も民衆も他方の力を借りるときに必要とされる存在であって、特殊な地位となっていた。紳衿が政府当局と対抗し、地域社会を代表できたのは、政府が彼らに与えた特権の他に、さらに彼らが自己の所属する宗族の中に根を下ろし、宗族を後ろ盾として、社会的勢力を形成していたからである。それ故に、政府は特別な待遇を紳衿にしなければならなかった。紳衿は自分たちにとって宗族のもつ価値を充分に知っており、そこで宗族の団体活動に気をつけ、宗族の組織化に一生懸命に努力し、それに対して統制を加えた。紳衿の社会的地位と、彼らが多くの宗族団体を掌握していることとによって、紳衿の宗族は地域の社会生活に重要な役割を発揮していた。それは、他の類型の宗族が持ち得ないものであり、それ故に明清時代の宗族は紳衿宗族であった。かくて、この時代は紳衿の宗族時代といえるのである。

第二は、明清時期、平民の宗族が大幅に増加しており、それが宗族民衆化の時代を顕著に表している点である。農民や商人が宗祠及びその資産を設置して、族人に支持されたことは、平民が宗族建設の願望をもっていたことを明示している。士人は全人口でいえば、一〇〇〇人当たり二・七五％を占めるにすぎず、また士人の中には「書香」〔読書人輩出の〕家柄出身の人間も多かったが、それらの士人は幾つかの宗族に集中していて、どの宗族の中にも平均的に分布しているわけではなかったと想定される。宗族の中には長期にわたって衿士を輩出できないものもあったが、それでも宗族には首長が必要であったので、平民によってそれに充当された。こうした事態の他に、移民の問題も考えねばならない。明清時代は何度も大規模な移住が発生した。明初の移民は荒れ地を開墾したが、後世になって、北方には「我が祖先がどこから来たかと問えば、山西洪洞の大槐樹」という風説が伝播していた。それは山西東南部の民衆が河北・河南や山東・安徽といった地区に移住していったことを反映している。南方では珠璣巷からの移民だという伝説が盛行した。その大意は、南宋末に北方の人が広東と江西の接続地域の広東南雄珠璣巷を経由して広東に入ったというものである。[補注21]清代になると、閩〔福建〕・粤〔広東〕の人びとが大量に海を渡って台湾に入った。統計によると、乾隆四七年〔一七八二〕の台湾は、人口が九一万人であったが、それから一一〇年後、人口は二五四万人まで増加した。その増加率は一七九％である。増加した人口は、主に大陸からの移民であった。清朝後期、海禁が解かれ、数百万人単位の民衆が南洋やアメリカ大陸に移住していった。移民の絶対多数は平民であり、彼らは新天地に到着して、一定程度の時期を経過して繁栄して人口を増やすと、その子孫は宗族を組織した。その中で平民の類型に属するものがかなり多かった。平民宗族の供給源は広範であり、さらに多くの人口を吸収して民間に深く入り込み、宗族団体を民衆化させる過程の中で、その発展と拡大を遂げていった。

## 2　宗族の共有経済の発展とその基礎としての祠堂

社会経済史の専門家の傅衣凌は、次のような見解を示している。宋元以後に郷族〔宗族と地域社会が一体化したもの〕の土地所有が出現したが、それは義荘・祠田・族田・祭田などの形式をとっていた。明清時期、この種の郷族共有地は南北を問わず非常に盛行し、とりわけ江西省と広東省が最も発展していた。その規模は極めて見るべきものがあって、しかも家族勢力の膨張という情況を醸成した、と。(82)筆者は、傅衣凌氏の、宗族の共有経済は、要するに郷族経済であると概括する考え方に深く賛意を表明する。そのこととは別に、筆者は、もしかすると、宗族の共有経済という視角からも、宗族の土地所有を概括できるのではないかと考えている。この種の経済形式は主に三種類があり、それは祀田・義荘と義塾田である。これらの田地の設置者は先述したので、ここではそれらの社会的機能を叙述しよう。祀田には異なる名称がある。たとえば、祭田と烝嘗《じょうしょう》田は主に祖先の祭祀に使用され、そこからの収入の余りは族人に分配される。しかも祭祀する祖先にも区別があって、ある田地は一族全体の祖先祭祀のためのものであり、ある田地は特定の房支の祖先祭祀に使用され、さらにあるものは特定の一人の祖先のために設置された。かなりの数の宗族は祀田を有するが、その数量は一様でなく、少ないものは一〜二畝、多いものでは幾百畝となる。個々の家族からするとその数量はそれほどでなくとも、宗族全体の数量は多くなるので、それ故に祭田の数量は相当なものとなる。明清時期の義荘は范仲淹のそれとは違って、どの族人にも銭糧を支給するのではなく、貧窮な族人に支給して援助するのであって、完全に救済的・補償的なものであった。義荘の建設は、宋元明時代の発展を経過して、清代中後期になると、かなり増加していった。清代晩期の兪樾は、依頼されて書いた義荘記が七〜八家あると述べている(83)。兪樾よりも少し早い時代に活躍した馮桂芬は、「義荘の設置は天下に広くゆきわたっている」と述べている(84)。義荘は、ほとんどの地方に出現しているが、各地の発展の仕方は均衡がとれていない。筆者は些かの地方志・族譜・文集の記録によって、清代の蘇州・松江・常州の三府には前後して二〇〇余の義荘が出現し、各義荘は大体一〇〇〇畝前後の田地を占有し、その中で〔蘇州〕元和県の九家の義荘は、その所有する土地は当該県の税田の一・七%、〔蘇州〕長洲県の七か所の義荘は、当該県の税田の一・一%を占めていたことを知り得た。そして、幾つかの一族の共有地が各地域でこのような比率を占めているとすれば、義荘は決して小さな存在だといえず、重視に値すると考えている。義塾の所有する田地は、書田・学田と称され、多くは宗族の特設の資産であり、義塾は宗族の特設の事業であった。義荘を有する一族は、往々にして義荘に義塾を付設している。たとえば、浙江省鄞県の屠氏一族の喬蔭堂義荘は二か所に義塾を付設し、楊氏一族の義荘は棠蔭義塾を建て、呉氏一族の義荘には槐里義塾があり、徐氏一族の固本義荘の家塾は敦本義学・崇本書院と呼ばれ、蔡氏一族の樹徳堂義荘にも敦本義塾が設置され、朱氏一族の義荘には真吾義塾が付設されていた(85)。宗族の学田からの収入は、教師の招聘費、学生の生活費や日常の試験費用に充てられていた。たとえば、江西省広昌県の魏氏一族の義塾は二〇〇石の収穫を得られる田地をもっており、「その収入の半分は先生の給与に供せられ、もう半分は生徒の文房具と食費に充てられた」という[86]。

祀田・義荘田・書田は、これを「義田」と総称する。魏源は、「井田が廃れて後、共有の不動産を義田と言った」と語っている[87]。これらの義田は、宗族の共有財産であって、その出所は多方面にわたっていて、寄付は官僚・紳士・士人・金持ち・寡婦によるものであった。そして義荘の管理人の中には、衿士や地主・富商を少なからず含んでいた。しかし、義荘は元の持ち主に帰属するのではなく、宗族の共有財産となり、宗族の公共事務と貧窮者、及び宗族子弟の勉学のために使用された。宗族が義田を作る目的は、族人を団結させ、族人の生存と人材育成をはかり、それによって宗族を強大にすることにあった。

ところで、西周は分封制を実施して、大宗は小宗に土地を分け与えて、小宗集団を大宗の周囲に集住させた。しかし、分封制が破壊され、宗法が実行できなくなると、大宗は二度と小宗に土地を支給できなくなり、小宗の生活の面倒を見られなくなった。小宗も大宗を支えきれなくなって、かくして宗族制は立ちゆかなくなった。しかし、宗族義田の出現は、その共有財産によって一部の族人の生活の面倒をみられるようになり、一族の子弟には多少の実利を与えた。その結果、人びとに宗族の利点を知らしめることになった。また、このことと不可分の関係にあるが、義田は宗族に新たな条件下で族人を団結させ、部分的に、上古の「収族〔一族の結束〕」機能を復活させたのである。かくて、宗族義田は、宗族に経済的基礎をもたせ、族人に対しては凝集力を生み出させ、かなり信頼できる基礎の上に、宗族を形成することができるようになった。このように、宗族義田つまり共有財産の有する社会的機能に対して、人びとの認識が次第に高まると、その後、宗族義田を追い求めようとする人びとの気持ちは強まって、その発展に尽力するようになった。北宋の范仲淹が義荘を設置したとき、当時の人びとは、単に一般的な意味での義挙だと見なしたが、その深い意義は決して知られていなかった。それ故に、欧陽脩が范仲淹のために神道碑を作成したとき、范仲淹の生涯と政治的功績を記したが、義荘建設のことは取り上げなかった[補注22]。このことは小さな事柄にすぎず、書き記す値打ちもないと考えたからかも知れない。しかし、清代になると、人びとはこのようには考えなくなった。乾隆帝の「詩友」の沈徳潜は、祖先や宗族を尊敬して、一族を結束させるには、義荘を建設することが最も良い方式であり、欧陽脩はこの点を見落としていると語っている[88]。銭大昕は、「范文正公祠」と題する七言律詩の中で、「現在まで残された義田の恵みは、まだ新鮮なままであり、その古雅な様子は菩薩の行為に似ている。……〔范仲淹は〕韓琦や富弼のように宰相に登ることはなかったが、本当の儒者として孟子や荀子を継承している」と詠嘆している[89]。その意味は、范仲淹は官位の上では参知政事〔副宰相〕に到達したにすぎず、同時期の名臣の韓琦や富弼が宰相になったことに比べようもないけれども、彼の思想界での地位は、直接、亜聖の孟子〔孟子は宋代以後、孔子に次ぐ聖人として亜聖と称された〕や荀子を継承している。それは彼が義荘というモデルを作り出し、その恩恵が社会に及んでいるからであるということである。銭大昕は、范仲淹が義荘を始めたことに対して極めて高い評価を与えているのである。このような次第であったので、義荘の観念は民間社会に深く入り込み、常州武進県〔江蘇省常州市〕の呉氏一族は、このために家訓を制定し、そこに「子孫が高い地位に就くことは、家門の幸福といえよう。それもこれも義荘を創建した范文正公を思い出して、范文正公と同じく同姓一族に憐れみをかけるべきだ」と述べている[90]。このように臣民は、范仲淹とその義荘を崇敬しているが、帝室もその例外ではなかった。乾隆帝は初回の南巡で蘇州に来たとき、范仲淹の祠堂に臨幸して、それに「高義」という名称を賜わり[91]、范仲淹の同宗扶助の優れた行為を褒め称えた。こうした清代の君臣における范仲淹に対する評価の高まりは、決して范仲淹本人自身が〔この時になって〕何らかの変化をもたらしたからというのではない（これは不可能なことである）。そうではなく、清代という時代状況に基づいて、宗族の共有経済の発展に対する経済的価値が認められた結果、范仲淹が義荘設置の先駆者として誉め称えられたということなのである。こうした認識の高まりの下で、正に宗族義田は発展できた。

近代以来、宗族組織は明清時期と比較して変化があったが、本書の体裁上の制限からして、これ以上は詳述しない。

もし、読者が興味を感じて、それを広く知りたいならば、拙著『一八世紀以来中国家族的現代転向』（上海人民出版社、二〇〇五年）と筆者主編の『中国宗族社会《ママ》』（上海人民出版社、二〇〇八《ママ》年）と題する書物の関連する章節を参照して欲しい。[補注23]

## 五　両漢～明清時期の宗族制度の特徴——宗法的要素の減退と民間化の進展

これまで、秦漢以降の宗族制度を論じてきた。その叙述によって、秦漢以降の宗族制度は、宗法制・宗族・宗族社会の身分的関係・宗法の性質などにおいて、先秦時代と多くの明確な相違点が存在するということを述べてきた。以下、こうした問題に対して、要約した上で些かの分析を加えてみよう。

### 1　大宗法制の有名無実化と小宗法制の実行

先秦時代、周王は宗子として、始祖祭祀の権限を保有する一方、同姓の諸侯は始祖祭祀権を有しなかったので、〔諸侯は都の〕鎬京の天子の宗廟に行って、初めて始祖を祭ることができた。その上、宗族制は同時に分封制〔封建制〕の実行を伴っており、それによって周王は同姓の諸侯に対する規制力を強めて、「収族」という目的を達成していた。このようにして実行されていたのが大宗法制である。秦漢以後、前漢や西晋及び明代初めに分封制が推進され、それによって宗法制を維持しようと試みられたけれども、いずれも失敗に終わった。すなわち、漢の高祖は諸侯王を分封して、彼らに劉漢の帝室を補佐させようとしたけれども、彼の孫の景帝の時期に呉楚七国の乱が発生し、分封制は破棄せざるを得なくなった。西晋に再度、一族の王を封建して帝室を補佐させようとしたが、その結果は八王の乱が出現することになって、分封制は終わりを告げた。明の太祖も、諸子に王という地位を与えて、彼らに兵士を率いて各任地に赴かせ、当該地域の民政を管轄させたが、〔太祖の四男の燕王朱棣《てい》が引き起こした〕靖難の変という惨事によって、分封制は終わってしまった。分封制が実行できなければ、それと互いに補完関係にある大宗法制も有名無実なのである。換言すれば、各王朝は帝室貴族を分封し、帝室内部で宗法を実施したけれども、それは大宗法制の残滓にすぎなかった。その失敗の鍵は、帝室の諸王が任地に赴いて民衆に臨み、土地を実際に領有できないということによって、大宗法制の意義を喪失していたからである。いずれの王朝の帝室も大宗法制を完全には実現できなかったとすれば、異姓の貴族・官員・縉紳・衿士・庶民の宗族も、彼らが実行したのは、小宗法制であった。秦漢以降は益々そのような状況であった。

しかしながら、人びとの観念は、現実よりは全て遅れていたので、絶えず宗子制に基づく大宗法制を慕い、大宗法制の規範によって宗族を形成し、族人の生活や行為を指導しようとした。たとえば、祠堂において、嫡長子系統の成員を宗子〔族長〕として、宗族の事務を取り仕切らせたり、あるいは少なくとも祖先祭祀の儀礼を主宰させて、これこそが大宗法制の実践であると説く者も存在していた。しかし、実際は、古くから小宗法には二重性があったのである。つまり、小宗内部は大宗と小宗に区分されていたからである。秦漢以来、人びとが説く大宗法は、実際は小宗法下の大宗法制であって、全く〔周代のような〕宗法制下の大宗法ではなく、小宗法下の大宗法であった。とはいえ、このような状況下であってさえも、小宗法制下において、大宗法制は現実生活で実行することは困難であった。それというのも、嫡長子系統の房支が常に優れた人材を出して、しかも経済条件にも恵まれて宗族を管理できるとは限らなかったからであり、嫡長子系統以外の房支が、こうした条件に合致して族長に充てられるということが充分に有り得たのである。そこで、〔宗族全体を上手に管理し運営するという〕宗族の目標から出発して、実際上、才能ある人を族長に選んで宗族を管理させたのであり、そのために宗子は捨て去られたのであった。本来、宗族の収族機能つまり族人の結束機能は、分封制に依拠し、その物質的条件に依拠していた。秦漢以降の宗族は、一族の共有財産を作り上げて収族を図ろうとしていた。とはいえ、宋代になって初めて義荘が出現したけれども、一族の共有財産には限りがあって、それを使って祭祀を行い、祖先墓と祠堂を維持し修繕する以外には、族内の貧窮者を救済することはあまりできなかった。したがって、宗族を維持するための行為は、祖先祭祀や修譜などの活動に重点が置かれていた。一言でいうと、宗族は、基本的には祖先崇拝と宗法信仰に依拠した精神的連繋を有していたにすぎなかったのである。

要するに、秦漢から明清に至るまで、宗統と君統は分離し、大宗法制は存立できず、行われたのは小宗法制であった。そして、上述のような二重性を有していた小宗法制の中でも、広く行われたのは、その中の小宗法であった。したがって大宗法制は有名無実化し、小宗法制が行われたのであり、その点で先秦の典型的な大宗法制との違いは大きく、大宗法制の変種にすぎなかった。

## 2　宗族の身分性の変化と、宗族の民間化の逐次深化

各時期の宗族は、貴戚宗族・世族宗族・貴族宗族・官員宗族・紳衿宗族・庶民宗族を問わず、そのいずれを取っても当該宗族とその社会的身分とは一つに結びついていた。そのことからすると、宗族は人間に喩えられ擬人化される。つまり、宗族は人間と同様に社会的身分を持っており、どの種の身分にいるかによって、当該宗族は如何なる宗廟が建設でき、どの種の等級に基づく祭礼が挙行できるのかが決定され、当該宗族の成員もそれに相応する身分と、権利や義務をもっていたのである。このように、上古と中古の時代は、〔宗族と身分とは〕は極めて適切な対応関係にあったといえよう。先秦時期の宗族は、貴門に特有のものであり、それは分封制と互いに表裏の関係にあった。それ故に、宗族は帝室・諸侯・卿・大夫・士のそれぞれの宗族に区分でき、庶民の宗族は極めて稀にしか見られなかった。両漢魏晋から隋唐に至る時期、宗族は皇族・貴族・庶民〔豪族と平民小族の双方を含む〕の各宗族に分かれており、貴族内部はさらに六つの階層に分かれていた。その中で、皇族と貴族は特権をもっていた。つまり、任官権と賦役の免除権で

ある。庶民は〔国や貴族から〕保護を受ける権利と、〔国や貴族に対して〕糧食を納め、徭役に従事する義務をもっていた。特権を有する宗族の、その内部の各家族の成員は、宗族の社会的地位によって、それに相応する権利を享受していたので、宗族・家族・家族成員は、いずれを取っても同じ特権を有するという点で同一性をもっていた。宋代以後、〔帝室などの〕貴戚の宗族以外、民間宗族はその社会身分的性格を弱めていった。祭祀儀礼の方面においては、確かにその成員の身分と一致はしていたものの〔祖先祭祀は身分に応じて、どこまでの祖先に遡れるかが決まっていた〕、それ以外の方面では身分性をもたなくなっていた。この時期、宗族は身分階層によって区分されることはなくなり、ある種の地位を示す望族・豪族・大族・小族といった言い方も、それは決して特権と非特権の区別を示すものではなかった。宗族の成員、つまり宗族を構成する各家族の成員の身分は、その人自身の状況によって決定され、宗族とは無関係であった。

宗族の組織化に関して言うと、当初〔殷周時代〕は、基本的にいって、貴戚・貴族が特有の権利をもっていた。すなわち、貴族・貴戚〔皇室・諸侯・卿大夫・士〕であって初めて宗族を形成できた。その後〔秦漢以後〕になって、官僚の家と平民の家は、それぞれ宗族を作り上げたが、貴族がその主体となっていた。かくて、筆者の言う第一の民間化の時期が出現したのである。ここに言う「民間化」とは、皇族に対して言うのである。つまり、皇族以外の宗族は、そのいずれもが民間の宗族だったからである。それは、丁度、中古の時代、皇族に対する言葉として「素族」という言葉が使用されていたと同様の現象であった。貴族も皇族に対しては、「素族」と呼ばれていたのである。〔宋代のように〕平民が宗族を建設するようになると、平民宗族が宗族の主要部分となり、宗族はさらに下に移っていった。すなわち、宋元以降の宗族は第二の民間化の産物なのである。現今の宗族は、身分的地位とは全く関係がなく、民間化が徹底していて、第三の民間化の時期のものである。しかし、この第三時期の宗族は、本書の叙述範囲を超えており、そのために、これ以上は論述を展開しない。ところで、民間化は、それと同時に宗族の数を増やし、宗族数の増加に伴って宗族に含まれる人数も大幅に増加した。貴戚・貴族の宗族制時代は、宗族の絶対数と宗族に含まれる人数は、いずれも後世に比べれば極めて少なかった。だが、平民が宗族を建設するようになると、宗族の数量も人員も必然的に増加した。宗族の平民化が進めば、この傾向はさらに加速する。試みに、民間に始祖祭祀が許されると想定してみよう。そうすると、民間の至る所で宗族が建設され、その規模も大きくなり、当然に〔宗族に含まれる族人も〕五服の範囲を超えてしまうであろう。民間化とは大衆化を意味し、民間化と大衆化とは、ほぼ同義語なのである。

## 3　宗法性の弱体化

秦漢以降の大宗法制の消失は、宗法弱体化の徴表であり、また、その原因でもあった。本来の大宗法制という観点からすると、大宗法が行われなくなってしまえば、宗法制は元来の意義を失ってしまうのである。それを具体的に言えば、その内容には二つあった。第一は、始祖祭祀の権限が大宗の独占状態から、各族人に移っていったことである。大宗法や大宗が既に存在しなくなれば、大宗法の観念は、実質的に、小宗法の観念に取って代わられるのである。第二は、宗法による統制力の弱体化である。大宗法制が行われていたときは、分封の実施によって収族〔一族の結束・団結〕されており、大宗は小宗を統制して、それによって宗法秩序は維持されていた。だが、分封が出来なくなれば、当然、大宗はなくなってしまい、族人に対する宗法の拘束力も相当に弱体化してしまった。それでも宗族が連繫を保持できたのは、宗族は一つの根源から発生しているという観念の下で、宗族が修譜・祭祖・互助などの活動を通じて族人同士を結びつけていたからである。つまり、こうした社会的機能や文化的機能によって、宗族は族人たちを一つに纏めていたのである。

宗法制及びその観念に既に巨大な変化が発生していたが、その観点から秦漢以降の宗族宗法の性質について、それを大雑把に述べることは、充分な検討に値するし、必ず問いたださねばならない事柄であろう。先秦の典型的宗法制が失われると、その後の宗族は変異してしまって、宗法の性質も大幅に弱体化していった。しかし、それでもその概念は残っていた。つまり、宗族を構成する族人同士の間には血縁倫理の関係、すなわち尊卑長幼の関係が残っていたのである。他方、政府は「五服に準拠して罪を定める」という原則に依拠した宗親法を実施して、血縁に基づく族人同士の身分関係を法律に結びつけていた。これが血縁に基づく階層的身分関係である。この種の関係には宗法的要素を有していて、これこそが宗族組織の宗法的な構成要素であった。しかし、これは、飽くまでも一種の宗法的性質の一部分にすぎず、決して、〔殷周時期に見られる〕大宗が小宗を統率するという宗法の主要な内容ではなかった。こうしたことに照らして、秦漢以降の宗族の性質を検討してみれば、宗族を宗法と同等に扱うことはできず、宗族とは飽くまでも宗法が貫かれた社会の宗族だといえるのである。このように話してくると、宗族に対して宗法的性質を厳格に求めすぎるとみられよう。それに対して、筆者は次のように考えている。すなわち、秦漢以降の宗族は、単純に宗法宗族だとは必ずしもいえないけれども、「宗法的」な宗族だとはいえる。それは、宗法的要素を僅かでも具備していることを示しており、宗法宗族との区別は明示できると思われる。

少し付け加えると、秦漢以降の社会を「宗法社会」だと言ってしまうのは、確かに既に習慣となってはいるけれども、適切とはいえないように思われる。恐らく「宗法的社会」と言うのが、多少は正確なのではなかろうか[92]。

以上、主に宗族の構造的方面から、前近代宗族の変遷を略述してきた。以下では、宗族の生活の幾つかの方面、つまり宗族祭祀・宗族経済・宗族と社会・宗族と政権・宗族文献といった特定のテーマを取り上げて詳述しよう。

注

（1）後漢・班固『白虎通義』巻三「宗族」。
（2）『春秋左氏伝』成公一三年。
（3）『春秋左氏伝』桓公二年。

（4）『文献通考』巻五五〈職官考〉「宗正卿」。

（5）『史記』巻八四「屈原」伝に引用する「離騒序」。

（6）『礼記』王制篇。

（7）『礼記』祭法篇。

（8）『説文解字』巻九下「广部」。

（9）『国語』巻一七「楚語」。

（10）『後漢書』列伝巻四六「种崇」伝。

（11）『通典』巻三〈食貨〉「郷党」。

（12）『後漢書』列伝二一「廉范」伝。

（13）『後漢書』列伝巻七三「王覇」伝。

（14）『後漢書』列伝巻一一「耿純」伝。

（15）『三国志』魏書巻一八「李典」伝。

（16）『魏書』巻一一三「官氏志」。

（17）朱大渭等『中国農民戦争史（魏晋南北朝巻）』（人民出版社、一九八五年）二七三頁。〔補注：六鎮の乱の経緯とその後の展開については、谷川道雄『隋唐帝国形成史論』筑摩書房、一九七一年、「第Ⅱ編　第三章　北魏末の内乱と城民」、侯景の乱の経緯とその歴史的意義については、川勝義雄『六朝貴族制社会の研究』岩波書店、一九八二年、「第三章　貨幣経済の進展と侯景の乱」「第四章　南朝貴族制の崩壊」を参照〕。

（18）『新唐書』巻一七二「杜中立」伝。

（19）『新唐書』巻九五「高倹」伝、同書巻二二三上「李義府」伝。

（20）田余慶『東晋門閥政治』（北京大学出版社、一九八九年）三二四頁。

（21）『新唐書』巻八二「十一宗諸子伝」の論賛。

（22）『顔氏家訓』巻三「勉学」。〔補注：ここの訳は、宇都宮清吉　訳注『顔氏家訓』（平凡社、中国古典文学大系九、一九六九年、四五六頁）に基本的に依拠している〕。

（23）『宋書』巻八八「薛安都」伝。〔補注：ここの記事は、『宋書』巻八八「薛安都」伝と『南史』巻四〇「薛安都」伝の両方に、ほぼ同じ内容で見出せるが、両者ともに、庾淑之と柳元景の出身地は記されていない。しかも、柳元景が薛安都の報復を止めた言辞の後半部分は、著者の馮爾康氏の現代語訳とは異なる。ちなみに、『宋書』には、「卿従弟服章言論、与寒細不異、雖復人士、庾淑之亦何由得知、且人身犯罪、理応加罰、卿為朝廷勲臣、宜崇奉法憲、云何放恣、輒欲於都邑殺人、非唯科律所不容、主上亦無辞以相宥」とあって（『南史』の記事も同じ）、庾淑之は法理に従って処罰したのであり、勲功ある貴方ならば、それに従うべきであり、にもかかわらず庾淑之を報復で殺したりしたら、天子もその行為を許すはずがないというのである。薛道生は卑賤な人間と見分けがつかなくて鞭打たれたとは記していないと思われる〕。

(24)『魏書』巻九一「王早」伝。

(25)『宋書』巻八八「薛安都」伝。

(26)『南斉書』巻三三「王僧虔」伝。〔補注：『南斉書』巻三三「王僧虔」伝の当該箇所は、「此是烏衣房諸郎坐処、我亦可試為耳」とあり、それによれば、「これは烏衣房の連中が座る場所であるが、私は、そこを試しにやってみたのだ」となり、馮爾康氏の解釈とはニュアンスが少し異なると思われる。なお、この話は、徐揚杰『中国家族制度史』（人民出版社、一九九二年）二五二頁にも、この王僧虔伝を引いて紹介している〕。

(27)『南史』巻三六「江斅」伝。

(28)『南史』巻八〇「侯景」伝。

(29)『魏書』巻五三「李安世」伝。

(30)『元史』巻一九七「趙毓」伝。

(31)『元史』巻一九七「張閏」伝。

(32)宋濂『朝京稿』巻一（『宋学士文集』巻七二）「故処州翼同知元帥季君墓銘」。

(33)宋濂『芝園続集』巻二（『宋学士文集』巻六二）「嘉興知府呂府君墓碑」。

(34)『宋史』巻三二〇「蔡襄」伝。〔補注：『宋史』巻三二〇「蔡襄」伝によると、政和（一一一一―一一一七）初め、蔡襄の孫の蔡佃が科挙を受験したとき、蔡京は蔡佃が族人であり、一族の人間に便宜を与えたという嫌疑を避けるために、わざと蔡佃の合格順位を下げたが、その行為に対して蔡佃は蔡京を生涯にわたって恨んだという〕。

(35)文天祥『文山先生全集』巻一〇「跋彭和甫族譜」。〔補注：蔡という姓氏は福建南部に多いが、現在でも多くの蔡姓は蔡襄を祖先として祭祀しているという（潘宏立『現代東南中国の漢族社会――閩南農村の宗族組織とその変容』風響社、二〇〇二年、一八一頁）〕。

(36)『名公書判清明集』巻二「冒立官戸以他人之祖為祖」（中華書局、一九八七年、四四頁）。〔補注：引用箇所は、清明集研究会（上智大学文学部大澤正昭研究室）編『名公書判清明集』（官吏門）訳注稿〈下〉（二〇一〇年発行）九三―九四頁に詳細な注釈とともに現代日本語に訳出されている〕。

(37)『宋史』巻四一〇「范応鈴」伝。〔補注：『宋史』「范応鈴」伝の当該箇所には、「峒獠蒋・何三族聚千余人、執県令、殺王官、帥憲招捕、逾年不至云々」とあって、これは湖南地方に住む少数民族が宋朝支配に反抗して起こした反乱で、一般の漢族の平民宗族の発展の実例としては不適切ではなかろうか〕。

(38)『宋史』巻二六二「李穀」伝。

(39)『宋史』巻一〇九「礼志」の「群臣家廟」の項。
(40)『朱子全書』巻三九「礼三」の「祭」の項。
(41)『朱子全書』巻三九「礼三」の「祭」の項。
(42)『廬陵文丞相全集』巻八。〔補注：「跋呉氏族譜」は、四部叢刊本『文山先生文集』や、校点本『文天祥全集』（江西人民出版社、一九八七年）など、手近に利用できる版本では巻一〇に入っている。なお、四庫全書本は巻一四に所収。馮爾康氏の巻八という記述は、どの版本に依拠したのか不明〕。
(43)『宋史』巻四五六「陳兢」伝。
(44)許懐林「陳氏家族的瓦解与〝義門〟的影響」（『中国史研究』一九九四年第二期）。
(45)『顧亭林文集』巻五。
(46)張仲礼『中国紳士――関于其在一九世紀中国社会中作用的研究』（上海人民出版社、一九九一年）一一〇頁。
(47)『明史』巻五二〈礼志六〉「群臣家廟」、『続通典』巻五二「礼志」、夏言『桂州奏議』巻一二「請定功臣配享及令臣民得祭始祖立家廟疏」。〔補注：このときの夏言の提案の意義については、井上徹氏が詳細に論じている（同氏著『中国の宗族と国家の礼制』研文出版、二〇〇〇年、第二部第四章「夏言の提案――明代嘉靖年間における家廟制度改革」）。なお、井上氏の研究によると、明初から官僚は品官に応じて、建廟できたのであり、それに対して品官をもたない庶民は建廟を許されなかった。つまり、顕官と士庶の対立軸は建廟に関する限り存在せず、あくまで対立軸は官（臣）と庶であり、この対立軸は夏言にも継承されているという〕。
(48)明・蘇伯衡『蘇平仲集』巻七「王氏祭田記」。
(49)『康熙徽州府志』巻二「風俗」の項が引く『嘉靖徽州府志』。
(50)『同治建昌府志』巻一「風俗」の項が引く『万暦広昌県志』。
(51)『民国毗陵荘氏族譜』巻首「鶴坡公族譜序」。〔補注：ここの原文は「自宗法不行、而家廟亦欽、能祀先祖者、十無五」である。原文による限り、宗法が実行されておらず、家廟も設置されていないので、祖先祭祀を行っているものは一〇のうち五もないという意味になる。「十無五」は家廟ではなく、祖先祭祀を指している。ただし、訳文は馮爾康氏の文脈を考慮して、馮爾康氏の解釈に従っている〕。
(52)『清朝経世文編』巻五八所収の陳宏謀「寄楊僕園景素書」。
(53)『小安楽窩文集』巻一「聚民論」。
(54)『嘉慶黟県志』巻三「風俗」。
(55)『光緒奉化県志』巻一「風俗」。
(56)『光緒潮州志』巻一二「風俗」。
(57)『乾隆莆田県志』巻二〈風俗〉「風俗襍論」。

(58) 甘熙『白下瑣言』巻六。〔補注：『白下瑣言』巻六の原文は、当該箇所の冒頭に、「祠堂多在郷間、城中罕有」とあるように、著者の指摘するような、南京の城内と城外に等しく祠堂があるということではなく、城内の祠堂は城外と比較して多くないことを前提に、城内の祠堂を紹介するという論理構成となっている〕。
(59) 『清詩鐸』巻二三「省祠堂」。
(60) 『恕谷後集』巻一「劉氏家譜序」。
(61) 『皇朝瑣屑録』巻三八「風俗四十四則」。〔補注：『皇朝瑣屑録』巻三八「風俗四十四則」には、「譜牒者、所以済宗法之窮、而宗法所係恒必由之、蜀隴滇黔諸省、於譜牒茫然不解、殊属疏漏鄙俗」とあって、文脈からすると、四川・甘粛などの地域は「大宗」ではなく「譜牒」に対する理解が著しく劣っているという意味である。著者の誤読といえよう〕。
(62) 呂思勉『中国制度史』（上海教育出版社、一九八五年）三九五頁。
(63) 袁枚『小倉山房詩集』巻二九「陵陽鎮有寗氏者、族八千人、云自光武時卜居至今、未曾他徙、余宿其家、作詩贈之（陵陽鎮に八千人の寗氏一族が住んでおり、彼らは後漢の光武帝時期から現在にまで他に移住したことがない。私はこの家に宿を借りたので、詩を作って一族に贈った）。〔補注：馮爾康氏の原文は、袁枚のこの文集の巻数を記すのみで、詩題を記していないので、それを補った。詩題の中に、本文に記すような寗氏一族の規模が記されているからである〕。
(64) 『香山県志続編』巻三「氏族」。〔補注：馮爾康氏の原文では、『香山県志続編』は一九二三年に編纂された意味にとれるが、朱士嘉編著『〔国会図書館蔵〕中国方志目録』（台湾・新文豊出版公司、一九八五年）四一六頁の記述をみると、編修は一九二〇年で一九二三年になって刻本となっており、訳文は、この方志目録に従った〕。
(65) 『嘉慶寧国府志』巻九「風俗」。
(66) 『同治番禺県志』巻六「風俗」。
(67) 『宣統博羅林氏族譜』巻六「規則」。
(68) 『毗陵城南張氏宗譜』巻二「宗約」。
(69) 『民国毗陵荘氏族譜』巻一五「旧定経理祠産各条」。
(70) 宋濂『芝園前集』巻九（『宋学士文集』巻四九）「葉氏先祠記」。
(71) 張瀚『松窓夢語』巻七「風俗記」。
(72) 『雍正硃批諭旨』第一三函「李衛奏摺」雍正六年七月十八日摺。
(73) 『黄爵滋奏疏』巻一四「飭査械闘情形及会首銃楼各款疏」。
(74) 『明史』巻一八一「徐溥」伝。
(75) 『乾隆蘇州府志』巻二一「壇廟」。
(76) 『乾隆呉江県志』巻三七「別録」。

(77)『雍正浙江通志』巻一八九「義行伝」。
(78)李兆洛『養一齋文集』巻一五「公覲厳翁伝」。
(79)兪樾『春在堂襍文』六編巻六「候選道葉君墓誌銘」。
(80)『光緒麟陽鄢氏族譜』巻六。
(81)『光緒蕭山歓潭田氏宗譜』「鼎和公行述」。
(82)傅衣凌「論明清社会与封建土地所有形式」（『厦門大学学報』一九七八年、第二・三期）。〔補注：傅衣凌氏は、「郷族」という語句を明清時代に宗族が地域社会の中で果たした重要な役割に着目して使用している。そして、傅衣凌氏は、この語句を、本書で引用されている上記の論文よりも、既に十数年前に公表されている論文で使用している（「論郷族勢力対于中国封建経済的干渉——中国封建社会長期遅滞的一個探索」『厦門大学学報』一九六一年第三期、同氏著『明清社会経済史論文集』人民出版社、一九八二年）。傅衣凌氏の「郷族」概念の特色については、森正夫氏が的確で詳細な紹介を行っている（「『郷族』をめぐって」『東洋史研究』四四―一、一九八五年）。なお、本書の本文も注文も「傅衣凌」を「傅衣麟」と記すが、訳文では本来の「傅衣凌」に直して書いている〕。
(83)『春在堂襍文』六編巻一「嘉興陳氏祭田記」。
(84)『顕志堂稿』巻四「汪氏耕蔭義荘記」。
(85)『民国鄞県通志』〔補注：不分巻〕〈政教志〉「救済事業」。〔補注：『民国鄞県通志』に「政教志」は存在しない。本文の記述内容からすると、癸編〈輿地志〉「氏族表」ではなかろうか。当該の表は始祖・地址など一四項目に分かっており、祠堂や組織の項目に、本文に記述するような内容が見える〕。
(86)『同治建昌府志』巻九〈藝文志〉「伯庸公祠設立義田学田記」。
(87)魏源『古微堂集』外篇巻八「廬江章氏義荘記」。
(88)『帰愚文鈔餘集』巻四「陶氏義田記」。
(89)『潜研堂詩続集』巻八。
(90)『民国呉氏宗譜』巻一「家訓」。
(91)『清高宗実録』巻三八五、乾隆一六年（一七五一）三月乙卯の条。
(92)馮爾康『秦漢以降古代中国〝変異型宗法社会〟試説——以両漢・両宋宗族建設為例」（『天津社会科学』二〇〇八年第一期）。

## 補注

（1）「太原の王氏」は、六朝貴族の代表例であるので、日本の中国史研究でも古くから注目されてきた。守屋美都雄『六朝門閥の一研究——太原王氏系譜考」（日本出版協同株式会社、一九五一年）は、その代表的成果である。

（2）ここの現代日本語訳は、小倉芳彦訳『春秋左氏伝』（岩波文庫、一九八九年）下冊三一七頁に基本的に依拠し、本文の文脈を踏まえて一部を変えている。

（3）「三族」に関しては、父族・母族・妻族や父母・兄弟・妻子など様々な解釈があるが、『周礼』〈春官〉「小宗伯」に、本文に引く『文献通考』と同じ「掌三族之別、以辨親疏」という文章が載っていて、その注に、「三族謂父子孫人属之正名」とあるので、ここでは父族・子族・孫族としておく。

（4）ここの『楚辞』の読みと日本語訳は、藤野岩友訳註『楚辞』（集英社、漢詩選三、一九九六年）に依拠している。

（5）祭祀に際して、尸として、祭祀対象者の孫を神主の側に置くことは、『礼記』祭統篇にみえる。なお、こうした古代の祖先祭祀に関しては、日本でも古くから多くの研究があるが、ここでは諸橋轍次『支那の家族制』（大修館書店、一九四〇年、『諸橋轍次著作集』四、大修館書店、一九七五年）「祭祀篇」だけを挙げておく。

（6）戦国時代、趙の老将の廉頗は、宰相になった藺相如を口先だけで出世したと憤慨し、事あるごとに、藺相如と対立していた。だが、藺相如は廉頗との対立を避けて会わないようにしていた。そして、強国の秦が敢えて趙に戦をしかけないのは、廉頗と自分が趙にいるためであり、国家の危急を第一に考えて対立を回避しようとしていたと語っていた。それを人伝に聞いた廉頗は自分の行為を恥じ、その後は力を併せて趙のために働いたという。この話は、『史記』巻八一「廉頗藺相如」伝に典拠があり、ここから「刎頸の交わり」の故事も由来している。

（7）二〇〇年、現在の河南省中牟県の渡し場の官渡において、曹操が袁紹の大軍を破って、華北統一の展望を切り開いた戦い（『三国志』魏書巻一「武帝紀」建安五年八月の条。堀敏一『曹操』刀水書房、二〇〇一年、第四章）。

（8）原語は「士族」であるが、ここでは「貴族」と翻訳した。それは日本の研究者が内藤湖南以来、魏晋南北朝時代に政治・社会・文化などの各層に活躍した支配階層を貴族と呼んでいることに基づく。中国人研究者は、馮爾康氏の原語のように、魏晋南北朝の支配層を「士族」と表現してきた。ただ、一九九〇年代以後、内藤湖南を初めとした日本の中国史研究が紹介されるにつれて、中国人研究者も「士族」ではなく「貴族」と表現することが多くなってきている。

（9）中国人研究者は、現在の中国領土内に居住している少数民族を、当時の中国領域内に入っていたかどうかという点に関わりなく、「少数民族」と称する。たとえば、雲南は元明以降に中国領土内に入り、六朝時代には無論、中国王朝の領域内には入っていなかったが、中国人研究者は、雲南の苗族などを「中国の少数民族」と称するのである。ここの記述は、著者の言い方に従った書き方をしている。

（10）以上の、六朝から唐初にかけての貴族内の婚姻については、仁井田陞「六朝および唐初の身分内的内婚制」（同氏著『中国法制史研究〈奴隷農奴法・家族村落法〉』東京大学出版会、一九六二年）や前田愛子「中国の婚姻——唐代の通婚制限に関する律令をめぐって」（『〈東アジア世界における〉日本古代史講座』一〇、学生社、一九八四年）などに詳しい。

(11) 宋・孫光憲『北夢瑣言』巻六に、「蜀相韋荘応挙時、遇黄寇犯闕、著秦婦吟一篇、内一聯云、内庫焼為錦繍灰、天街踏尽公卿骨」とある（宋元筆記叢書、上海古籍出版社、一九八一年、四七頁）。なお、この記事は、『唐詩紀事』巻六八・『五代詩話』巻四などにも出てくるが、「天街踏遍公卿骨」の部分は、全て「遍」ではなく「尽」に作る。今、本書の「遍」の字に従って現代語訳をしておく。

(12) この話は、『旧唐書』巻一八八「張公藝」伝を初めとして、累世同居に言及する史料や研究に必ずといってほど言及される有名な故事である。馮爾康氏の原文は、「忍」字を百回も書いた主体は張公藝の族人たちとするが、原史料によって訳文のように訂正した。なお、この一族に言及する日本の研究としては、古くは、仁井田陞『支那身分法史』（東方文化学院、一九四二年）があり、そこに五か所ほど言及されている。ただ、一族と「忍」をめぐって話をした皇帝を高宗ではなく、太宗としているが（三二頁）、それは仁井田氏の史料の読み間違いによるものである。

(13) 馮爾康氏は、この記述の典拠を明示していないが、これは趙翼『陔餘叢考』巻三九「累世同居」に載る。そこでは、馮爾康氏が触れていない『明史』二六人という言及もある。なお、正史に載る義門を根拠にして、義門の盛衰と地域的分布を論じた論文として、黎小龍「義門大家庭分布与宗族文化的区域特徴」（『歴史研究』一九九八年第二期）があり、これに対しては、王善軍氏から手厳しい批判が寄せられている。詳しくは、王善軍『陽都集』（中国社会科学出版社、二〇一二年）に対する拙評を参照されたい（『東海史学』四八、二〇一四年）。

(14) 馮爾康氏の原文には典拠が示されていないので、明確には間違いと断定できぬが、『乾隆諸曁県志』巻二八「義行」は「黄振仁」ではなく、「黄振」に作る。また、この史料によると、義田は夫婦で購入したのではなく、妻の劉氏が「奩橐（持参金）」を基に設置している。

(15) 范氏義荘に関しては、日本・中国・欧米を問わず、多くの研究が積み重ねられてきたが、日本を中心とした研究については拙稿「宋代宗族研究の現状と課題——范氏義荘を中心に」（『名古屋大学東洋史研究報告』二五、二〇〇一年）を参照。范氏義荘を含めた宋代の義荘設置の様子は、古くは清水盛光『中国族産制度攷』（岩波書店、一九四九年）「第二章　族産の起源と発展」に述べられているが、近年の成果としては、王善軍『宋代宗族和宗族制度研究』（河北教育出版社、二〇〇〇年）「第二項　宗族公産」が詳述していると同時に、六四頁から六八頁にわたって宋代の義荘・義田の設置状況を根拠となる史料とともに一覧表にしてあり便利である。ただ、この表にも黄振〔仁〕の例は載っていない。

(16) 『朱子家礼』巻一「祠堂」に、「為四龕以奉先世神主」とあり、その夾注に「祠堂之内、以近北一架為四龕、毎龕内置一卓、大宗及継高祖之小宗、則高祖居西、曾祖次之、祖次之、父次之云々」とあり、朱熹は高祖以下の先祖の祭祀を前提とした祠堂の祭祀方法を説いている。なお、『朱子家礼』には、細谷恵志《けいし》の語釈・現代語訳があり（『朱子家礼』明徳出版社、二〇一四年）、『朱子家礼』を巡る近年の注目すべき研究成果としては、吾妻重二・朴元在 編『朱子家礼と東アジアの文化交渉』（汲古書院、二〇一二年）を挙げられよう。

(17)　分家に至る江州陳氏の状況は、『永楽大典』巻三五二八「義門」に詳述されている。陳氏一族を初め、江南東西路の義門の発展を当地の開発や土地所有との関係で論じた古典的論文としては、佐竹靖彦「唐宋変革期における江南東西路の土地所有と土地政策――義門の成長を手がかりに」（同氏著『唐宋変革の地域的研究』東洋史研究叢刊四四、同朋舎、一九九〇年）がある。

(18)　許烺光氏の前掲日本語訳『比較文明社会論――クラン・カスト・クラブ・家元』には、馮爾康氏が紹介する内容と正確に対応する箇所は見あたらない。強いて言えば、「四　凝集対分離――中国とインドのクラン」の注（二七）（八三頁）の記述であろうか。しかし、そこでも他の部分でも、唐代以前と以後の宗族と政府との繋がりの差異を窺わせる記述は見あたらない。

(19)　嘉慶白蓮教反乱を雲陽県の開発と宗族形成の側面から捉えようとした研究に、山田賢『移住民の秩序――清代四川地域社会史研究』（名古屋大学出版会、一九九五年）がある。

(20)　余英時氏は、一六世紀以後、中国社会にも独自の資本主義精神が生み出されてきたことを、商人倫理を通して論及し、それによってマックス・ウェーバーが『プロテンスタンティズムの倫理と資本主義の精神』において、資本主義を生み出した禁欲的倫理観は西洋のみに生み出され、中国を初めとした他の世界には存在しなかったという議論に一石を投じた（『中国近世宗教倫理与商人精神』台湾・聯経出版事業公司、一九八七年、邦訳、森紀子訳『中国近世の宗教倫理と商人精神』平凡社、一九九一年）。

(21)　「洪洞伝説」や「珠璣巷伝説」を初めとした明清期の移住伝説に関しては、牧野巽氏「中国の移住伝説――特にその祖先同郷伝説を中心として」（『牧野巽著作集』巻五、御茶の水書房、一九八五年）が古典的な研究として存在しており、こうした問題を包括的に取り扱っている。

(22)　本文には、この神道碑がどこに掲載されているのかの注記はないが、これは、『欧陽文忠公集』居士集巻二〇「資政殿学士戸部侍郎文正范公仲淹神道碑銘」を指している。

(23)　馮爾康等『中国宗族社会』（浙江人民出版社、一九九四年）。この書物は、『中国宗族史』と題して、増訂改修版が発刊されている（上海人民出版社、二〇〇九年）。したがって、二〇〇九年の改訂版は『中国宗族史』という題名である。なお、『中国宗族社会』に対しては、訳者はその特色を含めて簡単な紹介をしている（『東海史学』三〇、一九九六年）。

# 第三章　宗族と祠堂祭祀

第二章で部分的に宗廟・祠堂と祭祀の状況とを語り、各歴史的段階の宗族の特色も説明したが、本章では主に民間の祠堂祭祖の歴史を紹介し、その傍らで宗廟と祠堂の関係、祠堂の発生時期とその変遷の歴史、祭祖観念と祭祖の階層観念〔どの祖先を祭祀の対象するかに関しては政治的・社会的階層の観念が反映されていた〕ということに言及したい。

## 一　祖先崇拝観念及びその表現形式としての祭祀

人類社会の初期、人びとは自然崇拝・人工物崇拝・祖先崇拝を生み出したが、その中で最後に挙げた祖先崇拝は最も敬虔で最も長期にわたり、後になって、それは、また英雄崇拝と結びついた。その原因は極めて簡単であるが、それは人類の生存と自己自身の再生産とが一繋がりになっていたからである。古代人は死人の霊魂は不滅であり、子孫を守り、子孫に幸福を獲得させ、子孫を繁栄させると考えていた。また、祖先は、その在世時には一族発展の基礎を切り開き、子孫にその恩恵を享受させることによって、子孫に英雄と見なされ、敬仰されたのである。古代人は、さらに死人は鬼〔亡霊〕となるが、祖先の霊魂は善鬼ではあると考えていた。しかし、もし祖先に対する崇拝が誠実でないと、祖先は子孫に加護を与えず、子孫は災難に遭遇してしまうと思っていた。かくして、祖先崇拝ということから、孝の観念やその表現形式の一つである祖先祭祀が生み出された。周代において、人びとの社会生活に対する規範となった礼制がすでに完備し、「孝は、礼の始まりなり」とされていた。[1]「忠」と「孝」は人間生活の重要な事柄であって、孝は忠が実現される前提であった。いわゆる孝は三領域にわたる内容をもっている。①子供は父母の在世時には大切に扶養するということ、つまり、生活面の扶養、態度面の尊敬に尽力せねばならなかった。その上、父母の立場に立って、父母が思いつくよりも早く、多くを行う必要があった。②父母が亡くなると正しく埋葬し、埋葬を終えると厳粛な祭祀を行う。[2]③祭祀時には、文字や言語を通して、祖先に対して願い事を意思表示したりする。また、あるいは祖先の功績と徳行を言祝《ことほ》いだり、あるいは何かの事柄の報告を行ったり、あるいは何らかの願望を伝えて、祖宗の指示を求めたりしようとするのである。先述の告廟は、こうした願い事を表明する内容の一種であった。祖先祭祀が祖先崇拝の表現形式である以上は、それは人生における大礼〔厳粛な儀式〕であり、元代の蘇伯衡が「〔蓋し〕礼は祭より大なるは莫く、祭は敬より大なるは莫し〔（思うに）儀礼の中で祖先祭祀以上に大切なものはなく、祖先祭祀は敬虔な気持ちで行う以上に大切なものはない〕」と説いているとおりである。[3]これは祖先祭祀の必要性に対する肯定的認識であり、別の角度から見れば、祖先祭祀をしなければ、災難が降りかかりうるということであった。

『漢書』巻二七上「五行志」に、「宗廟を簡《おろそ》かにし、禱祠《とうし》せず、祭祀を廃し、天時に逆らえば、則ち水は潤下せず」と記載されているが、その意味は祖宗と天神の祭祀をお座なりにすれば、洪水や干害の天災を招くだろうということであり、それはまた祖宗の加護を得られない報いであった。一例を挙げよう。北宋は太祖〔趙匡胤〕によって建国され、その後、彼の弟の太宗〔趙匡義〕の系統が帝位を継承した。北宋が滅亡し、〔徽宗の子供で、欽宗の弟の〕宋の高宗〔趙構〕が南渡すると、その子供の元懿太子〔趙旉《ふ》〕は夭折し、それ以上は高宗に皇子が生まれなかった。そこで、上虞県〔浙江省上虞県〕の県丞の婁寅亮は上書して、金朝が宋朝に被害を与えたのは、太祖が太廟で直系子孫の祭祀を得られず、不愉快な気持ちを抱いて、皇室を加護しようとしないためであり、かくして金人に打ち勝てなかったのであると語った。そして、婁寅亮は太祖の子孫の中から、賢明で人徳のある人物を選んで太子とするようにと提案し、「そうすれば上は在天の神霊を慰め、下は民衆の気持ちに添うことになるだろう」と述べた[4]。高宗はこの上奏文を見て感動し、太祖の後裔から跡継ぎを選ぼうと決心して、そこで〔太祖の四男の〕秦王趙徳芳（つまり小説・演劇・映画劇中の八賢王）の六世孫の趙伯琮を後継者とした。後になって趙伯琮は帝位を継いだが、これが孝宗であり、その後、帝位は太祖の系統が継承した。南宋と北宋の帝系の相違は〔北宋は太宗系統、南宋は太祖系統という相違〕、趙氏皇室内部の子孫系統中の変化であり、その変化は祖先崇拝観念が決め手だったということだけではなく、この一事によって、社会生活の中に占める祖先崇拝と祖先祭祀の重要な価値を充分に説明できる。

## 二　宗法制崩壊後の祖先祭祀観念

周代の大小宗法制の崩壊後も、祖先祭祀を実行して孝行を尽くすという観念は残されていて、その上、大宗と小宗とがそれぞれ異なる先祖を祭祀するという観念も一定期間は残っていた。しかし、それらは社会の現実と適合せずに結局は時代の荒波にぶつかり、排除されてしまった。宋代の儒者は、この問題をめぐる議論に対して多くの貢献を果たした。朱熹は、「大宗法が立てられないならば、小宗法を立てるべきである」と述べ[5]、官民ともに四世代前の先祖や始祖を祭祀して祖先に孝行を尽くせるようにすべきであると主張している。朱熹の観念は後世の人びとに受け入れられた。清代の張恵言は、「三代以来、宗法は実現できなくなった。宋代の大儒はそれを憂えて、初めて、士人も庶民も祖先祭祀は四代前の高祖までを祭祀し、また道理上から高祖以上の祖先や始祖までを祭祀するようにさせるべきだと論じた」と説いている[6]。こうしたことは、観念上から官民に対する大小宗法制の制限を突破したものであり、実践上も祠堂を建設して、祖先祭祀の場所を作り、孝行をしようとする気持ちを実現させた。それ故に、張恵言はその後に直ぐ続けて、「宗祠の建造は、思うにそれによって宗法の真似をしようとしたのである」と述べた。考えてもみよ、元来、民間では父親と祖父を祭祀するだけであって、その祭祀は一部屋内で行うことができたが、始祖以降の先祖を祭祀するとなれば、多くの祖先の木牌があることになるのだから、それらの木牌を一部屋の細長い卓上に置けなくなるだろう。しかも、祭祀に参加する子孫も多くなって、一部屋に詰め込んで焼香し礼拝することは無茶であり、必ず神主の牌位を置く部屋と祖先を礼拝する広間とを増設せねばならなくなる。これこそが祠堂を建設し、寝祭を祠祭に改めた理由であった。贅言するまでもなく、小宗法の観念と祠堂祭祀とは一つの事柄の二つの側面であり、祠堂建設は宗族制度変化の必然的産物であったのである。

## 三　群祖祭祀の祠堂の出現とその流行

祖先祭祀の場所は、周代では家廟と称していた。戦国時代になって、楚で「公卿の祠堂」が出現したが[7]、一方で公卿の家廟を祠堂と呼んだのかどうかは、詳細な記述がないので知り得ない。両漢時期になって、祠堂が出現したことは、史籍の示すところであり、その大体の状況は知ることができる。それは、前漢の恵帝が父親の高祖の陵墓区域に原廟〔正廟以外に別に建てた廟〕を建てて〔『史記』巻八、高祖一二年一一月丙寅の条、『漢書』巻四三「叔孫通」伝〕、高祖の供養を実行できるようにしたことに始まった。高祖には別に本来の廟があるのに、さらに陵墓に原廟を建てたことは、祭祀場所を重複して建設したことになるが、そうしたことは官民の模倣を呼び起こした。多くの貴門官僚と豪民は墓地にも祠堂を建設したのである。たとえば、富平侯の張安世は「冢〔墓地〕に祠堂を建て[8]」、丞相の張禹は晩年に「自ら墓地を造り、祠堂を建てた」のである[9]。後漢の王符は、祠堂流行の状況を「京師の貴戚や、郡県の豪族の家は、〔中略〕

大墓を造り、そこに松柏を広く植え、仮小屋や祠堂を造った」と総括している。[10]墓地に造られた祠堂は、飽くまでも特定の個人のために建造されたのであり、子孫の墓参りも、亡くなった個人に対する敬意にすぎないのであって、後世の祠堂とは異なる。ところで、漢代の人びとの祠堂は、身内が集まる場所として使用されていた。たとえば、斉の人で、諫議大夫の楼護は地方巡察に派遣されたとき、ついでに祖先の墳墓に立ち寄って、宗族や知り合いを集めて、血縁の親疎に応じて布帛を分け与えたという。[11]前漢宣帝の外戚の王林卿は、豪傑との交友関係をもち、賓客も多く、長陵〔陝西省咸陽市〕に帰って墓参りしたとき、多くの人を集め、数日にわたって宴会を行ったところ、長陵令の何並《へい》は集まった人たちの不法行為を恐れて、直ぐさま王林卿に退去するように勧告した。[12]祠堂を造って金銭を浪費したり、また〔墓参の際に〕人びとを糾合するという嫌疑をかけられたりすることは、人びとの警戒と不満を引き起こしたので、太尉の張酺《ほ》は、子供に対して「祠堂を建造するな」と遺命した。[13]前漢の政府刊行物である『塩鉄論』は、古《いにしえ》の一般庶民は寝〔奥座敷〕で祖先を祭祀したと考えて、前漢時期の祠堂に対しては批判的であった。[補注1]晋朝になると、政府は、「そもそも葬儀を行う場合、祠堂・石碑・石表・石獣を建造してはいけない」という命令を下して、祠堂の建造を禁止した。[14]かくして、墓祭や祠堂が偶然に出現する例、たとえば劉宋時代に会稽永興県〔浙江省蕭山県西〕の孝行息子の郭原平がその父親のために二部屋の小屋を造り、それを「祠堂」として、元旦や中秋節などの佳節になれば、そこで祭祀を挙行したということはある。[15]しかし、大体から言うと、中古時期、一部の貴族が家廟を建造し、そこで祖先祭祀の儀式を挙行した以外に、大多数の人たちは寝堂で祖先祭祀を行っていた。まさに、それは銭大昕が、大宗法が廃れて以後、「大夫という尊い身分であっても、寝に祭祀していた」と語っているとおりであり、[16]墓所の祠堂での祭祀は基本的には跡を絶ったといえよう。

北宋は品官家廟制〔官品をもつ官僚に家廟設置を認める制度〕を復活させたが、しかし家廟の多くは首都に置かれ、その上、官品の制限もあったので、人びとは祖先祭祀に不便だと感じて臨機応変の方法を考えた。たとえば、兗《えん》州奉符県（山東省泰安県）の石介は、従七品の節度掌書記に任ぜられたが、唐代の品官家廟制に拠る限り、彼には家廟を建てる資格はなかった。しかし、他方で庶民でもなかったので、両者の間をとって祖先祭祀する方法をみつけだし、住宅の東北の場所に三部屋の堂を建てて、五品官であった祖先の祭祀を行った。そして、併せて祖父母と父母を祭祀し、これら祖先祭祀の場所を「祭堂」と呼んだ。[17] 石介とほぼ同時代の曹州済陰県（山東省定陶県）[補注2] の任中師は、知州や戸部侍郎を歴任し、その父親の任載は右拾遺となり、長兄の任中正は参知政事となった。任中師は兄の中正の遺命を尊重して、曹州の邸宅付近に祭堂を建てたが、それは三間続きで、五人の霊位を置き、併せて祭堂の周囲に家屋を建て、祭堂には彫刻を施した。大堂には任載の霊位を祭り、東室は任載の妻白氏の木主が安置され、西室には任中正の牌位が置かれ、それぞれ季節ごとに祭祀された。この祭堂は家廟とは異なり、また墓祠でもなく、住宅の付近にあるので、「家祠堂」と称した。[18] この「家祠堂」は、すでに後世の祠堂に近い。元代から、住宅内や住宅付近に諸祖先を祭祀する祠堂が多く登場してきており、それは清代の歴史家の趙翼が、「近世の祠堂という呼称は、元代から発生したと思われる」と述べているとおりである。[19] 明代中葉以後、祠堂は至るところに林立し、郷村と市鎮に広く散在しており、その隆盛ぶりはすでに説明済みなので、ここで贅言しない。総じて、祠堂は戦国時代に現れ始め、両漢に墓祠となり、魏晋から隋唐時代には中絶し、宋代に家祠堂が生み出され、元代以後に諸祖先を祭祀する祠堂が出現して、現在も時としてそれらの祠堂を目にできる。[補注3]

上述の歴史過程の中で、ある文献には別種の祠堂の記載がある。たとえば、范仲淹『范文正公集』巻七「桐廬郡厳先生祠堂記」に語られている祠堂は、後漢の著名な隠逸の厳光を記念したものである。孫星衍『岱南閣集』巻二（『孫淵如先生全集』所収）「清故賜進士出身薦挙博学宏詞平番県知県牛君墓表」には、牛運震が徽県（甘粛省徽県）の知事だったとき、「杜工部（杜甫）の祠を溧《りつ》亭川に建てた」とあって、つまり詩聖の杜甫のためにその祠堂を修築したことを記載している。このような厳光や杜甫を記念する祠堂は、役所や民間が著名人のために建ててやった記念堂であり、そこでも祭祀は行われるが、それは族人による祭祀とは違うし、祠堂といっても宗族の祠堂と異なるので、どうか読者は両者を混同しないで欲しい。

もう一度、話を宗族の祠堂にもどそう。祠堂は祖先祭祀の神聖な場所であり、必ず、それに相応しい規格や必要条件があった。一般的にいって、宗族は一族の財力を尽くして、祠堂のために最高級の木材や石材を使用し、雄壮で壮麗な高層の建築群を建てた。私たちは、族譜に描かれた祠堂の家屋図やフィールド調査で目撃した旧時代の祠堂遺構から、多くの祠堂は四合院の形式であり、その中には大堂があって、そして、それとは別の建物も存在し、周囲は塀で囲まれていることを知ることができる。また、かなり狭く簡単な構造の場合、邸宅の中央に祠堂を設け、邸宅の四隅は族人の住居となっていた。たとえば、湖南の『平江葉氏族譜』〔巻一、一九三五年刊〕に描かれている葉氏の宗祠図には、祠堂の建物に正門と左右の脇門が明確に示されていて、内側には二つの中庭があり、後ろ側の広間は祖先を祀る堂となっている。そして、その〔奥からみて〕左側は関帝廟であり、東棟の建物は大広間、西側の建物の九部屋は、それぞれ広間・寝室・納屋である。左側の門内に宗族の学校がある。これらは、全て図に示されているとおりである。[補注4] 一九一三年に完成した『張氏族譜』に載る山東省〔臨清県〕の張姓の祠堂は四方形で、正門には大きな間口があって、それは三室分の構えを持っており、その左側に耳門〔脇門〕があり、東側にも別に側門〔通用門〕がある。正門を入ると、牌坊〔鳥居形の門〕があって、中庭を過ぎると、間口が約一五メートルの大きな建物となる。[補注5]

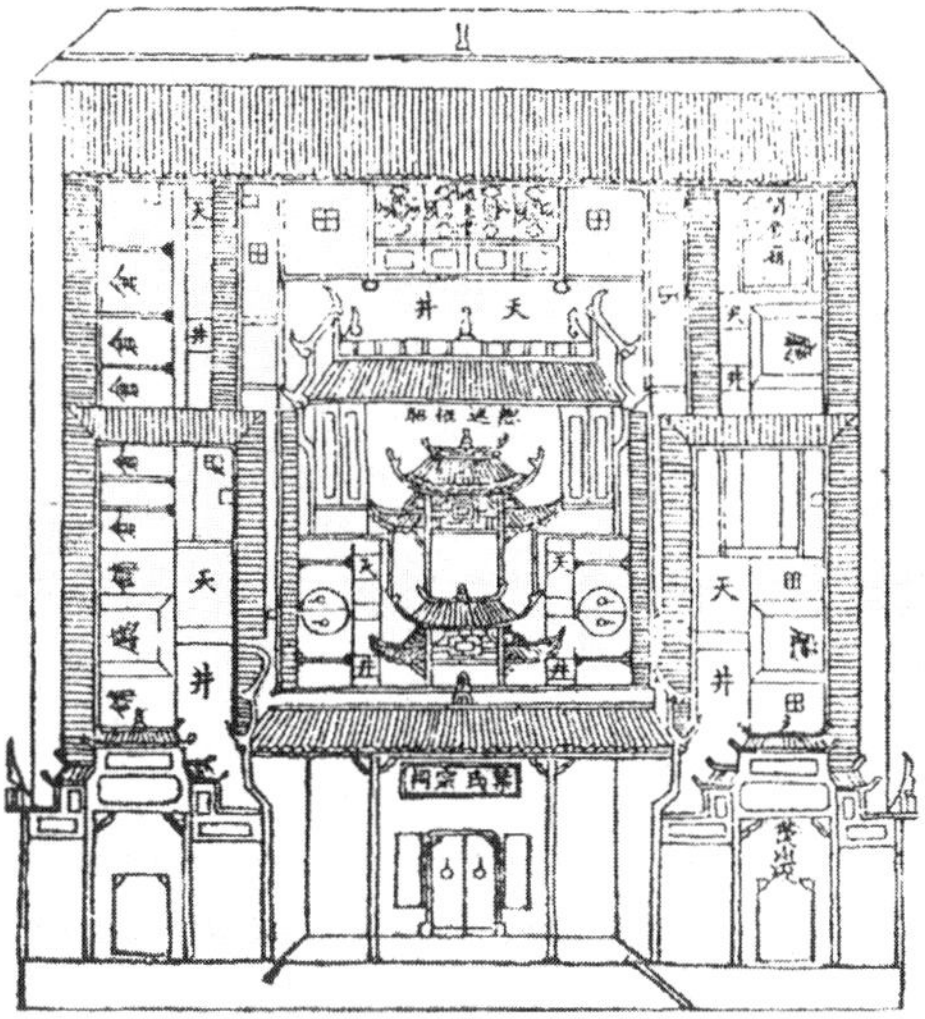

湖南平江の葉氏一族の宗祠図

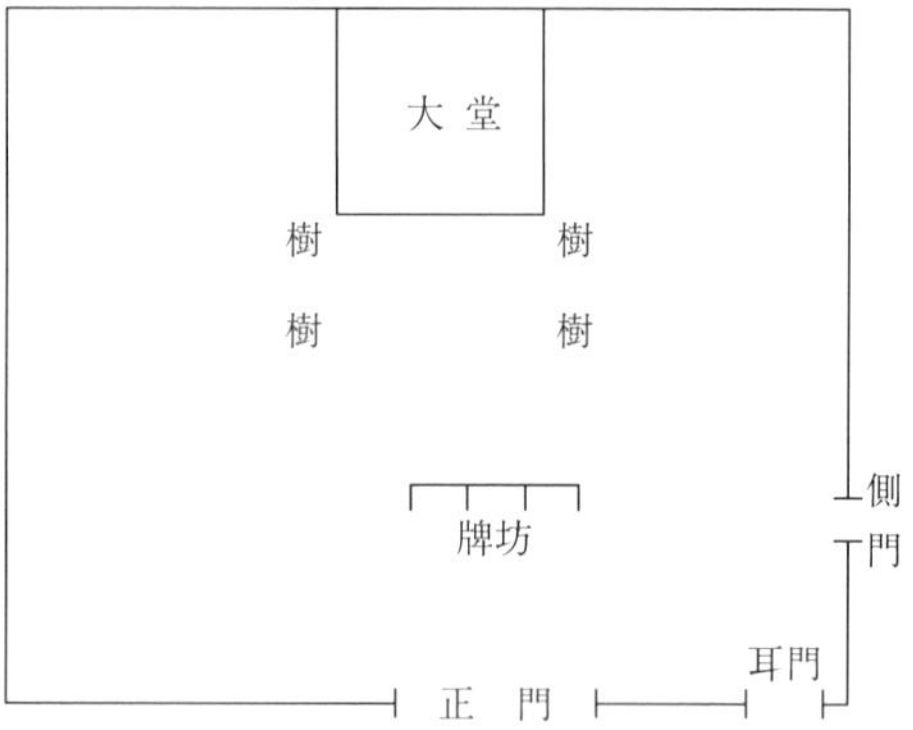

山東省の張姓祠堂

上述の民間の祠堂は、事実上、清朝政府が貴門・品官・士民の家廟建設に対して定めた制度に基づく建築物であった。本来、庶民は祖先を寝に祭祀できるだけであったはずが、民間では、その政府の決めた制度は遵守されず、違法に祠堂を建てていた。しかし、それに対して政府も、違法だとして追及はしなかった。

祠堂の祭祀対象は、小宗法の祭祀観念によって決められたが、祠堂には宗祠・支祠・分祠などの区分があって、それら各種の祠堂に供えられる牌位〔位牌〕はそれぞれ異なっている。一般的にいって、宗族全体のための祠堂〔総祠〕は始祖以下の祖先を祭祀する。たとえば、宜興〔江蘇省宜興県〕篠里の任氏一族の宗祠は「一本堂」というが、そこには始祖以来の祖先が祀られている。「一本」という命名は、宗族を樹木に譬えたもので、祖宗は根であり、宗族内の伯叔兄弟といったものは枝葉であり、後裔は全て一つの宗族の子孫であるから、それ故に「一本」なのである。根本は一つであるという点を尊重するとすれば、自然と祭祀は始祖から始まる。始祖とは、宗族が認定した何世代か前の先祖であって、その始祖は必ずしも第一世代の祖先である必要はない。というのも、宗族の中には始祖以下の世系が明瞭ではなく、そこで明白になっている世系だけを、一世・二世・三世という家系に配列して、それらを祭祀しているものもあるからである。過去に移住を経験した一族は、通常、始遷祖〔当地に最初に移住した祖先〕以下の祖先を祭祀する。たとえば、同治間〔一八六二―一八七四〕に編纂された〔江西省贛州府〕『興国県志』に述べる当地の風俗に、「〔当地は〕遠い祖先を追い求めることを重視し、一族が纏まって居住する場合は必ず祠堂を建設し、そこに始遷祖を祀る」とある〔巻一一「風俗」〕。徽州府歙《きゅう》県〔安徽省歙県〕岩鎮の汪氏宗族は、宋代に当地に移住してきた。

そして明代の万暦年間〔一五七三―一六二〇〕になって祠堂が創建され、始遷祖を祭祀した[20]。清代の満州族で吉林の他塔喇氏一族の祠堂は、「始遷祖を真ん中に祀るのは、尊位によって一族を統率する意味である。始遷祖以下は、祖先の牌位を昭穆〔中央に置いた始遷祖の牌位の左側に第二世・第四世と偶数の祖先の牌位が置かれ、それを昭という。右側が第三世・第五世というように奇数の祖先の牌位が置かれ、それを穆という〕の順番に置いて従祀する」と述べられている[21]。ところで、どの一族も従前に移住しなかったかどうかということに関しては、明確には分からない。場合によって、遠い昔の始祖が誰であるかが確かに判明して、それ故にその人物を始祖として祭祀したとしても、その始祖が実際は始遷祖ということもありうるのである。

　ところで、始祖や始遷祖以下の祖先を祭祀するとなれば、大族の場合、祖先の数が多いので、大堂の中にさらに多くの祖先の霊牌を置くのは困難であり、そこで些かの原則に照らして処置を行わなければならなかった。このために帝室の宗廟のやり方や民間の実際の状況を参考にし、その上、死者本人やその子孫の、宗族と社会における地位や祠堂に対する貢献度に基づいて、霊牌の置く場所が決定されていた。帝室の宗廟の法則によると、太祖の神主〔牌位〕は大殿〔正殿〕の真ん中に置かれ、それは永遠に動かされることはなかった。太祖以下は昭穆の順番に従って、それぞれの木主を太祖の両側に置くが、しかし正殿には七つか、あるいは九つの木主しか置けないので、さらに新たな木主を置く必要が出てくると、既設の木主を取り去らねばならなくなる。それでは、一体、どの木主を取り除くのであろうか。その場合、「祖」の字や「太」の字（たとえば唐の太宗）の諡号をもつ神主、「高」の字（たとえば唐の高宗）や「世」の字（たとえば明の世宗）の諡号をもつ神主は撤収しない。そこで新たな神主との関係で、すでに五服〔四世代前の祖先の子孫は、斬衰・斉衰・大功・小功・緦麻という五ランクある服喪の中、何らかの喪に服さねばならないので、五服という〕関係の外側にあって、上述の文字の諡号をもたない神主を取り除き、その取り除いた神主を祧室《ちょうしつ》〔正殿から移された神主を置く御霊屋《おたまや》〕に収蔵する。そして、その神主を祭祀するときにだけ、その神主を持ち出してくるのである。ところで、

これらの諡号は、当該の皇帝の功績を考慮して確定される。[補注6]

民間では、こうした帝室宗廟の精神を見習って、始祖や始遷祖及びそれらと近い子孫以外は、当該祖先の徳・爵位・功績を勘案して、その祖先の祠堂中の地位を決めている。もし、その祖先が道徳的に高尚で、社会の尊敬を受けていたり、その人自身や子孫が官職に就いたりして、それによって宗祖〔先祖〕の栄誉を高めることに貢献したり、あるいはその人自身や子孫が宗祠建設とその維持に尽力したり、祀田・書田・義荘を寄付して、宗族の維持に功労があったりしたときには、その死者の霊牌は特別に尊重される地位に置かれただろう。明代の嘉靖時期〔一五二二―一五六六〕、曲靖府〔雲南省曲靖県〕の知府であった龐《ほう》嵩の宗祠には、正堂が設けられていて、そこに木主を供えていた。正堂の両脇には正堂を挟んだ部屋つまり夾室があって、祧主《ちょうしゅ》〔正堂から移された木主〕が収められていた。正堂は三つの龕《がん》〔厨子〕に分かれ、正龕〔真ん中の厨子〕は最も重要で始祖の神主に供され、次いで本宗族の設立に大きな功績があって正堂から移せない神主が置かれていた。その他の神主は祭祀する人から五代目以降となると、祧室〔正堂両脇の部屋〕に移される。正堂の左の龕《がん》は「崇徳」となっており、そこには隠れた徳行があって、族人を救済し、近隣の紛争を仲裁したりした人物や、科挙に及第して官僚となり、民衆に恩沢を与えたりした人が入れられ、そこから決して取り去られることはなかった。右の龕《がん》は「報功」であり、祠堂の大改修や、祭田・義田の増加に功績のあった人物が入れられ、一度、入れられたら他に移されることはなかった。元旦の祭祀には、既に正堂から移された神主も持ってこられ、まだ移されていない神主と一緒に、昭穆の順番に従って列べられる。そして祭祀が終わると、祧主〔正堂から移された神主〕は再び祧室に収められた。(22) 先程述べたばかりの篠里の任氏宗族の主堂である一本堂は、一一世代以上の祖先を祀っているが、一一世代以下の族人で、七品以上の文官と三品以上の武官や、祠堂に対して一〇〇両以上の銀を寄付している祖先は、功・徳・爵があるという理由から一本堂に入れられていた。一本堂の東側には「樹風堂」があって、少しでも善行のあった祖先を祀っている。西側は「錫類堂」であり、上述の二つの堂に入れられなかった祖先を祀っている。この三堂の中でも一本堂が最も尊ばれ、その次が樹風堂であり、極めて明確に祭祀される祖先を等級づけているといえよう。

安徽省桐城県麻渓の呉氏宗族の祠堂はさらに細かく分けられ、正祠・崇揚祠・顕揚祠・節烈祠・招霊祠・学祠というものがあった。その中で、顕揚祠は官僚となった族人を祀り、百余人もの多くの族人を安置している。また、ある宗族は、宗祠内に何らかの特殊な貢献をした族人のためだけの祠、すなわち専祠を設立し、併せて、そこにその族人の子孫をも合祀していた。たとえば、浙江省瑞安県の董氏宗族には、董応科という明末の生員がいた。当時、東南の紳衿の間では結社が盛んで、彼は汐《せき》社に加入したが、清朝が中国を統治するようになると、彼は漢族としての気概から科挙を受験して官僚となることをせず、二〇余年間も隠棲生活をした。その死後、百余年が過ぎて、董氏の族人たちは、彼の気概の高尚さを認めて、別祖に推挙して、その祠堂を造り、彼の子孫も合祀された(23)。

祠堂が徳・爵・功に応じて祖先を等級づけて分類し、先祖に異なった祭祀の待遇を与える仕方に対しては、些かの批判を受けていた。それというのも、こうしたやり方は、世代と年齢に基づく先祖同士の自然的序列を乱し、祖先に対する不敬であるからであり、それ故に相当数の宗族は、この種の方法を採用していない。

祠堂で始祖や始遷祖を祭祀することは、元朝以来、宗族が一本思想を強調してきたことの体現であり、また小宗法観念の発展であり、宗族規模の拡大の表現でもあった。それと同時に、宗族の凝集力を高め、宗族の規模のさらなる拡張を促進させた。

## 四　祠堂祭祀

宗法観念と宗法制度とに照らして、祖先祭祀は極めて神聖で厳粛な事柄である一方、それは相当に煩瑣な事柄でも

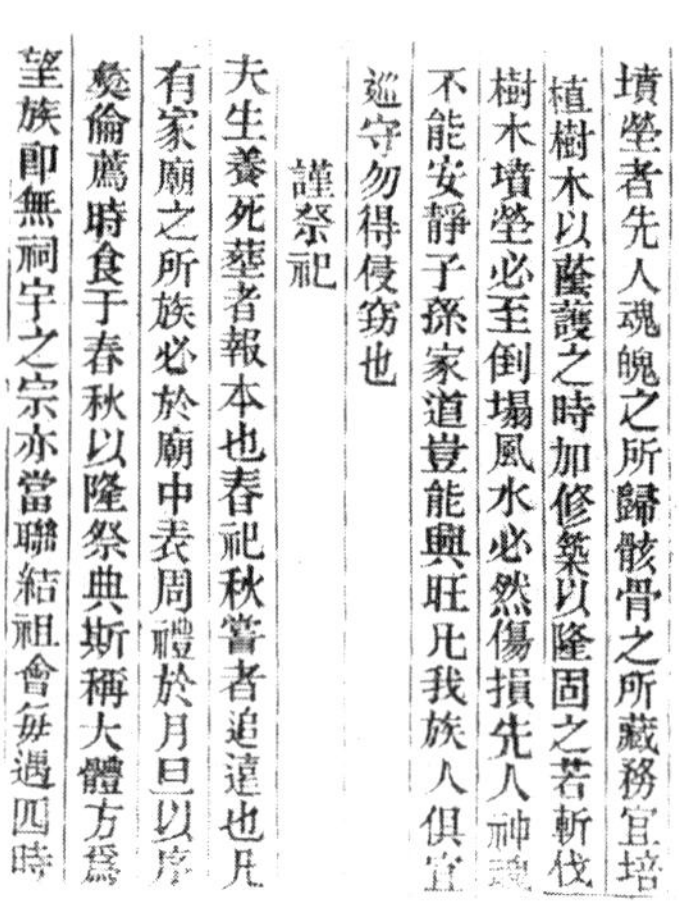
守墳塋
墳塋者先人魂魄之所歸骸骨之所藏務宜培
植樹木以蔭護之時加修築以隆固之若斬伐
樹木墳塋必至倒塌風水必然傷損先人神魂
不能安靜子孫家道豈能興旺凡我族人俱宜
巡守勿得侵犯也
謹祭祀
夫生養死葬者報本也春祀秋嘗者追遠也凡
有家廟之所族必於廟中表周禮於月旦以序
彝倫薦時食于春秋以隆祭典斯稱大體方爲
望族即無祠宇之宗亦當聯結祖會毋遇四時

江蘇儀徵県の陳氏一族の家規
（「守墳塋」と「謹祭祠」の部分）

あった。つまり、その祭祀に当たっては、祭祀される偶像の形態、祭祀の類型と日時、祭器と供物、祭祀時に祖先に告げられる内容、祭祀の主宰者と雑務係の職責、祭祀参加者の条件と参加者の規律、祭礼の順序、祭祀後の宴会などにわたる事柄を考慮せねばならぬからである。こうした祭祀の内容と形式に対しては、政府は規格を作成し、政府が決めた礼制の中において、品官に応じた家廟儀礼と庶人の家廟儀礼とを定めており、民間においても多くの規範があった。たとえば、中古の望族である清河の崔氏一族の崔浩は、官職は宰相まで至ったが、「〔彼は〕家祭法を作成し、それによって大宗と小宗をそれぞれ秩序付け、先祖の祭祀儀礼や、財産の豊かなときと慎ましやかなときの対処法に、合理的で見るべきものがあった[24]」。宋代以後、とりわけ明清時代の紳衿の宗族は、実に多くの宗祠祭礼を制定し、それを族譜や文集中に記録して、一族の祭祀時に遵守執行できるようにした。ここで、各宗族の祭祀規定を主な根拠として、宋元以後の祠堂祭祀の儀礼を簡単に説明しておこう。

【祭祖の類型】　時祭とは、一年を四つの季節に分けたとき、各節季の二か月目に行う祭祀のことで、通年で四回の時祭がある。まず、春は祠と言い、そこに置かれる供物は多くないが、祭祀に際して捧げられる祝詞はかなり長い。それは春は播種が始まって生産物が少ないので、供物が少ないからかも知れない。多くの祈りの言葉を捧げるのは、祖宗の加護を願って、その年の大豊作を得ようとするからである。夏は禴《やく》〔夏の祭り〕と言い、そのときも、まだ穀物は刈り入れされていないので、祭礼の供え物もかなり少ない。だから禴〔薄いの意味〕と名付けている。[補注7]　秋は嘗《しょう》と言い、秋に熟した穀物を刈り取って祭品とし、祖宗に初物を食してもらう。冬は烝と言い、烝は多いとか気勢が旺盛だという意味で、冬烝は一年の全ての収穫を終えたことを表していて、祭品が一年の中で最も多い。四節季の祭祀の具体的時期は、その時節になって吉日を選んだり、あるいは春分・夏至・秋分・冬至の各日にちでもよく、官衙は具体的な規定をしていないが、[25]民間では清明節と冬至の二つの時節の祭祀が重視されている。清明節のとき、各宗族は墓を掃除し、祖先の墓地で祖先祭祀を行う。そのとき、最初に一族全員が始祖の墓参りをして、その後、各房支それぞれの祖先墓に墓参りする。宗族によっては、祖先の墓地と祠堂の二か所で祭礼を行う。冬至の祖先祭祀は祠堂で行われ、これは宗族全体の大祭祀である。冬至は、古代においては、陽の気が生まれる時節と考えられ、臣民は君主に対してお祝いを申し上げねばならず、年越しのときと同じく、官僚世界では互いに祝福し合い、民間では、このときの祖先祭祀をとくに重視した。宋代において、人びとは「享祀先祖〔祖先祭祀〕」を冬至を迎える一つの欠くことのできない内容と見なしていた。[26]清代の萍郷《へいきょう》県〔江西省萍郷市〕の人びとは、大方、冬至の日が来ると、「犠牲を捧げて祖先を祀るが、それは一陽来復〔一〇月に陰気が最大となり、一一月の冬至に陽気が生じ始める〕の意味を取っているからであった」という。[27]清明・冬至の祭祀の他、多くの宗族は端午・中元・中秋・元旦・元宵など、節季ごとの目出度い日に祖先を祭祀した。たとえば、江蘇省武進県では、人びとは、これらの節句の祖先祭祀を「供養」と呼んでいる。一般的に言って、これらの節句の祭祀の中で、冬至の祭祀の規模が盛大であり、一族が揃って挙行し、その他の節句は各房支や各家族が行う。社会全体を見渡すと、宗族は多数存在し、それによって宗族が行う祠堂祭祀にも特定の一族の具体的な原因から作り出された祭礼の日というのがあった。た

安徽歙県の棠樾鮑氏一族の支祠に掲げる
「慎終追遠」と題する扁額

とえば、呉江〔江蘇省呉江県〕の任氏一族は一〇月一日を全族合同の祭日としており、他の祭日よりも重要であった(28)。祖先の命日が来ると、各宗族は、特定の先祖を別にすれば、分家の祠堂か墓地で祭祀を行った。要するに、宗族の祖先祭祀は清明節と冬至の両日が最も盛大であった。

　以上が通常の祭祀、あるいは特別な祭祀である。子孫は科挙によって任官したり、官位や爵位が上がったりすれば、それは非常な栄誉と考えられるので、祠堂が身近にあれば祠堂でお祝いの儀式を行い、身近になければ、帰郷した折りを俟って祠堂で補祭〔追加祭祀〕が行われた。江陰県〔江蘇省江陰県〕の袁氏一族の宗族規定によると、生員となった子孫は、〔死後〕祭祀を受ける席が与えられ、廩生〔給与を与えられる生員〕・挙人・進士は生員よりも厚く祭祀され、任官者はさらに手厚く祭祀された(29)。『紅楼夢』を読むと、宗祠祭祀に関する特別の描写が見られる。その続編の、『紅楼夢影』や『紅楼真夢』にも、「蘭桂斉芳、家道復初〔子孫が繁栄し、家業が回復する〕」という主旨を継承して、賈氏一族の子弟が試験に通り、官位を上げ爵位を貰ったとき、その当日か翌日に宗祠祭祀の行われたことが描かれており、そこには官僚家族に特有な祭祀状況が相当に反映されている。

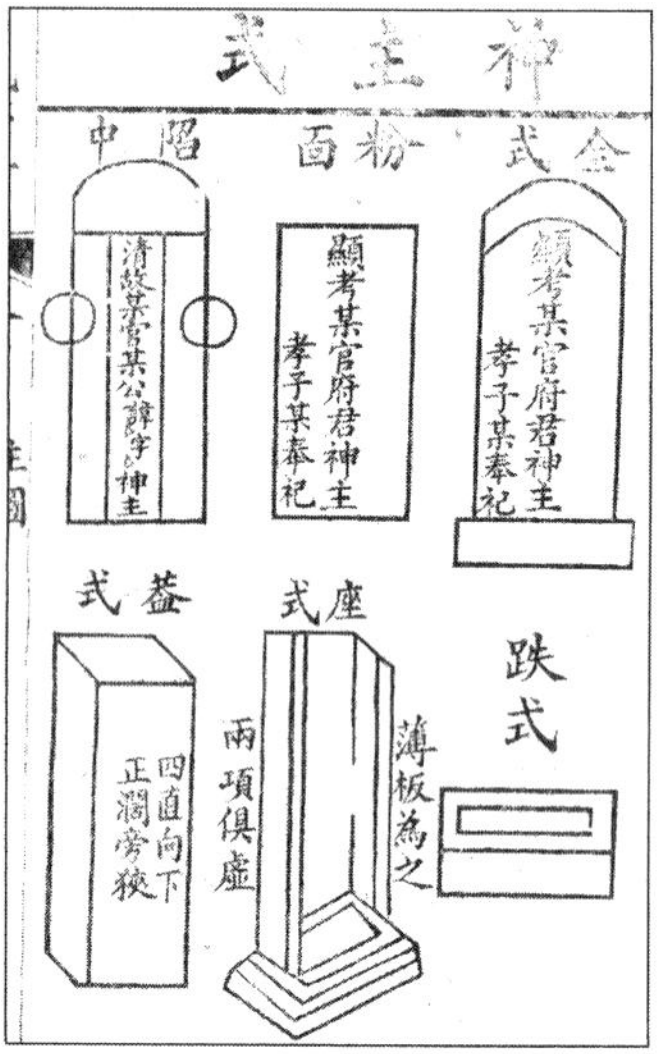

四川周氏一族の神主の全作成法（『安居郷周氏宗譜』光緒 10 年〔1884〕刻本）

　祠堂祭祀の対象が明確だとすれば、その祭祀対象を祠堂の中で、どのようにして明示するのであろうか。それは木主と画像を借りて明示しようとするのである。木主は、また神主・牌位・木牌・神牌とも呼ばれる。木主は、上等の木材を使用して木片にして、それを台座に差し込み、その牌上に物故者の名前を記し、通常は布袋の中にしまって、漆塗りの箱に置いて保存しておく。木版の大きさや書かれる文字にも規格があった。宋朝政府の規定では、神板の長さは一尺、幅は四寸五分、厚さは五寸八分であり、神板の上に「某官某大夫之神坐」と書く[30]。神主の製作に凝るかどうかという状況は、各一族の財力を見る必要がある。たとえば、清代広東の大金持ちの葉氏一族は、木主の上の文字は金で鋳造され、木板の素材は伽羅であった。のちに家業が衰退すると、子孫たちは金で鋳造された文字を売って銭に代え、また伽羅の木牌を使って数珠を作って売り出したが、木牌ごとに一八粒の数珠を切り出すことができ、それで折良く一連の数珠が出来上がったという[31]。

先述したように、画像の技術を持たない上古の時期には、「尸《かたしろ》」を使って祭祀対象となる神主の容貌を代表させていたが、絵画技術が発展した後、遅くとも北宋時代には家廟中に画像が出現していた。司馬光は『司馬氏書儀』中で画像は必ず真に迫って、本人のようでなければならぬと強調している。彼は、ある家では良い画家を選ばずに絵を描いたり、早期のうちに描かずに、両親が病床についてから病床で描かせたり、亡くなった後になって描かせたりすることがあるが、それではどうして充分に本人のように描くことができようかと述べている。そして、これでは他人の父母を自分の父母としているということではないだろうかというのである。彼は、画像は本人の本当の姿を追い求め、そうして初めて祖宗に対する敬愛を表現できるのであり、そうでなければ不孝だというのである[補注8]。前述の、宋代に家祠堂を造った任氏一族では、先祖の代わりとして、その画像が描かれていた。平時はそれは巻かれており、祭祀するときに取り出して、埃を払って掲げるようにしていたという[補注9]。明清時代になると、画像はとても多くなって、それらは祭祀用に提供されていたが、多くの一族で

河北滄州の戴氏一族の八世祖
戴明説の画像（『戴氏族譜』所収）

は先祖の画像を宗譜に翻刻していた。これらによって、私たちは、現在、些かの族譜に黄金の龍を刺繡した礼服〔蟒袍〕を身に着け玉帯を締めた老人や、鳳凰の冠と霞のような肩掛けをした老婦人の画像を見ることができる。そこから、当時、そうした画像の原物が祠堂に掲げられ、子孫の最敬礼を受けている情景を思い浮かべられる。

祠堂祭祀に際しては、供物を捧げなければならない。政府は、品官を有する人の家廟に次のような規定を設けた。補注10 つまり、二品以上の官員は、羊と豚をそれぞれ一頭、五品以上は一頭の羊である。五品以下は一頭の豚を供物に使用してよいが、それらは全て四肢をバラバラにして煮てから捧げ、祭礼を行うのである。民間の祭祀では、実際上、やはり羊や豚を供物に使用したが、経済条件の整っていない宗族は、犠牲を捧げることができず、自分たちの経済条件に応じた供物を捧げた。供物には、犠牲の他に穀物などの糧食や、糧食で作った品物、季節の野菜・果物もあり、それらの供物と併せて酒や茶も捧げられた。ここでは、山東省即墨県の楊氏一族の清初の供物を例に挙げて、その一斑を見てみよう。この一族は、大晦日の夜、始祖及び第一世・第二世・第三世を祭祀するが、そのとき大きな饅頭と蒸した鮭とをそれぞれ五つ、餅米・餅粟・蒸し菓子をそれぞれ四角の二つの大皿に載せ、それと牛・羊・豚の犠牲の一揃いを捧げた。第五世から第八世までの祭祀には、前の四世代と同じく、饅頭・蒸し鮭・蒸し菓子を捧げる他に、別に米飯・春雨入りのスープ・大魚〔コクレン〕・鶏・肉・季節野菜の精進料理・揚げパン・自然の果物〔栗やクルミ〕・茶・酒を捧げる。夏の土用の日は「献新」といって、祠堂祭祀には新麦で作られた饅頭、肉と魚の入った料理、季節の果物が供えられる。中秋節の祠堂祭祀には、ただ月餅と西瓜だけが捧げられた(32)。

祠堂で祭祀を行おうとすれば、時期を決め、供物を捧げる他に、祭祀の段取りや祭祀に見合う管理人員を必要とする。品官の家の祭礼では、必ず祭礼に関係する事柄の責任者を置いている。たとえば、祭文を読み上げる人、儀式の司会、杯を持つ人などである。実際に祭祀を行うとき、宗族はさらに細かく分担を決め、場合によって、祭祀の主宰者と副主宰者・賓客係・祭文の音読係・献杯係・酒席係・式典進行の監視係などの実行人員に分かれ、それとは別に祭事の責任者、つまり全体の責任者、儀式進行の責任者・祭文を読み上げる人・祭器の管理者・供物係・規律係などが置かれた。祭祀は、こうした人員が主宰する中で担当を分けて進行した。その順序は、大体、以下のとおりである。①祭祀の主宰者が祖宗の神主に向かってお辞儀をする。②族長が祭祀場を離れて犠牲や供物を出迎える。③初献〔最初に捧げる酒〕。供物用の卓上に、箸・スプーンや醤油と酢の皿を置く。④祭文を読み上げる。⑤明器〔葬式に使用する紙製の車・人形・銭などの供物〕の銭や絹織物を焼く。⑥音楽の演奏。⑦族員による先祖参拝。⑧二献〔二回目に捧げる酒〕。肉入りの羹を捧げる。⑨三献〔三回目に捧げる酒〕。餅や野菜を捧げる。二献と三献の間に全員が礼拝を済ませる。⑩供物の撤去。⑪一族揃っての会食。祭祀の主宰者は必ず族長でなければならないが、宗子制〔代々の嫡長子が一族を代表する制度〕を行っている一族は、主宰者は宗子である。もし族長が出席できなければ、副族長が主宰するが、祭文の中で必ずその点を説明しなければならない。つまり、私は子孫の誰それで、族長の誰それが某理由から来られず、それを特に某某の祖先に謹んで申し上げる、と。こうして、祖宗と祭祀制度に対する尊重の気持ちを表す。族人が祖先に拝礼するとき、世代に従って順番どおりに並んで拝礼を進める。祭品の準備、祭器の洗浄、一切の供え物は、全て子弟やその夫人たちによって行われ、召使いを使用してはいけない。それは子孫が祖先を祭祀するという敬虔な態度を表すためである。

祖先祭祀が完全に終わると、宗族によっては二つのことを行っていた。一つは族人同士の拝礼であり、二つ目は一族全体の会食である。族人同士の拝礼は、一族合同の大祭が終わった後に行われ、族人たちは宗子や族長に拝礼してから、目下が目上に拝礼する。同じ輩行の中では年少者が年長者に拝礼をする。ある一族の拝礼は非常に煩雑であって、異なる輩行同士の間は一世代ごとに拝礼を行わねばならなかった。たとえば、高祖の輩行では、まず子供や侄《おい》の世代の挨拶をうけ、その次に孫世代、そして曾孫の拝礼を受け、さらに玄孫世代の拝礼を受ける。長幼同士の場合は一人ずつ拝礼を受ける。しかも、地面に頭を打ち付ける最上の拝礼は四回も行われるので、輩行が下で年齢も若ければ、どれだけ頭を地面に打ち付けねばならぬのか分からなかった。このような宗祠での顔合わせの煩雑な儀式は、祖先に対する尊重を表している。それというのも、各輩行は祖先から伝来してきたものだからである。それと同時に、人びとを教育して尊卑長幼の道理を理解させて、祭礼と祠堂におけるその他の規定を遵守させるためでもあった。そして、こうした拝礼の儀式は、実際上、儀礼の実地訓練となったし、族人に礼法を理解させる絶好の機会ともなったのである。

　祖先祭祀用の供物が祭壇から撤去された後、それを子孫たちはそれぞれ分け与えられて食べるが、それを「餉餕《しょうしゅん》余《よ》」と呼ぶ。「餕《しゅん》」とは余った食物の謂いであり、それは祖先たちが食べ残したものであって、子孫がそれを受け止めて食べることによって、祖宗の与えてくれた幸福をきちんと受け止めるのであって、それは目出度いことなのであった。「餉餕余」は、「飲胙《そ》」と呼ばれる場合もあったが、それも供え物を食べるという意味である。それらの食べ方には、当然、それなりの食事作法があった。多くの宗族では輩行と年齢に応じて、卓上の自分の席に座り、食事をする人は、「長幼の順序に従って、整然と順序づけ」させられていたのである。[33] ある宗族では、祖宗の牌位を一様に「功〔業績〕」「爵」「徳」を考慮して置き、現在生きている族人は身分に応じて座席が配置された。たとえば、広東省東莞《かん》県の王氏一族は、挙人以上・宗子・族長・守備〔清では五品の武職〕以上と九五歳以上は、一人で一卓を与えられ、貢生・千総〔清の下級武官〕と九〇歳以上は二人で一卓、生員・把総〔清、緑営軍の准尉で、中隊長程度〕は四人で一卓、外委〔清の初等の武官〕・九品・七〇歳以上は六人で一卓、六〇歳以上は八人で一卓であった。[34] このようにして、子弟に対しては目標とすべき手本が打ち立てられた。子弟たちはそれらの手本から充分に学び取り、族人が書物を読んで自分を向上させることを促し、その結果として、祖宗に栄光が与えられるというのである。

　餕余を食するには、広い部屋と大量の食品とが必要であり、それらが揃って初めて沢山の族人を収容して食事が供されるのである。これは、どの宗族も成しえるものではなく、だからこそ宗族によっては、祭祀が終わっても決して会食が行われず、ただ供物を族人に分け与えるだけとなっていた。それは「頒胙肉〔胙肉《そにく》を頒《わ》ける〕」と呼ばれている。「胙」とは祭祀に供される肉の意味である。「胙肉を頒ける」とは、子孫に祖宗の恩恵を受けさせるということである。胙肉の分配は、基本的には祭祀参加者に対して平均して分け与えることであるが、しかし老人に配慮せねばならず、ある一族では六〇歳以上の人は他の人の倍、七〇歳と八〇歳以上はさらに倍加して分け与えられていた。宗族の中には、身分の高い族人に対しても配慮されていた。たとえば、浙江省山陰県の王氏一族は、「異彩を放つ高位の衣冠を身につけた子孫」に対しては、大勢の族人を超える胙肉を与えられた。(35)もし宗祠に財力が欠乏していれば、犠牲を捧げて祖先を祭祀することはできず、胙肉も族人に分け与えられず、族人たちには幾文かの銭を与えて、祖宗の恩典を受け取ったことを示すのであった。

祖先祭祀の全過程に対して、宗祠は監視員を設けて、族人の儀礼違反行為を正していた。族人は一度祠堂に足を踏み入れると、厳粛かつ静粛にしていなければならない。そして、祭祀を行うときは敬虔な態度でなければならず、儀礼を行うときは深く慎まねばならず、規律に違反してはならなかった。そうして初めて祖先に対する孝行の気持ちを表現できるのである。餕余を食するときも、静粛にして礼儀正しくなければならず、大声を出して騒がしくしたり、くすくす笑って顔をほころばしたり、じゃんけん遊びをしてはいけないし、また無骨な話をしてもいけない。もし違反すれば処罰を受けねばならなかった。顧炎武は、祖先祭祀の効用を説いて、「毎年、子孫を祠堂に集めて孝行を教え、酒と供物を捧げ、それが終わると餕余を食す。それによって礼儀を教える」と述べている。(36)要するに、祠堂における祖先祭祀とは、宗族が孝道を実行して、族人を教育して礼法を理解させていたこと、つまり孝道の実践が一種の教育という形式となっていることを知るべきである。また、こうした実践的な教育は、族人を速やかに学習させやすくして、またその教えを受け入れやすかったので、宗法思想の伝播に重大な作用を及ぼしていた。

以上、多くの祭祀儀礼に言及してきたが、それでは祠堂祭祖にはどのような人が参加できたのだろうか。婦女は祠堂に入って祭祀できたのであろうか。まず、族中の成年男子は全て参加できたし、しかも必ず参加しなければならなかった。いわゆる成年とは、昔の人は一般的に一六歳を規準とし、一六歳の男丁〔成年男子〕が祠堂に行って祖先祭祀に参加することは、彼の義務であり、また彼の権利でもあった。義務というのは、族人は必ず祭祖儀式に出席しなければならぬからで、理由もなく遅刻したり、早く退席したり、欠席したりはできなかった。そうでなければ、処罰され、罰金として金銭や穀物を支払ったり、罰としての宴席を設けたりして、祖宗に対しては謝罪しなければならなかった。[37]そして、祭礼出席が族人の権利であるとは、祭祀への参与は宗族の成員であることの表明であって、宗族が救済を行うとき、条件に符合すれば、族人は救済の権利を獲得できるし、もし他の族人と紛糾した場合、宗祠が前面に出て調停を行い、保護が与えられるからである。ここにいう権利とは、祭儀に参加を許されない人に対していうのである。宗族の成員中、もし重大な誤りを犯す人が出れば、宗族から除名されて追放され、祠堂祭祀の活動に出席を許されなくなる。嘉慶年間〔一七九六―一八二〇〕、広西省臨桂県の李氏一族に一つの殺人事件が発生した。その原因は、李周氏の夫が亡くなり、[補注11]未成年の子供がいたが、彼女は適切な時期に宗族に対して清明節の祖先祭祀のお金を支払わなかったからである。族長の李如松はそれを取り立てようとしたけれども、それでも周氏はお金を支払わなかったので、李如松は怒ってしまい、彼ら母子が祖先の墓参りに参加することを許さないと宣言した。周氏はそれを聞いて、それは彼女の子供が李氏一族の宗祠から排除されることを宣言したに等しいと思い、異常に腹を立て、手元が狂って李如松を死に至らしめた。[38]ここから、族人にとって宗族の祭礼出席は忽せにできない権利だったいうことが分かる。

男丁のことを述べたので、さらに女子を見てみよう。明朝政府が規定する品官の家廟儀礼によると、主婦〔主祭の正妻〕は主祭者と一緒に祭祀参加者を率いて祠堂に行かねばならなかった。主祭者は男性祖先の神主を安置している箱を開け、主婦は女性祖先の神主の箱を開け、それらを順序よく並べる。祭祀に際して、主祭者は男性成員と共に東側に立ち、主婦は女性成員と共に西側に立ち、跪拝礼〔ひざまづく拝礼〕を行う。[39]清朝にも同様の規定があり、品官を有する人の家廟の祭祀に際して、主婦は女性たちを引き連れて祠堂の御飯を作る台所に行って、祖先のための供物を作り、三献の祭儀を行うときは、供物を捧げるたびに、その他の婦人たちを率いて供物を運び、併せてそのたびごとに、叩頭礼〔地面に頭を打ち付けてする拝礼〕を行った。(40) このように見てくると、官僚の一族の場合、婦人は祠堂に行って祖先に拝礼しなければならなかったらしい。婦人は嫁ぎ先に嫁入りすれば、実家とは宗族の関係は途切れ、嫁ぎ先の宗族に所属する。しかも宗法の規定によれば、結婚してから三か月〔あるいは三日〕を経過して廟見の礼、つまり祠堂で祖先に対する拝礼を行わねばならなかった。補注12 ここから、宗祠は、嫁いできた婦人が祠堂祭礼に参加することを認めたり、それを要求したりできることが分かる。たとえば、〔山東省〕即墨県の楊氏一族が元旦に祠堂で祖先祭祀を行うとき、男子は拝礼を終えて享堂〔祖先の牌位を置く場所〕を退出すると、その後、婦女たちは纏まって享堂に入って拝礼を行い、四度の拝礼を終えて退出していた。もし病気でなければ、男女とも必ず拝礼に出席しなければならないのである。当然ながら、男性優位の社会においては、宗祠は男性血縁関係の組織であり、宗祠の祖先祭祀は自然と男子が主役であり、女子は脇役であって、女子は男子の配偶者・付属物として現れる。それ故に、祖先祭祀に彼女らの参加を許すのは、あくまで男性を尊重する意味からであって、彼女らの参加によって、先祖の亡霊に子孫には家族があり、隆盛し発展していることを確実に知らしめるためであった。そのために、餕余を食べるとき、婦人たちには割り当ては存在せず、祠堂の管理権も婦女にはなかったのである。宗祠の中では、その他の社会領域と同じく、婦女は差別待遇を受けているが、それは前近代が確実に男尊女卑の社会であることの反映である。

どうして祠堂は、このように祭祖儀礼を重視して実践をしたのであろうか。清初の経学家の万斯大は、『学礼質疑』の「宗法」の中で、「族人を統率して祭祀を行う。既に亡くなった祖先を祭祀して、それによって現存する一族を結束させる」と説いている。(41) これは、宗族が祖先祭祀を通じて、現存する族人を団結させることを言っているのであり、それを当時の言葉で「収族」の効果があると表現しているのである。祭祀の意義も、ここにあるのである。こうした学者たちの認識は、万斯大とほとんど同時期の宜興県篠里の任氏一族の認識と同様である。任氏一族の源祥・景徳・逢中の三人は、宗祠で祖先祭祀することを提唱したり、実行したり人たちであるが、彼らは次のように自分たちの認識を表明している。「国には宗廟があり、家には宗祠がある。それが祭祀を尊信して族人たちの気持ちを整える所以である」。「宗祠が創建されることによって、上に遡っては一族の祖先の恩に報いることになるし、下に下っては子孫を和合させることになる。目上を尊び肉親に親しむという点で、これ以上に大切なものはない」。「一体、宗祠とは一族の祖先〔「本」〕の恩に報い遠い祖先を祀るためである。〔中略〕本とは根を言うのであり、その枝葉を豊かにしようとする人は、必ずその根元に栄養をやって豊かにする」と。三人の見解は同じであり、生きている人の団結と発展のために亡くなった人たちを祭祀するということなのである。学者も実践家も皆一致して、祖先を尊ぶことこそ一族を団結〔「収族」〕させると言っている。彼らの説明は私たちの思考回路を啓発し、祠堂祭祀の史実と結びついて、以下のような認識を生み出させる。

その第一。祠堂祭祀は祖先崇拝を体現したものであり、宗族を凝集させる役割を果たしている。既に説明したように、祖先崇拝を形にしたものが祭祀であり、それ故に宗廟の祖先祭祀は、それを体現している。宋代以後、人びとの祖先崇拝の観念は、「一本」という思想に発展していった。そして、族人たちは、全て一人の祖先の後裔であり、族人たちを一つに繋ぎ合わせようとするならば、祖先を上の方に遡っていって始祖までたどり着いて、初めて祭祀上において着実なものとなると考えた。つまり五服以内の近い祖先を供養するだけでなく、さらに遠い祖先や始祖を祭祀しなければならないということである。ここにおいて、一本を重んじ、始祖を尊重するということが、族人たちの精神の拠り所と団結の旗印となったのである。始祖祭祀の活動を繰り広げることになると、それは明らかに一家や一軒では実行はできないので、団体を保持して組織化する必要があった。これが「尊祖」と「収族」との間にあって、それらを結びつける中間リングであり、それによって両方面の連携を実現したのである。古人は、また「尊祖・敬宗・収族」ということを述べるが、「敬宗」は「尊祖」と「収族」の両方面に結びついている。上古において、大宗は、一族の族衆たちを代表して祖先祭祀を行っていた。敬宗とは、要するに小宗が大宗を崇拝して大宗に服従することであった。その後、大宗法が廃れて以来、再び敬宗を重視するということは、基本的には大宗を尊ぶという意味ではなく、族人たちが宗族全体を尊重し、宗族の体現者すなわち祠堂とその管理者たる族長を崇敬するということである。族長によって祖先祭祀は組織され、族譜が編纂され、宗族の義学が創設され、一族内外の民事紛争が処理された。そして族人を族長の管理下に置いて、族人たちを団結させた。当然、宗族祭祀・義塾・救済活動を行おうとすれば、宗族共同の経済を必要とし、祭祀などの項目の活動も、そうして初めて体裁良く行うことができて、その役割を果たせたのである。もしそうでなければ、広西省臨桂県の李周氏が〔夫を亡くした後も一緒に〕生活していた李氏一族のように、祖先祭祀のお金がなくて、臨時に負担金を集めたところ、殺人事件を起こしてしまい、その結果、族人の団結を作り出して、一族の社会的地位を高めることができなかっただけでなく、かえって他の宗族の笑い種になってしまったのである。宗族団体は経済条件がなければ役に立たないけれども、族人が組織を形成するためには、さらに経済的基礎の上に、それを実現させる手段を持たねばならなかった。これが祠堂祭祀であり、この活動をしてゆく中で、人びとは自分たちが「一本」だという共通認識をもち、宗族の族長が組織した祖先祭祀の活動を通して、一つの団体を形成するのである。それを図解の形式で示せば、あるいは少し明快となるであろう。

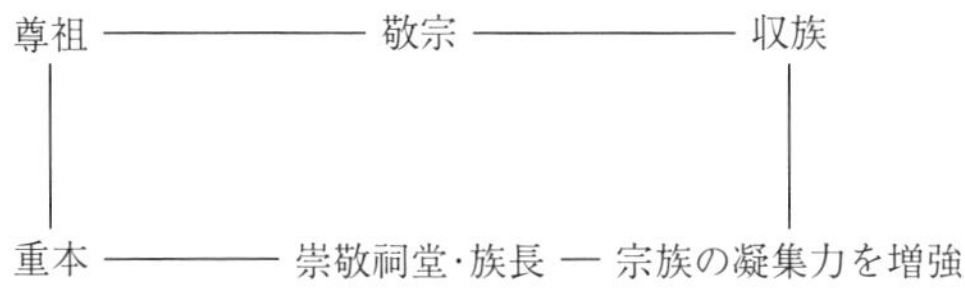


祖先祭祀と宗族の凝集力の関係

西洋人〔オーストリア人〕のミハエル・ミッターラウアー（Michael Mitterauer）とラインハート・ジーダー（Reinhard Sieder）は、『欧洲家庭史』と題する書物で、「祖先崇拝は、通常、家系観念を培養する中で決定的な作用を起こし」、「祖先崇拝を通して、家系は生きている人と亡くなった人を一つの共同体に結びつける」という理解を示している。(42)確かに、このように祖先祭祀は、死者と生者を一つに結びつけ、死者の後裔すなわち生者の人びとは宗族グループを形作るのである。

その第二。祠堂における祖先祭祀は、近古〔宋元明清〕の宗法思想を体現している。今、宗祠祭祀が族人に対する凝集力を果たしていると分析したばかりだが、実際上、この結論を以下のように帰納できよう。すなわち、上古時代の宗法思想は宗族を大宗・小宗に区分していたが、宋代以後の近古では、最早、厳格な意味での大宗と小宗の観念はなくなっており、「一本」を重視する意識から、族人たちは全て始祖祭祀の権利を持っており、これこそが上古の宗法思想と異なるところであった。宗族の主宰者である族長は、輩分〔世代〕・年齢・人品・徳性・功名・財力などの諸要素によって生み出され、血縁〔世代と支派を指す〕はある程度の関係はしているけれども、その他の条件も必要としており、上古の、血縁要素が唯一の要因とすることとは極めて異なっている。

その第三。祭祀は祠堂活動の主要な内容の一つであり、また宗族組織を強固にする手段でもあった。宗族が祠堂を建設するのは、第一に祖先祭祀のためであり、祠堂における他の活動は、これから派生したというべきである。明代の人びとは、次々に「族人たちが非常に仲睦まじいのは、家に宗祠があるからである。季節ごとにお供えをして祀れば、仲睦まじさは衰えない」(43)、「村々の家では、祠堂を構え、季節ごとに祠堂にお供え物をしており、庶民たちは自分たちの土地に安住して生業に勤《いそ》しむ」と語っている。(44)彼らは、祠堂と俎豆〔お供え物器具〕とを一緒にして述べている。俎と豆とは祭祀用の道具であり、それは要するに祠堂と祭祀を一体のものとしており、それゆえに各族の宗祠の規約には祭祀が大事なことであり、期限どおりに祭祀が行われるべきだとしているのである。たとえば、「朔望〔毎月の一日と一五日）には一族の子弟を引き連れて先祖の祠に拝謁する」「祖先の祭祀を廃止してはいけない」とあり[45]、また「祭祀の時期に勝手に欠席したりしてはいけない」とある[46]。祠堂では、祖先祭祀以外の活動も非常に多い。つまり、①家譜の編纂を主宰する。②条件が整えば、祀産・義塾・義荘を創設して、族内の互助を進める。③宗族の倫理教育を進める。④族内の紛争を処理し、そこで解決できないものは役所に引き渡して処理してもらう。⑤宗族を代表して渉外事務を処理する。この五つが主要な活動内容である。こうした活動内容の中で、祭祀は経常的かつ繰り返し行われ、絶対に不可欠である。また、祖先祭祀は族人を結集させる基本的な要素であり、またその他の活動が展開される前提条件であったので、祭祀こそは祠堂活動の主要な内容であったといえる。祠堂は、また祖先祭祀の活動を進めることによってのみ、族人を一つに団結させるのであるから、宗族の集会や協議は、祠堂と切り離せないものであり、反対に宗族組織を強固にしてこそ、祠堂は安定性を強化させ、それを長期に保持させることになった。

その第四。祠堂における祖先祭祀は、前近代社会の階層制を体現しており、そしてその祖先祭祀は、一種の、階層制と宗法制との結合形態であった。上古時期、大宗制と小宗制は、それ自体に階層制の精神を含んでいたが、宗法制は、また分封制とも結びついていた。かくして、宗法の精神と階層制の精神とは相互に浸透しあって、宗法制に階層制の意味を具備させることになった。近古の祠堂における祖先祭祀は、輩分〔親族間の長幼の序〕に基づいて尊卑を定めており、それは宗法の階層制の精神を体現しているが、すでに分封制とは何の関連もないことによって、そこから世俗階層制の精神が必然的に出現する条件とはなっていなかった。しかし、人びとは宗祠における祖先祭祀の活動の中で、血縁秩序に違背してまでも、徳・爵・功を重視して、祖先の牌位を増設し、それを人びとは〔血縁秩序とは〕異なる類型に区分される享堂に安置していた。そして、餕余を食する宴会中においても、功績や富貴を問題にすることによって、現存している族人の中に尊卑を持ち込んで区別した。こうしたことは、祭祀の中に世俗階層の精神と制度とを導入したということであり、〔本来、輩分に基づく〕祖霊内部の宗法階層性の外側に、世俗階層制の区分を実施してしまったのである。近古においては、分封制は既に異化されてしまっていたので、この種の〔宗法制に基づく階層制の〕やり方は現実的かつ理論的根拠を喪失しまっていた。清代には、世俗階層制をめぐる議論や反対が引き起こされたが、それでも、結局は、多くの宗族で〔功績や富貴に基づく階層制が〕実行されていたのである。近古において、紳衿の宗族が多く存在し、当該時代の宗族制の代表となっていたので、彼らは祭礼中において貴賤の別にかなり注意を払い、宗法精神の中に世俗の階層観念を含ませていた。族人に対する祭礼中の差別待遇は、まさに宗族内部の人びとが、本来、政治・財産の状況が同じではなく、異なる社会階層関係に分かれていることの反映なのであり、また〔前近代全体を覆う〕封建時代の階層制度の反映でもある。それ故に実質上、祠堂祭祖とは、宗法の階層精神中に社会の階層精神が混入してきたということであり、他方、功績・爵位・道徳を一緒に論ずることは、階層思想の中に宗法思想の理論が入り込んできたということであり、また両者の結節点だともいえるのである。換言すれば、上古の宗族の階層制観念は大宗や小宗の観念と分封制の階層観念との結合として成立したものであり、近古は宗法の尊卑観念と富貴観念とが結合して成立したものだということである。

注

（1）『春秋左氏伝』文公二年冬。

（2）『礼記正義』巻四九「祭統」、『孝経注疏』巻六「紀孝行章」。

（3）『蘇平仲集』巻七「王氏祭田記」。

（4）『宋史紀事本末』巻七六「孝宗之立」。〔補注：この言辞は、『宋史』巻三九九「婁虎亮」伝に載っており、無論、『宋史紀事本末』はこれに依拠している。なお、本文に「婁寅虎」とあるが、『宋史』や『宋史紀事本末』の記述に従って、訳文は「婁寅亮」と記す。また、李𡌴『皇宋十朝綱要』巻二〇「高宗」によると、趙旉は建炎元年（一一二七）六月辛未に誕生し、建炎三年（一一二九）七月丁亥に亡くなっている。『宋史』巻二四六「宗室伝」には誕生年は記すが、死亡年は書かれていない〕。

(5) 清・康熙帝『御纂朱子全書』巻三九〈礼三〉「祭」。〔補注：この朱子の言辞は、元々、『朱子語類』巻九〇「祭」（中華書局、点校本、一九八六年、二三〇八頁）に載っている〕。
(6) 『茗柯文編』第四編「嘉善陳氏祠堂祭」。
(7) 後漢・王逸「天問章句序」〔『漢魏六朝百三家集』巻二〇所収〕。
(8) 『漢書』巻五九「張安世」伝。
(9) 『漢書』巻八一「張禹」伝。
(10) 『潜夫論』巻三「奢侈篇」。
(11) 『漢書』巻九二「楼護」伝。
(12) 『漢書』巻七七「何並」伝。
(13) 『後漢書』列伝巻三五「張酺」伝。
(14) 『太平御覧』巻五八九「文部五」所引の『晋令』。
(15) 『宋書』巻九一「郭原平」伝。
(16) 『潜研堂文集』巻二一「銭氏祠堂記」。〔補注：銭大昕の「銭氏祠堂記」には、本文の引用文に先立って、その直前に「三代以後、仕者不世禄、大宗不能収族、而宗法廃」といっているので、「雖貴為大夫、猶祭於寝」とある事項は、いわゆる中古の状況を言っているのではなく、三代以後、つまり夏・殷・周以後のことを指していると考えられる。そもそも、著者も引用文の前に「大宗法が廃止されて以後」と述べており、これだと中古の状況ではなく、周の大宗法の廃止以後となり、漢代に墓地に祠堂を造り、それが六朝以後廃れたという文脈の流れからすると矛盾した記述になっている〕。
(17) 『徂徠石先生文集』巻一九「祭堂記」。
(18) 穆修『河南穆公集』巻三「任氏家祠堂記」、『宋史』巻二八八「任中正」「任中師」伝。〔補注：原文の注では、任氏一族の祭堂が『河南穆公集』だけでなく、『宋史』巻二八八「任中正」伝と「任中師」伝に載っているように記すが、『宋史』の両列伝には載っていない。なお、『河南穆公集』巻三「任氏家祠堂記」に、「敞三室而闢五位」とあるのを、著者は「三開間、隔為五室」としているが、これでは意味は分からない。「五位」は「任氏家堂記」を読む限り、祭られている五人の人たち（任載とその子供の任中正・任中孚・任中行と任載の妻白氏）を指している。訳文は史料に基づいている〕。
(19) 趙翼『陔余叢考』巻三二「祠堂」。
(20) 『岩鎮誌草』元集「各族宗祠」〔補注：『中国地方志集成』第二七冊所収、江蘇古籍出版社、一九九二年、なお、『岩鎮誌草』は、元・亨・利・貞の四集からなる四巻本の書物で、雍正一二年編纂〕。
(21) 『吉林他塔喇氏家譜』「祠宇偏」。
(22) 清・屈大均『広東新語』巻一七「祖祠」。

(23) 清・惲《うん》敬『大雲山房文稿』二集巻三「瑞安董氏祠堂記」。
(24)『魏書』巻三五「崔浩」伝。
(25)『続通典』巻五二「礼」。
(26) 孟元老『東京夢華録』巻一〇「冬至」。
(27)『同治萍郷県志』巻一「風俗」。
(28) 清・任兆麟『有竹居集』巻一三「任氏祠規六則」。
(29)『澄江袁氏宗譜』巻三「祠規」〔中華民国三八年（一九四九）排印本〕。
(30)『宋史』巻一〇九〈礼志一二〉「群臣家廟」。〔補注：本書の原文には「某官某大人之神坐」とあるが、『宋史』の当該部分には、「大書某官某大夫之神坐」とあり、訳文は『宋史』の記述に従って直している〕。
(31)『清稗類鈔』〈豪奢類〉「葉盧之後」。
(32) 道光『即墨楊氏家乗』「祭法」。〔補注：『中国家譜綜合目録』（中華書局、一九九七年）によると、『即墨楊氏族譜』は、道光二八年（一八四八）に発刊された不分巻の族譜であり、所蔵は南開大学〕。
(33) 明・王禕『王文忠公集』巻七「章氏祠堂記」。
(34)『鰲台王氏族譜』巻二「祀事」（乾隆五九年〔一七九四〕刻本）。
(35)『中南王氏宗譜』「巻首」（中華民国二三年〔一九三四〕刊本）。
(36)『顧亭林詩文集』巻五「楊氏祠堂記」。
(37)〔安徽〕『潜山琅琊王氏宗譜』巻一（嘉慶一二年〔一八〇七〕刊本）。
(38) 中国第一檔案館所蔵の檔案『内閣全宗』〈刑科題本〉「土地債務類（嘉慶）」。
(39)『明史』巻五二〈礼志六〉「群臣家廟」。
(40)『清史稿』巻八七〈礼志六〉「品官士庶家祭」。
(41)『皇清経解《こうせいけいかい》』巻四九。〔補注：万斯大のこの文章は、『学礼質疑』巻二「宗法八」に載っている。万斯大の「宗法」は、周代の宗法制から、後世の宗法に至るまで体系的に論じており、「宗法八」は、題名下の夾注にあるように、近世以後の族譜を中心に宗法制の意義を説き、文章の後に「欧陽氏譜図」と「蘇氏族譜」を載せている。なお、馮爾康氏の原文は『学礼置疑』となっているが、『皇清経解』に従って『学礼質疑』に修正している〕。
(42)『欧洲家族史』（華夏出版社、一九八七年）一一頁。
(43)『万暦祁門県志』巻四「風俗」。
(44)『康熙徽州府志』巻二〈輿地志〉下「風俗」所引の『嘉靖府志』。
(45) 南皮（河北省南皮県）『侯氏宗譜』の「家規」。〔補注：この河北省南皮県の『侯氏宗譜』の「家規」は、馮爾康 主編『清代宗族史料選輯』下（天津古籍出版社、二〇一四年）一七二二頁に載っている」。

(46) 常州『澄江袁氏宗譜』巻三（中華民国三八（一九四九）排印本）。

## 補注

(1)『塩鉄論』巻七に次のようにある。「古者不封不樹、反虞祭於寝、無壇宇之居・廟堂之位、及其後則封之、庶人之墳半仞、其高可隠、今富者積土成山、列則樹成林、台榭連閣、集観増楼、中者祠堂屏閣、垣闕罘罳」。

(2) 曹州済陰県を馮爾康氏の原文では、山東省荷沢県としているが、譚其驤編『中国歴史地図集（宋・遼・金）』（地図出版社、一九八二年）や青山定雄編『中国歴代地名要覧』（大安、一九六五年）によって訂正した。

(3) 多くの研究者の理解によると、祠堂出現は『朱子家礼』に祖先祭祀の場所として祠堂が記されて以来であるとしている。なお、馮爾康編『中国宗族社会』（浙江人民出版社、一九九四年、一七三頁）、同編『中国宗族史』（上海人民出版社、二〇〇九年、一七三頁）は、南宋時期の「祠堂」は、北宋時期の家祠から明清時期の宗祠へと転化してゆく姿を示しているという微妙な書き方になっている。

(4) 本文に「図に示すとおりである」とあって、一九九六年の簡体字本と一九九八年の繁体字本には、その図が確かに載っているけれども、この二〇一三年改訂本には載っていない。ここでは説明の必要上、図を入れた。

(5) この山東張姓祠堂も、一九九六年の簡体字本と一九九六年の繁体字本には載っていて、本文の記述を理解するために役立つが、この二〇一三年改訂版では省略されている。本訳書には読者の便宜を考えて挿入しておく。

(6) 諡号の歴史や諡号の付け方に関しては、汪受寛『諡法研究』（上海古籍出版社、一九九五年）に詳細な論述がある。

(7) 一三経注疏本『礼記』の「王制」に「天子諸侯宗廟之祭、春曰禴、夏曰禘、秋曰嘗、冬曰烝」とあって、その注によると、これは夏と殷の礼制であって、周では春が祠、夏は禴とあり、さらに疏文に「春曰禴、皇氏云、禴薄也、春物未成、其祭品鮮薄也」とあるように、「禴」は「薄い」という意味である。

(8)『司馬氏書儀』には、著者が本文に述べているような言辞は見あたらない。『司馬氏書儀』巻五「魂帛」には、大夫は生前に画像を描いておく当時の習慣を述べた後、婦人が亡くなった後、画人を招いて、顔を覆っている布を取り去って画像を描くことの非礼を述べている。また、『伝家集』巻七一「先公遺文記」に「今之人親没、則画像而事之」とあって、当時の習慣として、親が亡くなった後に親の画像を描かせて、それに恭しく仕える姿が紹介されている。なお、本人と厳密に似せていなければ、画像を作るべきではないと主張したのは、二程であり、『河南程氏遺書』巻六に、「今人以影祭、或画工所伝、一髭髪不当、則所祭已是別人、大不便」とある」。

(9) 穆修『河南穆公集』巻三「任氏家祠堂記」には、著者が言うような、普段は先祖の画像を巻いておき、祭祀するときに取り出すという説明に当たる記述は、管見の限り見出せない。無論、『宋史』巻二八八に載る任中正と任中師の両伝にも見あたらず、この記述の典拠は不明。

(10) 歴代の王朝は、『礼記』王制篇に従い、品官に応じた供物を定めており、それらは正史の礼志に載っている。たとえば、宋代に関しては『宋史』巻一〇九「礼志」の「群臣家廟」の項に記載がある。

(11) 中国では古くから婦人は結婚しても姓氏を変えないが、結婚後は夫をもっていることを示すため、夫の姓の後に生来の自分の姓をつけて称してきた。これについては、家族・宗族に関する多くの論著に言及されているが、ここでは陳其南「房と伝統的中国家族制度」(瀬川昌久・西澤治彦編『中国文化人類学リーディングス』風響社、二〇〇六年、一九九頁)を紹介するに止める。

(12) 『礼記』の「曾子問」に、「三月而廟見、称来婦也」とあるが、これはその注に、「謂舅姑没者也」とあり、また『儀礼』の「士昏礼」に「若舅姑既没、則婦人入三月、乃奠祭」とあるように、舅や姑が亡くなった場合は、結婚してから三か月を経て廟見の儀式を行うのである。「三日」は第四章「第二節第一項　宗族が族人の婚姻を主宰」を参照。

# 第四章　族人教化と族人の社会生活に対する宗祠の役割

前章では宗族の祖先祭祀について叙述した。そこでは、祖先祭祀が族人に対する一種の教化活動となっており、それは「飲胙」活動に鮮明に表現されていると論じた。ところで、帝室から民間に至るまでの各種の宗族は、それぞれの族人に対して人生観や世界観の教育を施した。また各時代の社会的必要性と宗族教育の実践状況とに応じて、専門の書籍が編纂された。それらの書物は、この種の教育をかなり系統的で完備したものにさせ、族人の思想と行動とに対する宗族の拘束力を増大させた。まず、帝室が宗族教育に関する専門の書物を撰述した。たとえば、北魏の粛宗のとき、宗室の任城王の元澄は、『皇誥宗制』を朝廷に進呈した。それは、当時、権力を掌握していた霊太后がこの書物を見て戒めとして、彼女の政治に対する関与を少なくしてくれればという望みを託したものであった(1)。また、西魏の文帝は、大統七年（五四一）〔一二月〕、皇族の諸王を引見したが、それは家族同士の儀礼に従って行われた。その際、手ずから書いた『宗誡十条』を諸王に下賜した(2)。明の太祖は『洪武宝訓』を撰述した。それを清の世宗皇帝〔雍正帝〕が読んだ後、この書物に関して、「そこで使用されている言葉は周到で、訓戒の言葉も懇切丁寧で、子孫や臣民に対する教えとしては苦心を尽くしている」と認めた(3)。この『洪武宝訓』という書物は、専ら皇族のために書いたものではないけれども、皇族に対する規範としては周到なものであったのである。康熙帝の、皇子たちに対する教誨は、皇

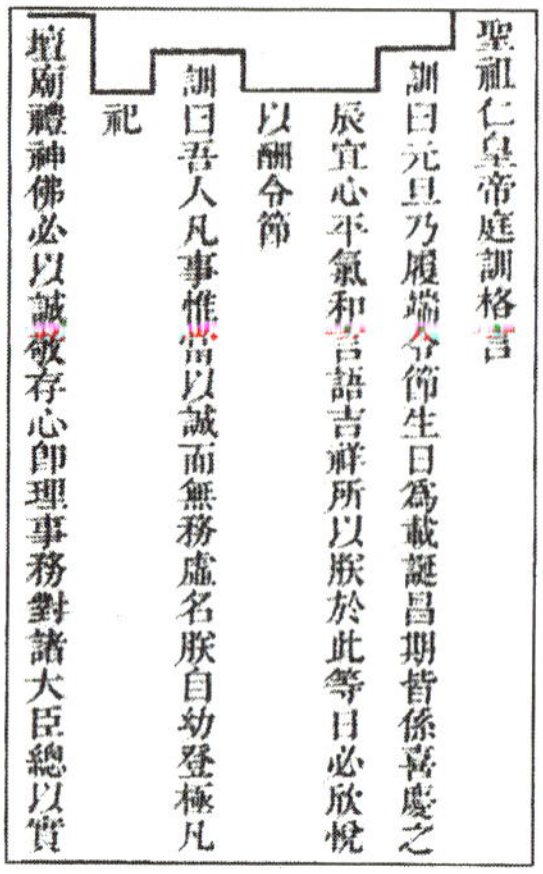
聖祖仁皇帝庭訓格言
訓曰元旦乃履端令節生日爲載誕昌期皆係喜慶之
辰宜心平氣和言語吉祥所以朕於此等日必欣悅
以酬令節
訓曰吾人凡事惟當以誠而無務虛名朕自幼登極凡
祀
壇廟禮神佛必以誠敬存心即理事務對諸大臣總以實

『庭訓格言』（雍正帝が父の康熙帝から得た訓言）

子たちによって回顧され、『庭訓格言』として纏められた。その内容は相当に広範囲に及ぶが、要するに、如何にして正しい人間となり政治に携わるかが説明されてあり、清朝皇室の家法となった。

帝室と同様に、官僚と庶民の宗族でも家訓や宗約が編纂された。北魏の清河〔河北省清河県〕と東武城〔山東省諸城県〕の望族、張氏一族の張烈は青州刺史となったことがあり、「家誡」を著した。彼は、臨終に際して、家族が朝廷に対して諡号を請求することを許さず、ただ「家誡」を石に刻み、族人たちが長期にわたってそれを遵守するようにせよと遺言した。[4] 北斉の顔之推は『顔氏家訓』を著し、それは前近代における家族と宗族に対する教育の手本となった。宋代の、趙鼎の『家訓筆録』・陸游の『放翁家訓』・袁采の『袁氏世範』、それに元人の鄭太和〔諱は文融。太和は字だが、字で呼ばれることが多い〕の『鄭氏規範』は、そのどれもが後世の人びとによって褒め称えられる家族・宗族に対する訓戒の専著である。明清時代、祠堂の発展に伴って、訓戒を著述する人も、それに相応して増加していった。明代、彭沢県〔江西省彭沢県〕出身で、山西副使となった王演疇《ちゅう》は、一族に宗約を語り聞かせる一方、その族人に対して読み聞かせる形式・内容・日時・規則を定めて、「王孟箕宗約会規」というものを作成した。この宗約は、清・陳宏謀の『訓俗遺規』に収められている。清初の、会稽県〔浙江省紹興市〕出身で庠《しょう》生の胡嶽は「家規」を作成し、毎月一日と一五日に族人たちを招集して、それを講釈して族人を激励した。その他、この時代に著名な家訓には、楊継盛「椒《しょう》山遺囑」〔『楊忠愍公遺筆』〔一巻本で『学海類編』などに所収〕〕・

龐《ほう》尚鵬「龐氏家訓」・姚舜牧「薬言」・温以介「温氏母訓」・蒋伊「蒋氏家訓」・張英「聡訓斎語」・同「恒産瑣言」などがある。[補注1] 祠堂は宗族活動の展開場所であったが、それと同時に、祠堂に集う人びとは族人の行動を統一すべきだと痛切に感じており、そのためには必ず族人の思想統一を優先し、宗族規約を制定する必要があると感じていた。武進〔江蘇省常州市〕の張氏一族は、こうした道理をかなり明確に説いている。すなわち、「王者が、たった一人で天下を統治するためには綱紀をもつ必要があり、君子が一人の身で家人を教え諭すためには家訓を必要とする。綱紀が立たねば天下は平和にならず、家訓を設けねば家人に調和が保たれない」と。[5] 多くの宗族は、このような認識の下に宗族の規約を作り上げ、その大多数は族譜に記載されるか、あるいは一部のものは〔それを作成した士人・士大夫の〕文集に収められた。

族規の名称は極めて多く、宗約・宗規・宗禁・族規・族約・族範・祠規・祠約・家規・家訓・家範・家礼・家誡・家法・家箴《しん》・祖訓・先訓・訓誡・条誡・規条などと称され、族譜編纂時の規例・義例・条もそうした族規の一つである。[補注2] 宗約の内容は雑然としているが、それには族人が身を処し物事を処理するときの道理と行動規範や、逸脱行為の処罰方法が説明されており、また宗祠組織の管理制度や政府との関係を規定している。あらゆる族規は、どれも儒教倫理を尊重し、忠孝や節義〔節操〕を称揚し、それらの族規に封建倫理を体現させて、族長が族権を行使するときの根拠としていた。Hui-chen Wang Liu〔劉王恵箴〕は『伝統中国の宗族統治』〔*The Traditional Chinese Clan Rules*, New York. Association for Asian Studies. 1959〕の中で、「〔宗規・家訓〕は道徳的教説を人の悟性と結びつけ、社会倫理を宗族信仰と結びつけて一体にしたものである。倫理の真の意味・風習・法規を叙述するときには、族規は、この三者をその中に含み込んで、それが渾然一体となって族人を拘束する道具にさせていた」と述べている[補注3]〔二五頁〕。確かに、族規は儒教倫理・社会風習・政府の法規という三方面の精神を一つに融合して、宗族と族人に対する拘束力を形作っていた。ここで、宗族を族人の社会生活の規範や人びととの社会生活との関連で紹介しよう。

## 一　宗約——族人に対する行動規範

族人に対する宗族の規約は、人びとの生活の各方面にわたっている。たとえば、国家・宗族・家族・親友に対する態度や、職業・婚姻・信仰の選択、社交と娯楽生活などにも及んでいる。

### （1）父母に孝行を尽くし、宗族とは仲良くという規定

清の世祖〔順治帝〕は、「孝は五常〔父は義、母は慈、兄は友、弟は恭、子は孝〕や諸々の行為の根源である」と説き[6]、孝行を人間倫理の最も重要な位置に置いている。各宗族の族訓も、これと同様であった。〔太平天国の指導者〕洪秀全と同族である嘉応州〔広西壮族自治区梅州市〕の洪氏一族の祖訓第一条は、孝行と睦族〔一族は仲良く〕とを語っている。「一、族人に諭告する。子供は必ず親に孝行を尽くし、弟は必ず兄を敬愛し、目下のものは必ず目上のものに従い、世代が下のものは必ず世代が上のものの言うことを聞き、宗族とは和恭〔おだやかで従順〕を第一に優先して付き合い、郷党〔同郷の人たち〕とは忠厚〔誠実で情に厚い〕を基本として交際せねばならない。我が一族の全ての人たちは、こうしたことに努力せよ」と[7]。その第七条は「一族や郷党と仲良くせよ」であり、そこに「一族の人たちは、私からすると、言うまでもなく〔血縁関係の〕遠い近いがあるが、我が祖先から見ると、どれも等しく子孫であって、遠い近いには関わりない」とある〔排印本『洪氏宗譜』、二一頁〕。そして、〔一族の祖先祭祀と活動の中心となっている〕祠堂の要求から言うと、父母に孝行を尽くすことと一族の人びとと仲良くすることは、全て一つのこととして強調される。このように、親孝行の内容は、宗族でもその規約は相当に具体的であった。〔湖南〕平江の葉氏宗族の家訓は、父母に対する孝行を三種類の状況あるいは階層に分けている。第一等〔一番上〕は、両親に孝養を尽くすだけでなく、父母の要求や願望を察

知して満足を与えることこそが、当人の評判を良くして、父母の教えを辱めないことになるというのである。第二等は、士人や農民としての仕事に従事して、生活上では父母の面倒をよくみるということである。第三等〔一番下〕は、商人や職人となって、食費を節約し生活を倹約して両親に孝養を尽くすということである。そして、この家訓では、各族人は、一族の人びとに対しても、父母に対処するように面倒をみるべきであって、それを粗略にすれば不孝とされていた。(8)

### （2）夫婦関係に対する規定

宗約には夫や妻に向けたものがあり、それぞれの行動に対する道徳的規定が存在する。それは夫は妻に対して模範となり、行動は方正であるように求めている点である。すなわち、妻は夫を尊敬して従うべきだと言われているけれども、夫それ自身も妻を尊重して、妻に対する態度は優しく穏やかであるべきで、妻の一寸した過失には泰然とした気持ちで注意を与え、自分の寝室内でも気儘であったり冗談を言って妻をからかうべきではなく、妻から尊敬されるようにせよというのである。妻に対しては、必ず夫を天として、三従四徳〔三従は家にあっては父に従い、嫁しては夫に従い、夫の死後は子に従うの三つ。四徳は、婦徳（品徳）・婦言（言葉）・婦容（姿態）・婦功（家事）の四つ〕を実践し、貞節で、夫の父母に孝養を尽くし、夫を敬い、兄弟の嫁同士は仲良くし、子女をよく教育するようにと求めている。もし、七出〔舅姑に従順でない・子供がない・淫乱・嫉妬・悪い病気に罹患・おしゃべり・盗みの、離縁に値する七つ罪状〕に当たる過失があったときは離縁されて然るべきだというの

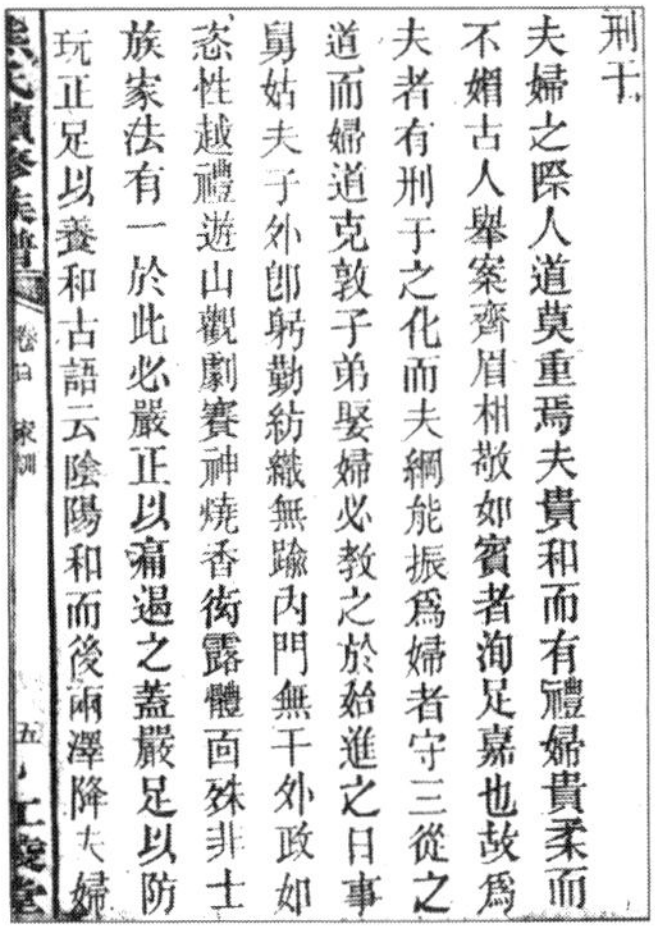
刑于
夫婦之際人道莫重焉夫貴和而有禮婦貴柔而不媚古人舉案齊眉相敬如賓者洵足嘉也故爲夫者有刑于之化而夫綱能振爲婦者守三從之道而婦道克敦子弟娶婦必教之於始進之日事舅姑夫子外卽躬勤紡織無踰內門無干外政如恣性越禮遊山觀劇賽神燒香衒露體面殊非士族家法有一於此必嚴正以痛遏之蓋嚴足以防玩正足以養和古語云陰陽和而後兩澤降夫婦

湖南益陽の熊氏一族の家訓
（夫婦の道を説く）

である。

（3）族人の職業に対する規約

明代浙江省永嘉県の項氏一族の家訓は、族人に対して「それぞれの家族が生理〔生業・仕事〕に励むことを要求した。つまり、士農工商の四つの職業は全て「生理」であると見なされ、たとえ「雇用労働者や荷担ぎであっても、それも生理である」とした。[9] ある一族の規約では、士と農を重視し、工と商を軽視したが、それでも職人や商人となることを決して禁止はしなかった。四民〔士農工商〕以外の職業は、宗族によっては下賤な生業だと見なされ、族人がそれに参与することを明確に禁止していた。たとえば、武進県〔江蘇省常州市〕姚氏一族の宗規には、「四民の外に出て、僧侶や道士、役所の下僕、俳優、葬儀業者や屠殺業者になってはいけない」とあり、出家して僧侶や道士になったり、役所で胥吏や下僕になったり、役者や食肉業者になることを許さないのである。

（4）族人の葬儀や埋葬に対する規約

族人の家族に不幸があったとき、族規は、不幸のあった家族とその親族の両方の対処法に言及している。不幸のあった家族は礼法と習俗とに依拠して喪服を着て服喪し、死者に哭し、棺桶と経帷子を揃えて埋葬し、四十九日の法要を行い、棺の側に付き添って、深い哀悼の気持ちを表さねばならなかったが、見栄を張って浪費をしてはならなかった。親族に対しては、「一本」という気持ちから、不幸のあった家に行って手伝い、近親者の中から能力ある人を選んで葬儀の切り盛りを手助けし、それに選ばれた人は辞退してはいけないと要求している。

（5）役所に訴訟することを禁止する規約

民事をめぐる紛糾は、元来、政府が解決すべきものである。しかし、宗約は、族人同士による役所への訴訟は、勝敗がどちらにあるにせよ、宗族に損害を及ぼす事柄と考え、族人が役所に訴え出ることを禁止していた。ある一族の規定では、たとえ当事者の一方に道理があるにせよ、もし役所に告訴をすれば、祠堂では彼を真っ先に処罰した。それは、何よりも先に祠堂に行って是非を問わない点を過失と見なして懲罰を与えたのである。もし、原告と被告が双方とも役所に訴え出ることを望むならば、双方とも処罰した。もし、世代や年齢が下の者がそれらが上の者を役所に訴えでもしたならば、処罰はさらに重くなる。官庁に対する告訴を杜絶するために、宗約では次のように規定している。つまり、族人同士の争いは、最初に宗祠に上申し、族長・房長や公正な族人が原告と被告との双方を呼び出し、祖宗の神位〔位牌〕の前で曲直を論議し、是非を明確にして、道理に欠ける方の責任を問うて改心させるか、家法によって処罰する。もしその裁決に不服ならば、役所に引き渡して、取り調べ処分してもらう。いずれにせよ、情状が重ければ族人としての登録を宗籍から削除する。宗祠の審理では事柄の是非を論ずるとともに、宗法倫理を維持するために、原告と被告の世代や年齢の上下身分に注意を払って処理する。これこそが即墨県〔山東省即墨県〕の楊氏一族の規定する原則、つまり「世代と年齢の上下によって正邪を決め、曲直によって是非を決定する」ということなのである。[補注4] 祠堂の規定には、また族長が公正な態度で族人の紛糾を処断すべきで、依怙贔屓をしてはならないことを求め、そうでなければ族人全員が揃って彼を問責しなければならないとする。

（6）族人の生活方式に関する規定

宗祠は儒教の生活信条に基づいて、族人の生活方式や文化娯楽に対して様々な規範を作り出した。〔江蘇常州〕武進県修善里の胡氏一族の「家誡」は、最も詳細な規約が制定されていて、そのまま実例として記録しても一向に差し支えないといえよう。すなわち、「淫乱な物語を読んではいけない」、「歌を歌ったり楽器を演奏したりしてはいけない」、

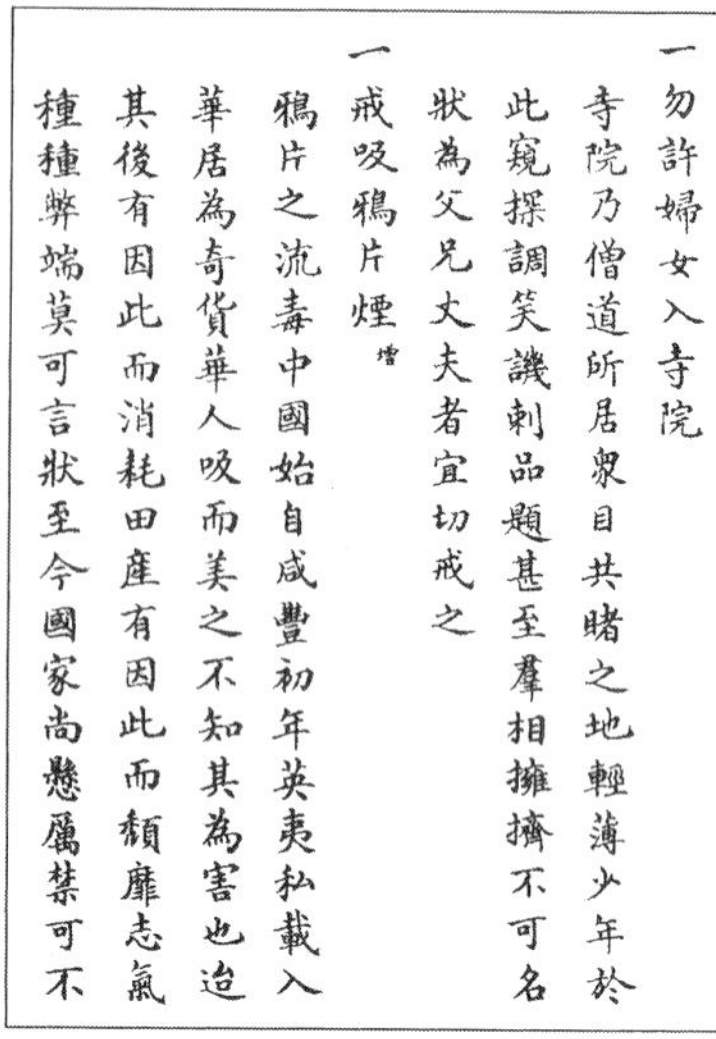
一勿許婦女入寺院
寺院乃僧道所居衆目共睹之地輕薄少年於此窺探調笑譏刺品題甚至羣相擁擠不可名狀為父兄丈夫者宜切戒之
一戒吸鴉片煙增
鴉片之流毒中國始自咸豐初年英夷私載入華居為奇貨華人吸而美之不知其為害也迨其後有因此而消耗田産有因此而頹靡志氣種種弊端莫可言狀至今國家尚懸厲禁可不

河北南皮侯氏一族の家規
（婦女の寺観への出入り禁止と
族人のアヘン吸煙禁止）

「鳥類を籠で飼ったり、コオロギを飼育したり、凧を揚げたりしてはいけない」、「武芸を学んではいけない」、「普段、婦女は白粉をつけたり、綾絹を身にまとったりしてはいけない」、「サイコロ賭博やカルタ賭博をしてはいけない」、「アヘンを吸ってはいけない」、「牛・犬・田鶏〔食用蛙〕を食べてはいけない」、「贅沢な衣服を着たり、技巧を尽くした食器を求めたりしてはいけない」、「巫女や邪法を信じてはならない」、「まっとうな職業ではない三姑六婆〔仏尼・女道士・八卦見が三姑、人身売買の斡旋屋・仲人・巫女・遣り手ばばあ・薬売り・産婆が六婆〕を常に出入りさせてはいけない」、「五穀〔稲・黍・稷・麦・豆〕を投げ捨ててはいけない」など。

## （7）族人の社交に関する規矩

宗訓の中には、多く「交友を慎む」という教えがあって、族人が友人と付き合い、社会的交際活動に従事したりすることに対する規範を作成している。それは交際の選択が大事だと考えているからである。それというのも、どんな人からも何でも学べるので、必ず品行方正な人を選んで友人として付き合わねばならないからである。友人の間では、道義に基づいた友達付き合いをしなければならず、もし善行があれば互いに励まし合い、もし過ちを犯したならば、それを改めるように忠告する。相手が財産や勢力があるということで交流すべきではなく、また単純な意気投合による交際でもいけない。宗約は友人に対する原則を族人に求めているが、それを押し弘めて、師匠と生徒の関係や、隣近所との関係にも運用された。

（8）族人に対する処罰条例

宗祠は、三綱五常〔三綱とは、君臣・父子・夫婦。五常とは、仁・義・礼・知・信〕の倫理に違反した族人に対して、族規に基づく処罰方法が定められており、その内容は相当に多いが、以下のように要約できる。

［体罰］板で打ちすえたり、罰として跪かせる。これは見慣れた刑罰で、かなり軽い処分である。

［罰金］犯した罪の内容によって、若干の金銭を納める。これは経済的制裁の一種である。

［罰としての宴席］罪を犯した当事者が祠堂で酒席を設け、謝罪し遺憾の意を表す。これは経済面と精神面からの二重の処罰である。

［過失を記録する］過失を記録して警告とするのは、一種の精神的処罰である。

［縄で縛る］情状が深刻な族人は、祠堂の門前に縛り付けられ見せしめとするが、これは人格的処罰である。

［宗族から除籍・追放］情状が極めて重い族人は、宗族から追い出し、祠堂に入ることも族譜に載せることも許さない。これは宗族における最も厳しい処罰である。

［役所に送致して審査処分］宗族から除籍し追放するとともに、祠堂の名義で犯罪者を縄で縛って役所に送致し、政府は宗族の請求によって立件し審判を行う。

［打ち殺したり、生き埋めにしたり、池に沈めたりする］些かの宗族においては、この種の方法が実行されたが、残酷な刑罰である故に、一般的には宗約には決して書かれていない。ただし、慣習法に従って判定の決定した当日に実行する。

こうした宗規に規定する族人の処分方法は、政府の法令に多く学んだ結果であり、また帝室一族のやり方にも学んでいる。たとえば、宗族から除籍されて追放されることは、漢代の帝室ではしばしば見られた事柄であった。中古の時代、除名だけではなく、除籍されて一族を追放された人は改姓しなければならず、当然、その改められた姓は悪い意味の漢字が使用されて、当人に対する侮辱を表した。

宗祠は「尊祖敬宗（祖先や宗族を敬う）」という宗法思想の指導下にあって、全面的に族人の生活を規制し、処罰規定を制定し、族人にそれを遵守させようとした。それは、宗祠こそが宗族の権威機構であり、族人を管理する権力を有しているということを示しているのである。言葉を換えていうと、族人は、その管理を受け入れて、宗規・族約に準拠した生活をせねばならないということである。

## 二　婚姻締結と婚姻圏

明代の馮従吾は自族の族譜を五篇に分けた。その第四篇は「外伝」であり、正史の外戚伝を真似て馮氏一族に嫁いできた女性の実家（「外家」）の伝記に充てた。[10] 宗族が外家のために伝記を書くことは決して多くはなく、馮氏一族の族譜は少し特別であるけれども、しかし、そこから人びとが婚姻に対する宗族の関わりを重視していることも明らかになってくる。宗族の祠規も、これに対して多く言及しているが、その主要な内容は三つの方面である。①婚約は宗族の同意を得なければならない。すなわち、男女が縁組みをするとき、当事者の家の家長は、最初に房長や族長に報告しなければならず、それらの同意を得てから初めて縁組みが確定する。これが、いわゆる「男子の婚約（「定婚」）と女子の婚約（「許字」）は、必ず尊長（一族の目上の人）に相談して、その決定が出れば婚約を家廟に告げる」ということである。[11] その婚約に尊長が同意するかどうかは、相手方の家柄・家風を見てからであり、賤民の家とは姻戚となることを絶対に許さない。②結婚によって親戚となるためには祠堂に拝礼する儀式を必要とする。これが「三か月〔日〕経ってから家廟に行って先祖に拝礼する」である。③同姓同士の婚姻は禁止する。以下、規約の実行状況を幾つかの方面に分けて説明しよう。

### 1　宗族が族人の婚姻を主宰

上古の諸侯の結婚は、天子の指図を仰がなければならなかった。諸侯は一娶九媵《よう》と言って、夫人の姉妹や姪も一緒に娶ったが〔媵は、「ともびと」「おくりめ」「つきそい」などの意〕、それはこの種の結婚は二つの一族の事柄であって、娶られる女性個人の事柄ではなかったからである。天子の縁組みは、同姓の諸侯がその結婚を取り仕切らねばならなかった。そして、結婚後三か月以内に宗廟に拝礼する儀式を行い、新婦が宗廟の拝礼を済ませると、初めて婚礼が全て完了したと認められ、男側の宗族は正式に彼女を嫁として受け入れたことを示した。その折り、男側の家は、女側に対して花嫁が嫁いでくるときに使用された馬を花嫁の実家に送り返すが、これでやっと婚姻が成功して、男側は彼女を棄てたりできなくなったと考えられた。もし、新婦が婚家にやって来て宗廟に拝礼する前に死亡したならば、夫は彼女に対する斬衰《ざんさい》〔裁断したまま、縁を縫っていない喪服を着る最も重い服喪形式〕の儀礼を行えず、それより一段劣った斉衰《しさい》〔裁断した布の縁をかがった喪服を着る服喪形式〕の儀礼が行われ、彼女の霊牌も夫側の宗廟に安置されなかった。これは彼女を正式の妻や正式の宗族の構成員と見なさないことによる処置であり、このことから上古において新婦が宗廟に拝謁する〔「廟見」〕儀礼が重要であると分かる〔『儀礼』「士昏礼」、『礼記』「昏義」〕。近古になると、男性は結婚の前夜に、宗族や姻戚の年配者によって、字《あざな》を与えられる。これ以後、彼は再び幼名で呼ばれなくなり、それは彼を尊重していることを示し、また成人扱いされた要求が彼になされる。もし、家に童養媳〔将来、息子の嫁として引き取って育てた女の子」がいれば、正式にそれと縁組みをしようとするとき、婚姻を行う家は、宗族にその旨を報告して、初めて結婚できる。[12] もし寡婦が再婚しようとするときは、必ず最初に亡き夫の家の宗族の同意を得なければならない。そうでなければ、婚姻は無効とされる。廟見は多くの場合、結婚の三日目になされる。杭州の風俗では、廟見の礼を行うとき、仲人に来て貰わねばならなかった。新郎と新婦は礼服を着て、正午に、まず家で祖先を祀り、続いて竈の神様に拝礼し、その後、祠堂に趣いて儀礼を行う。姑は新婚夫婦の拝礼を受ける前に、まず祖宗に拝礼を行い、そうして初めて新婚夫婦の答礼を受ける。新郎と新婦は、それに続いて宗族の年配者に対して順番に拝礼を行う。もし儀礼の相手が子供や侄《おい》の世代であれば、新郎と新婦は彼らの儀礼を受ける。こうした儀礼が行われた後に、新婦は初めて口を開いて話をすることができる。夜には家宴〔家族内輪の宴会〕が設けられ、併せて演芸会を開いて結婚を祝賀した。[13] このように、近古においては、族人の婚姻に対する宗族の規制力は上古の強大さには遙かに及ばなかったが、それでも一定程度は存在していたのである。

## 2　貴門と官僚は家柄による婚姻

上古と中古の貴門や貴族官僚の宗族成員の婚姻は、政治的関係と最も密接に関連していた。伝統的に言われている「秦と晋との好《よし》み」を修めるとは、常に政治的婚姻のことを指している。すなわち、元来、〔春秋時代〕晋の公子の重耳《ちょうじ》〔晋の文公〕は秦に亡命していたが、秦の穆公は五人の娘を彼の嫁とし、彼の帰国と君位の獲得とを手助けした。それによって晋の文公は覇業を成し遂げて、春秋五覇の一つとなった。そして、秦の穆公と寧公は、それぞれ晋と斉から娘を娶り、関東〔函谷関の東、つまり中原の地〕の文明を学習し、秦の遅れた状態の改変を促進して、中原で覇権を争うようになった。このように、政治的婚姻関係の締結は、一つの政権の発展と興亡のために進められたものであって、通常の婚姻内容ではなかった。貴門や官職に就いている一族は、平素、家柄に基づく婚姻を重視した。つまり、彼らは同等の社会的地位をもつ宗族や家族の成員間で通婚し、それによって一族の社会的地位を維持していた。同等の家柄でなければ、姻戚となるのは極めて難しかったのである。たとえば、唐代の丞相の韋宙は、武将の劉謙が非凡な度量をもっていて、必ず出世するとみて、姪《めあ》を妻わせようとしたが、韋氏の家族の同意を得られず、その家族は「私たちと同類の家柄でなければ、物議を招く畏れがある」と述べていた[14]。この逸話は、同じ家柄同士の通婚こそが、夫の一族にとっても妻の一族にとっても重要であることを表明している。もし母方の一族の身分が高くなければ、生まれてきた全ての子供は白眼視されたであろう。たとえば、三国時代の裴潜は、著名な河東聞喜県〔山西省聞喜県〕の裴氏一族の出身であったが、生母が賤しい身分出身であったために、母方の伯叔父の援助もなく、父親も同じ理由で彼を見下し、彼は仕方なく意地を棄てて仕官し、自分の出世を図らねばならなかった[15]。このように、政治的婚姻と家柄重視の婚姻とは、姻戚関係の締結に際して一つに繋がり、利害を一致させていた。それゆえに、通俗的な諺に、「六親《りく》〔一家・一族〕は運命を共にしており、六親のうち一つでも損害を被ると、全ての六親が損害をうける。一つでも栄えると、六親の全てが栄える」と言われていたのである。つまり、どの親族かに幸運が訪れればその面倒を見てもらえるし、逆に災いが訪れれば誰も災いから逃れられなかったのである。政府の規定する律令も親族に対して規定があって、連坐制がそれであった。

### 3　同姓不婚とイトコ同士の婚姻

古人は、「同姓の男女同士が結ばれると、子孫は殖えない」と言っているが[16]、それは血縁関係の近い男女が結婚すると、生まれくる子女は容易には育たず、場合によっては身体に障害をもって、子孫が殖えない事態を引き起こすということを認識しているからであり、それゆえに同姓の結婚を禁止していたのである。この種の認識は、遅くとも周代にはあって、その上、そのときには同姓通婚に反対する風俗習慣も形成されており、そのことに対する規約も出現していた。

たとえば、唐代の杜佑は、「殷代以前は同姓結婚は障碍にならなかったが、周代の制度では同族を娶らないようになった」と述べている[17]。その唐朝には明確な禁令があった。つまり、同姓同士の婚姻は、男女双方ともに徒二年〔二年間の労役刑〕とし、お互いに五服〔五等の服喪に服さねばならぬ間柄〕の範囲内であれば、さらに重く処罰した[18]。このように、近親との結婚の禁止は、優生学の原則にも符合し、それは古人の認識の進歩であって、人類自身の再生産にとって有益であった。さらに言うと、同姓同士の婚姻の禁止は、宗族に対して異姓との縁組みを迫り、他の一族との関係を推進させ、それは宗族勢力を拡大する一種の方法ともなったのである。

人びとは、次第に同姓不婚に対する認識を発展させていった。とはいえ、同姓というだけではその範囲は広く、多くの人は同姓であっても同宗〔同じ一族〕ではなく、血縁関係を有していない。それ故にこそ、人びとは理論上では同姓不婚の原則を承認しないではいられなかったが、同姓であっても同宗でない者同士の婚姻締結に対しては実際状況に基づいて処理していた。たとえば、前趙の皇帝の劉聡は匈奴の人間であり、漢族の劉姓とは同一の先祖の出自ではないので、太保の劉殷の娘を後宮に収めようとしたが、劉聡の弟の劉乂《がい》に断固として反対された。その反対理由は同姓不婚であった。劉聡は仕方なく太傅の劉景の意見を聴取した。劉景の意見によると、劉殷と聖上〔つまり劉聡〕は本源が異なるので、聖上が劉殷の娘を娶る妨げにはならないというのである。そこで、劉聡は、劉殷の二人の娘を後宮に入れて貴嬪とし、四人の孫娘を貴人とした。それに対して、劉聡の一族は、その大方が異議を唱えた。そこで、劉聡は、また鴻臚寺卿の李弘に尋ねたが、李弘の意見は劉景と同じであり、その上、李弘は同姓同士の婚姻の多くの実例を指し示した。劉聡は、それを聞いてとても喜び、李弘に六〇斤の黄金を与え、併せてこの意見内容を皇族の子弟たちに聞かせて、彼らの疑惑を打ち消そうとした[19]。このことから、同姓で同宗ではない人間同士の婚姻に対して、人びとは個別に識別するということがあったようである。明清時代になると、人びとは、なおさら同姓であっても同宗でない者同士の婚姻を差し控えるようになった。たとえば、乾隆時期、一人の朱という姓氏をもつ男子が結婚した後、妻と自分が同姓なのを知って離縁しようとしたが、友人は古来からの多くの同姓通婚の事例を挙げて、同姓でも同宗でさえなければ結婚できると説明して、やっと彼は離縁という考えを放棄した⒇。同姓不婚の原則は士大夫階層に多く流行したが、他方、片田舎の民間では、この種の禁令を実行する術はなかった。それというのも、人びとの活動範囲は狭く、異姓の中から配偶者を見つけ出すことは非常に難しく、近親結婚をせざるをえなかったからである。たとえば、ある甘粛の地方では、習俗の上では祖父を同じくする血縁下の男女は結婚が許されなかったが、それ以外ならば構わなかったのである(21)。

古人は、同姓婚姻に反対するとき、「中表婚」に対しては、観念上では反対したが、実際の行動上では憚られないだけでなく、その実現に努めた。「中表婚」とは、母親の兄弟姉妹の娘、あるいは父親の姉妹の娘との婚姻を指している〔いずれもイトコ同士の婚姻〕。『紅楼夢』に描写されている賈宝玉と薛宝釵との間における見事な良縁にしても、賈宝玉と林黛玉との間の木と石のような〔情愛の乏しい〕夫婦縁にしても、いずれも「中表親」の関係であった。つまり賈宝玉の母の王夫人と薛宝釵の母の薛叔母さんとは姉妹であって、賈宝玉と薛宝釵とは母方の従兄弟同士の姉と弟の関係にあたっている。賈宝玉の父の賈政と林黛玉の母の賈敏は兄と妹の関係にあり、それゆえに賈宝玉と林黛玉は父方のイトコ同士の兄と妹の関係にあたる。「中表婚」は、拡大していうと、父方と母方という内外の宗族間同士の婚姻である。この種の婚姻習俗は、極めて早くから形成され、流行もしていた。たとえば、前漢の恵帝は姉の魯元公主の娘を娶って皇后としたが、これは〔恵帝の母親の〕呂太后にとっては「重親〔姻戚関係が重なること〕」という事態であった。

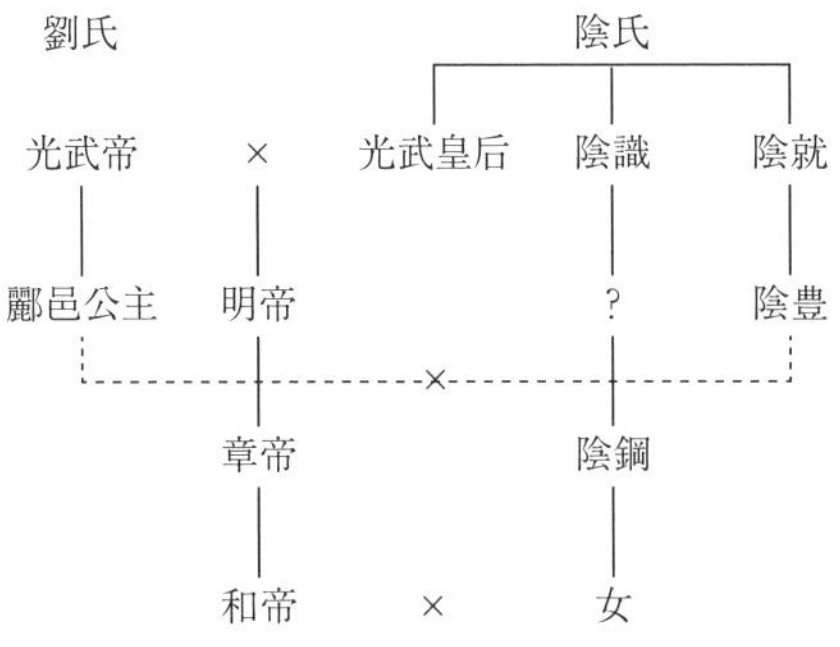

(注:×は夫婦関係を示す)

後漢の帝室と陰氏の通婚関係

つまり親戚同士が縁組みすることであり、結婚相手を確保する一門内結婚であった(22)。後漢の開国君主の光武帝は、南陽郡〔河南省南陽市〕出身の陰氏を皇后に立てたが、以後、帝室と陰氏一族とは何代も通婚した。その婚姻締結の状況は図〔前頁〕に示すとおりである〔『後漢書』列伝二二「陰識」伝〕。

清代福州の名家で、西清の王氏一族・陳氏一族・袁氏一族は、いずれも「中表」婚姻関係にあった。それは図〔上〕に示すとおりである〔『西清王氏族譜』不分巻「袁夫人家伝」〔一九三〇年刊、鉛印本〕〕。

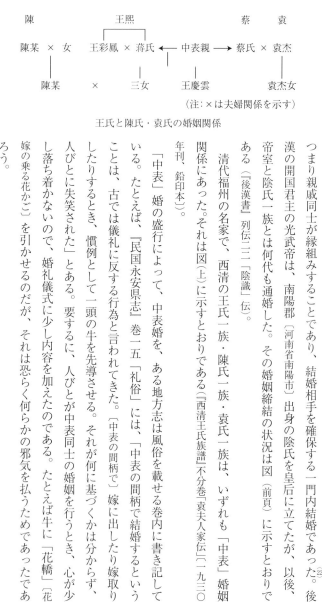

「中表」婚の盛行によって、中表婚を、ある地方志は風俗を載せる巻内に書き記している。たとえば、『民国永安県志』巻一五「礼俗」には、「中表の間柄で結婚するということは、古では儀礼に反する行為と言われてきた。〔中表の間柄で〕嫁に出したり嫁取りしたりするとき、慣例として一頭の牛を先導させる。それが何に基づくかは分からず、人びとに失笑された」とある。要するに、人びとが中表同士の婚姻を行うとき、心が少し落ち着かないので、婚礼儀式に少し内容を加えたのである。たとえば牛に「花轎」〔花嫁の乗る花かご〕を引かせるのだが、それは恐らく何らかの邪気を払うためであったであろう。

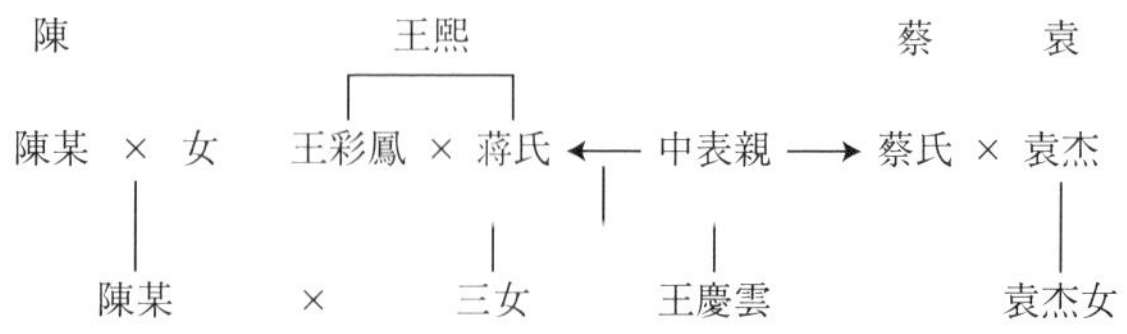

（注：×は夫婦関係を示す）

王氏と陳氏・袁氏の婚姻関係

## 三　同姓異宗の聯宗と種々の擬制血縁

宗族が団体を結成するときの基本原則は血縁的要素である。しかし一二〇〇年にもわたる宗族の活動の中で、非血縁的要素、たとえば「聯宗」〔同姓同士の連携〕、「認本家」〔同姓・同族であることを認める〕、「賜姓」〔姓氏を与えられる〕、「義男」〔養子〕、「乾親」〔婚姻によって親戚となること〕、「結拝」〔義兄弟の関係を結ぶ〕、「招婿」〔入り婿〕などの現象が絡みついて発生し、宗族の血縁的要素と衝突した。聯宗の一部は確かに血縁関係を有していたけれども、相当数の部分は偽りに属するものであった。それ以外の、義男・賜姓などは、多くの場合、それを授与した者との間に血縁関係を持たなかったが、それでも同姓同宗と認めたり、肉親の情をもつと認定したりしていた。これらは、本来、血縁関係がないにも拘わらず、かえってこの種の関係を〔血縁関係と同じものと〕認めていたのであり、人びとはこの種の現象のことを「擬制血族」と呼んでいる。これらの事象は宗族制度と関連づけられている以上、そこにおける人びとの社会関係は、宗族関係の顔つきをして出現しているのである。したがって、宗族の歴史と族人の社会生活史を語るとき、当然、それなりの関心を払わねばならぬと思われる。

聯宗とは、多くの場合、同姓ではあるが同宗でない人たちが互いを同族と見なすことであった。そのために、結果的に同姓でなくとも同族と認知する事態をも招来するに至った。唐代には「越認」という言葉が生み出されたが、それは恐らく必要な順序や段階を飛び越えて、そうした人たちを同族と認めるという意味であろう[23]。つまり、異なる宗族に属する人たちが互いに一人の祖先の子孫だと認めれば、同宗ということになるのである。同姓同士が、実際に共通の祖先をもっているかどうかということに対して、それに真面目に対処しようとする場合もあるけれども、多数の人たちは決して考証までには至らずに、どうせ同姓なのだから、互いに共通祖先をもっていると認めてしまっていたのである。この種の現象は、顧炎武『日知録』巻二三「通譜」によると、晋代に生まれ、それ以前には史書に記載が見られないという。〔通譜に関わる次のような話がある〕。京兆〔陝西省西安市〕城の南に住む杜氏一族は、代々名族であった。唐初、執政となった杜正倫は、京兆の杜氏一族とは遠い同族関係にあったので、通譜つまり同宗であることの認知を求めたが拒絶された。そこで杜正倫は城南の杜氏一族の集住地に水路を開鑿し、そこの風水を破壊し、私憤を晴らそうと企てた[24]。この逸話は、城南の杜氏一族が、杜正倫と聯宗して譜牒を一緒にしようとは思わなかったということである。この種の事柄は、中古時期、時折り発生しており、それは高い家柄を誇る貴族は、弱小の貴族と聯宗して、自分たちの地位を低下させる事態を好まなかったということである。しかし、全体的な趨勢からみると、親密な血縁関係でなかったり、あるいは少しも血縁関係がない人でも、同姓を理由に通譜する現象が、それ以上に多かったのである。西晋の趙王倫が政権にあったとき、〔山東琅琊郡出身の〕孫秀が重用された。そこで、〔山東楽安郡出身の〕孫弼やその年下の従兄弟の孫髦《ぼう》らは孫秀に諂って、孫秀と同じ一族になり、そのために官職を獲得し昇進も果たせた[25]。侯景は侯瑱《てん》とは、辛うじて同姓あることから、侯瑱を一族だと認めて特別の待遇を与えた[26]。第二章で蔡京が蔡襄を族兄と僭称したことを述べたが、蔡京の権力の絶頂期になると、開封出身で給事中であった蔡薿《ぎ》は蔡京に取り入り、蔡京に面会したとき、同族であると述べ、蔡京を尊んで叔父と称した。しかし、蔡京が彼を子供の蔡攸《ゆう》・蔡修らに逢わせると、蔡薿は以前に言ったことは間違いで、蔡攸らが叔父で、蔡京は叔祖〔祖父の弟〕と呼ぶべきだとした。蔡京はそれを聞いて喜び、直ちに蔡薿を抜擢した[27]。

明清交代期、顧炎武は、当時の人たちの間で「同姓同士の通譜が濫りに多いが、それは実は党派を作ったり自分の利益を考えたからであり、国家と民衆の害毒となっているので、厳禁した方がよいのである」と説いている[28]。〔清朝の〕歴史家の趙翼〔一七二七―一八一四〕は、『陔余叢考』という著作の中において、とくに「認族」という項目を書いて、「世俗では、好んで同姓の人を一族と認め、同宗かどうかを問わずに互いに結びつく」と記している〔『陔余叢考』巻三二「認族」〕。清初、漢人で開国第一の功臣である范文程は、瀋陽〔遼寧省瀋陽市〕出身であったが、自分では范仲淹の後裔だと考えていた。そして、江蘇・浙江の范氏の子孫たちを同族だと認めて、〔資金を出して〕蘇州の范仲淹の祠堂を修繕した[29]。浙江省海寧県の陳氏一族は巨族であり、大学士や尚書といった高官を代々にわたって輩出し、代々の伝説では乾隆帝もその血統に連なるといわれるまでになっていた。このような一族の中で、少詹事《しょうせんじ》にまで出世した高士奇が南書房〔翰林院〕の勤務に就いていたとき、康熙帝に非常に重んじられていたので、礼部尚書の陳詵《しん》は高士奇を同族と認定し、高士奇は陳詵を叔父さんと呼んでいた。後になって、高士奇が弾劾されると、陳詵は高士奇と行き来していることが指弾され、その結果、彼らは二人とも免職された。そこで、陳詵は上書して、〔彼の一族である〕海寧の陳氏一族は、元々、渤海の高氏であり、かくて高士奇と同族であることを認めたのであって、改姓までして高士奇に取り入ろうとしたわけではないと主張した。(30) 范文程・陳詵・高士奇らの大臣は、無闇に〔名族や権力者を〕同族であることを認めたが、それ以上に、官界下層の人や民間において、名門や権力者に取り入ろうとして、勝手に通譜する現象がよく見られた。宗族制度からみれば、勝手に同族だと認めることは、宗法の血縁原則を破壊するが、人びとは普通にそれを受け入れて、同宗と認めることを社交の手段と見なしていた。これは宗族制度のある種の変異といえよう。しかしながら、それは一方で宗法の血縁観念を承認して利用することであり、だからこそ承認するという行為の中に破壊作用が加わるのである。

賜姓とは、帝室が寵臣に帝室の姓氏を賜って、皇族として扱うということであり、それは寵臣に対する籠絡を示している。賜姓は前漢から唐代まで甚だしく流行した。漢の高祖の劉邦は、鴻門の会における項羽との酒宴のときに、項伯〔項羽の一番年下の叔父〕が彼を守ってくれ、また項羽に対して劉邦の父親を殺さないように忠告してくれたので、漢王朝が成立すると、項伯を射陽侯に封じ、劉の姓氏を賜った。そして、項氏一族の項襄や項佗らの人にも侯の爵位を与え、劉の姓氏を賜った。(31) 劉邦は、さらに婁敬が長安に都を置くことを提案したという功績によって、「婁」は要するに「劉」だと述べて、彼に劉の姓氏を賜った。(32) 南北朝の後期から唐初の間には、とりわけ賜姓の風習が盛んであった。その中には二種類の状況があった。一つは帝室の姓氏を賜うもので、もう一つは別の姓氏を賜うものである。北周の皇帝は、漢人の名門貴族である博陵の崔氏一族、西方の名族である令狐氏一族、汾陰〔山西省〕の薛氏一族、河東〔山西省〕の柳氏一族、隴西〔陝西省〕の李氏一族、杜陵〔陝西省西安市〕の韋氏一族、天水〔陝西省〕の趙氏一族、滎陽《けい》〔河南省〕

の鄭氏一族らの成員に帝室の姓氏である宇文を賜った。唐初、開国の功臣の徐世勣や羅藝らは〔帝室の姓氏の〕李を賜った。そもそも帝室の姓氏を賜った場合、その本人の直系家族は、全て帝室一族の事務を扱う宗正寺の管理下に置かれ、帝室の成員に準じた待遇を受け、そのように戸籍にも登録され、帝室成員の儀礼に従って皇帝に対する朝賀を行ったり、帝室に準拠した官爵を獲得していた。北朝の皇帝は、家柄の低い少数民族には名族の姓氏を与えたり、あるいは些かの漢人を鮮卑族の姓氏に改姓させ、併せて当該の漢人に鮮卑の人たちを同族と認知させるために、鮮卑の姓氏を名乗らせた。たとえば鮮卑の名門である于氏の、燕公の于謹は、漢人の唐瑾と同姓になろうと願望し、兄弟の契りを結んだが、そのとき唐瑾は宇文の姓氏を賜っていた。そこで、北周の創設者〔文帝、宇文泰〕は于謹の願いを根拠として、唐瑾に万紐于氏という姓氏を賜った。唐瑾は、その措置に感激して、于謹の家と互いに長幼尊卑に従った儀礼を行い、それは、まるで同一の一族のようであった。[33] 唐代以後、賜姓の現象は減少し、偶然に出現するだけであった。たとえば、〔明代に〕七度も南海遠征して、後世に名を残した鄭和は、もとの姓氏は馬であり、明の成祖によって鄭という姓氏を賜ったのである。

歴史家の呂思勉は、『隋唐五代史』と題する著書の中で、「唐代では、異姓を跡継ぎとすることを禁止したが、それは、まだ宗法を維持しようとする意図が存在していたからである」と述べている。[34] この言辞は、義子〔異姓養子〕制と宗法制とが調和せず、宗族は養子に対処する問題を抱えていたことを説明している。歴史上、義子を引き取って育てるのは、軍の将校が最も多く、次いで宦官であり、その次に跡継ぎがないか、ある種の事業にそれを必要とする民衆であった。宦官は子供を誕生させられないけれども、その首領は財産を多く所有しているので、それを子孫に伝えようとして、義子を引き取って養育するのである。このように説明してくると、読者は必ず曹操の事例を思い浮かべるに違いない。彼は名義上は宦官の曹騰の子孫であるが、実は父親の曹嵩は夏侯氏の子供であった。だが、四人の皇帝に仕え、費亭侯に封ぜられた宦官の曹騰によって曹嵩は養子とされ、そのために曹嵩は官位が太尉までなった。[35] 明朝の宦官は権力を恣にしたが、〔宮殿の外に出ると、皇帝を尊んで叫ばれる万歳より下の〕九千歳と尊称された魏忠賢は、高官や貴人を広く収めて乾児子・乾孫子とした〔『明史』巻三〇五「魏忠賢」伝〕。一方、戦乱時期、武人は義子を多く養った。たとえば、後漢末、呂布は董卓の義子となり、さらに双方の間には盟約が結ばれた。後になって、司徒の王允が呂布に董卓の殺害を働きかけると、最初は心に忍びず、董卓とは父子の名分があると語ったが、王允は「貴方の姓氏は呂であり、決して董卓とは肉親の関係にはなく、それしきのことはどうでもなかろう」と説得した。そこで、呂布は遂に董卓を殺した。[36] 南北朝時代、新安郡寿昌県〔浙江省建徳県〕出身の項猛奴は、老母を抱えて家は貧しかった。義興郡陽羨県〔江蘇省宜興県〕出身の周薈《わい》が寿昌県浦口の戍主となると、項猛奴の優れた〔水泳の〕技能をみて、その家を訪れて、項猛奴を彼の養子にしたいとその母親を説得したところ、彼女は同意した。間もなく、周薈は任期を終えて帰京すると、同族で太子詹事〔東宮の事務を総括〕の周捨に会って、その義子に名前を付けてくれるように依頼したところ、遂に項猛奴の名前は周文育、字は景徳となった。また、周文育は、学問教養や騎射を教え込まれ、後に梁朝や陳朝の高級将校となった。『陳書』は、周文育の伝を立てて、「周文育、字は景徳、義興陽羨の人である」と述べているが、それは完全に彼を義興郡の周氏一族の族人と見なしているということである。[補注5] 彼は他の一族から周氏一族に入ったのだが、それは周氏一族の族人たちの同意を得ていたからであり、単に周薈の個人的承認ではなかったのである。

　義子を収養する行為は、五代の混乱期に最も盛行し、一地方に割拠した軍閥は、それぞれ一群の義子を収養した。後梁の太祖朱温は康勤を養子として引き取り、その名前を朱友文に変え、博王に封じた。後唐の李克用は李嗣源を養子としたが、李克用の実子である後唐の荘宗が殺害されると、李嗣源が皇帝となった。後唐の帝位が李嗣源の子供の閔帝〔愍帝とも書く。李嗣源の第五子の李従厚〕の手中に伝わると、李嗣源の義子の李従珂は挙兵して反乱を起こし、さらに李嗣源の皇后の名義を使用して自分こそが皇帝の長子であり、「忠孝」に篤い「家嗣〔跡継ぎ〕」だと称して、遂に帝位を奪い取った。[補注6] 明の太祖朱元璋の妻の馬氏は、〔紅巾反乱軍の武将〕郭子興の養女であったが、朱元璋夫妻は広く義子を受け入れた。その中に沐英がいたが、彼は八歳のときに実の両親が亡くなり、収養されて朱文英と名付けられた。太祖は藺玉を雲南征伐に派遣したとき、朱文英を副将軍とした。勝利後に軍隊を都に引き返すに当たって、朱文英を現地に留め、代々、雲南を鎮守せしめる一方、彼を沐の姓氏に変えさせた。それは、長く帝室の恩徳を受けるという意味であった。[補注7]〔別の義子の〕朱文剛は、処州〔浙江省麗水県〕を守備していたとき、反乱軍との戦闘で殺害された〔『明史』巻二八九「朱文剛」伝〕。こうした義子は二〇余名おり、馬皇后は義子の生活の面倒をみており、皇太子の朱標も、こうした義子となった兄弟と相当に打ち解けた関係にあった。朱家では、普段、小名〔幼児のときの名前〕で互いを呼び合い、極めて親密であった。太祖は義子の子供すなわち義孫にも名前を付けてやった〔『明史』巻一三四「何文輝」伝、趙翼『廿二史箚記』巻三二「明祖多養異姓為子」〕。

宦官と軍人以外の例で、義子を引き取って養育したときの事情や経緯は、かなり複雑ではあるが、その大半は働き手を増やしたり、家門を盛大にしたりするためであり、また跡継ぎとするためのものもあった。唐末の中書舎人の司空図は子供がなく、妻方の甥を跡継ぎとした。(37)元代、婺源州〔江西省婺源県〕の汪某《なにがし》という人物に子供がなく、許という姓氏の家から跡継ぎを貰い受けた。その義理の父子二人は打ち解けた関係であったが、汪某本人が亡くなると、汪氏一族は異姓を跡継ぎとすることを許さず、一族の中から別の人を立てて跡継ぎとした。養子となった許某も汪氏一族が継嗣を立てることは礼法に叶っていると考え、自分の方は異姓なので、自ら進んで汪氏一族から退去した。しかし、養父の恩を忘れず、汪某を祭祀した。(38)明代の吏部尚書の王恕は、若いときに承祚を養子とした。後に自分に五人の子供が出来ると、承祚を基準とした排行名を付けていき、承祚を一番上に据えたが、官文書の中では承祚の名前の下に「義官」の二字が注記された。明代の陳洪謨によると、この当時、代々の名家は異姓の子供を多く養子としており、それは縁起を求めてのものであったが、自分の家にも子供が多く生まれると、義子は虐待され、王恕のように、養子を終始大事にした例は少なかったとしている。(39)福建・広東において、海に出て商売をする人たちは、好んで義子を育てたが、それは彼らを連れて外で商売をし、果てしない荒波の中を出入りするためであり、実の子供たちは家にいて安楽で幸福な生活を享受していた。〔武器を持って闘う〕械闘が盛んな地域では、人びとは異姓の子供を育て、それによって宗族の勢力を拡大させた。また、社会には奴僕が主人の姓氏を名乗る習慣があって、ある奴僕は自分の本来の姓氏を捨てて、主家の同意の下に主人の姓氏を名乗った。養子ということで、奴僕が主人の姓氏を名乗ることは、宗族内部に見せかけの族人という現象を出現させた。

　義子を養育する人の、その身分地位は、必ず義子よりも高く、養育者と義子の間には尊卑の名分関係が形成された。養育者は、義子に対して教育を施し、引き立てるといった恩情をもたらす一方、義子は養育者の恩情に報いて奉仕しなければならなかった。武人同士が競い合う時代には、義子と養父との利害には関わりがあって、また情愛も生まれ、多くの場合、義子は養父のために尽力したり、養父の勢力拡充に能力を発揮した。趙翼は『廿二史箚記』巻三二「明祖多養異姓為子〔明祖は多く異姓を養いて子と為す〕」の中で、「群雄が並び立つとき、部下の多くは簡単に付いたり離れたりした。ただし、可愛がって家族内の父と子との関係にしてしまえば、名分を楯にして繋ぎ止められる。恩義をあまねく与えると、そのうちに骨肉の親しさをもつようになる。かくして、義子を使って辺境を守らせ敵を防御させれば、他の将帥に比べると最も信用できる」と述べている。義子と養父の人間関係について、名分と情愛という点から言うと、いずれも宗法の範疇の事柄に属しているが、政府はこの関係に対して、それなりの政策をもっていた。まず、観念の上からすると、政府は異姓を跡継ぎとすることに賛成ではなかった。〔一例を挙げると〕西晋初、賈充は太宰であり魯公でもあったが、その子供〔賈黎民〕は夭折して、跡継ぎがなかったので、賈充の妻の郭槐は、外孫の韓謐を賈黎民の子供と認定して、その爵位を継承させた。だが、郎中令の韓咸と中尉の曹軫《しん》は彼女のやり方に賛成しなかった。そして、宗族の中から礼法に基づいて跡継ぎを選ぶべきで、異姓を跡継ぎとすべきではないと主張した。郭槐はその意見に耳を貸さなかったので、韓咸らは朝廷に上書して、それを正すように求めたが、郭槐も上書して、賈充の遺命に従って行ったのだと述べた。この問題をめぐって、晋の武帝は、「周代においては貴族に跡継ぎがないと、〔最初に封建された人物の〕庶子の系統から跡継ぎを選び、漢代では跡継ぎがいないと、封爵は政府に取り上げられた。[補注8]賈充は開国の元勲であり、外孫を跡継ぎにしたいと願っているならば、外孫は最も身近な肉親なのだから、それを跡継ぎとすることは人情にも合致しており、それを許可する。ただし、他の賈充ほど国に対して功労のない人は、この例に当てはめて異姓を跡継ぎとすることは出来ない」と語った。[40]この事例から、当時の習慣と輿論とからして、異姓を跡継ぎとすることは許されなかったが、それでも、まだ政府には明確な法令がなかったらしいことを物語っている。異姓養子に関しては、遅くとも唐代までには専門の法律が存在していた。つまり、異姓の男子を跡継ぎとして養子に迎えた場合、一年の徒刑とし、男児を他人に与えた者は五〇回の鞭打ちとする。もし三歳以下の異姓の捨て子を引き取り、自分の姓氏に繰り入れた場合は罪に問わない。女性を養子に迎え入れた場合も合法とする。もし、〔奴婢身分の〕雑戸の男子を養子とした場合、一年半の徒刑とする〔『唐律疏議』巻一二〕。これは雑戸が〔官庁に隷属する官賤民である〕官戸であり、役所に使役される罪人であって、不正に雑戸を養子として引き取れば、役所の利益を侵害することになるからであった。[補注9]異姓養子を許さない原因について、『唐律疏議』巻一二は「異姓の男は、本来、同族ではないからである」と解釈している。これは、男系の血縁関係にない人は、同族とは見なせないので、跡継ぎに出来ないのであって、跡継ぎは必ず近い房支の族人の中から選定するべきだということを明言しているのである。明代は唐代の法律を継承して、「異姓の義子を育て上げて宗族に混乱をもたらそうとする者は、杖による六〇回の鞭打ち刑に処する。もし、自分の子供を異姓の人に与えて、その跡継ぎとさせた者も同罪とし、その子供は本来の宗族に帰す」と規定している。明律が唐律と異なるところは、徒一年から杖六〇に軽減された点である。

歴代の王朝政府は、この種の法令を厳格に執行した。清朝の嘉慶年間〔一七九六—一八二〇〕、湖北省京山県での出来事である。当地で徐在明が亡くなり、妻の厳氏と幼い娘とが残された。厳氏は生活の術がなくなり、その母親の王氏の主宰の下に徐元佐を婿に迎えて、娘を育てることになったが、一家の戸籍は依然として徐在明の名前の下にあった。しかし、こうした事柄は宗族に報告されず、徐在明の叔父の徐位安は、こうしたことを知ると、徐在明の堂弟〔年下の父方の従兄弟〕と族兄〔年上で高祖父を同じくする同輩の男子〕を引き連れて詰問にやってきた。そして寡婦の再婚は夫の家が主宰すべきだという理由を挙げて、徐元佐との婚姻を無効としたところ、徐元佐は堂弟と堂兄の二人を打ち殺した。湖北巡撫は、徐元佐の殺人を「絞」〔絞首刑〕と裁決し、婚姻を非合法とし、徐元佐と厳氏を離婚させた。また、事件の発端を作った徐位安は、相手方の非合法な婚姻に対して先頭に立って騒動を引き起こしたにすぎないとして、無罪放免となった。それと同時に、湖北巡撫は、徐在明の一族の中から下の世代で適切な人〔「昭穆相応之人」〕を選び出して、徐在明の後継ぎとし、その遺産を管理し、幼い娘を養育すべきだという命令を下した[41]。この一件は、族人の婚姻と後継ぎを立てるという両方の問題に対して、そのどちらに対しても、政府が宗族法によって処置したということなのである。

政府の規定と同様に、〔宗族が規定する〕宗規でも異姓を後継ぎとすることを厳禁し、後継ぎを決めるに当たっては、まずは身近な父系親族から探しだすべきことを強調している。「応継」〔後継ぎ資格者〕の選定や、「愛継」〔愛好する者〕を跡継ぎとするときは、その家の主人が自ら定めるが、他姓を後継ぎとすることは厳しく防止された。武進県〔江蘇省常州市〕の姚氏一族の族規には、「後継ぎは昭穆〔一族の世代〕を基準として決定する」とあり、「自分の愛好する者を後継ぎとしようとする場合でも、必ず後継ぎ資格者〔「応継」〕を第一優先とし、その次が愛好する者である。もし、異姓であって宗族員でない人を後継者に立てようとした場合は、一族が揃って、その立継行為を排除する」とある[42]。天津の徐氏一族の宗約には、「本族においては異姓の子供を養い育てて子供としたり、あるいは母親の改嫁に伴って本族に付いてきた異姓の子供を自分の子供としたりして、一族の成員の中に混じって一族の家系を乱そうとしてはならない」とある。そして、逆に本族の人間が他族の婿となって一族を出て行って他姓に改姓した者や、他姓の養子となったり、母親の改嫁に従って一族を離れた者も、一族に戻させて、一族の族譜に登載するとしている[43]。つまり、宗族が注意を払うのは血縁関係であり、非血縁者を一族に混入させないようにし、また一族の人間を外部に流出させてはいけないのであり、それ故に後継ぎの選定と族譜への登記に対して厳格な対処をしているのである。

養子の収養という問題に関しては、宗族と当該家族との間に、時として見解を異にする場合があった。ある個人が家族の事業を発展させるために義子を収養しようとしたが、そうした異姓が家を継ぐことは、血縁を最優先にするという宗族の原則とは合致しなかったのである。要するに、個人が後継ぎを立てるとき、感情的要素と実際に考慮すべき事柄とが非常に多く存在しているのである。すなわち、同宗内から選び出す場合で言えば、後継有資格者と養父との感情関係からすると、養父が好む人を立てる方が情愛の観点からして良いのであるが、養父が好む人を後継者にしようとしても、宗法原則からして許さない場合があるのである。また、養父は、時として幼子を育て上げて、そうした方が肉親の情を培う便宜に叶っていると思い、かえって後継資格のある成人の族人を選択しようとしない場合があった。たとえば、『儒林外史』に記しているのだが、弟の厳監生〔厳致和〕が亡くなると、彼の妾は亡夫の兄の幼子を後継ぎにしようとしたが、兄の厳貢生〔厳致中〕は承知せず、その次男を無理に弟の後継ぎにしようとしたのである[補注10]。後継者選びを感情面からいえば、外孫や外甥〔姉妹や娘の息子〕をその選定対象者と考えやすい。たとえば、既述の、〔西晋の〕賈充の妻の場合はそのような例であったが、異姓であったために、なおさら宗族には許容されなかった。宗族は血縁団体の純潔性を保持し、異姓によって宗族に混乱を持ち込むことを許さなかったのである。それに対して、家族は、その家の維持・発展のためならば、血縁範囲に限定されずに当該家族の成員や後継ぎを選択しようとしていた。この種の矛盾に関して、双方ともそれぞれ理由を有しており、それを協調させることは極めて困難であった。しかし、努力は行われ、解決が試みられた。観念形態からみると、宗族の血縁原則は一貫しており、その上、強化される趨勢にあったようであり、それ故に宗約では異姓が宗族の血縁秩序を乱すのを許さないことや、宗族を出た族人に対して、宗族に戻るように求めることを繰り返し強調していた。しかし、このことは、別の一面からみると、異姓が宗族の血縁秩序を乱す現象の深刻性が透けて見えてくるのであり、そうでなければ、このような努力は必ずしもなされる必要はなかったのである。明律の異姓養子に対する処罰規定は唐律よりも軽く、これは政府が家族を保護し、宗族には妥協を求めたということであり、宗族の規約に従わず、異姓を養子とする現象が増加したことの反映だといえよう。械闘が頻発した地域の宗族は、一方で〔異姓養子を厳禁して〕宗族の利益を保護しようとする反面、他面では異姓の養子を認めて宗族勢力を大きくしようとしていたが、これらは自己矛盾であったといえよう。

宗族それ自体からすると、宗族は弱体化の道筋に沿って変遷していった。宗族は、観念上からは不変性を堅持することは出来ていたが、実践上からは一割も変化しないということは不可能であり、それ故に異姓を後継ぎとしたり、自分の愛好する人を後継ぎに立てるという現象が増加していったのである。これは宗法倫理に対する実際上からの挑戦といえよう。この種の現実を前にして、人びとは養子という語句に含意される「養」と「生」との関係問題を論じている。すなわち、その家に誕生した息子は、基本的には養育という語句の「養」だけが問題とされるが、義子の場合、「養」の他に、実の息子ではないという「生」の問題を孕むのである。どのように「養」と「生」の問題を取り扱うのかについて、清代の文学家の袁枚《えんばい》は養育作用の側面を強調している。袁枚は、その「与清河宋観察論継嗣正名書〔清河の宋観察に与えて継嗣の正名を論ずるの書〕」という文章中で、従来から、父母にとって、子供は「生と養は双方とも大事だが、育て上げることが最も重要だ」と語っている。また彼は、上古時代、人びとは「養うことを功績と考えて、遂には異姓を後継ぎに立てたが、そのことを君子は非難しなかった」と述べている。つまり、育て上げることが重視されているからには、生まれという点は低い位置に置かれ、実の子供かそうでないかは、それほど極端に重視されなかったというのである。彼は、正に、この種の理解を根拠として、古代では「分封」〔天子が臣下に土地を与えて諸侯とすること〕が存在して、初めて大宗と小宗の区別がなされたが、後世になると、「分封」ということがなくなったので、どれも小宗だけになってしまい、小宗が後継ぎを立てるに際して、必ずしも大宗法に従う必要も、庶子を選り分ける必要もなくなったと考えた[44]。彼の論理に照らせば、自分の愛好するものを後継ぎとしたり、異姓を養子にすることは、いずれも当然に許されるべきものなのであった。袁枚が生きていた時代、理学〔朱子学などの思弁的儒学〕の観念に照らせば、彼の考えは規範から外れた、「無行〔品行の悪い〕」文人に類するものであって、多少なりとも体制に対する反逆の思想となっていたといえる。彼の継嗣に対する考え方と、伝統的宗法の精神とは些か合致しないけれども、それは当然ながら異姓の後継ぎが宗族の血縁秩序を乱す危険なシグナルとなっていたからである。

義子を養育するとき、一般的には、養父は義子と共同生活をするけれども、それとは別に一緒に生活しない擬制血族も存在しており、これが「拝乾親」〔義理の親戚の契りを結ぶという行為〕である。北斉の宮中には、義理の親戚〔「乾親」〕と認定する事態が出現していた。それは次のような話である。陸令萱《けん》という女性は犯罪人の妻として朝廷に没収され、宮中に配属させられた。そして、北斉の後主〔高緯〕の養育を任せられ、乾阿妳《だい》と称された[補注11]。北斉の後主が政権を掌握すると、〔後に後主の皇后となる〕穆昭儀は、陸令萱を母親として仰ぎ尊び、彼女を義理の母親とし、陸令萱の子供の駱提婆を穆昭儀の姓氏である穆氏に改姓させた[45]。恐らく、これが義理の母親〔「乾娘」〕と称する最初の事例であろう。後世になると、義理の母親の母親や伯叔母を「乾阿奶」と呼ぶようになった[46]。義理の親戚となる契りは〔「拝乾親」〕、清代に盛行した。ある記述によると、幼い男女は、その父母が主体となって、義理の父母を父母として認知し、彼らを「乾爹《た》」「乾娘」と称した。蘇州の人たちは、「乾爹」を「過房」と呼び、浙江の人たちは「寄拝」と称した。「乾爹」は「乾児」〔義理の子供〕に名前をつけ、さらに自分の家の姓を与えた。しかし、公式な場合には、義理の子供は依然として本姓を使用し、このことは、また当該の家に留まって養われる義子とは異なる点であった。名前をつけるとき、「乾爹」「乾娘」は「乾児」を連れて祖先に拝礼する。「乾児」は「乾爹」に贈り物をする一方、「乾爹」も返礼の贈り物をする。「乾爹」と「乾児」の両家ともに互いに「乾親」〔義理の親戚〕の家と称した。社会に対して、こう宣言しているので、他人に紹介するとき、誰々は誰々の「乾親」と述べるのである。どうして義理の親戚の契りを結ぶ風習が形成されたかというと、自分の子供が夭折することを恐れて、子供が夭折しても生活の面倒を良くみてもらえるようにと考えてのことであった。

その他に、多くの場合、親戚となった家を一種の社交手段と見なして、事業を発展させようとしたのである。義理の親戚となった双方の家が、まだ親戚となる以前に、一方が権力や財産を持っていた場合、他方がそれに取り入り、その勢力を借用しようとして、積極的に義理の親戚となる要求をするということがありうる。たとえば、太平天国運動の時期、清朝側には曾〔国藩〕・左〔宗棠〕・胡〔林翼〕・李〔鴻章〕が有名な人物として存在していた。胡とは胡林翼のことであり、この時期、湖北巡撫となっていた。彼の上司の両湖総督の官文には寵愛する妾がいて、それは奴婢出身であった。官文は彼女を正妻にしようとしたが、それが人びとに蔑視されることを心配していた。そこで胡林翼は官文と好みを通ずるために、件《くだん》の妾を義理の妹にし、彼女には胡林翼の母親を「乾娘」と呼ばせ、この妾の社会的地位を上げてやったので、官文の好感を獲得した(47)。

胡林翼が官文の妾を義理の妹としたことは、一種の義兄弟の契りを結ぶ行為であった。清代の社会では、「拝把子」〔義兄弟〕となることが流行し、それを文章言葉でいうと、「結拝金蘭之好〔金蘭の好《よし》みを結拝《むす》ぶ〕」と言い、双方が名刺を交換し、異姓でありながら兄弟関係となり、それ以後、お互いに世話をしあい、社会生活の立脚点とした。この種の現象は官界に最も多く見られる。ここでは、布政使の張集馨が『道咸宦海見聞録』〔中華書局、一九八一年〕に記載する彼自身や同僚の義兄弟の契りの事例だけを挙げてみてみよう。それによると、張集馨は、陝西糧道であったとき、漢中の道員〔省内の糧儲・塩法・駅逓・兵備・巡察・官吏の監察などの事務を扱う〕で、満州鑲《じょう》黄旗の旗人の兆那蘇図と義兄弟の契りを結んだ〔一三一頁〕。また、蒙古正蘭旗の旗人で、道員であった文廉とも義兄弟の契り〔「換帖」〕を結んだ〔一九六頁〕。彭沛霖は陝甘総督の楽斌の幕友で書記係を担当していたが、甘粛按察使の明緒、蘭州の道恩麟、候補の道知祥、茶馬同知の章桂文といった人たちは、彭沛霖と好みを結ぼうとして、別々に彼と「金襴の好み」を結んだ〔二〇二、二一四、二二六頁〕。他方、楽斌の召使いの陳二は、個別に中軍参将の徳祥や筆帖式〈満州人の文官名で、文書と翻訳を司る〉の潤祥と義兄弟の契りを結んだ〔二〇二頁〕。福建布政使の裕鐸《たく》は、福建で知県から昇進していった人物だが、州県の幕友と義兄弟の契りを多く結んだ〔二七七頁〕。進士の張雲藻と張子班とは、義兄弟の杯を交わしていたが、互いに同族であることも認めていた〔二八一頁〕。前述の、茶馬同知の章桂文と陳二との義兄弟の契りは、それに加えて、妻をも巻き込み、楽斌の女召使いの周二娘を義理の母親とさせたのである〔二一四頁〕。こうしたことから、人びとが異姓の人を同族と認めたり、義理の兄弟、義理の親戚と認知するなどの社交手段は、それらを取り混ぜて運用しており、それぞれの必要とするところを取り上げて行うのであって、そのどれかを放棄したいとは思わなかったといえよう。

義子の収養、同族と認知すること、義理の親戚となる契りの締結、義兄弟となるなどの擬制血縁関係は、時代の変化に伴って発展していったが、近古〈宋代以後〉や近代になれば、この種の現象はそれだけ多くなっていった。それはなぜだろうか。それは社会的に必要な仕事が日を追って増加し、その仕事も複雑さを増してゆくと、人びとは単純な宗族血縁関係だけでは、日増しに〈生活に〉役立たなくなり、事業を発展させ、生活を豊富多彩にするために、新しい社会関係や社交手段を必要としたからである。そこに師弟・同年・同郷・同業といった関係や、有形〈たとえば行会・会館〉あるいは無形の組織が出現したのであり、それらの出現はこの種の必要性に添っていたのである。上述の諸々の擬制血縁関係の発生も、そうしたものであった。それは、人びとの間の付き合いや、共同で事業を発展させることに有利に作用したのである。

ところで、人びとが血縁関係を借用して社会活動に従事しているということは、まだ社会が血縁団体と未分離な状態を物語っている。そして、人びとが擬制血族関係を有していることも、それを血縁関係と見なして活用できるからであり、そこには血族団体が一定の役割を果たしている点を看取できる。そうでなければ、人びとは血族団体を捨て去っていたであろうし、必ずしも、あれこれ血縁団体に苦心をこらし、手練手管を尽くすことはしなかっただろう。こうしたことから、近古になっても、宗法思想は依然として人びとに尊崇され、祠堂も依然としてかなり強大な一種の社会勢力であったと結論づけられよう。しかし、これは事柄の一面にしかすぎない。別の面からいうと、擬制血族関係は真性の血縁関係を破壊する作用をし、それ故に国法から家法に至るまで、異姓が宗族の中に入ってきて宗族の血縁秩序を混乱させることに反対しているのである。とはいえ、このような偽りの関係が真の関係を混乱させることは益々増えてきており、それは、最早、真性の宗法が完全には実行できなくなっており、そして擬制血族によってその機能不全を補填せねばならぬことを表している。こうしたことから、次のような認識が導き出される。①宗族の観念と制度とは、極めて古くから存在し、根が深く容易に動揺しない勢力であり、人びとはそれを利用せざるをえなかった。②宗族は擬制血族制の衝撃を受けたが、それは宗族の衰退を表しているので、一定程度は擬制血縁関係を受け入れざるをえなかった。③擬制血族関係は宗法制に衝撃を与えたが、他方では宗法制を延命させる作用も果たし、それを借用してゆく中で、人びとに血縁関係からは離脱できないことを身にしみて感じさせた。④擬制血族の増加と流行とは、宗族がこの種の現象を受け入れることによって、宗族それ自身が変化していることを表している、すなわち、これこそが宗族の変質の重要な内容とその表現だといえよう。

## 四　その他の神霊信仰と宗族

既述のように、祖先崇拝が始まった頃、他方において人びとは自然物や各種の神霊・精霊をも崇拝していた。後になって、さらに仏祖〔釈迦〕と道祖〔老子〕や、その両系統に属する神仏も崇拝対象に加わった。かくして、宗族の祖先崇拝とその他の信仰崇拝とが併存する時代になり、それら相互間に衝突が発生し、崇拝対象をめぐる争奪合戦が引き起こされた。ところで、儒家の観念から提示された、仏教が祖先を尊ばず孝道を重んじないという攻撃は、実質的にいうと、それは宗族勢力による仏教に対する闘争を代弁しているものであった。仏教の中国化〔実質的には儒教化〕の過程で、この問題の重要性が認識され、仏教が孝道の重要性を認めるようになると、孝行という行為で表彰される僧侶が出現するようになった。しかし、どのような言い方をしたとしても、所詮、僧侶や道士は出家者であり、彼らは父母や族尊〔一族の目上の人〕に孝養を尽くせないのである。それ故に、宗族と仏教・道教との確執は解消できず、やむなく三者は併存状態に置かれざるをえなかった。この種の状況下で、宗族は〔仏教や道教の崇める〕神仏に反対する努力を放棄しなかったが、それでも、決してその努力に多少とも効果があったというわけではなかった。

元人〔鄭文融〕の「鄭氏規範」では、族人による祭祖や祭天〔天を祭祀する〕以外の神霊に対する崇拝活動を全面的に禁止しており、また、儒家の聖賢以外の、人や神の祠宇を修築したり、それらの礼拝に参加することを許してはいない。とくに婦女子が僧侶や道士と往来することを認めていない。その規則を見てみると、「子孫は異端の祠宇を建造したり、土や木で〔異端の教えの〕塑像を作成してはいけない」、「子孫は邪説に惑わされて、淫祠に入れ込んで、その鬼神に福運を求めてはいけない」、「婦人の親族に僧侶や道士となる者が居れば、それと往来することを許さない」とある。これらは、親戚の中で僧侶・尼僧や女道士となった人の誰とも交流してはいけないということであり、さらには族人の出家を認めていないということでもある。それ故にこそ、僧侶や道士となった族人が祠堂に入ったり、譜牒に彼らの名前を載せたりできないという族規があったのである。確かに、人びとは葬儀に際して僧侶や道士を必要とする習慣があり、彼らを用いて法事を行い、死者の亡霊を済度していた。しかし、この種の現象が一度出現すると、それに反対する人も現れた。多くの官僚・読書人は臨終に際して、仏教・道教による葬儀を許さず、一切、宗法の儀礼と儒家の礼法とに依拠して葬儀を行うように遺言していた。明代の姚氏一族〔姚舜牧〕の『薬言』〔万暦三四年〔一六〇五〕の自序がある〕という家訓には、「葬儀に対しては儒家の家礼があり、一切、仏教のやり方を用いてはならない」という規定があった。ところで、在家で仏教を信仰する人には、かなり婦人が多く、しかも彼女らは相当に敬虔であった。ある地方では数十人の女性が集まって、昼も夜も関係なく、仏教経典の講釈が行われていた。中には、千百里も歩いて、九華山〔安徽省池州市青陽県〕・舟山〔浙江省定海県〕・五台山〔山西省五台県〕などの仏教聖地に参拝して幸福を希求する人も存在していた。また、毎月一日と一五日に寺院に行って焼香し、願掛けやお礼参りをする人もいた。こうした実態に鑑みて、祠堂は女子に狙いを定めた規範を立てて、尼寺や寺院に出かけて、焼香して拝仏することや「三姑六婆〔まっとうな職業とはいえない、尼姑〔尼僧〕・道姑〔女道士〕・卦姑〔女八卦見〕・牙婆〔人身売買の斡旋業者〕・媒婆〔女の仲人〕・師婆〔巫女〕・虔婆〔やりてばばあ〕・薬婆〔女の薬売り〕・穏婆〔産婆〕を指す〕」と行き来することを許さなかった。河北省南皮県の侯氏一族の族約には、「婦女は寺観に入るのを許さない」という一条があって、その理由として「寺院は僧侶や道士が居住し、皆の目のあるところであり、そこでは軽薄な若者が様子を窺って、来る人をからかい、参詣する婦女子を皮肉ったり品定めをしたりしている。しかも雑踏する集団の中で、言葉で言い表せない事さえも起きてしまう。父兄や夫たる者は充分に警戒したほうがよい」を挙げている。宗族の中には、これらの違反者の処分規定を作成していた。つまり、もし一族の婦女が寺院に行って焼香したりすれば、その父親・兄やその夫は二両の銀を罰金として支払わねばならない。罰金の支払いを望まない場合、〔父親や夫を〕二〇回、板で打ち据える、と。[48] この種の規則は、仏教・道教の崇拝を許さないという理由だけでなく、「内外を分かつ」という意味もあり、それは女性が外界と接触することを許さず、貞節を保持するための措置であった。その達成を保証するために、祠堂は、その責任を家長と夫に負わせたのである。また、巫術に対して、多くの場合、宗族は反対の態度を取っていた。武進県〔江蘇省常州市〕の高氏宗族の家訓では巫術と仏教との禁止を一緒にして、両方を排斥している。[49]

祠堂は族人による仏教崇拝に対して反対していたが、しかし、それによって、他方で矛盾を抱え込むことになった。というのも、宗族の中には、寺廟の手助けを借りて、祖先墓を見守り、族産の管理をしていたものがあったからである。たとえば、宋代の蘇洵・蘇軾・蘇轍の一家は、原籍地の眉山〔四川省彭山県南〕に寺廟を喜捨して、祖先墓の維持管理をしてもらっていた。宋朝政府は、些かの〔高級〕官僚に対して寺廟を建設して、その墳塋《えい》を管理させることを認めていた。たとえば、蘇軾は河南汝州郟《こう》県の墳墓の側に寺院を建てて墓守りをさせていた。また、范仲淹は義荘を設置したが、それとは別に〔蘇州天平山に〕太平功徳寺を建てて、祖先の供養を行わせ、併せて義荘の田産の保護管理に協力させた。[補注12] そうした状況を反映して、族譜の中には、当該宗族が寺廟を建設するに当たって、幾人かの寺僧を置いて、彼らに糧食や油を給付する規定を記しているものもあった。油とは、僧侶の食用の他に、主に仏前に灯す常夜灯の油を意味している。こうした事実は、一部の宗族は決して反仏ではなく、仏教の手助けを借りて宗族を建設しようとしていたことを明瞭に示している。

　祖先神以外の神霊崇拝に対して、祠堂による反対の効果は、決して目覚ましいとはいえなかった。それでも、祠堂における祖先崇拝は、相変わらず維持されていた。清朝前期の官僚で、常熟出身の陳祖範は、人びとの祖先祭祀を、その他の各種の神霊を祈念する活動と対比しながら、家の祖先神に対する祭祀は、それ以外の神に対する祭祀の熱心さと敬虔さとには及ばないと認めていた。なぜならば、各種の神霊に関しては、それを慶祝する多くの名称が存在していたからである。たとえば、出会〔隊を組み、神像を担いで街を練り歩く〕・浴仏節〔灌仏会〕・中元鬼節〔盂蘭盆会〕・観音節・地蔵王節〔地蔵菩薩の祭祀〕・薬王節〔神農祭り〕・老君節〔老子の祭祀〕・玉皇節〔玉皇大帝の祭祀〕・呂祖節〔唐代の道士、呂洞賓の祭祀〕などである。[補注13] それぞれの祝い日になると、各種の形式の法会が行われ、演劇の上演によって神様にお礼をしたり、あるいは神様に尊敬の気持ちを表そうとして、「進香〔香を供えて礼拝する〕」「敬劇」と称することが行われ、これらが一種の習俗となっていた。そして、必ず、このようなことを行わねばならず、そうでなければ、好ましくない事態が起こると考えられていた。陳祖範は、こうした比較検討から次のように結論づけた。つまり、人びとは「祖先祭祀を甚だ怠っても、祖先神以外の神の祭祀を恭しく行う」と。[50] 陳祖範は、人びとが祖先祭祀を疎かにしていると述べているが、その言い方は些か公平性に欠け、事実を誇張している。それでも、それは人びとが祖先神以外の神霊を熱心に拝み、祖先だけを尊ぶわけではないことに対する義憤によるかも知れない。清代の倪賜も、この件に触れ、「祖先祭祀の儀礼が、季節季節で行われないわけではないが、ただ、それ以外の神様を祭祀する敬虔さには及ばない」と語っている。[51] 彼の言っていることは、ほぼ正確であって、人びとは普く祖先祭祀を行っているが、しかし仏教や道教の神霊を祀るほどには気にかけてもいないし、祭祀もそれほど賑やかとはいえない。こうしてみると、宗族の祖先崇拝と、家外における仏教・道教の神霊崇拝との闘争は、宗族側にとって、とても不利な地位に置かれているといえよう。宗族成員は家廟で祖先を拝む他に、家の外では神仏を拝むのである。これは宗族内部に生じた不利な要素であった。

また、次のような現象を見かけるであろう。つまり家の外の神様を祈念する法会は、地域社会的活動であり、地域社会の全ての人が参加可能である。とくに、とても大きな影響力のある法会は、他の地域からも集まり、それ故に賑やかで盛大である。それに対して、宗祠の祭祀は、一族の人だけが参加し、規模からして地域社会の活動とは比べものにならないし、規模の拡大は経済上からしても許されるものではなかった。さらに一族の祭祀は厳粛であるべきで、礼法に従い、文芸活動は行えないので、当然にそれほど賑やかでもなく、人びとの意気込みも表に現れてこない。確かに、極く少数の地方の宗族において、祖先祭祀のときにも演劇活動が行われた。たとえば、湖南の岳陽、浙江の鄞県では、こうしたやり方が採られたが、それは祖先祭祀に敬虔さがなく、風俗習慣を破壊する現象であると見なされていた。[52] このように、祖先祭祀は、家の外の神様ほどは人を引きつけなかったのである。

要するに、家内の祖先神祭祀と家外の神霊祭祀とを比較すると、私たちは次のような認識に至るであろう。すなわち、両者の競争において、祖先神の祭祀は優勢な位置を占められず、場合によっては劣勢に立たされていたとも言えるし、宗族活動は地域の社会活動の挑戦を受け、その影響力を弱めていった。それは宗族が衰退していっていることの反映であるが、それでも宗族は依然として、その特有の形式による活動を行っており、その勢いも依然として存在しており、決して見くびってはいけない　と。

## 注

（1）『魏書』巻一九中「元澄」伝。〔補注：馮爾康氏は、元澄が上呈した書物を『皇誥宗訓』とするが、『魏書』巻一九中「元澄」伝には、「澄表上皇誥宗制并訓詁各一巻、意欲皇太后覧之、思勧戒之益」とあるにしたがって、訳文では『皇誥宗制』に改める。しかも、当該列伝によると、皇太后を戒めるために上呈したのは、『皇誥宗制』だけでなく、『訓詁』という書物もあったという〕。

（2）『北史』巻五「魏本紀五」。〔補注：『北史』巻五「魏本紀五」に、「〔大統七年〕十二月、御憑雲観、引見諸王、叙家人之礼、手詔為宗誡十条以賜之」とある。なお、馮爾康氏の原文に「大観」とあるのを、訳文では『北史』に従って「大統」に改めた〕。

（3）『清世宗実録』巻六三、雍正五年十一月壬戌の条。

（4）『魏書』巻七六「張烈」伝。

（5）民国『毘陵城南張氏宗譜』巻二「家規」。

（6）『清世祖聖訓』巻一「聖孝」。

（7）『洪氏宗譜』巻一「原譜祖訓・続訓」〔補注：浙江人民出版社、一九八二年、排印本、一九頁〕。

（8）光緒『平江葉氏族譜』巻一「家訓五条」。

（9）『光緒永嘉県志』巻六「格言」。

（10）『古今図書集成』巻二五〈明倫〉「氏族」。

（11）道光『即墨楊氏家乗』巻一「家法」。〔補注：この山東の即墨楊氏の婚姻規定は、馮爾康主編『清代宗族史料選輯』下（天津古籍出版社、二〇一四年）一七三六頁に載っている〕。

（12）『同治萍郷県志』巻一「風俗」。

（13）清・范祖述『杭俗遺風』〈婚姻類〉「三朝」。〔補注：『杭俗遺風』は、清朝の杭州地域の風俗に関する代表作であり、范祖述による同治二年（一八六三）の序文がある。当該記事は、一九八九年に上海文芸出版社から出版された影印本では六四頁に載っている〕。

（14）『資治通鑑』巻二五五、僖宗中和三年五月辛丑の条。〔補注：馮爾康氏は、この逸話が『資治通鑑』の本文に載っているように記すが、実は韋宙が劉謙の器量を認めた記述に関する胡三省の注に引く宋・孫光憲『北夢瑣言』に載っている記事である。しかも、『資治通鑑』本文によると、このとき韋宙は丞相ではなく、節度使であった。正確には、「後に丞相となった韋宙は」とすべきであろう〕。

（15）『三国志』巻二三「裴潜」伝。〔補注：この話は、『三国志』の裴潜伝の本文ではなく、裴松之の注が引く『魏略』に載っている（中華書局本『三国志』第三冊六七三頁）。なお、裴注をみると、裴潛は母方の伯叔父の援助を得られなかったというよりは、「無舅氏」とあるので、そもそも頼るべき母方の親戚が存在していなかったということであろう〕。

(16)『春秋左氏伝』僖公二三年。

(17)『通典』巻六〇〈礼二〇〉「同姓婚儀」。

(18)『唐律疏議』巻一四「同姓為婚」。

(19)『晋書』巻一〇二「劉聡」載記。

(20)龔煒『巣林筆談』巻二。〔補注：『巣林筆談』巻二には、「朱韞斯誤娶同姓欲去、其婦人名流、多勧止之、欲取于古之娶同姓而無傷者、一時莫之応、呉志伊独曰、王沈与王基聯姻、劉疇与劉嘏為婚縁、非同原也、前輩博洽如此」とあって、身近な人が離婚に反対したのは、婦人が名流出身という実利があったからであった。その実利を理論づけるべく、同姓ではあるが同宗ではない歴史的実例を求めたが、それを証明できる人がいない中に、呉志伊という人物が、そうした実例を直ぐさま答えたので感心したというのである。つまり、この史料を見る限り、朱韞斯と呉志伊が友人関係なのか分からない〕。

(21)『清稗類鈔』〈婚姻類〉「甘人兄弟合娶」。

(22)『漢書』巻九七上「外戚伝」。

(23)清・平歩青『霞外攟《くん》屑』巻一〇「認本家」。

(24)『新唐書』巻一〇六「杜正倫」伝。〔補注：なお、この話は、『旧唐書』巻七〇「杜正倫」伝には見えない〕。

(25)『晋書』巻六〇「孫旂」伝。

(26)『南史』巻六六「侯瑱」伝。

(27)『宋史』巻三五四「蔡薿」伝。

(28)『日知録』巻二三「通譜」。

(29)『清稗類鈔』〈恩遇類〉「范文程以生員受知太祖」。〔補注：范文程が蘇州の范氏一族と接触し、その一族と認められるように努力した状況は、遠藤隆俊氏の「范文程とその時代――清初遼東漢人官僚の一生」（『（東北大学）東洋史論集』六、一九九五年）に詳説されている〕。

(30)陳康祺『郎潜紀聞初筆』巻六「陳文簡与高文恪聯譜」。

(31)『史記』巻七「項羽本紀」。

(32)『史記』巻九九「劉敬」伝。

(33)『周書』巻三二「唐瑾」伝、『北史』巻六七「唐瑾」伝。

(34)呂思勉『隋唐五代史』（上海古籍出版社、一九八四年）下冊七五九頁。

(35)『後漢書』列伝巻六八「曹騰」伝。〔補注：曹操の父親の曹嵩が、もともと夏侯氏であったことや、養父の曹騰のお陰で太尉になったことなどは、本文に引く『後漢書』の曹騰伝ではなく、『三国志』魏書巻一「武帝本紀」に引く『続漢書』に記している（中華書局本『三国志』第一冊二頁）。

(36)『三国志』魏書巻七「呂布」伝。

(37)『新唐書』巻一九四「司空図」伝。〔補注：馮爾康氏は、この話の典拠として『新唐書』の司空図伝のみを記すが、同じ話は『旧唐書』巻一九〇下「司空図」伝にも載っている〕。

(38)『康熙徽州府志』巻一八「拾遺」。

(39)陳洪謨『治世余聞』下篇巻二。

(40)『晋書』巻四〇「賈充」伝。

(41)中国第一檔案館『内閣全宗』〈刑科題本〉「土地債務類（嘉慶朝）」。

(42)民国『輞《もう》川里姚氏宗譜』巻三「譜例」。

(43)『天津徐氏宗譜』「小引」。

(44)『小倉山房文集』巻一七。

(45)『北斉書』巻五〇「穆提婆」伝。

(46)梁紹壬『両般秋雨盦随筆』巻二「乾阿奶」。〔補注：この記事には、義理の母親を「乾阿奶」と呼ぶことが『北斉書』の「穆提婆」伝を嚆矢とするという内容も記されている〕。

(47)『清稗類鈔』〈婚姻類〉「官文以婢為継室」・〈風俗類〉「乾児」。〔補注：著者は、『清稗類鈔』の〈譏諷類〉も典拠としているが、本文の話に関係した記事は、〈婚姻類〉「官文以婢為継室」と〈風俗類〉「乾児」だけで事足りる。また〈譏諷類〉には関連した記事は見あたらない。なお、〈婚姻類〉「官文以婢為継室」には、「不数年、立為嫡室、甚畏之」とあり、馮爾康氏は、それを妾を正妻とする行為が世間の蔑視を生むのではないかと心配してと解釈しているが、原文を素直に読めば、正妻となった妾を官文はとても畏れていたとなる〕。

(48)民国『宜興篠里任氏家譜』巻二之五「宗法」下。〔補注：この任氏の規定は、馮爾康 主編『清代宗族史料選輯』天津古籍出版社、二〇一四年）下冊一七三〇頁に載っている〕。

(49)『毘陵高氏宗譜』巻一「家訓」（中華民国四年〔一九一五〕刊）。

(50)『光緒常昭合志稿』巻六。

(51)『唐市志』巻上「風俗」。

(52)『光緒巴陵県志』巻五二「雑識」、『民国鄞県志』不分巻〈輿地志〉癸編「氏族」。〔補注：田仲一成氏は、明清時期、江南を中心として、宗族が演劇を催すことが決して例外的ではなかったことを多くの実例を示して論証している（『中国祭祀演劇研究』東京大学出版会、一九八一年、『中国の宗族と演劇』東京大学出版会、一九八五年、『明清の戯曲』創文社、二〇〇〇年など）〕。

## 補注

（1）以上の家訓・宗規などに関しては、朱明勲『中国家訓史論稿』（巴蜀書社、二〇〇八年）が詳細に論じている。

（2）族譜を編纂するときの義例などは、いわば凡例であって、それを族規の中に入れることに訳者は抵抗感があるけれども、翻訳は著者の記すとおりにしている。

（3）Hui-chen Wang Liu 氏の原文と、馮爾康氏の漢訳とを対照すると、ニュアンスに若干の違いがある。ことに、馮爾康氏が「把社会倫理同宗族信仰結為一体」としているところは、原文は "integrate social ethics with religious belief" となっていて、原文に拠る限り、「宗族信仰」ではなく、「宗教信念」となるべきである。その場合、「宗教信念」とは、当該書の二四頁からの文脈をみると、血筋を代々に受け継いでゆくという伝統的観念を指している。しかし、当該書を忠実に訳すると、馮爾康氏の文脈の整合性が失われるので、ここでは馮爾康氏の訳文に従って訳している。なお、馮爾康氏は、Hui-chen Wang Liu 氏を劉汪瑞成とするが、訳文は劉王恵箴に訂正している。また、この *The Traditional Chinese Clan Rules* の "preface" の記述によっても知られるが、著者は宋代史の大家、劉子健氏（一九一九～一九九三）の夫人でもあり、そのために王恵箴という本来の氏名に劉の姓氏を冠していると考えられる。

（4）この即墨楊氏一族の規定は、馮爾康主編『清代宗族史料選輯』下（天津古籍出版社、二〇一四年）一七三五頁に載っている。

（5）ここの記述は、『陳書』巻八「周文育」伝、『南史』巻六六「周文育」伝のいずれにも載っている。なお、馮爾康氏は、項猛奴の出身地を「新安（徽州）寿昌（浙江建徳）」と記しているが、これは『陳書』と『南史』の本伝のいずれも「本居新安寿昌県」とある記述に、新安は徽州、寿昌県は浙江建徳県を当てたにすぎない。無論、「新安寿昌県」は、「新安郡寿昌県」のことであり、訳文はそれに従って訂正している。

（6）本文が記す朱友文の話は、『旧五代史』巻一二「博王友文」伝、『新五代史』巻一三〈梁家人伝〉「博王友文」伝に見え、李嗣源の話は、『旧五代史』巻三五明宗本紀、『新五代史』巻六明宗本紀に載り、李従珂の話は、『旧五代史』巻四六末帝本紀に載っている。なお、『新五代史』巻七廃帝本紀に李従珂の事跡を載せるが、本文に「皇長子潞王従珂、位居冢嗣、（中略）惟忠惟孝」とあるだけであり、明宗の皇后の命令文は『旧五代史』だけに載っている。

（7）『明史』巻一二六「沐英」伝。ただし、ここに記される事柄のほとんどは、『（明）太祖実録』巻一一五、洪武一〇年一〇月戊午の条に見える。

（8）『晋書』巻四〇「賈充」伝の原文は、「而近代更除其国」とあり、字義に即して言うと、後継ぎがいない国は、国そのものが廃止されたということになる。

（9）唐代の官戸と雑戸や、その歴史的由来については、濱口重國『唐王朝の賤人制度』（東洋史研究会・東洋史研究叢刊

一五、一九六六年）「第五章　官賤人の由来についての研究」が古典的な研究として存在する。

（10）　本文に厳貢生〔補注：厳致中〕を「族長」としているが、この厳監生〔補注：厳致和〕の跡継ぎ問題を取り上げている『儒林外史』第六回の記述によると、厳氏一族の族長は、厳振先という人物である。訳文では、『儒林外史』の記述に従って、厳監生を修飾する「族長」という言葉を削除した。

（11）「乾阿妳」は本書の原文では「乾阿奶」に作るが、『北斉書』巻五〇「穆提婆」伝によって直した。ただ、「妳」も「奶」も「嬭」の俗字で、いずれも乳母を意味している。

（12）　こうした宋代の功徳院あるいは墳寺に関しては、竺沙雅章「宋代墳寺考」と題する古典的論文がある（同氏著『中国仏教社会史研究』同朋舎、一九七九年所収）。なお、『范文正公集』に載る「義荘規矩」を見る限り、范純仁が義荘規矩を石に刻んで、天平山の「范仲淹祠堂」の側にそれを建てたという記述は見られるものの、そこにある功徳寺に義荘管理の手伝いをさせたというような記述は、管見のかぎり見あたらない。

（13）　中国民間信仰に関する研究は多いが、近年のものとしては志賀市子『〈神〉と〈鬼〉の間――中国東南部における無縁死者の埋葬と祭祀』（風響社、二〇一二年）が参考になる。

# 第五章　族人間の互助に基づく経済生活

一族が共有の財産をもつと、そこに一族の活動の物質的条件が備わることになる。このことは以前に触れたが、ここで族人の生活という観点から義荘・祭田の役割や、族中における個人による族衆に対する救済活動をみてみよう。義荘や祭田が出現する以前にも、個人による族人救済という現象は早くから現れていたが、宗族が共同財産を所有して以後も、個人は族人に対する救済活動を行っていた。その形式は義荘や祭田のような恒常的なものとは異なっていたが、それでも、それは宗族団体に対する族人の観念を表したものであり、一種の宗族活動であることは、理解する必要があるといわざるをえない。

早くも宗族制度の回復時期である漢代において、人びとは自発的に族人を支援していた。前漢時代、華陰県〔陝西省華陰県〕出身の楊惲《うん》は司馬遷の外孫であり、平通侯に封ぜられた。彼は父親の五〇〇万の遺産を全て同族の人びとに分け与えた。継母には子供がなく、彼女の死後、数百万の財産が楊惲に渡ったが、彼はその全部を継母の兄弟に分け与えた。その後、再び彼は千余万の財産を手にしたが、それも全て族人に分け与えた[1]。楊惲は自分の一族の面倒をみながら、それと同時に継母の族人の世話もしており、彼の宗族意識はかなり強かったといえよう。後漢初、任隗は入手した俸禄を常に宗族に分け与え、孤児や寡婦を引き取って、その生活の面倒をみた[2]。後漢末、潁川郡潁陰県〔河南省許昌市）出身の劉翊《よく》は、仕官をしていなかったが、豊富な家産を持っており、好んで貧窮者を救済した。族人や近隣の人が死去しながら埋葬できないでいると、そのいずれの場合も彼は葬儀を営む費用を援助してやった。窮迫して再婚できないでいる男鰥《やもめ》には、再婚費用を援助してやった。(3) 劉翊は族人を救済する一方で、救済活動を同郷の人びとにも拡大しているのである。両漢以後、個人で一族の人びとを救済する現象は、代々、記述の絶えることがなかった。北宋時期に范氏義荘が出現して以後も、依然として個人が宗族を救済する現象は多く見られた。たとえば、元代、〔浙江行省興化路〕莆田県〔福建省莆田市〕の黄巳《し》は子供のいない伯父の跡継ぎになったが、実の弟が窮乏していたので、所有田の半分を弟に分け与えた。族人の中には田地を黄巳に売ろうとする人がいたが、彼は族人の田地を購入することに忍びず、田地の代金だけを当該の族人に払って、その田地を決して要求はしなかった。生活を維持できない族人がいると、黄巳は衣服や食料を贈ってやった。(4) 歴史上、こうした事例は極めて多く、贅言を必要としない。族内で財産を施与する人には、官僚や金持ちもいたであろうが、決して豊かではない人も、自分の得意とするところを発揮して親族を助けてやったのであり、彼らはいずれも強烈な宗族観念をもっていた。とはいえ、この種の援助活動は、財力の制約を受けて、臨時的で急場凌ぎ的なものにしかすぎず、一時的に族人を困難から解放してやっても、それだけに効果は限定的であり、宗族の公有財産による救済に比較すれば、その影響はかなり少ないといえよう。

## 一　義荘と義荘規矩

義荘は、宗族による規格化された救済であるが、その誕生と発展の趨勢や、人びとが義荘を鼓吹してきた状況に関しては、読者は既にあるイメージを持っているだろうと思われるので、ここでは族人に対する義荘の援助の具体的有様と管理方法とを語りたい。それには二種類の類型が存在し、両者は区別して理解する必要がある。一つは范氏義荘型であり、全ての族人の生活を賄うタイプである。もう一つは貧窮した族人の生活のみに責任を負うものであり、大多数の義荘はこのタイプに属する。

范氏義荘は、開始当初、一〇〇〇余畝の土地を有していたが、以後、続々と資産が増え、清代の最多時には土地が五三〇〇畝にも達していた。范氏義荘は、その土地を小作地として他姓の人に貸し出して耕作させ、その小作料収入が族人の生活に供されていた。范仲淹が義荘を創始したとき、義荘の管理と分配の規定つまり「義荘規矩」を定め、范仲淹の子孫も条例を次々と増やして、完全な制度を作り上げていった。その規矩は後世の人によって「范氏義荘規矩」として纏められ、それは『青照堂叢書』摘次編第三函に収められている。ここでは、主に、この「義荘規矩」に依拠して、八〇〇―九〇〇年間もの長期にわたって維持されてきた范氏義荘の歴史を叙述しよう。

范氏義荘は蘇州の原籍にいる全族の人びとに対して、生活手当を支給したのであり、貧富を分けず、またその人自身に収入があるかどうかに関わりなく、全族人に一律に支給した。ただ、蘇州以外の外地に居て官僚となっている人は、それを受け取ることができなかった。支給する銭物と項目は以下の通りである。

口糧〔配給米〕――族人は毎日一人当たり一升〔当時の一升は日本の半分ほどで、約〇・九五リットル〕の白米を定額とし、一月に一回支給する。つまり毎回三斗を支給する。もし玄米を支給するときは、二割を加算する。それとは別に各房〔支派〕ごとに一名の奴婢に対して口糧を支給する。もし、使用人に子供がいる場合、一五年以上働き、五〇歳以上に達すれば、その子供にも口数に従って米を支給する。[補注1] 蘇州の外に出て官職に就いている子弟でも服喪や赴任待機している場合は、常例に従って口糧を支給する。

衣料――族人は毎年一人当たり絹一匹〔史料は「疋」。約九メートル〕を支給する。五歳から一〇歳までの児童は、大人の半分を支給する。これらは冬に支給する。[補注2]

婚姻費――娘を嫁がせる場合、三〇貫の「妝銭」〔支度金〕を支給する。[補注3] もし再婚の場合は二〇貫を支給する。嫁を娶る場合、二〇貫を支給する。再婚には支給しない。

葬儀費――輩分〔世代〕と年齢に応じて支給する。〔各房の〕尊長が亡くなると二五貫、尊長の次に年齢の高い族人には一五貫、一九歳以下の年少者〔「卑幼」〕は七貫、一五歳以下は三貫、一〇歳以下は二貫、七歳以下と奴婢は支給しない。[補注4]〔以上、皇祐年（一〇五〇）「文正公初定規矩」〕

科挙費――中央の科挙受験資格を獲得した族人には、一〇貫の路銀を支給する。二回目の受験時には五貫を支給する。もし理由もないのに受験に赴かないときは、支給費用を回収する。〔熙寧六年（一〇七三）「続定規矩」〕

家屋――義荘には義宅が備えられ、族人の居住用に貸し与えられた。義宅に修繕の必要が生じた場合、借家人が自分で行わねばならない。もし借家人に維持修繕する余力がない場合、義荘が修繕費を支払う。もし借家人に余力がある場合、義宅の敷地内に自分で家屋を建てることができる。〔元符元年（一〇九八）「二相公指揮修定」〕

貸借――族人に差し迫った支出が生じたとき、義荘から金銭を借り出すことは出来るが、期日になったら返却しなければならず、しかも度々の借用は出来ない。もし、期日に返却出来なくとも、族人に毎月支給される月米を差し止めることはせず、基本的な生活は保障される。[補注5]

以上の各項の支給規定は、正常な作柄時に予め見積もられたものであり、凶作に遭遇して、小作料が減少すれば、義荘は、そのときに現存する糧食に手を付けて、族人の食料を支給し、その他の需要充足は実現できなかった。〔皇祐年（一〇五〇）「文正公初定規矩」〕

こうした規定が実行されると、范氏義荘に依拠する成員は、生活必需品である食料・衣服・住居、それに結婚と葬儀の費用に煩わされることがなく、安穏な日々を享受できた。そして彼らの基本的な生活費は保証されているので、自分で新たな収入源を必要とするのは、主に日常の小遣い銭であった。もし、生活水準を高めようとすれば、義荘から支給されるものでは自ずと充分ではなかった。しかし、どのような言い方をしようが、范氏一族の人びとは日常生活に必要な薪・米・油・塩といったものを心配する必要はなく、生活上は、どうにか暮らしていけたのである。

范氏義荘の管理人は、職責と権限を有するとともに義務も存在した。補注6 管理人は義荘の事務を処理するが、他の族人の干渉を受けない。もし尊長が勝手気儘に管理人を批判したりしても、それに取り合わない。かりに尊長が無理に義荘の事務に介入すれば、管理人は役所に告発できた。管理人は原則を堅持して、職務を執行するに際して侵害を受ければ、これも役所に告発できた〔紹聖二年（一〇九五）「二相公指揮修定」〕。たとえば、族人の私生児には月糧を支給しない。それに対して無理に騒ぎ立てれば、取り押さえて役所に送致する補注7〔大観元年（一一〇七）「五侍郎指揮修定」〕。管理人は報酬を受け取れるが、それには族人の監督を受けねばならず、仕事の成績次第で報酬額が決定された。管理人が予定どおりに一年を通して族人に対して月糧を支給できていれば、二〇石の玄米を受け取ることができる。もし、半年以上、月糧を族人に支給できていれば、二〇石の半分以上を受け取ることができる。管理人に報酬の糧食を支給する前には、必ず族人によって彼の仕事の成果が証明されねばならず、族人がその証明をしようとしない場合は、范仲淹の神位の前で、どうしてそうなったかを説明し、真面目に仕事をしたことを明示しなければならなかった〔紹聖二年（一〇九五）「二相公指揮修定」〕（それは、祖宗の面前で良心を欺く話が出来なかったからである）。管理人による義荘財産の侵奪行為は、決して簡単には許されず、義荘から地方当局に報告して処罰を依頼した〔元豊六年（一〇八三）「二相公指揮修定」、康熙一七年（一六七八）「続申義荘規矩」〕。

族人に対する管理は多方面に見られる。まずは戸口の登記を進めて、宗族の成員資格を有する正式な族人を確定した。これは物品の支給と受け取りの便宜のためであった。族人に男女の子供が誕生すると、二か月以内に義荘に報告しなければならず、そのとき出生者の性別や出生の日付、嫡母と生母の姓氏、生まれた子供の輩行と幼名といった説明をした。管理人は、調査してその報告を実証し、誕生した子供を一族の戸籍簿に登録すれば、当該の子供は正式に一族の成員とされ、族人としての権利を享受した。もし不注意にも、期限内に報告しなければ、合法的な成員資格を取得できず、相応の成員待遇を失ってしまった〔元符元年（一〇九八）「二相公三右丞五侍郎指揮参定」〕。したがって、義荘における戸口登記は族人の大事であった。族人には管理人を告発できる権限があって、もし管理人によって虐げられたときは、当該の族人は族衆に対して范仲淹の神位の前で、自分の道理を主張し、族衆にその判定するように要求できた。義荘にとって大事な事柄が起きた場合や、族人間に揉め事があったときは、范仲淹の神位の前で是非曲直を判定しなければならなかった。[補注8] 義荘は準拠すべき規矩に従って物事を処理するが、もし規定がない場合は、管理人と族人とが協議して一つの意見を出し、それを范仲淹の神位の前にやって来て報告し、范仲淹の直系の子孫の同意を得て後、初めて効力を発揮した〔元符元年（一〇九八）「二相公指揮修定」〕。義荘の規則によると、義荘の土地を族人が耕作することを許していない〔元豊六年（一〇八三）「二相公指揮修定」、嘉定三年（一二一〇）「范之柔続定規矩」〕。これは、多分、小作料納入に際して紛争が発生して、宗族同士の睦まじい関係が損なわれることを恐れたからであろう。義荘は族人の田地を購入してはいけなかったが〔紹聖二年（一〇九五）「二相公指揮修定」〕、それは一面では族人が田畑の財産を失わないようにということと、他方では、それによって族内に紛争が起きるのを避けようとするためであった。

　范氏義荘は族人に対して多くの規矩を定め、それによって族人による義荘財産の侵犯を防止した。その条項には次のようなものがある。祖墳やその近辺の竹木・柴薪〔薪〕の伐採を許さず、墳墓上で牧羊してはいけない。それらに違反した者は、当該房支の全族人の一年の糧食を罰として停止する〔嘉定三年（一二一〇）「范之柔続定規矩」第一項〕。范仲淹が創設した天平山の功徳寺の資産に対する侵犯を禁止する。無理に功徳寺の寺田や農園を占拠して耕作すれば、当該人の房支の二か月分の糧食を罰として停止する〔嘉定三年（一二一〇）「范之柔続定規矩」第二項〕。族人が他人の名義を借りて義荘の田地を小作してはいけないし、義荘内の貯水池の物産を不法占拠したり、佃戸の用水を妨げたりしてもいけない。違反者の当該房支は半年の糧食を罰として支給しない〔嘉定三年（一二一〇）「范之柔続定規矩」第四項〕。義荘の佃戸を威圧してはいけないし、佃戸に高値で物資を無理に売りつけてはいけない。違反者の当該房支は、罰として二か月分の糧食を支給しない。もし重大な違反内容があれば、役所に送致して究明してもらう〔嘉定三年（一二一〇）「范之柔続定規矩」第五項〕。族外の人を引っ張ってきて、義荘の資産に損害を与えることを許さない。違反者の当該房支は一年間の糧食支給を取りやめ、その上、役所に送致して法によって処罰してもらう〔嘉定三年（一二一〇）「范之柔続定規矩」第六項〕。范氏以外の人を自分の子供としたり、自分の子供を族外の人に与えた場合、毎月の糧食を一切支給しない〔嘉定三年（一二一〇）「范之柔続定規矩」第九項〕。一族の義塾の学生は学舎で飲酒して遊び騒いではいけない。そうでなければ、違反者の当該房支は一か月の糧食を罰として支給しない〔嘉定三年（一二一〇）「范之柔続定規矩」第一二項〕。こうした全ての処罰規定は、違反した当人だけではなく、その所属する房支の全族人に累が及んだ。義荘は、この重罰方式によって、房支全体の力を動員して、子弟の不良行為を禁止し、義荘の利益とその長期的存在を維持しようとしたのである。

范氏義荘は困窮する姻戚に対して、一時的な困難や自然災害による凶作に遭遇した場合、情状を酌量して経済的援助をした。補注9

范氏義荘には多くの注目すべき点がある。たとえば、范氏義荘が一千年近くにわたって長期に維持されている点は、他の義荘では及びもつかず、歴史上、極く稀な事例であるといってよい。その原因を突き詰めると、管理が十全であり、一つ一つの困難を克服して二〇世紀初めまで、義荘の管理が保持されてきたからだといえよう。ここで指摘しなければならぬのは、范氏義荘は全族人に対して開放され、それによって全ての族人が扶養されていることであり、後世の義荘の大多数は、そのようにできなかった点である。それゆえに、范氏義荘は義荘が出現した当初の状況を反映しているといえる。

清代の松江府華亭県（現在、上海市に所属）の張氏義荘も、一時、大いに評判となり、その規範も非常に詳細であったので、范氏義荘とは別の義荘類型として考察しても差し支えなかろう。[補注10] この義荘は清朝の雍正年間〔一七二三―一七三五〕に設立された。内閣学士・礼部侍郎で著名な書家の張照の話によると、張照は祖父の張淇《き》の遺命に従ってこの義荘を創設し、皇帝に報告して、皇帝の許可を受けて、それは義荘登記されたという。当時、当該の義荘には張彙と張照父子が寄付した千畝の祖先伝来の資産があって、それが一族の共同財産となっており、その収入によって一族を扶養していた。張照の父親の張彙が制定した義荘条例によると、その条例は「范氏義荘規矩」を種本として、張氏一族自体の状況と結びつけて具体的規定を作り出したものであって、全部で五三条があった。その条文には、義荘による救済範囲と救済対象、それに救済方法・管理機構・事務員・事務員の選出法が説明されていた。范氏義荘と同じ細目は詳細に論ずる必要はないので、ここでは范氏義荘に言及されなかったり、相違したりするところを次に述べよう。

張氏義荘には一組の管理機構が設けられており、総執事は「総管」と称され、義荘全体の事務を取り仕切っていた。総管には二人の助手がいて、一人は「司倉」であり、小作料の徴収と糧食の販売、それに精米や各種の雑糧の出納を専管していた。もう一人は「司荘」であって、族人に対する糧食などの支給の責任を負っており、祠堂祭祀の準備をしたり、義荘内の寺院や倉庫労働者の管理、それに地租の納入を担当していた。義荘内の倉庫・祠・寺院には、それぞれ具体的な雑事があって、上記の役職とは別の人員が配置されていた。たとえば、守祠人や守荘人がいて、それぞれの責任を果たしていた。「総管」は族内の人たちによって推挙されるが、その推挙条件は人徳と才能を有する人か、あるいは富裕な家族出身で良い品徳を有する人であった。もし、「総管」が族衆に信頼されていれば、彼は自分で二人の助手を探すことができた。この三名は本族の人から充当され、その他の雑役も族人を用いなければならなかった。しかし、もし族人が不肖で、期待に沿えるように仕事をこなせない場合、総管は、臨時に異姓の人を招聘できる権限をもっていた。

義荘組織は祠・荘・倉・庵の四つの部分から構成されているが、当然ながら、義荘の基礎は義田であった。祠とは宗祠のことであり、そこに祀られるのは、義荘の発案者の張淇とその子供であり、張淇の孫以降は祀られていない。しかし、義荘に百畝以上の田畑を寄付をした族人は一緒に祭祀された。義荘が米などを族人に支給するとき、毎回、その受領者は、皆、祠堂に出向いて拝礼儀式を行わねばならなかった。荘とは集会の場所であり、ここで話し合いが行われ、物資が族人に支給される。倉とは義田の小作料を貯蔵しておく場所で、族人に対する糧食支給の日が来ると、倉庫の糧食を船で荘屋に運んで支給に備える。庵とは張氏義荘に特設された宿雲庵を言うのであり、祖先の法事を行い、祠堂の管理を手助けして、義荘が長く維持できるような役割を果たしていた。庵の僧侶の定員は六名であり、僧侶には人数に応じて食料が支給されるが、毎月、お布施の米が一石八斗、灯火油と食料油が全部で一〇斤、塩四斤、大豆三斗、お茶と薪の代金が銀四銭、線香が一〇包み、定香が三斤五両、蝋燭三斤が支給された。[補注11]祠・荘・倉・庵で義荘の全体を形作り、それぞれが役割を果たしていたが、とりわけ祠・荘・倉はそのどれが欠けても義荘としての効果を発揮できなかった。義荘は、宗法観念の指導の下に創設されたものであり、必ず祠堂祭祀という現象があって、初めて義荘による族人に対する賑恤の精神が体現できたのである。荘屋と倉庫は義荘の経済的実態を体現したものであり、それらが存在して、初めて義荘による族人扶養の主旨が実行されたのである。

張氏義荘の主な賑恤範囲は族人であり、張淇の五世代以後の、服喪の規定が尽きた子孫も、この救済の範囲に入っていた。[補注12]張氏義荘が范氏義荘と異なる点は、張氏義荘では、どの族人も義荘の財物を受け取れるとは限らなかったいうことである。この義荘では族人の家産を計算して、もし八畝から九畝の田畑を所有し、その収入で暮らしていけるのであれば、糧食は支給されなかった。家に少しでも田畑があれば、口糧は減らされ、さもなければ、他の金銭や財物を少しだけ受け取った。この張氏義荘の支給原則は、貧窮した族人の生活困難を解決してあげることにあるが、鰥寡孤独〔妻のいない男、夫のいない女、孤児、子供のいない老人〕に対しては条件が緩やかであり、それらは扶養され、そのことによって寡婦が再婚せずに貞節を守る行為を奨励した。もし族人の家計が不充分でも、糧食などの支給を望まなければ、その人の都合に任せられた。族人が元来所有していた田畑を正当な理由もなく売り払った場合、義荘は田畑がなくなったからといって、物資を支給したりはしなかった。不肖の族人が悪事に手を染め、人殺しや盗人の手引きに関わり、郷党や宗族に仲間として相手にされなくなれば、その族人は一族から追放され、当然にその生活の面倒もみられなくなった。しかし、それは当人だけであって、その家族は以前と同じく平常どおりに支給を受ける。もし、犯罪が一時的な支給停止程度の過失であれば、悔い改めた後、族人の保証があれば、改めて手当の支給を享受できた。族人が異姓を養子にすることに対して、それを厳しく排斥したが、〔既に存在する〕異姓養子に対しては待遇に区別を設けていた。ある一戸は、以前、「外甥」〔姉妹の子供〕が養子となってその家を継いでいた。それ故に、本来、義荘の名簿に入れるべきではなかったが、養子となって長年を経過してしまったことを考慮して、特別な配慮をして、義荘の財物の支給を認めた。ただ、族人の八割を支給するに止め、正統な族人との区別を示した。その他の異姓養子は、この一戸の例を引き合いに出して義荘の財物を申請できなかった。張氏義荘が支給した金銭と穀物は、范氏義荘と大体は同じである。つまり、各房支ごとに族人数に応じて糧食を支給し、一七歳以上の成人は一日一升、一一歳から一六歳までは半升、五歳から一〇歳は三合であった。そして、毎年、どの男性族人も一組の衣服が支給され、女性は二〇斤の綿花が支給された。嫁入りには三〇両、嫁取りには二〇両の支給があり、再婚は嫁入りと嫁取りを問わず支給はなかった。葬儀は年齢と輩行に応じて二五両から二両を、まちまちに支給された。

范氏義荘と張氏義荘とを総合して検討してみると、いずれの義荘も賑恤する族人の範囲は相当に広く、義荘創設者は五服〔斬衰・斉衰・大功・小功・緦麻のいずれかの喪に服さねばならぬ親族の範囲〕の範囲を越える族人を救済の対象として含めていたことに難なく気づく〔つまり上は四世代前の高祖以上、下は四世代後の玄孫以下に繋がる族人〕。そして、義荘創設者が大量の田畑を寄付できたということは、彼自身が莫大な財産を持ち、その子孫も相当に富裕であったはずだということを明瞭に示している。それ故に義荘の設立は、主に遠縁の族人を扶養するためであったのである。それと同時に、これは臨時に族人を救済する義挙とは、全く異なっていたといえよう。なぜならば、義荘の創設は、〔身近な親族を越えているという意味で〕宗族規模の拡大を明示しているからである。また、范氏義荘と張氏義荘とには、どちらにも仏教寺院が設置されているが、しかし宗族は、当然、仏教に反対の態度をとっていたはずである。多くの義荘にも寺廟があったが、張氏義荘の規約にも、「庵は無駄な出費である」という話を載せ、併せて仏教を信奉すべきではなく、寺庵には宗祠の維持を手助けさせるべきだという意見を表明している。義荘は僧侶を利用して祖先神を守護させようとし、他方、寺院は、その期待を受け入れているのであり、それは相互の利用と妥協の産物だといえるかもしれない。これは、范氏義荘は族人女性の再婚に対して資金援助をしているが、張氏義荘では、この項目規定を設けていない。これは、北宋の社会風俗は婦女の再婚を認めているが、清代は女子の再婚を甚だしく白眼視しているからである。そのために、嫁入り道具を再支給して、再婚の奨励に資してはいけないのが当然であり、その意図するところは、貞節を守る寡婦の生活を保障するということであった。こうしたことから、義荘の細かい規定は、当該時代の精神と習俗とを反映していることを看取できる。そしてさらに一歩進めると、義荘の出現それ自体、宗族の発展状況を表しているといえよう。つまり、より一層、宗族を維持しようとすれば、ただ単に個別の族人が臨時に救済を行うだけでは駄目で、一族の共有財産を有する必要があったからである。そうした共有財産の形式の一つとして、義荘の出現は、予想できる事柄であったのである。

## 二　同居共爨《さん》家族の生活

義荘の出現以前には、「同居共爨《さん》〔一緒に住み、煮炊きも共同で行う〕」の家族も多少ながら存在していた。「同居共爨」

家族は、規模は小さくはないものの、義荘を必要とするほどでもなかった。同居共爨家族と義荘を有する一族とは些か共通点があり、他方で同居共爨家族にもそれ自体の発展過程もあった。規模からいうと、最初の頃の同居共爨家族は規模が小さく、後になると規模が大きくなった。それを社会階層という側面からいうと、同居共爨家族は、それほど単純とはいえず、純粋に平民的なものも、かなりの身分を有する家族もあった。ところで、私たちは、かなり早い時期に出現した同居共爨家族が、両漢の交替期における南陽〔河南省南陽市〕の樊《はん》重の一族だということを知っている。この一族は、代々、農業を営み、商業も兼業していて、「三世代が財産を共有して、その子孫たちは朝方と夕方とに互いに敬意を払う儀礼を行った」という。樊重は外孫の何氏の家族内で兄弟が財産を巡って争ったとき、それを見ていて気に入らず、[補注13] 自分の家から二頃の田畑を持ち出して、彼ら兄弟の分家を援助し、兄弟の紛争を解決してやった。[5] このように、〔同居共爨の家族で〕宗法を重視する人物が、一族の共有財産の管理人と一族の中心人物となっていたことを看取できる。

西晋の済北郡〔国盧県〕〔山東省長青県〕を原籍とする氾氏一族は、代々、儒学を伝える家で、九族〔九族の数え方には諸説があるが、一応、ここでは高祖・曾祖父・祖父・父・己・子・孫・曾孫・玄孫という一番多い解釈を取っておく〕は仲睦まじかった。この一族は青州〔山東省青州市〕に身を寄せていたが、氾毓《いく》の世代になるまでに、すでに七世代が同居していた。他の家の人によると、氾氏一族は「子供たちの母親の役割をする人が常に決まっているわけではなく、着る物も誰のものだと決まってはいなかった」という。[6] このように、族人たちは一緒に生活して、幼い子供たちは、伯叔母によって共同で養育される、つまり成年の婦人たちが共同で育児の責任を引き受けて、婦人たちは全てが「母親」となり、「子供たちに決まった母親がいない」局面を作り出していたのであった。家族内における衣服は、それを着た人が似合っていて具合がよければ、それは誰が着てもよく、誰かの専有物というのではなかった。これが「着る物も誰のものだと決まってはいなかった」ということである。これこそが、典型的な同居共爨の生活なのである。

別の典型例は、陝西永楽県（米脂県）の姚《よう》氏一族である。唐朝の徳宗の時代、その家から兵役に当たる人を出さねばならなくなり、二人の兄弟は互いのことを思いやって、自分こそ兵役に当たるべきだと言い争っていた。その結果、弟が兵役に応じて辺境で戦死した。子供の姚栖筠《ようせいいん》は戦場に赴いて父親の遺体を収容しようとしたが、遺体を探し出せなかった。そこで、姚栖筠は帰郷すると、招魂の儀式を行って父親を埋葬し、墓の側に粗末な小屋を建て、そこに住み、終生、父親を哀悼する気持ちが衰えなかった。朝廷は、このような順良な民の存在を知って、その住む郷里の名称を孝悌郷節義社欽愛里に変え、その善行を表彰した。姚氏一族は、宋朝の徽宗のときになって、すでに二〇余世代に達しており、族人は約一〇〇余人となっていたが、一族は代々、公正な族人を推挙して家長としていた。家長は非常に大きな権威を持っていた。たとえば、身分が高い客人が一族を訪問したとき、老いも若きも庭先に並んで客を迎え、客人が母屋に入ると、族人たちは輩行〔世代〕に従って順番に部屋に入った。家長が客人と話を交わしているとき、族人たちは、その左右に立ったまま侍り、もし客人に話しかけようとするときは、礼法に則った意思表示をし、勝手な言動はできないようになっていた。ここからは、厳格な一族の儀礼や族規といったものを窺える。族人たちは一族に関わる各種の事務を分担し、その中の一人は祖先の墓守を専ら担当した。墓地は整然と片付けられ、墓地に丹精籠めて植えられた木々も、鬱蒼と茂って青々としており、一族の繁栄や勢いを象徴していた。姚家では一日に二食で、食堂があって、食事時になると、男性と女性は別々に着座し、子供は地面で食事をし、全ての族人が同じものを食べた。食事が終わると、厨房には鍵が掛けられ、最早、単独で食事の支度ができないようになっていた。男女の衣服は別々に衣桁に掛けられ、必要な人は、そこに行って身に着けた。族規は族人たちが同じ生活をするように求めており、特別扱いを許していない。新婚の子弟が妻に食べ物を買ってやった場合、妻は族規を遵守して、敢えてその食べ物を受け取らず、併せて族長に夫の族規に対するその違反行為を報告した。一族には幾千畝かの耕作地があって〔史料は「有田十頃」と記す――訳者〕、その土地を全族員が共同で耕作したが、辛うじて一族の生活を維持できる生産量にすぎず、読書人を育成できる経済力はなかった。それでも、租税の納入は極めて真面目で、納入期限を違えることなく、決して政府の督促を受けることはなかった。地域社会の他姓とは仲良く付き合い、昔から役所に訴訟を持ち込まなかった。宋神宗の熙寧年間〔一〇六八—一〇七七〕、当地が災害に襲われると、一族を挙げて他郷に行って飢饉を逃れた。しかし、事前に話し合いがなされていて、河南の唐州（唐河県）・鄧州（鄧県）を通過して、[補注14]郷里に帰ってきたとき、一人も欠けなかった。宋徽宗の政和年間〔一一一一—一一一七〕、政府は強制的に民衆から糧食を買い上げたが、姚氏一族には売り渡す余分な食料がなく、そのため一族は日夜声を上げて泣き、当地から逃亡しようとした。偶然、姚氏一族の下を訪れた思想家の邵伯温は、この状況を知って、当地の知県に恩情を訴えた。邵伯温は、その要請の中で、姚氏一族は孝行と節操のある家柄〔「孝義之門」〕なので、彼らに逃亡を迫るようなことはしてはいけないと述べた。知県は、それを聞いて、政府に対する姚家の糧食売り渡し負担を免除した。[7]

　姚氏一族と類似した宗族は、明清時代にも見られる。薊《けい》州（天津市薊県）の郝《かく》氏一族は、咸豊年間〔一八五一—一八六一〕には七世代が同居し、人口は百の単位で計測できるほどに達しており、男性の族人は農耕を、女性の族人は紡織を担当していた。一族には読書人もいたが、挙人合格止まりでお仕舞いにして、進士の受験を認めなかった。それは、進士合格後、一族を出て官僚とならないようにするためである。族人の外出は二〇里を越えてはいけなかった。官僚が薊州を通り過ぎるとき、多くの場合、郝氏の家に泊めてもらうことを願い、郝家でも必ず細心の注意を払って彼らを世話をした。士農工商の様々な仕事に就く人たちも郝氏一族との交遊を好み、それ故に毎日、来訪する客人をもてなさねばならなかった。この一族は、姻戚・親類や近隣の人びとに対しては、その救済に力の限りを尽くし、人びとから郝善人と称されていた。[8] 山東の棲霞県にも別の郝氏一族五〇余人が住んでおり、一〇〇余畝の田畑を所有していた。男は農作業を、女は織物をしており、土地を耕して食料を確保し、一族には一人もぶらぶらと遊び暮らしている人物はおらず、奴僕もいなかった。[9] 姚氏一族と郝氏一族は、いずれも自ら耕して食料を調達し、同居共爨の生活方式を実現し、代々、それを維持していた。これは一種の大家族の状態であり、しかも模範的類型の一種であった。

〔これとは別に〕小作料と金利で同居共爨する事例としては、浙江浦江の義門の鄭氏一族が代表といえよう。

鄭氏一族は、代々、浙江浦江県感徳郷仁義里に居住しており、南宋初には同居共爨の生活を始めていた。何代かの後、鄭徳珪と鄭徳璋の兄弟は、仇敵によって罪に陥れられた。そのとき、兄弟は収監されるのは自分だと互いに競ったが、結局、徳珪が収監され無実の罪で獄中で亡くなった。徳璋は兄の子供の文嗣を自分の子供よりも大切に扱い、世間から「孝友」と賞賛された。鄭文嗣が族長となったとき、一族は既に一〇世代にわたって同居しており、同居は二六〇余年を経過していたので、[補注15] 元の武宗は一族を旌表して義門とした。鄭文嗣の堂弟〔年下の父方の従兄弟〕の鄭文融〔字は大和あるいは太和、字で広く呼ばれた〕が一族の事務を統括するときになって、五八条の族規を制定し、一族に対する管理は一層厳格となった。鄭文融は官僚となったこともあり、その「鄭氏規範」は世間に広く伝わったが、それは、現在、『学海類編』という叢書に見つけられる。明初には鄭氏一族は二・三百人を抱え、幾人かは仕官していた。鄭濂は糧長の身分で銭糧を首都の南京まで運搬したが、明の太祖に引見され、その折りに一族の状況を質問された。丞相の胡惟庸の謀反事件が発生すると、鄭家も巻き添えになったが、鄭濂と鄭湜《しょく》の兄弟は互いに自分こそ投獄されるべきだと争った。太祖は、それを知ると、このような譲り合いをする一族が、どうして反逆を犯そうかと述べて、命令を下して彼らを無罪釈放し、その上、鄭湜を左参議に任命した。直ぐ後に〔鄭文嗣の孫の〕鄭済も皇太子を補佐する春坊左庶子に任命され、〔鄭徳璋の曾孫の〕鄭沂《ぎん》は礼部尚書、〔鄭沂の侄《おい》の〕鄭幹は御史、[補注16]〔鄭沂の侄《おい》の〕

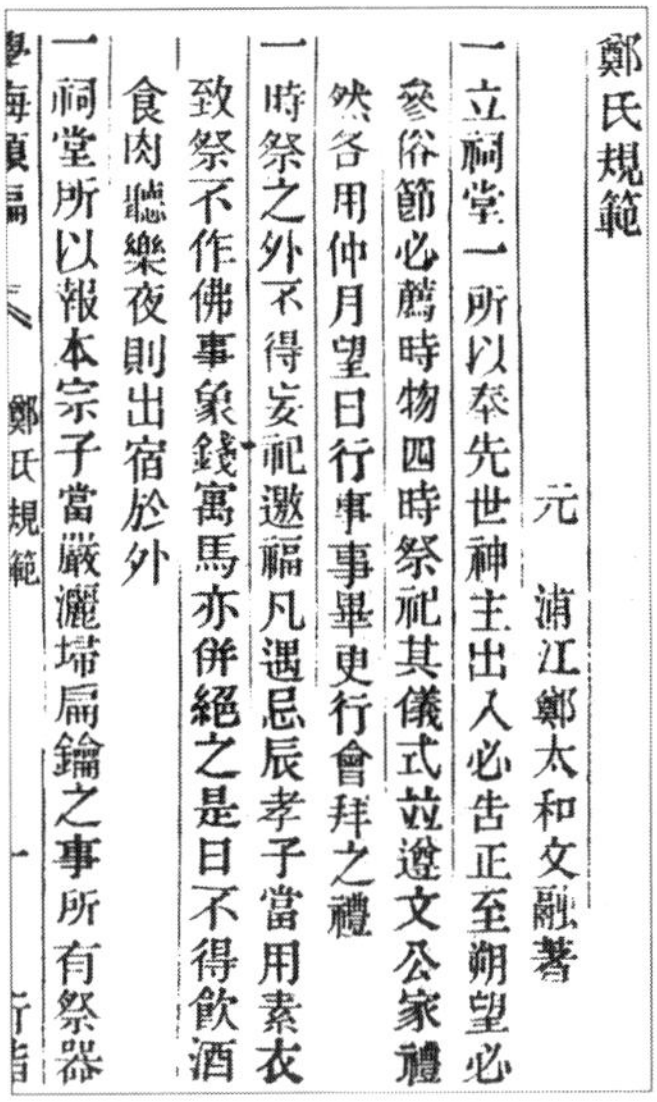

鄭氏規範

元　浦江鄭太和文融著

一立祠堂一所以奉先世神主出入必告正至朔望必參俗節必薦時物四時祭祀其儀式並遵文公家禮然各用仲月望日行事事畢更行會拜之禮

一時祭之外不得妄祀邀福凡遇忌辰孝子當用素衣致祭不作佛事象錢寓馬亦併絕之是日不得飲酒食肉聽樂夜則出宿於外

一祠堂所以報本宗子當嚴灑埽扃鑰之事所有祭器

學海類編　鄭氏規範

浦江鄭氏一族の「鄭氏規範」
（『学海類編』所載）

鄭棠は翰林院検討となった。

　鄭氏一族は、宋・元・明の三朝を経過しても衰退することなく、同類の大家族と同様に、族規の内容は周到であった。族長の選出に当たっては、輩行〔世代〕と年齢が基準とされ、昔風の、兄が亡くなると弟が継ぐという方法であった。それは宗法における輩行の順序を尊重し、経験と威信を有する人物に一族を主宰させて、一族内の仕事が上手に処理できるようにするためであった。家長は官庁と同様な権威を行使した。季節ごとの節句がくると、鄭大和〔鄭文融〕は堂上に座り[補注17]、族人たちは正装に身を包んで整列し、一列ごとに鄭大和の前に進み出て、跪いて拝礼を行い、お酒を捧げて長寿を言祝ぎ、厳粛な顔つきをして拱手の礼を行った。進んだり退いたりの儀礼は秩序だっており、その儀礼を混乱させようとする人は誰もいなかった。過失がある族人に対しては、たとえ白髪交じりの老人であっても、家法に規定する鞭打ちの罰を執行した。鄭氏一族は大量の田畑と商店を持っており、用途に応じて田畑を別々に経営した。その中で祭祀専用の田畑は一五〇畝もあり、婚姻費用を捻出する田畑は一五〇〇畝であった。飲食用も多少はあって、それがどれほどかは記載がないけれども、前の二つの数字から類推すると、千畝単位ほどと計算できよう。それらの田畑に関して、鄭氏一族は小作に出す方式を採用しており、自分たちで耕作したのではなかった。一族は、また商業・林業・畜産業を経営し、族人たちは、その管理活動に参加していた。

　鄭氏一族には「羞服長」が設けられ、族人たちの衣服を専管した。毎年、四月と九月にそれぞれ夏期と冬期の衣服を支給し、族人が衣替えできるようにした。また、毎年、頭巾と靴を支給した。男子が冠礼の年齢〔成人の年齢〕に達すると、〔その儀礼に必要な〕一揃いの礼服が支給される。一族に対する分配は平均化されているが、その中において年齢で多少の区別があった。たとえば、一六歳以上は布の生地が支給される[補注18]。四〇歳以下は、布と帛を支給され、四〇歳以上は、全て帛だけを支給する。婦人は笄《けい》〔こうがい〕を身につける年齢になって〔つまり一人前の女子となって〕、一揃いの銀の首飾りが支給される。それとは別に靴の材料、頭髪油・脂粉・針花[補注19]などの、女の仕事用の物品と化粧品が支給された。

「掌膳」は、一族の飲食を専管したが、鄭氏一族は集団で食事する方法を採用している。六〇歳以上は単独の世話を受けられ、三〇歳以下の男子は飲酒を許されず、三〇歳以上になって少しばかりの飲酒が許可された。女子は五〇歳以上になって、初めて少しの飲酒が許された。飲酒しても騒いではならず、騒げば割れ竹で鞭打つ刑罰が科された。族人は、自分で勝手に飲食することは禁止され、その最初の違反行為は訓戒で済ますが、二回目は処罰された。ただ、病人や産褥にある婦女は、自炊を許した。族人の親友が訪問してきたとき、内膳堂で食事の支度をするが、食事の宴が終われば、早々に散会し、初更〔日没から最初の二時間ほど〕を超過してはいけなかった。在学中で成人前の青年は肉食を許されず、それによって苦難に耐える習慣を身につけさせた。

日用生活品は「公堂」が備えて支給する。族人はそれを嫌って、外に行って購入してはいけない。それは、族人の享受できる物が一様でなくなって生じる族内の矛盾を免れるためであった。このように、生活全体が「公堂」の責任ということであれば、族人たちは個人の私有財産を所有できなかった。もし友達の誰かが贈り物を送ってきたとしても、それを必ず「公堂」に渡さねばならず、返礼品も「公堂」が準備した。個人が密かに自分用の田畑を所有したり、金銀を持ったりすれば、祠堂に呼び出されて処分を受け、併せて当該私産は一族全体の公有に充てられた。もし、それに従わなければ、「公堂」は当人を不孝の罪で役所に送り、当人は法によって処罰された。嫁たちが実家から送られてきた物は一様ではなく、それによって着る物や装飾品に相違が生まれるが、「公堂」は貧しい家庭出身の人が恥ずかしい想いをしないように、そうした女性には些かの装飾品を支給した。

鄭氏一族の祭祀活動は頻繁で、毎月の朔望〔一日と一五日〕、四月一日の始遷祖の誕生日、各季節の節句には祠堂で祭祀を行った。寒食節〔冬至から一〇五日目の前後三日間〕と一〇月一日とには祖先墓の墓参りをした。各房支の子孫は、それぞれの祖先の命日には自分たちで祭祀を行った。祭器と祭服は、それ用に専門に備え付けられるが、それは先祖に対する丁重さを表している。先祖の命日には、飲酒と肉食は出来ず、音楽を聴いてもいけないし、男女が〔夜間に〕同室してもいけない。始遷祖の誕生日に祠堂拝礼を終えた後、族譜が読誦された。朔望に祠堂に拝礼した後は、子弟を訓戒する儀式が行われる。そのとき、族長は堂上に座り、族人たちは男女に分かれて堂下に立ち、一人の子弟が訓戒の歌を歌うのを聞く。それが終わると、族人たちは向かい合って互いに拝礼し、その上、一人の孝子の故事を聞き、それが終わって、当日の集会は完全に終了した。

　児童は八歳になると家塾に入って勉学を始め、二一歳になって、科挙及第の見込みがあるならば、そのまま学業を続けることが認められた。そうでなければ、家業の経営活動に従事させた。族中では勉学して府県の学校に入学することを重視した。もし、四書や経典の一つを暗唱することが出来て、併せてその大意を理解出来ていれば、一六歳以上は冠礼〔成人になる儀式〕を行った。そうでなければ、二一歳になって初めて成人と認める。もし弟が先に標準に到達すれば、兄より先に冠礼を行い、それによって兄に恥ずかしい想いをさせる。すでに成人となった子弟で在学している者は、一〇日ごとに順番に書物を暗唱させ、[補注20]もし一度でも暗唱できなかったら頭巾を取り上げ、三度目も駄目だったら、冠礼を行わなかったときと同じ待遇とする〔暗唱できるようになれば、元の状態に復帰する〕。

　一族内部の関係には、厳格な礼法が適用されていた。子弟は尊長に対して族内の正式な呼称を使用し、氏名を名指していうことはできなかった。兄弟間では字《あざな》を使用し、併せて兄とか弟とかと付けて呼んだ。夫婦間や兄弟の妻同士の間でも同様に字で呼び合った。ただ、成人前の青年に対してだけは諱《いみな》を使用し、字を使用できなかった。侄《おい》は六〇歳になって初めて伯叔父と一緒に座ることが出来た。尊長には卑幼を咎める権限があって、たとえ事実と異なっていても、〔卑幼は〕申し開きをしてはいけなかった。一族の同輩同士にあっては、たとえ一日だけ先に誕生しただけの兄輩であっても、弟輩は彼を尊重しなければならなかった。

「公堂」が決めた族人に対する行動規範は、極めて具体的であった。明け方に鳴らす鐘の声を聞くと起床し、「夙《しゅく》興簿」

に〔各自が〕署名し、その後、行わねばならぬ各自の業務を行った。衣服は正しく身に着けねばならず、素足や腕を露わにしたり、手足を挙げて躍り上がって喜んではいけない。客人と面会するときは礼儀正しく、言葉遣いも荘重でなければならず、市井の言葉遣いをしてはならない。交友関係は慎重にせねばならず、屠殺業者や役者芸人と往来してはいけない。胥吏となることを許さず、出家して僧侶や道士となってもいけない。仏教や道教を信仰したり、それらの建物や塑像の修築に携わってはいけない。また、鬼神を濫りに祭祀してはいけない。作曲活動をしたり、碁を打ったり、双六賭博に手を出したり、鷹や猟犬を畜養してはいけない。近隣の人びとを威圧したり、他人の財産を狙ったりしてはいけない。もし、族人が、こうした規定に違反したときは、家長は族人たちを招集し、罰として「跪拝」〔跪いて地面に頭を打ち付ける儀礼〕を行わせた。ただし、違反者が家長よりも一歳でも年上だったときは、違反者は三〇回の跪拝を行わねばならなかった。こうした恥辱を与えても、悔い改めなければ、鞭打ちの刑罰に処した。再犯は一族から追放し、族譜から名前を削除され、官庁に送致して処分してもらった。なお、前非を完全に悔い改めれば、三年後に一族に復帰させた。

婦人に対しては、ただ家事を要求するだけであり、それ以外の外部の事務に嘴を入れることを許していない。もし婦人が「七出」〔父母に従順でない、子供がいない、淫乱、妬きもち、悪い病気、お喋り、盗みの七つ〕に当て嵌まる条項に違反した場合、絶対に大目に見ることはしなかった。新婦が嫁いできたときは、まず半年は家規を教え込み、家規の遵法を周知させるようにする。そして嫁いで三か月を経過してから、厨房において、順番の勤務活動に参加させ始め、六〇歳になったら免除された。理由もなく出勤しなければ、その夫が処罰された。日中は、紡織・織物・養蚕・針仕事・刺繍などの婦人の仕事を集中して行う。それらの仕事に有能な婦人は奨励され、上手に織物ができなければ、所属の房支に下付して懲戒させた。実家の両親が共に健在であれば、実家の訪問を許可する。もし、実家に兄弟と伯叔〔伯父や叔父とその連れ合い〕だけしかいない場合、行き来を許可せず、実家に慶事や凶事があっても、行ってはならず、ただ人に託して代理に意志を伝えさせるだけであった。毎月、一日と一六日に婦人たちは一堂に会し、古来からの婦女貞節の故事に耳を傾ける。女児が誕生したからといって、それを殺害することを許さない。女児は八歳になるまで、母方の実家に行ってはいけない。その他の親戚の家に付いて行くことは、もっといけない。男女はトイレと浴室とを共用してはいけなかった。

青年の婚姻は家長が主宰し、温良で健全な家族の出身者を配偶者として選び、婚儀は朱子の『文公家礼』に準拠して執り行われた。族員の男子は妾を置けないが、四〇歳になっても子供がいないときは、一人の妾を置いてもよかった。しかし、妾は〔祖先を祀る〕「公堂」に入ってはいけなかった。一族の女が嫁ぐとき、女の父母と一族の長老とが一緒に協議する。もし、族長がその婚姻を知らなければ[補注21]、「公堂」は嫁入り道具の費用を支給しない。葬儀に関わる事務は、「公堂」が一切責任をもち、葬儀に音楽を使用してはいけないし、服喪期間中は、亡くなった人の子孫は肉食や飲酒をしてはいけない。違反者は「不孝」の罪で処罰した[10]。

上述の、永楽の姚氏一族や浦江の鄭氏一族のような宗族は、族人による同居共財共爨という形態を採った一つの経済体であるという状況から言って、これは一つの家族と見なすことができよう。しかし、それは〔一つの家族というにしては〕規模が厖大で、どうかすると族員が百十人、数百人という人数になり、また多くの房支が存在していて、成員同士の関係も複雑であった。他方、これらの一族は宗法原則に依拠して一つの集団として凝集している点からすると、一つの宗族とも見なせる。もし、この二つの要素のどちらも考慮に入れるとすれば、〔姚氏一族や鄭氏一族は〕大家族の宗族といえよう。その内部には〔夫婦とその子供からなる〕小家族はあるけれども、〔一族は何世代にもわたって〕分家はしておらず、財産を共有し、多くの人が一緒に食事をする生活を過ごしていることが、その特徴であった。

宗族の互助形式の中で、その最も早く歴史上に出現し、持続したのは、個人による臨時の賑恤であると総括できる。数世代の同居共財の家族も、かなり早くに発生しており、魏晋南北朝から元代に至るまでの期間、相当数のものが出現した。それを実行した一族の多くは、平民身分の一族であり、官僚の一族はかなり少数であった。それというのも、族人が官僚となって一族の外部にいることになると、必ず自己自身の経済をもつようになり、宗族共財という原則は貫徹できなくなるからであった。こうした状況からすると、薊州の郝氏一族の場合のように、子弟が進士に及第して出仕することを許さないという規定が存在し得たのである。〔宗族の互助形式の中で〕義荘の出現は最も遅く、近古〔宋・元・明・清〕になって極めて発展する趨勢にあった。その上、義荘は分封制と大小宗法制が破壊された後、それでも人びとが宗族を結集・団結させようとする、その精神と合致しており、それ故に、その名声は高く響き渡り、宗法を重視する人の歓迎を受けて、吹聴されたのである。それでは、これらの互助形式は、宗族制度と族人に対して、どんな作用を及ぼしたのであろうか。

### （1）宗族と家族の地位の向上

宗族による義挙と共財は、政府によって奨励され、その模範的一族や模範的個人は常に表彰されてきた。本来、平民の宗族は、どのような社会的地位もなかったが、長期にわたる同居共爨の後に、まず地方の輿論の好評を獲得し、続いて地方官による表彰があり、さらに上に行って皇帝による称賛となり、徭役〔賦役〕や戸調〔戸ごとに納める絹や綿などの税金〕を免除され、場合によって粟帛〔穀物と絹〕といったものを下賜された。たとえば、劉宋時代の酉陽県〔四川省酉陽県土家族《トゥチャ》・苗族《ミャオ》自治区〕の董陽は、三世代が同居共爨していたので、皇帝は詔書を下して、彼の一族の賦役を免除してやり、その上、彼の家の門前に、「篤行董氏之閭」と記した扁額を掲げさせて表彰した。[11] また、北朝の芮《ぜい》城県〔山西省芮城県〕の張元は、その〔祖父や父に対する〕孝行ぶりが同郷の人びとに広く知られ、同県の紳士の楊軌ら二〇〇余人は連名で朝廷に上奏して彼を称賛したので、朝廷は命令を下して張元の家を旌表した。[12] 周知のように、中古〔魏晋南北朝隋唐〕の貴族制の時代、免役されるかどうかが、特権階層と平民階層とを区分する境界線であって、一介の平民宗族が労役を免除されるということは、当該の一族は、正式に貴族宗族の隊列に入ったというわけではないけれども、実際上、一般の平民宗族とは異なったものになってしまっていたといえよう。したがって、研究者は正確に次のように指摘している。すなわち、些かの宗族と個人の品行とは、免役の優待を獲得し、社会的地位を非常に高めるためのものであった、と。

唐以後、貴族であるかどうかという問題は存在しなくなったが、政府は依然として大族の地位を特別扱いにし、それを維持しようとしていた。たとえば、北宋朝廷は、一九世代同居共爨していた会稽の裘承詢の一族に対して、課調〔租税〕を免除した。[補注22]〔大中祥符四年（一〇一一）に旌表されてから〕一二二六年が経過して、王林という人物が裘氏一族を訪問したとき、一族の人たちは、すでに同居共爨を止めて別居して竈も別にしていたが、それでも免役特権を引き続き享受していた。それを見て、王林は、この一族は官僚となる人を輩出しなかったが、他の宗族の、顕官を輩出して急に勃興したかと思うと、急速に衰退してゆく場合と比較すれば、とても優れていると考えたのであった[13]。明清時代、政府によって行われる旌表の多くは精神的なものにすぎず、地方政府は同居共爨の一族に扁額を与えて、それを掲げさせたり、あるいは皇帝が自ら扁額を書いて下賜する場合もあった。たとえば、浦江の鄭氏一族は、元朝では賦役を免除されたが、明初、建文帝はその家に「孝義家」と書いた扁額を与えただけであった。清代になると、品行正しい人のいる一族には、皇帝が自分で「楽善好施」と書いた扁額を下賜し、当該一族中の官員は、それを理由に個別に抜擢された。たとえば、候選〔資格を持ちながら任用を待っている状態〕知州の范瑶は田畑を范氏義荘に寄付をして経営に携わった結果、員外郎に引き上げられ、併せて実職を与えられた〔乾隆一一年重修『范氏家乗』左編巻一四「義沢記」〕。後選員外郎の陶衛は一〇〇〇畝の土地を寄付して、一族の人たちと力を合わせて陶氏義荘を創建したが、清朝は直ちに彼の行為を褒め称え、現職の員外郎にした〔『光緒蘇州府志』巻八八「陶篠伝」〕。

（2）宗族内部の団結手段

宗族が掲げる旗幟は「尊祖〔祖先を大切にする〕」であり、尊祖は具体的に祭祀によって体現されねばならなかった。祭祀には物質的条件が必要であり、これが祀田や義荘である。祭祖活動や族人個人の義挙であった賑恤を〔宗族が主体となって〕立派に実行して、初めて族人を祖宗の旗印の下に団結させ、宗祠に結集できたのである。

（3）少数の族人の生活困難を解決する

義荘は、貧しい族人に対して基本的な生活物資を供給するが、その物資は、実際上は鰥寡孤独の人びとに対して、彼らを扶養することに振り向けられていた。賑恤活動も些かの人たちの生活困難を適切に解決できた。生産力が低く、人びとの生活が保証されない前近代の中国社会にあって、この種の義挙的賑恤や、一族全体で共同で炊きだして共同で扶養する行為は、疑いもなく合理性があった。正にこうした理由から、それは歴代にわたって断絶することがなかった。しかし、義荘や同居共爨の宗族は、極めて珍しく、救済の範囲も非常に小さく、それ故に、こうした方面の効果も非常に小さく、過分な評価はできない。

（4）族人を統御する手段

義荘や共財を有する一族は、その管理はどれも厳格で、一族の成員に対して〔族規や家訓などの〕規則に従って実践し、自分の立場や身分をわきまえて、それを変えないことを求めている。少しでも規則に違反すれば、直ちに物資の発給を止められ、過失が記録され、鞭打ちの処分が行われた。その種の生活は、族人に個性を持たないように求め、飲食や衣服は統一され、自分の好みを持てず、ほとんど族人を機械人間《ロボット》に変えるように求めるものであった。族人に対する処罰も多く、とくに経済上の処罰は、人を従順にせざるを得なくさせ、規則に違反して宗族団体から離反しようとする気をなくさせた。女性に対する制御はさらに厳格で、一族に嫁いできた嫁たちは勝手に実家に帰れないし、一族の女たちも自由に父方と母方の伯叔母や、母方の伯叔父と行き来できなかった。そして、ひたすら家に閉じこもって外出できず、大門を跨いで外に行けない孤独で寂しい生活を送るだけであり、人としての生活の趣きといったものは些か減退してしまった。

（5）義荘や同居共爨における内部矛盾は、それら自身の発展と社会生産の発展とを阻害

宗族の代表者は多少なりとも権勢・財産を有する人たちであり、彼らが宗族の共有財産を運営するのは、第一に自身の利益と地位を守るためであった。それというのも、たとえ彼らが罪を犯しても、〔犯罪者の財産と隔絶して存在する〕宗族の共有財産は維持されるのであり、このことは安心立命と、再起に当たっての基礎を持たせてくれたのである。そのために、義荘と義産の設置は、必ず〔当該案件に対する〕政府の受理があって、その保護が獲得された。一族の共有財産から利益を受け取る族人に至っては、その恩賜に頼って生活しているので、依存思想を身に着けてしまっており、族人の誰もが共有財産の便宜を横取りしようと考えた。共有財産を管理する人間でさえもそうであって、自分で横領してしまうのである。そこで、人びとが何を「称職〔立派に職務を執行している〕」と呼ぶかというと、共有財産を横領しないのが良い人だと述べるのである。こうした状況の下で、宗族の共有財産は、どうして長期に維持できるといえるのだろうか。それ故に、范氏義荘を例外として、大多数の義荘は、その維持期間は長くなく、共有財産は消失してしまい、義荘もそれにつれて解体されていった。

少し深く観察すると、義荘は貧窮した族人を救済するものであったが、極端な場合は族人の生活費用を全般にわたって支給していた。それは、無論、祖先を大切にして、一族の結束を図るということのためであった。その崇高な目標は、別段に咎めるべき性質のものではないけれども、怠け者を育ててしまうという副作用もあった。同宗の人を労り慈し

むということは、一族同士は財産を融通しあうべきだという観念を体現していた。しかし、社会制度としては、中国は古くから私有財産制度となっていて、人びとは各自の私有財産や生計をもっていた。そのため、清朝の人たちの間に、族人同士が財産を融通し合うかどうか、あるいは無条件で一族内で財産を融通すべきかどうかについての議論があった。王宗炎は、次のように考えた。族人は、どの人をとっても一人の祖先から生み出されてきたものだから、豊かな族人は、貧窮した族人の面倒を見ないではいられないが、面倒を見すぎてもいけない。面倒を見すぎると、人びとに依頼心を生み出させ、放蕩生活をしながらも、〔頼るものがあるので〕怖いものなしという状況を促進させてしまう。それ故に、ただ義田だけを設置すれば、族人にとっては面倒を見てくれる場所があって、一族に対する恩義を感じてくれる一方、怠惰な生活をしながら、族人に対して無理矢理に援助を要求するということもなくなってしまうだろう、と。[14] 方苞は、人は誰もが職業があって、そこから収入を得るべきであって、人を扶養すると、かえって人を害し、人を怠惰にさせてしまうと論じている。その観点から、彼は范氏義荘の「計口授糧〔人数に応じて食糧を配給する〕」を批判し、それは愚者にとっては仕事を怠けさせる方便となり、決して正しいことではないと主張している。[15] 浙江寧波の徐時棟の一族は義荘を設置したが、彼は、それによる族人救済に対して、大勢の人よりも深刻な懸念を抱いていた。つまり「人は、誕生して以来、飢えや寒さの心配がないとすれば、天下中が遊民で満ちあふれてしまう」と主張していた。これは現代の経済学で、一定程度の失業率があって、初めて経済は正常に発展できると述べる観点と同様だといえよう。徐時棟は、人という存在は、飢えや寒さという圧力がなければ、働こうと努力しないし、怠惰な遊民となってしまうに違いないというのである。それを理由にして、全ての族人を救済する范氏義荘の遣り方に賛成せず、「鰥寡《かんか》孤独《こどく》〔妻のいない男、夫のいない女、孤児、子供のいない老人〕」や「罷癃廃疾《ひりゅうはいしつ》〔身体障害者〕」の人たちだけを救済の対象とすべきだと考えていた。[16] その意図は、宗族の互助とは、努力しても、それを実現すべき手段を持たない人を援助することであって、決して遊民を育成することではないというのである。こうした族人生活の全般の面倒を見ることはできないという見解に基づいて、上海の曹氏一族は、族産の設置には制約を設けるべきで、多ければ多いほど良いということはあり得ないとして、共有財産は必要性に応じて有れば事足りるとして、必ずしも多いことを求めなかった[17]。曹氏一族の主張は、一定の条件下において、一族の共有財産を持とうということであって、それは族人の生活全般の包摂を主張していないのである。もし、そうすれば怠け者を作り出し、一族の面目を台無しにしてしまい、かえって一族の発展のためにならないというのであった。

同居共爨の宗族に至っては、義荘と比較して、その持続期間は些か長かったが、しかし、その場合でも、多くの族人の生活は困難であった。たとえば、陝西省永楽県の姚氏一族は、いつも自然災害を免れはしたが、読書人でさえも充分な生活を送れなかった。共爨の宗族は、大方、男性は耕作し、女性は紡織するという単一経営を行っていたが、その方法では富の増進には限界があった。かくて、次のように想像できるだろう。つまり、平均主義の生活では人から生産の主体性を失わせ、生活の全てが規範化され、私財は存在せず、個別の食事も出来なくてしまう。そうした状況では、どこに向上しようとする欲望をもてようか。そして、忠孝と節義を深く信ずると、人は愚昧になってしまい、創造性と生産活力を避けがたく欠如させ、やむなく簡単な再生産と清貧な生活を維持するだけになってしまうのである。今日、研究者が、こうした宗族共財の実践者と探求者を指して、俗物、下らない行為と述べるのは、道理がないとはいえない。

注

（1）『漢書』巻六六「楊惲」伝。

（2）『後漢書』列伝巻一一「任隗」伝。

（3）『後漢書』列伝巻七一「劉翊」伝。〔補注：本文は、劉翊の出身地を潁川（郡）として、その現在地を「河南中部」に比定しているが、『後漢書』の本伝には「潁川潁陰人也」とあり、それならば現在の河南省許昌市に比定できる。訳文は、『後漢書』本伝に従った地名の比定をしている〕。

（4）宋濂『宋学士文集』巻七五「莆田黄府君墓銘」〔補注：四庫全書本『文憲集』は巻一九に所収〕。

（5）『後漢書』列伝巻二二「樊宏」伝。

（6）『晋書』巻九一「氾毓」伝。〔補注：馮爾康氏は、氾毓の一族の状態について、「児無常母、衣無常主」としているが、中華書局の標点本『晋書』氾毓伝には、「児無常父、衣無常主」とあり、その注に『晋書斠注』を引用して、王隠の『晋書』では、「父」ではなく「母」に作るとある。つまり、「児無常母」という文章は、あくまで王隠の『晋書』の記述であるのだが、ここでは、前後の文脈との繋がりもあって、馮爾康氏の引用文を、そのまま訳している〕。

（7）邵伯温『邵氏聞見録』巻一七、『宋史』巻四五六「姚明宗」伝。

（8）清・陳康祺『郎潜紀聞初筆』巻八「薊州郝氏」。

（9）清・郝懿行『郝氏遺書』所収『梅叟閑評』巻一〔補注：一三葉の表〕。

（10）『宋史』巻四五六「鄭綺」伝、『元史』巻一九七「鄭文嗣」伝、『明史』巻二九六「鄭濂」伝、「鄭氏規範」。〔補注：「鄭氏規範」や鄭氏一族に関しては多くの研究がある。その代表的なものだけを挙げよう。中国語のものとしては、毛策『孝義伝家――浦江鄭氏家族研究』（浙江大学出版社、二〇〇九年）が優れた専著として公刊されている他、徐揚杰『宋明家族制度史論』（中華書局、一九九五年）「第三章第二節　宋元明時期幾箇典型的封建大家庭」に纏まって論じられ、他の章節にも折りに触れて言及される。中国の家訓の歴史に中に、「鄭氏規範」を位置づけたものとしては、朱明勲『中国家訓史論稿』（巴蜀書社、二〇〇八年）がある（二四八―二五〇頁）。日本語の研究としては、檀上寛氏が明朝の地主政策との関係で鄭氏一族を包括的に考察した研究が注目される（同氏著『明朝専制支配の史的構造』汲古書院、一九九五年、第二部第一章・第二章・第三章）〕。

（11）『南史』巻七三〈孝義伝〉「董陽」伝、『宋書』巻巻九一〈孝義伝〉「許昭先」伝。〔補注：『南史』巻七三「董陽」伝にも、『宋書』巻九一「許昭先」伝にも、董陽の累世同居が記されるが、その郷里を、両書とも「西陽」と記す。しかし、『読史方輿紀要』巻七三「酉陽廃県」の記述を見ても分かるように、「西」ではなく「酉」である。したがって、ここでは『南史』と『宋書』ではなく、馮爾康氏の記述に従う〕。

（12）『周書』巻四六「張元」伝、『北史』巻八四「張元」伝。

（13）王栐『燕翼詒謀録』巻五。

（14）清・王宗炎「陳氏義田記」〔盛康『皇朝経世文続編』巻六七〕。

（15）清・方苞『方望渓全集』巻一七〈家訓〉「甲辰示道希兄弟」。

（16）清・徐時棟「甬東呉氏義荘碑記」〔盛康『皇朝経世文続編』巻六七〕。

（17）『上海曹氏族譜』巻四「重整宗祠記」〔中華民国一四（一九二五）鉛印本〕。

（1）『范文正公集』所収の「文正公初定規矩」に、「女使有児女、在家及十五年、年五十歳以上、聴給米」とあることからすると、各房の女召使い（男の召使いは対象外）で、しかも自分の子供がいて、一五年以上働き、年齢が五〇歳以上である。馮爾康氏の解釈は史料原文と少し異なる。

（2）「文正公初定規矩」によると、「冬衣毎口一疋云々」とあるように、これは一般的な衣料の支給規定ではなく、「冬衣」だけを対象とする規定である。馮爾康氏の書き方は誤解を招く。

（3）「文正公初定規矩」には「嫁女支銭三十貫」とあって、これだけだと支度金だけなのか、いわゆる結納金も含むかは判然としない。つまり、史料に拠る限り、「嫁女給嫁妝銭三〇貫」という書き方ではなく、「嫁女給銭三〇貫」である方が良いように思われる。

（4）「文正公初定規矩」によると、各房の次長以下が死亡した場合は、一括して葬儀費用が支給される規定となっているが、尊長は亡くなると、まず一〇貫、埋葬時に一五貫を支給された。

（5）范氏義荘の管理規定は、「文正公初定規矩」から南宋の嘉定三年（一二一〇）の范之柔「続定規矩」までを載せる『范文正公集』の他、それをも含め、清朝・康熙二八年（一六八九）の日付のある「主奉能濬増定規矩」までを載せた『乾隆十一年重修范氏家乗（左編）』巻一五「家規」が利用できるが、本文に紹介する規約に正確に対応する条文は管見のかぎり見あたらない。

（6）范氏義荘の管理人は、北宋時代は掌管人、南宋時代は掌荘と呼ばれていたが、こうした呼称やその役割については、清水盛光『中国族産制度攷』（岩波書店、一九四九年）第四章第二節「族産の管理」や遠藤隆俊「范氏義荘の諸位・掌管人・文正位について——宋代における宗族結合の特色」（『集刊東洋学』六〇、一九八八年）などに詳しい。

（7）この紹介記事に正確に当てはまる規定は、管見のかぎり見あたらない。本文に注記した「大観元年五侍郎指揮修定」は、「外姓」を自分の子供として月糧を請求することを禁止し、それが発覚すれば蘇州府の役所に送って処断して貰うとある。また、「元符元年二相公指揮修定」には、子供が誕生して二か月を越えても義荘の当局に届けでない場合、族人と見なさず、糧食を支給しないとある。本文の記述は、これらを取り混ぜたものか。

（8）義荘の管理人の不正や尊長が義荘の管理に直接介入することを禁じた条項は、紹聖二年「二相公指揮修定」、嘉定三年「范之柔続定規矩」康熙一七年「続申義荘規矩」にみえるが、本文の指摘するような管理人の族衆虐待や族人同士の揉め事の解決方法に関する規定は、管見のかぎり見あたらない。

（9）「文正公初定規矩」の第一二項に、「郷里外姻親戚、如貧窘中、非次急難、或遇年飢不能度日、諸房同共相度詣実、即於義田米内量行済助」とある。

（10）馮爾康氏は、この張氏義荘の説明の史料的根拠を示していないが、同氏著『顧真斎文叢』（中華書局、二〇〇三年）所収の「論清代蘇南義荘的性質与族権的関係」に、南開大学図書館所蔵の「蘇州張氏捐義田奏折」附〈義荘条例〉を引いているので（三〇三頁）、ここでもそれに基づいていると考えられよう。なお、この地域の、范氏義荘を初めとした一九五〇年の土地改革以前の義荘・義田の詳細な状況については、潘光旦・全慰天『蘇南土地改革訪問記』（生活・読書・新知三聯書店、一九五二年）に記されている。

(11) 「定香」は、「丁香」つまり香木の「丁子」のことか。

(12) 伝統的な服喪規定によると、自己を基準として上五世代、下五世代、つまり上は高祖、下は玄孫に至る範囲内が、服喪しなければならない範囲に入る。これについては、中国の家族制度に関する書物に必ず言及されるが、日本語で書かれたものとしては、滋賀秀三『中国家族法の原理』（創文社、一九六七年）「第一章第二節　親族について」が簡にして要を得ている。

(13) 馮爾康氏は、「很看不上他們」と記すが、『後漢書』樊宏伝の当該箇所は、「外孫何氏兄弟争財、重恥之」とあって、これによると、樊重は何氏兄弟が財産を巡って争っているのを見て、それを恥ずかしく思って介入したとなる。若干ニュアンスが異なるのではなかろうか。

(14) 『邵氏聞見録』巻一七の当該箇所には「挙族百口往唐・鄧間就食」とあるので、史料からは食料を求めて唐州・鄧州の辺りに至って、その目的を達したように読み取れる。

(15) 馮爾康氏は、鄭文嗣のときまでに、一族は「両箇半世紀」つまり二五〇年を経過しているとするが、宋濂による「鄭氏規範」の序には「歴二百六十余年」と記す。訳文の年数は宋濂の序に基づく。

(16) 馮爾康氏は、「鄭幹」に作るが、これは『明史』巻二九六「鄭濂」伝の記述に拠ったと思われる。なお、鄭氏一族の任官の様子を記す王世貞『弇山堂別集』巻三「義門恩沢」は、「幹」の本字の「榦」に作る。

(17) 馮爾康氏は鄭文和に作るが、以下の話を載せる宋濂「鄭氏孝友伝」（『宋学士文集』巻一一）は、鄭大和すなわち鄭文融に作る。訳文は、「鄭氏孝友伝」の記載に依拠する。

(18) 馮爾康氏は、一六歳以下とするが、「鄭氏規範」第五一条に「十六歳已上者、全其給」とあるので、訳文は一六歳以上に直している。

(19) 「鄭氏規範」第五三条に「毎歳羞服長、除給男女衣資外、更於四時祭後一日、俵散諸婦履材及油沢脂粉針花之属」とあるので、馮爾康氏が記すような針と花ではなく、針花と熟した語句だと思われる。ただ、意味は不明。

(20) 「鄭氏規範」第七〇条に、「子弟已冠而習学者、毎月十日、一輪挑背已記之書及譜図・家範之類云々」とあるので、暗唱を要求されたのは、すでに学習済みの書物だけではなく、族譜と家範の類も含まれていた。

(21) 「鄭氏規範」第七九条に、「女子議親、須謀於衆、其或父母於幼年、妄自許人者、公堂不与妝奩」とあるので、この原文に従えば、族長が当該の結婚を知らなければではなく、娘が幼いのに、父母が勝手に嫁入りを承諾した場合に結婚費用が支払われなかったと解すべきだろう。

(22) この記事が依拠する『燕翼詒謀録』巻五や、それを主たる史料として裘氏一族を紹介する『永楽大典』巻三五二八「義門」の箇所も、租税それ自体の免除は記されていない。ただ、『宋史』巻四五六〈孝義伝〉「裘承詢」伝には、裘氏一族が他の累世同居の一族とともに紹介されたあと、「仍蠲其課調」とあるので、馮爾康氏はこの記事に依拠したのかも知れない。

# 第六章　家族主義的政治と族人の生活

宗族やその成員と政府との関係は、すでに折りを見て断片的に触れてきた。本章では民間の視角から宗族を論述するとともに、政治制度の下における宗族成員の生活状況を叙述する。そして、それと関わって、宗族制度、国家の手になる孝治政策と宗親法や、政府の認可した宗族「自治」といったものを取り上げよう。

## 一　民間の忠孝観念と朝廷の孝治政策

国君は臣民に忠節を尽くすことを求め、宗族は子孫に孝行を尽くすように求める。それでは、忠と孝とは如何なる関係にあるのだろうか。忠孝を同時に尽くそうとする人にとって、この二つの側面が衝突するとき、どちらの方を気に掛けるのだろうか、あるいはどちらを優先して力を尽くそうとするのだろうか。こうしたことに対して、前近代中国の人びとの認識は時代と共に変化していった。概ね、先秦時代においては、人びとは孝を忠の前に置いたが〔つまり、孝が忠よりも優先する〕、このことは、春秋時代の伍子胥の言行に相当に明瞭に表現されている。伍子胥の父親の伍奢は、楚の太子〔名は建〕の太傅であったが、楚の平王は讒言を信じて太子を廃嫡し、その守り役であった伍奢を殺害しようとした。また楚の国の外にいた伍奢の二人の子供を、伍奢の名義で楚の都に呼び寄せて、一気に殺害して、将来の災いを絶とうとした。兄の伍尚は呼び出しに応じようとしたが、弟の伍子胥は、これは計略に違いなく、国外で軍隊を借りて父親の代わりに仇を討ったほうがよいと考えた。伍尚は弟の見方に同意したが、父親の命令に従うべきだと感じて、その結果、楚に行って父親と一緒に殺害されてしまった。伍子胥は〔楚で親しい仲であった〕申包胥にどうするかを訊くと、申は、「俺はお前に仇を討つように勧めれば、お前を不忠な人間にさせてしまう。他方、お前が敵討ちをしなければ、お前は父親に申し訳が立たないだろう。だから、俺はお前に意見は言わない」と答えた。伍子胥はそれを聞いて、「俺は、父母の仇とは共に天を戴かない、兄弟の仇とは同じ街に住まない、朋友の仇とは近所には住まない、と聞いている。だから、今、俺は楚に復讐して父と兄の恥辱を雪《そそ》ごうとするのだ」と語った。(1)その結果、伍子胥は呉国に身を寄せ、呉軍を率いて楚国を打ち破った。だが、そのとき楚の平王は、すでに死んでいて、伍子胥は平王の死骸を掘り出して、それを鞭打ち、父と兄の仇に報いた。(2)このように、伍子胥と申包胥との議論や、伍子胥が呉軍を率いて復讐を遂げたという事実からは、春秋時代の人たちが孝行を尽くすことを、忠義を尽くすことよりも前の方に置いているということを生き生きと示している。双方が激突したときは、孝を拠り所にして忠を損なうのであり、孝の地位は忠よりも高位に置かれていた。

漢代に至ると、人びとは忠と孝とを一致させようとし始め、孝の中に忠の意味を含ませようとした。司馬遷の父親の司馬談は、孝には三層の含意があるとして、「夫れ孝は事親より始まり、事君に中《ちゅう》し、身を立つるに終わる。名を後世に揚《あ》げ、以て父母を顕わすは、此れ孝の大なる者なり〔そもそも、孝行とは、まず親に仕えることから始まり、次に君主に仕えるところに及び、最後に立身出世をもって完結する。後世に名を残し、それによって父母を有名にすることは、これこそが孝の大いなるものである〕」と述べた。(3)これは、孝行の第一歩が両親に孝養を尽くすことであり、その第二歩は君主に忠節を尽くし、第三歩に自分が頭角を現して、それによって祖先に栄光をもたらし、こうして初めて孝行の最高の境地に到達するといえると説いているのである。しかし、忠と孝はどちらが先で、どちらが後なのかという問題は、全く解決されていなかった。曹丕〔後の魏の文帝〕が魏の太子であったとき、賓客のために盛大な宴会を催し、忠と孝はどちらが先で、どちらが後かという問題を提起した。それは次のような質問であった。「君主と父親が双方ともに病気になってしまったが、一粒の丸薬しかなく、一人しか救えないとしたら、先に君主を救うべきなのか、それとも先に父親を救うべきなのだろうか」と。大勢の人が入り乱れて議論し、君主を先にすべきだ、いや父親を先にすべきだという説が出され、どれが正しいのかを決められないでいた。このとき、五官〔侍従官〕長吏の邴《へい》原だけが発言をしなかった。宴会後、曹丕は邴原の見解を訊くと、言葉を投げつけるようにして、「当然、父親を先にすべきだ」と答えた(4)。その後、大体、両宋頃から、人びとは忠を先に孝を後にする議論を普通に受け入れるようになり、後世に行けば行くほど、忠節を尽くすことが強調され、忠によって孝を覆い尽くしてしまった。民間の諺に、「一生の中、父親が〔亡くなってしまって〕存在しなくなることがあったとしても、一日たりとも君主が存在しないことはありえない」とあるが、それは君主の恩義は広遠で、少しの間でもその恩義から離れられないという意味である。清代の江蘇省武進県の高氏一族の族訓に、この道理が説明されている。つまり、普天の下、君恩が及ばないところは決して存在しないのだから、たとえ普通の農民であっても、日が出たら働き、日が落ちたら休み、各自が落ち着いて暮らして楽しく働き、太平の幸福を享受できるのは、ひとえに皇帝お一人が骨を折って、民衆に代わって利益を盛んに興し、害毒を防止しようとしているお陰であり、だからこそ、人として必ず忠節を先にしなければならないというのである(5)。嘉応州（広東省梅州市）の洪氏一族の「祖訓」も、大いに忠節を説いており、そこには「君恩は親の恩よりも重い」と述べている。それというのも、素晴らしい明朝の御代に生を受けて、皇帝陛下は賦役を軽減してくれているし、刑罰も軽くして、賢人を登用しているからである。どうしてこうした大恩と大徳とを忘却できようかというのである(6)。

忠節の表れ方を、平民や庶民の観点から言うと、それは主に国税を完納し、国法を遵守するということであった。

明代の〔姚舜牧が作成した〕姚氏家訓の『薬言』には、「もし満ち足りた生活を求めようとするならば、最初に御上に対する税金を完納せよ」という諺を引用し、族人たちに対して、賦税を先に完納すれば、それによって精神的な負担のない生活が出来やすいと忠告している。また、人として第一にしなければならぬのは、良い民衆になることであると説いている。要するに、それは「本分を守り、銭糧を完納し、県の官吏が督促に来ないようにすることが良い民衆だ」ということである。確かに、この一族は銭糧完納の模範であり、しかも里甲制度下において甲首に充てられていた。ある宗族は、族人が賦役を完納できずに、追徴や鞭打ちの刑罰にあってしまうのを恐れて、助役田を設置し、族人の租税納入や役所に奉仕労働するときの費用の手助けとした。明代の嘉靖年間〔一五二二―一五六六〕、南直隷松江府華亭県の顧鏐《りょう》は一万余畝の田畑を一族に寄付し、そこからの収入で族人に代わって賦役費用を完納したので、一族の全ての人びとは、税役の苦痛から逃れられた[7]。常州府無錫県出身で翰林学士になった華察は、一族の人たちが重い賦役で窮乏して苦しんでいるのを見て、寄付によって役田を設置するように主張し、そのために族人たちは自己の所有地の中から、一〇〇畝当たり三畝ずつを寄付した。かくて、一族全体の寄付による田畑から年に三〇〇〇石の小作料を獲得できることとなり、その小作料は族人に割り当てられた役所の徭役労働の費用に充てられた[8]。明代の江南は、有名な賦役の重い地域であり、民衆は安心した暮らしができなかったので、宗族は助役田を経営して、族人から重い賦役の苦痛を取り除く手助けをしたのである。広西梧州府陸川県の呂氏一族の祭田は、本来、そこから上がるその年の小作料で当年の租税納入にも充当されていた。だが、時代を経過して、管理が行き届かず、未納の租税が積もり積もって多くなり、遂には一部の族人が役所に召喚されて追徴処分を受けた。そこで、呂安徳《ママ》は祭田による租税納入を保証しようとして、特別に田畑を購入して、その小作料によって一族の全租税を完納した[9]。この種の助役田は、宗族の祀田・義荘田・書田と同様に、個人の寄付によるものであり、それは宗族の共有資産の一種であった。しかし、その用途は異なっていて、助役田は追徴の苦痛から族人を免れさせるためのものであった。それは、また族人を良い民衆に仕立て上げ、それによって宗族の栄光を増すようにさせたのである。

このように、民間側から皇帝に対して忠節を尽くすことや、孝道の中に忠義を含意させようとする要求があるということは、他方で君主側も民衆に対しては父母のように思いやらねばならぬということを示しているといえよう。つまり、君主は民衆の面前では君と父という二重の身分を備え、他方、臣民も子と民という二重の役割をもつように変化させられてしまったのである。それ故にこそ、君父と子民という対称語句が出現したのである。後漢の章帝は詔書を下して、その中で人君は民衆の父母のようなものだと述べている。また、その詔書の中で、次のようにも述べている。人君が、人間の身体の中軸にたとえられるとすれば、子民は身体の四肢〔四本の手足〕のようであり、四肢に痛痒を感じれば、中軸も快適なはずがないのである。それ故に、皇帝は四民の苦しみを気に掛け、さらに四民に対して道徳倫理の教育を推し進め、もし民衆に悲しみ悼むことがあれば、それを救済せねばならない、と。そこで章帝は命令を下して、孤児や、子供がいても扶養できない家族を救済させた。(10) これは君父が民衆を子供のように慈しむ精神を体現しており、民衆が忠と孝を尽くせるように教え導いているのである。

〔漢代を初めとして歴代の〕朝廷は孝道を宣揚し、孝道によって天下を統治する政策を実行した。その具体的措置は、飢饉と貧窮に対して、〔君父としての〕章帝による救済に類似する施策がその一つであった。また、孝廉を推挙するのも、別の影響力のある措置であった。漢代には孝廉を推挙する制度が実行されていたが、それは『孝経』を熟読して、その上に孝道の実践に特別に優れた態度を示した人が、地方から推挙され、官僚となる資格を獲得するということである。後漢時代、孝廉に推挙された郎中の荀爽《そう》は、「漢代の制度は、天下の人びとに『孝経』を諳んじさせ、官吏を選んで孝廉を推挙させることであった」と述べている。(11) 後漢の後期、涼州〔甘粛省武威県〕一帯は民衆反乱が繰り返し発生していたが、武威刺史の宋梟《きょう》は、その原因は民衆が人倫の道を理解していない点にあると考えて、『孝経』を多く書き写させて、それを民衆に発給し、民衆に君父と子民の倫理道徳を明瞭にさせれば、騒動を起こさなくなると語っ

江蘇髙淳県の呉氏祠堂に掲げる
乾隆年間の「孝子」扁額

ていた。[12]黄巾の乱が起きたとき、侍中の向栩《しょうく》は軍隊を派遣して討伐することに反対し、反乱地区に人を派遣して『孝経』を読み上げさせ、反乱者を自然に瓦解させるようにせよと主張した。[13]宋梟にしても向栩にしても、二人とも『孝経』と孝道を教え込むことによって、このような摩訶不思議な効果が見られるとしたのであり、そこにも後漢時代に孝廉推挙の有していた重要性を看取できる。

孝道を統治の手段とするとき〔「孝治」〕、孝廉の推挙とは別のやり方は、孝子・順孫〔親孝行な子供と祖父母に孝行な孫〕を表彰することである。つまり、孝子・順孫の家の門前にそれを表彰する文字を書いたり扁額を掛けたり、その居住地の村落の名称を変えたり、賦役を減免したりするのだが、それらのことは以前に説明したので、ここでは、その事例を再び挙げない。ただ、補足しておかねばならぬのは、こうした人から官吏を選び出したということである。北周の宣帝は詔勅を下し、地方官に対して、管轄内に「孝子・順孫・義夫〔妻の死後、再婚しない男〕・節婦〔夫の死後、再婚しない女〕がいれば、その村里の入り口に表彰する文章を掲げ、その上、官吏の任務に堪えられる人物がいれば、直ちに推薦せよ」と要求した。[14]これは孝廉を推挙する以外にも、文才を有する孝子と順孫を選抜して官僚にしようとしているのである。

前述の、明の太祖が義門の鄭氏一族の官職を持たない族人を朝廷の官吏に任命しようとしたことも、この類型に属する。そして、鄭氏一族だけが唯一の幸運な一族であったわけではなく、鄭氏一族と同県の義門である王氏一族の王応は、〔鄭氏一族から出世した〕鄭湜《しょく》の推薦を受けて、参議に任命され、王懃《きん》は〔鄭湜の同輩行の〕鄭済の推薦を受けて庶子という官職に任命された。[15]このように、民衆に対する旌表《せいひょう》政策の影響は大きく、旌表された宗族や家族は社会的地位を向上させた。それ故に表彰されること自体が目標とされ、それを獲得した者は、そのことを大いにひけらかした。

福建の民間では「三重」という風習があった。つまり、科挙及第、官閥〔官職と家柄〕、孝子や節婦などとして旌表されることの三つを重視したのである。そして、旌表を受けた人物を輩出した宗族は、大通りに石の牌坊〔鳥居形の門〕を建て、墓所にも高大な石碑を聳え立たせたのである。道路から遠い墳墓の場合、旌表を誇示するために、わざわざ墓碑を道路の近くに置いた[16]。

孝道を統治の手段とする際、実施されたもう一つの政策は、宗族の活動や宗族の共有財産に対して、それに保護を与えることであった。中古の時代〔魏晋南北朝隋唐時期〕、政府によって「百家譜」〔多くの名族の家譜〕が編集され、どの家が名族なのかを定めたが、それは役所の権威に依拠して族人の結集が呼びかけられ、宗族が形成されたのであり、併せて当該の宗族に対して名族の等級とそれに相応しい政治的地位が具体的に定められたのである。貴族制度の崩壊後、民間において宗族を組織するかどうかは、純粋に民衆の自由意志によるということになった。しかし、政府は、宗族こそが孝治を推進する道筋と考えていたので、宗族を埋もれさせておかずに、民間が宗祠を建設して、宗族活動を展開することを強力に呼びかけた。清朝の康熙帝は「聖諭十六条」を発布し、雍正帝は「聖諭広訓」を作成して、「聖諭十六条」に解釈や説明を加えた。それらの第一条は「孝弟《ママ》を惇くして、以て人倫を重んず〔父母や目上の人によく仕え、それによって人間としての道を大切にする〕」であり、第二条は「宗族を篤くして、以て雍睦を昭《あき》らかにす〔宗族内の人間関係を大事にして、それによって和らぎ、睦まじさが人間にとって大切だという点を明確にする〕」である。これらの条文は、祖先を敬い宗族を結集させる道理を大々的に説いたものである。そして、「家廟を設置して祖先を祭祀し、家塾を設置して子弟に勉強させ、義田を設置して、貧窮な族人を救済し、族譜を編纂して遠い関係の族人同士を結びつける」といったことも呼びかけていた。皇帝でさえ、このように孝悌の大切さを呼びかけているのであるから、地方官も、孝悌を重要なことだとして、その指導にしっかりと取り組んだ。たとえば、江西巡撫であった陳宏謀〔一六九六―一七七一〕は族正制を推進し、宗祠の場所に社倉を設置して、族人を救済した〔『五種遺規』所収『訓俗遺規』巻三〕。湖南宣章県令の蒋宗芝は倫理を強化し族人同士を仲良くさせるために、大規模な宗族は宗譜を編纂すべきだと宣伝した。大族の呉・王・李などの一族は、その呼びかけに共鳴して族譜を作成し、蒋宗芝は「曹氏族譜」に序文を書いた。

祠堂で祖先を祭祀することや、義塾・祠田・義荘の創設を働きかけることと歩調を合わせて、政府は宗族の共有財産を保護する政策を打ち出した。政府は族人同士の共有財産による互助や、族人による貧窮者の救済は、役所にとって心配事を解決させてくれるものだと考えていたので、そのような宗族共有財産の安定性を保証しようとした。義荘に対しては、政府に申請さえすれば、官庁は証明書を発給し、その証明書には、「もし悪賢い連中が文書を捏造して義荘の田畑を奪おうとしたり、あるいは当該一族の不肖の子孫が義荘の田畑を売り飛ばそうとしたときは、義荘の管理人がこの証明書を持ってきて告発することを許す。そのときは、官庁も必ず法律に基づいて厳罰に処する」と書かれていた。その処罰の方法は次の通り。つまり、一五畝以上の義荘の土地を売り払った場合は、先祖の墓地周辺の山地を盗んで売り飛ばす行為を規制する法律に準拠して、売った者は兵役や労役に服す刑罰を科し、当該の田畑は義荘に返還し、売却益は政府に没収する。そして当該の土地を購入した者は、元手を無駄にしただけではなく、他人の家の義田を購入しようと企んだという罪状に承服せざるをえなかった。政府は、この種の義荘の田畑を盗売する罪状に対しては非常に重く罰した。たとえば、先祖代々の祀田を五〇畝以上盗み売れば兵役や労役に充てた。そして義荘田の場合は、盗売が一五畝以上でありさえすれば、こうした兵役や労役に充当された。ここから義荘やその資産に対する政府の高い支援態度が分かる。政府は重大な犯罪に対しては、従来から「籍没」政策、すなわち全ての財産の没収を行ってきたが、しかし祖先祭祀用の資産とその他の宗族共有財産を例外として没収対象から排除していた。たとえば、道光帝は内閣侍読学士の牛坤の原籍にある家産を調査して没収し、薊州に所有していた一三〇〇畝の土地は内務府に没収されたが、薊州・天津・平谷〔北京市平谷県〕にあった墓地・祭田・家祠は一族に全てそのまま残された。ただし、それらの資産は牛坤の侄《おい》の牛錦の名義に移された。[17]

君主専制の時代、一般の民間人が勝手に自分の団体を設立することは許されていなかった。ところで、宗族と同時期に存在していた古い村社〔社《やしろ》を中心とした近隣の団体〕は、その始まりは郷里組織と同じく、官営であって、漢代以後に次第に変化して民間の自発的組織の私的団体となった。しかし、政府は、なおそれを規制しようとして、清代になっても、民間の「出会」〔神像を担いで練り歩く祭りの団体〕は紳衿に指導されていたし、地方政府はそれに口出しをした。この団体は、緩やかな組織で、決して宗族組織のような緻密さはなく、政府が宗族に与えたような権力も有しなかったにも拘わらず干渉したのである。さらに、政府が宗族に与えなかった権力〔たとえば、一部の司法権に関して〕は、後に説明をしようと思う。合法的宗教すなわち仏教と道教は、政府の保護を受けていたが、それでも帝王の胸中には、仏教と道教は俗世間を越えた存在と映っていた。他方、宗族は「子民」の組織であって、当然ながら帝王にとって宗族は身近な存在であるのに対して、仏教・道教とは疎遠な存在であった。また、職業団体である「行会〔同業組合〕」や地方団体の「会館」に至っては、かなり遅い時代に出現し、それらは業界団体の性質を有するものであって、宗族が政権の助手としての性質を有するのとは同列には論じられなかった。要するに、宗族だけが、その政治的位置が高く、一定の政治的意義を具有し、政府にも受け入れられた。このように、民間結社を極端に欠いた君主専制時代は、宗族だけが幸運に恵まれたが、実は、それは天下を孝の理念で治めるための補完物であって、政権の助手としての性質を有していたことによるのである。

## 二　五服制と親族法下の族人生活

瞿《く》同祖は、その著書『中国法律和中国社会〔中国の法律と中国社会〕』の「導論」で、「中国前近代の法律の主要な特色は、家族主義と階級概念との上に表れている」と述べている。[18] このように、〔前近代中国の〕法律は家族主義の精神と内容とを確実に体現していた。明の太祖が法律を制定したとき、皇太孫〔後の建文帝〕は太祖に向かって、「〔明朝は〕刑法を用いて罪人を処罰する一方、また刑法は教化の手助けともなっている。だからこそ、五倫〔父子の義・君臣の義・夫婦の別・長幼の序・朋友の信〕に関わる犯罪の処罰は、情を重視し、法的側面は少し融通をきかせるべきだ」と要望した。太祖は、この提案を受けて、法文のうち、七三か条を改訂した。これは事柄の是非の代わりに、宗法の「情」という観点に基づいて罪状を決定するということである。皇太孫の言葉を使うと、「法を屈して以て情を伸ばす〔屈法以伸情〕」である。(19) こうしたことは明代だけではなく、どの王朝でも同様であって、法律は「五服〔斬衰・斉衰・大功・小功・緦麻という服喪規定〕に准じて以て罪を制する」という原則を実行した。こうして五服制度や宗法の精神が法律の名例・戸婚・鬥〔闘〕訟の各種の律文に浸透し、「情」に依拠して「法」に代置する状況が出現したのである。このように、〔前近代中国の〕法律は肉親の情に基づく法制なので、国家は、その観点に立って犯罪者に対する処罰を重くしたり軽くしたりした。そして、この肉親の情は、人びとの五服の関係から確定されているので、この種の立法措置と「五服に准じて以て罪を制する」という原則を理解しようとすれば、まず服喪に関する五服制度を明らかにしなければならない。

## 1 葬祭と五服との関係

既出の『白虎通義』〔巻三「宗族」〕には、族について、「上は高祖に湊《あつ》まり、下は玄孫に湊まる」と述べている。つまり、族人には自分自身の他、高祖・曾祖父・祖父・父・子・孫・曾孫・玄孫の九代が含まれ、また、高祖の全ての子孫、すなわち伯叔曾祖とその子・孫・曾孫、伯叔祖とその子・孫・曾孫、伯叔とその子・孫・曾孫が含まれる。それと同時に、曾祖姑〔曾祖父の姉妹〕以下の各種の伯叔母・姉妹・侄女《てつ》〔兄弟の娘〕・侄孫女〔兄弟の孫娘〕・侄曾孫女〔兄弟の曾孫娘〕も含まれる。また、自身の妻と上述の男性成員の配偶者も含まれる。これらの人の中に死亡者が出れば、生きている人は、その故人のために服喪して、服喪用の衣服を着なければならなかった。人びとは、宗族の中の輩分〔世代〕・房分〔長男や次男の家庭といった房支〕・嫡庶〔嫡子と庶子〕・長幼〔年齢の高下〕・性別といった差異によって、異なった服喪のやり方があった。歴朝の政府は、五等級の服喪制度を制定したが、それが斬衰《ざんさい》・斉衰《しさい》・大功・小功と緦麻《しま》の五種類である。

（1）斬衰服

服喪期間は三年で、最も目の粗い麻布で作られた衣服を身に着け、衣服の裾は縫ったりしない。それ故に斬衰と呼ばれる。この種の喪服を着る人は〔故人の〕息子であり、その父母のために行う。その他、嫁入りしていない娘、離縁されて実家に帰ってきた娘、息子の嫁、夫婦養子となった人も斬衰の服喪を行う。また、庶子の夫婦は生母と嫡母のためにも、嫡孫〔の男子〕は祖父母や曾祖父母・高祖父母にも斬衰の服喪をする。そして、妻は夫のためにも、妾は家長のためにも斬衰の服喪をする。

（2）斉衰服

服喪期間は一年・五か月・三か月とあって一様ではないが、それは故人と服喪する人との親族関係の遠近によって決められる。この服喪を行う人は、やや目の粗い麻布で作った衣服を身に着け、衣服の裾は縫い取りがなされており、それ故に斉衰と称する〔「斉」は、そろえる・ととのえるの意味〕。この種の服喪は、嫡子や庶子の夫婦が庶母〔父親の側室〕のために行う。また、子供であっても、その母親が再婚したり離縁された場合には、その死去に対して、この服喪を行う。また夫が妻のために、孫や孫娘が祖父母のために、嫁入りした娘が実家の父母のために行い、祖父が嫡孫〔男子〕のために、父母が嫡長子夫妻・その他の子供・未婚の娘のために行う。その他、侄《てつ》〔同姓のオイ〕が伯叔父母や未婚の伯叔母のために行い、また自分の兄弟や未婚の姉妹・侄・未婚の父方の侄に対しても、この服喪を行う。以上は全て一年の服喪期間である。曾孫・曾孫女は曾祖父母のためには五か月、玄孫・玄孫女は高祖父母のために三か月の喪に服した。

（3）大功服

服喪期間は九か月で、目の粗い熟麻布で作成された喪服を身に着ける。その喪服は、堂兄弟〔父方の従兄弟〕・未婚の堂姉妹〔父方の従姉妹〕のために着るのである。また、嫁入りした父方の伯叔母と姉妹、それに嫁入りした娘は実家の兄弟とその子供、実家の伯叔夫妻・伯叔母・姉妹のためにも、この服喪を行う。妻は夫の伯叔父母・祖父母のために、祖父母は〔嫡孫以外の〕孫と未婚の孫娘にも大功の喪に服する。

（4）小功服

服喪期間は五か月で、やや目の粗い熟麻布を身に着ける。この服喪は、伯叔祖〔祖父の兄弟〕の夫妻・堂伯叔祖〔父方の大伯叔父〕・再従兄弟〔またいとこ〕・未婚の再従姉妹・嫁入りした同堂姉妹〔父方の女性のいとこ〕を対象としている。また、兄弟の妻、外祖父母、岳父、姨《い》〔母や妻の姉妹〕、外甥《がいせい》〔姉妹の息子〕、外甥女〔姉妹の娘〕のためにも小功の喪に服する。嫁入りした娘は、実家の堂兄弟〔父方の従兄弟〕や未婚の堂姉妹〔父方の従姉妹〕のために、妻は夫の伯叔母と夫の姉妹のために小功の喪に服す。

（5）緦麻服

服喪期間は三か月で、やや目の詰まった熟麻布を身に着ける。この喪服を身に着けねばならぬ対象は、まず曾伯叔祖〔曾祖父の兄弟〕の夫妻や族伯叔〔高祖を同じくし、父と同輩行の族人〕の夫妻である。その他、族兄弟〔高祖を同じくする同輩行の族人〕と未婚の族姉妹〔高祖を同じくする同輩行の女の族人〕、未婚の曾祖姑〔高祖を同じくし、曾祖父の世代の女の族人〕、族祖姑〔高祖を同じくし、祖父の世代の女の族人〕、族姑〔祖父の姉妹〕、族伯叔祖〔高祖を同じくする祖父と同世代の族人〕の夫婦、父方の伯叔母の子供や母方の伯叔父の子供、両姨兄弟〔母方の従兄弟〕と妻の父母も緦麻の喪に服する。嫁入りした娘は、実家の伯叔祖〔祖父の兄弟〕の夫妻・未婚の祖姑〔祖父の姉妹〕、堂伯叔〔祖父の従兄弟〕の夫妻、堂姑〔祖父の兄弟の娘〕のために緦麻の喪に服する。

こうした五服の中では、父系が主体であり、それに関連して母系・妻系・姑〔父親の姉妹〕・姨〔母親の姉妹〕・嫁女〔嫁入りした娘〕・侄女〔兄弟の娘〕の系統も、どれ一つとして忽《ゆるが》せにされない。

こうした煩雑な内容の服喪規定の関係を書いても、それらを記憶し理解することは難しいので、とくに『大清律令』巻二「諸図」中の「本宗九族五服表」と「喪服総表」を表示する。それによって、かなり明晰になるだろう。

喪服總圖

| 斬衰 三年 | 齊衰 杖期 五月不杖期 三月 | 大功 九月 | 小功 五月 | 緦麻 三月 |
|---|---|---|---|---|
| 用至粗麻布爲衣下邊與袖俱斬齊不縫背有召服用麻布方八寸綴于領下垂之前當心首絰腰絰俱用麻履用草管杖父用竹母用桐婦人不用喪畢于墓前焚之 | 俱用稍粗布爲衣縫袖及下邊首絰腰絰俱用布爲之杖用桐木不杖者不用 | 用粗熟布爲衣冠帶履俱用熟白布爲之 | 用稍熟布爲衣冠帶履俱用大功 | 用稍細熟布爲衣冠帶同功服履用細白布爲之 凡同五世族屬在緦麻無服之外皆爲袒免（音問）親遇喪葬則服素服尺布纏頭 |

喪服総図（『大清律例』）

本宗九族五服表

| | | | | |
|---|---|---|---|---|
| 斉衰三月。 | | | | 嫡孫は、父親の死去後、祖父母の葬儀を主宰し、斬衰三年の服喪。曾祖父・高祖父の葬儀を主宰する場合も同様。 |
| 斉衰五月。 | 曾伯叔母は緦麻。 | | | |
| 斉衰で杖期。 | 伯叔祖父母は小功。 | 族伯叔祖母は緦麻。 | | |
| 斬衰三年。 | 伯叔父母は期年。 | 堂伯叔父母は小功。 | 族伯叔父母は緦麻。 | |
| 己 | 兄弟は期年。兄弟の妻は小功。 | 堂兄弟は大功。堂兄弟の妻は緦麻。 | 再従兄弟は小功。再従兄弟の妻は無服。 | 族兄弟は緦麻。族兄弟の妻は無服。 |
| 長子は期年。長子妻も期年。 | 侄は期年。侄妻は大功。 | 堂侄は小功。堂侄の妻は緦麻。 | 再従侄は緦麻。再従侄の妻は無服。 | 養子は、実の親に対しては、服喪を一等下げる。実の父母も養子となった子供には服喪を一等下げ、不杖期。養父母に対する服喪は、斬衰三年。 |
| 嫡孫期年。嫡孫妻は小功。 | 侄孫は小功。侄孫妻は緦麻。 | 堂侄孫は緦麻。堂侄孫の妻は無服。 | | |
| 曾孫は緦麻。 | 曾侄孫は侄麻。曾侄孫妻は無服。 | | | |
| 玄孫は緦麻。 | | | | |

| | | | | |
|---|---|---|---|---|
| 姑・姉妹・女・孫女の在室、あるいは出嫁の後、出戻った場合、その服喪は男子と同様。出嫁して、夫も子供の無い者は、兄弟・姉妹・侄に対して、全て不杖期。 | | | | 高祖父母は |
| | | | 曾祖姑の在室は緦麻。出嫁は無服 | 曾祖父母は |
| | | 族祖姑の在室は緦麻。出嫁は無服。 | 祖姑の在室は小功。出嫁は緦麻。 | 祖父母は |
| 族姑の在室は緦麻。出嫁は無服。 | | 堂姑の在室は小功。出嫁は緦麻。 | 姑の在室は期年。出嫁は大功。 | 父母は |
| 族姉妹の在室は緦麻。出嫁は無服。 | 再従姉妹の在室は小功。出嫁は緦麻。 | 堂姉妹の在室は大功。出嫁は小功。 | 姉妹の在室は期年。出嫁は大功。 | 自 |
| | 再従侄女の在室は緦麻。出嫁は無服。 | 堂侄女の在室は小功。出嫁は緦麻。 | 侄女の在室は小功。出嫁は緦麻。 | 衆子は期年。衆子妻は大功。 |
| 五世代上の祖先を同じくする族人同士の場合。緦麻と絶服の他は、全て袒免。葬喪に際しては、素服を着て、一尺の布を頭に巻く。 | | 堂侄孫女の在室は緦麻。出嫁は無服。 | 侄曾孫女の在室は緦麻。出嫁は無服。 | 衆孫は大功。衆孫妻は緦麻。 |
| | | | | 曾孫妻は無服。 |
| | | | | 玄孫妻は無服。 |

喪服総表

| | | | | | | | | | | |
|---|---|---|---|---|---|---|---|---|---|---|
| 斬衰三年 | 粗い麻布で作り、裾を縫わない。 | | 杖期 | やや粗い麻布で作り、裾を縫い取りする。 | | 目の粗い熟麻布で作成。 | | やや目の粗い熟麻布で作成。 | | やや目の詰まった熟麻布で作成。 |
| | | 齊衰 | （五月） | | 大功九月 | | 小功五月 | | 麻 | |
| | | | 不杖期 | | | | | | | |
| | | | （三月） | | | | | | | |

## 2　親族法及びその民間における実施状況

歴代王朝の統治者による「屈法伸情（法律を曲げてまで肉親の情愛を優先させる）」という指導思想の下で制定された法律は、「五服に准じて以て罪を制す」であり、また通常に言われる宗親法と親情法である。この種の法律制度の下にあっては、既に大雑把に論じてきたように、原告と被告の両者が宗親関係にあった場合、同じ罪を犯しても処罰は異なっていた。その五服関係に関わる条文は主に以下の通りである。

まず、「八議（罪を減免される裁判上の八つの恩典）」の中の「議親」である。貴門の子弟や官僚が法律を犯して、それを処罰しなければならなくなったとき、一般人の処罰規定に基づいて罰するわけにはいかなかったので、そこで彼らに対する刑罰を減免する原則が制定された。それが八議である。その場合、罪人を八種類に分類し、それぞれに即して相談して決めたので、「八議」と呼ばれたのである。[補注1] 八議の第一条が「議親」であり、これは専ら皇帝の親族・姻戚のために設けられた。その議論の対象となったのは、皇帝の袒免《たんぶん》（一番軽い服喪で、左の肩を脱ぎ、冠を脱いで髪をくくる）より上の親族である。もし五服内の親族を言うのであれば、それは高祖とその子孫を指しており、本人を含めて五世代内の血縁関係にある人は全て含まれた。それに対して、袒免は五服関係の親族よりも一つ遠い親族を指しており、高祖の兄弟とその四世代の各子孫である。清代では、皇帝の五服以内の親族は「宗室」と呼ばれ、また俗に「黄帯子」と称された。一方、皇帝の袒免親族は、「宗室覚羅」と称され、紅い帯を締めて目印としていたので、俗に「紅帯子」と称された。皇帝からすると、「議親」の範囲は袒免より上の親族である。また、その「議親」の対象には、太皇太后と皇太后の緦麻以上の親族、それに皇后の小功以上の親族も含まれた。こうした範囲に含まれる人が罪を犯したとき、「議親」の原則に依拠して刑罰を軽減されて判決が下された。それと同時に、司法手続き上、この種の人の犯罪は犯罪事実があっても事件とされず、それを主管する役所が皇帝に指示を仰ぎ、皇帝の許可を受けて初めて事件として審理される。それがどのように結審されるかというと、主管する役所は、ただ判決案を提議できるだけであり、最終的には皇帝の決断に委ねられた。

ところで、「十悪（恩赦が及ばない十個の重大な犯罪、具体的には謀反・謀大逆・謀叛・悪逆・不道・大不敬・不孝・不睦・不義・内乱を指す）」の中には、「不睦」・「不孝」・「内乱」・「悪逆」と呼ばれる四つの犯罪がある。その「十悪」が取り上げられるとき、人びとは「十悪不赦（十悪に当たる犯罪は恩赦の対象とならない）」という語句を連想するに違いなく、確かに「十悪」と「十悪不赦」は、ほとんど同一の概念である。これは厳罰に処するために設けられた原則であり、それにぴったりと合致するのは、不忠不孝な人や謀反を起こしたり祖国を裏切ったりした人である。その第四条が「悪逆」であり、それは祖父母や父母を殴打したり殺そうとした場合や、伯父夫婦・伯叔母・兄弟・姉・外祖父夫妻を実際に殺害した場合、妻が夫や夫の祖父母・父母を殺害した場合も、全てこの罪状に入れられる。第七条は「不孝」であり、祖父母・父母を罵倒したと告発された場合に適用される。また、祖父（母）や父母が在世していながら、財産分けをして別居したり、充分に祖父母・父母を扶養しない場合、父母の服喪期間中に妻を娶ったり嫁に出たりした場合にも適用される。さらに官僚となって郷里を離れている人が、祖父母・父母の逝去を耳にしながら、それを朝廷に報告して服喪休暇を申請しない場合、祖父母・父母が死亡したという嘘の報告をした場合、これらは全て不孝の罪に問われる。第八条は「不睦」であり、緦麻以上の親族を殺害しようとしたり、（人身売買で）売り渡したりした場合、妻が夫や大功以上の尊長と小功以上の尊属を殴打したり告発したりした場合は、この条が適用される。第十条が「内乱」であり、小功以上の親族との姦通や、祖父・父親の妾と姦通した場合が、これに当て嵌まる。そもそも、こうした悪逆な罪過を犯したとき、厳しい罪状が言い渡され、たとえ朝廷が大赦を発令しても、これらの人は恩赦の対象に含められることはない。それを法律用語では、「常赦の原《ゆる》されざる所なり（常赦所不原）」と言う。補注2

## （1）親族同士の殴り合い・罵り合い・傷害の場合に関する規定

親族同士の殴り合い・罵り合い・傷害の場合、双方の服喪関係に基づいて、一方を重く罰したり、他方を軽く処罰したりした。これは「五服に准じて以て罪を制す」という原則に基づいて決定された。たとえば、その規定は、明朝律令の「族親同士の犯罪が起きた場合、互いの服喪関係に照らして刑罰の軽重を決める」という原則であった[20]。その具体的な法律条文は次のとおりである。そもそも、高祖父母・曾祖父母・〔祖父母〕・父母・期親〔一年の喪に服さねばならぬ〕の尊長・外祖父母を殺そうとした場合や、妻が夫及び夫の祖父母・父母を殺そうとした場合、外傷の有無に拘わらず、斬刑に処し、直ちに処刑を実行する。もし、相手側を死に至らしめた場合、凌遅処死〔手足を切り落としてから死に至らしめる刑罰〕という判決を下す。高祖・曾祖父・祖父母・父母を殴打した場合、外傷の有無に拘わらず斬刑に処し、死に至らしめれば凌遅処死とする。伯叔父母・兄・姉・外祖父母を殴打した場合、外傷の程度に応じて、徒刑・流刑や絞首刑の刑罰を言い渡す。もし、相手を死に至らしめれば、斬刑に処する。緦麻以上の尊長を殺そうとした場合、相手に外傷を与えれば、絞刑を言い渡し、直ちに刑を執行する。死に至らしめれば斬刑に処す。尊長が緦麻・小功・大功の関係にあり、輩行と年齢が下の親族を殺そうとした場合、親等に依拠して処罰し、外傷を負わせていないときは、杖刑・徒刑とする。外傷を負わせた場合は、杖刑や流刑とし、死に至らしめた場合は、「絞監候〔監禁の後、執行命令を受けて絞首刑にする〕」とする。このような量刑から、卑幼〔輩行や年齢が下〕が尊長に被害を与えた場合と、尊長が卑幼を侵害した場合とでは、刑罰の判定に極めて大きな差異があったことが分かる。前者の場合は、どうかすると死刑判決を受けると直ちに刑が執行され、厳しい場合は凌遅処死となる。後者の場合は、杖刑・流刑であり、「絞監候」が一番に重い刑罰である。かくて、宗法上の位置が、刑罰に充分に反映されているといえよう。法律は尊長を保護し、卑幼を抑圧しているのである。

以上のような親族内部の比較だけでも、〔五服関係が刑罰に反映されているということは〕かなり明瞭ではあるけれども、さらに〔親族間の犯罪を〕平民同士の犯罪に対する処刑規定と比較してみても何の問題もなかろう。もし二人の平民が殴り合って相手を死なせた場合、一般状況下では、人を殺したときは命で償うという原則に従って、「絞監候」という判決を受けて刑が執行される。「絞刑〔絞首刑〕」は、死罪の中でも最も軽いもので、「監候〔監禁の後、命令を受けて刑を執行する〕」は、大赦・恩赦などの赦免に遇えば、死刑を免除される機会をもつことになる。それを親族同士の犯罪と比較すると、卑幼の犯罪は平民の犯罪と比べてかなり重く処罰され、逆に尊長の場合はかなり軽くなる。これは、益々、宗親法が尊長に加担する程度が大きいことを表している。宗親法は宗法の名分関係を法律化したものであり、それは宗族内部の等級関係を強化する役割を果たしている。

こうした法律条文の不公正さは、清代の刑事事件の処理に余すところなくさらけ出されている。乾隆年間〔一七三六―一七九五〕、四川の陳氏家族の話。兄の陳昌が亡くなったが、その妻趙氏との間には跡継ぎの息子がなかった。一方、陳昌の弟には元書と元格という息子がおり、元書には童養媳〔将来の嫁とするために、幼いときに貰い受けたり買ったりした女の子〕の劉氏がいた。趙氏は夫の弟の家の後継者を絶えさせようと考えて、劉氏に対して弟の息子たちの殺害の手助けを迫り、趙氏は元書を殺し、加えて元格にも危害を加えようとしたが、劉氏に止められた。事件が露見すると、刑部は趙氏を「卑幼を殺害しようとしたことに対する律文に従って絞監候にしよう」という判決案を提案したが、丁度、大赦に遭遇して、趙氏に減免措置がなされた一方、劉氏は夫を殺害しようとした罪で凌遅処死とされた。これに対して、御史の范廷楷が上奏して、趙氏は弟の子孫を断絶させようとしたのであり、これは十悪の「不睦」の規定を犯しているので、その罪を重くすべきであり、そして劉氏は年少であって年長者〔趙氏〕に指図されて行ったものであり、凌遅という極刑は重すぎると主張した。そこで、乾隆帝は刑部に新たな処分意見を提出するように指示し、その中で刑部に対して先の判決案が法律条文に合致したとしても、人情や道理には合わないと述べた。刑部は、再度、この事件に対する詮議を行い、次のように結論づけた。つまり、趙氏は、彼女が殺した人間の期親の尊属であり、故意に卑幼を殺害したのではあるが、決して十悪の規定を犯したわけではなく、その罪は恩赦の慣例に符合するので、減免処置がなされるべきである。他方、劉氏は既に一六歳になっており、情理からして曲げて宥免できず、凌遅処死以外は考えられない、と。乾隆帝は最終的に、趙氏は絞監候とし、恩赦の対象としない、他方、劉氏はまだ〔陳元書と〕結婚が成立していないので、斬首とし、直ちに処刑を執行すると裁断した。(21) このように、各種の律文と裁判例に従えば、本来、趙氏は恩赦されるべきであったが、情状が極めて悪辣であったので、御史が異議を差し挟み、その結果、絞監候の刑罰に処せられたと推測される。嘉慶年間〔一七九六―一八二〇〕、安徽省含山県の朱幗《かく》喜は、大功の服喪関係にある族弟、朱東美の妻の諸氏と姦通し、朱東美に打ち殺された。巡撫の陳用敷は、下手人が「卑幼でありながら宗家の大功関係にある兄を殴って殺したという律文の規定に従って、判決後に直ぐに執行される斬刑にすべきだ」という判決案を上呈した。この処刑意見は、原告と被告双方の理非曲直を問わずに、ただ親等関係に依拠して論断したものであった。また、湖南省の鄭添朗は、小功の服喪をしなければならぬ関係にある鄭正煥が盗みを何度も繰り返すので、意図的に彼をめった打ちにして死に至らしめたので、判決後に直ぐに執行される斬刑の判決を下された。

宗親法が実行されている中で、複雑な事情に出会ってしまって、時として、よくないと思われる裁決が下されると、政府は往々にして親親〔肉親関係にある〕の原則に照らして、処分を加減した。たとえば、誤って祖父母・父母を傷つけたとき、元々の法律からすると「絞監候」となるのだが、乾隆年間になって、判決後に直ちに執行される絞刑に改められた。また、精神障害者が父母を殺害した場合、元来、勅命を奏請して、どのような判決を下すべきかを決めるのであるが、後には一律に凌遅処死となった。雍正年間〔一七二三―一七三五〕、江西省永新県で、次のような一件の殺人事件が発生した。朱寧三は窃盗の常習犯で、一度、窃盗が見つかったことがあり、そのときは兄の朱倫三が自分の子供を売って弁償金に充てた。その後、また朱寧三は牛を盗んで被害者に捕らえられた。このときは、朱倫三は非常に腹を立てて、侄《おい》の朱三杰と一緒に朱寧三を縛り付けて溺死させた。この事件に対して、刑部は、朱倫三は流罪、朱三杰は入獄という判決案を提示した。それを受けて、雍正帝は、朱倫三が弟を死に至らしめたのは已むを得ない事情によっており、朱三杰は伯父の命令を聞いたにすぎないので、両人とも寛大な扱いをして無罪とすべきだと述べた。雍正帝は、さらに、この事件から、どのようにして族人に対する宗族の懲罰を強化したらよいかの思いを巡らした。そして、彼は、悪事をし続けて悔い改めない人に対しては、役所が罪人に懲罰を加える他にも、もし祠堂が一族に有害な当該人物を取り除くために、家法に基づいて処置しようとして、罪人を死に至らしめても、必ずしもそれを罪に問わなくてもよいのではないかと主張した。雍正帝は、この問題を九卿〔中央の九人の大臣〕に討議させたところ、九卿は次のように回答した。凶悪で不法な輩に対して、伯叔父や兄弟が家法に依拠して処罰し、その結果、死に至らしめた場合、もし律に従って伯叔父や兄弟の罪を決定すれば、不法を犯す子弟は何も恐れを知らないことになる。この状況を改変するために、以後、族人が不法な子弟を告発することを許し、告発された人物は犯した罪に応じて処罰される。それでも改悛しないときには、地方官は犯した罪の事情内容に応じて、二〇〇〇里外に流罪とする。あるいは、事件が発生したとき、一族がその事件に一緒になって腹を立てて、家法に依拠して死刑にした場合、地方官は、まず、その状況を調べて明確にしなければならない。そして、殺された罪人が確かに死ぬべき罪を犯していたならば、罪人の殺人を指揮した人を杖刑として、その罪は必ずしも問わないこととする。他方、もし被害者の罪が死刑に値しないのに殺された場合、それを殺すようにと主唱した人は処罰される罪を一等減じて、実際は罪の償いをさせない。もし、死者に過失がないのに殺害された場合、刑律に照らして判決を下す、と。[22] この法令は宗親法を保護しようとしているだけではなく、宗族と祠堂に対しても族人を処刑する権限を不完全に与えている。しかし、これは、本来、政府の司法権に属するのである。

（2）軽侮法

後漢の章帝の時代、ある人は、父親が侮辱を受けたので、その報復を行い侮辱した人を殺害した。それに対して、章帝は下手人は父親の恥を雪いだということで、その罪を許した。これ以後、類似の案件を処理するとき、これが参考にされて罪状が決定され、また「軽侮法」が作成された。[23] これは孝道を重んじて定められた法律であり、そのために殺人を犯したら罪に問われるという原則は重視されていない。これに対して、官吏から民間での殺害事件が増加するという反対意見もあったが、後世になっても依然として「軽侮法」は残存し続けた。唐律の鬭〔闘の本字〕訟律中に、「祖父母が他人に殴打される」に関する条文があって、そこには「祖父母や父母が殴打されたとき、子孫は報復を行う。その際、相手に後遺症が残る傷害を与えなければ、犯罪として処理しない。もし、相手側が負傷して不自由な身体になった場合も、一般人同士の殴り合いの罪よりも三等減じて処罰する。もし相手側を死なせた場合は、元来の律文に従って処罰する」〔『唐律疏議』巻二三〈鬭訟〉「祖父母為人殴撃」〕と規定している。法律は、子孫が報復して相手方に傷害を負わせた場合に対して軽減措置をしており、それは実質的に孝道を口実として人びとが安易に法律を犯すことを奨励しているのであって、そもそも法律制定の初志とは合致しなかった。それでも、政府は宗法制度を維持するために、こうした問題を顧慮しなかった。

（3）容隠法

俗に「父は子のために隠し、子は父のために隠す」と言われる〔『論語』子路篇〕。法廷で、父子が互いに相手のために隠し立てをしても、犯罪とはされず、それによって肉親としての情愛を維持した。『唐律疏議』巻六「名例律」に、「同居相為隠〔同居相い為に隠す〕」という条項がある。それにいう「同居」とは共同財産を所有し、共同生活をしている者を指し、同族の族人やその他の親族を含む。たとえば、大功以上の親族・外祖父母・外孫・孫の嫁・夫の兄弟とその妻は、いずれも互いにかばい合い、罪を暴き立てることは出来ないのである。それ故に、『明律』では、さらに一歩進めて、他人の祖父・父を告発するとき、被告発者の子孫を証人に出来ないと規定している。たとえば、弟を兄の、妻を夫の証人にさせることは出来ないのであり、これらが全て〔肉親のために〕隠し立てをするという内容なのである。これがさらに発展すると、身内が互いに助け合って、その結果、法を犯すことになっても寛大に扱われた。明の太祖の時代、ある人の子供が法を犯したが、父親は賄賂という手段を使って子供の罪を免れさせようとした。それが露見して、御史は父親と子供を一緒に処罰するようにと提議した。しかし、太祖は、子供が死刑の判決を下されようとするとき、父親が子供を助けようとするのは、父子の至情に出たものであり、父親の罪は許されるべきでり、子供は罪状に応じた判決を下されるべきだが、父親は処罰を免れるべきだと述べた。[24] このように、これが人倫や肉親の情愛を重視し、父は慈しみ、子供は孝行を尽くすことを大切にし、そのために法を曲げても人情を優先するという典型的な事例となった。肉親のかばい立てを許すことが、人情と道理からして国法よりも重要であったのである。

ところで、人情と法律との関係からすると、そもそも法律は親族間や社会に対する犯罪を処理するものでありながら、〔歴代王朝の法律は〕法を曲げて人情を優先しており、そのことは、結局、二つの方面に帰結していった。第一は、倫理が是非の道理を圧倒しており、血縁という肉親の情が、事柄の是非曲直よりも重いと見なされている点である。第二は、尊長を庇い、卑幼を抑圧して、法律を武器として宗法の階級観念と孝道観念とを強制的に貫徹させようとしている点である。

## 3　三族・九族と族滅

古典劇の中には、常に一門の財産を没収して斬首する、一門を根こそぎにするという筋立てがあり、歴史文献にも三族・五族・九族から十族に至るまでが滅ぼされたという記載は珍しくない。そうすると、これらの「族」とは如何なる概念なのか、「族」と五服制度とはどのような関係があり、族滅とはどういうことなのであろうか。
三族とは、どの範囲の人を指すのかということは、古典文献によって異なった解釈が存在するが、大体、以下の四つに集約できる。①父族・母族・妻族。②父・子・孫の三代の家族。③父親の兄弟、自分自身の兄弟、子供の兄弟。④父母・兄弟・妻。①は、明らかに他の三種類よりも広範囲であり、自分自身の父系一族の成員だけでなく、母方の一族や岳父の一族に属する人びとも含まれる。

九族という語句にも異なる理解の仕方がある。『白虎通義』巻三「宗族」は、父族四・母族三・妻族二と説いている。つまり、父族四とは、父親が一族、父の姉妹（すなわち「姑家《おばのいえ》」）が一族、自分自身の姉妹（嫁いで子供があるのは、「外甥家」という）が一族で、娘が嫁いで子供がいる（すなわち、「女婿」「外孫」家）場合が一族で、全部で四族となる。母族三は、母親の父母（すなわち「外祖父母家」）が一族であり、母の兄弟（すなわち「舅家」）が一族、母の姉妹（すなわち「姨家」）が一族で、以上で合計三族となる。妻族二とは、妻の父親の家が一族であり、妻の母親の実家が一族で、合計二族となる。宋代の王応麟の『小学紺珠』巻三〈人倫類〉「九族」は、『白虎通義』の所説と基本的には同じである。しかし、九族という語句の使用法で、最も普通に見られるのは、九族が自分自身の男性血縁系統に属する成員を指す場合で、それは上は高祖から下は玄孫に至るまでの九世代の人たちである。

五族という語句の初出は、『漢書』巻九〇「王温舒」伝である。そこには、右輔の王温舒が罪によって一族を皆殺しにされ、ほとんど同時に、彼の二人の弟や弟の妻の両家も王温舒の罪によって皆殺しにされ、それに対して、光禄勲の徐自為が「本当に悲しい。古来から三族を滅ぼすということがあったが、現在、王温舒は五族を滅ぼされた」と述べたとある。もし徐自為の言い方に従うならば、五族には自分自身と兄弟及び弟の妻の実家が含まれる。〔この徐自為と〕別の意見としては、〔父母、自分自身と兄弟の他に〕子供と妻のそれぞれの家族を加えて五族とするものもある。

十族とは、九族の他に友人や学生の項目を加えたものである。

三族・五族・九族に関して、諸家の注釈は一様ではなく、それらの内容にも変化がある。つまり、〔三族・五族・九族には〕一定不変の解釈があって、それで〔何も問題はなく〕良しとするわけにはいかないのである。その中で、筆者は二つの要素が注目に値すると考えている。一つは時間的変化であり、二つめは女子の地位の変化である。上古と中古の夫婦関係中の妻の地位は、後世に比較して重く、女子の地位も後世に比べて高かった。このために、三族と九族の概念に母族と妻族の成員が含まれたのであろう。後世になると、益々、男系の側だけが重視され、母と妻の一族は傍らに放っておかれ、族滅のときにもそれらに及ばなかったのである。三族と九族を総合してみてみると、次の二種類は外せない。一つは父・母・妻の一族〔九族が何かと言うとき、父四・母三・妻二を指すというのは、その具体的な言い方にすぎない〕であり、もう一つは父系の高祖・曾祖・祖父・父・自分・子・孫・曾孫・玄孫の九代である。この二つはいずれも正しくそのとおりなのであるが、ただ時代が異なることによって、相違する内容をもったのである。

族滅〔一族皆殺し〕の事に関しては、明末・清初の劉献庭の『広陽雑記』巻一に、三族に刑罰を与えることは秦の孝公に始まり、五族に刑罰を与えることは北魏の太武帝に始まり、九族に刑罰を与えることは隋の煬帝に始まり、十族に刑罰を与えることは明の成祖に始まると説いている。春秋以前、罪人が刑罰を受けるとき、その当人だけであって、決して家族や親族が連坐することはなかったが、秦の孝公時代に商鞅が変法を行って、連坐制を制定し、三族を皆殺しにする刑法が開始された[25]。隋の煬帝の暴政に対して、貴族の楊玄感は反旗を翻したが、煬帝は激怒して、彼の九族を皆殺しにした[補注3]。明の成祖は侄《おい》の建文帝の帝位を簒奪して、〔建文帝の信頼篤かった〕方孝孺に皇帝即位の詔書を起草するように求めたが、方孝孺はそれに従わず、かえって成祖が帝位を簒奪した奸臣であると大いに罵った。成祖は怒りの余り、方孝孺の十族を皆殺しにした[補注4]。このように「族誅〔一族皆殺し〕」は、多くの場合、尋常でない状況下で発生しており、その多くは暴虐な政治に関係して起こっている。大体において、乱世の時期、一族皆殺しの現象は次々に現れて尽きなかったが、とりわけ魏晋南北朝時代が多かった。三国時代魏の末期、中書令の李豊・太常卿の夏侯玄・

光禄大夫の張緝・永寧署令の楽敦・冗従僕射の劉賢は、司馬氏が政権を掌握することに反対して罷免され、その上、三族が誅殺された。その他の親族も楽浪郡〔朝鮮半島平壌の南〕に流刑となり、李豊の娘は賈充に嫁いでいたが、流罪の判決を受けた[26]。西晋の外戚で太傅・大都督の楊駿、衛将軍の楊珧《よう》、太子太保の楊済、中護軍の張劭、散期常侍の段広と楊邈《ばく》、左将軍の劉預、河南の尹斌は、全て三族を皆殺しにされ、死者は数千人に達した[27]。

北魏の社会は変動が大きく、一族を皆殺しにする刑罰が厳格に適用され、そうした事件も多かった。早くも什翼犍〔昭成帝〕の時代に法整備がなされ、大逆事件を犯すと、「〔その〕親族の男女は年齢に関係なく全て斬刑とされた[28]」。太武帝は律令を制定し、大逆不道〔謀叛などの重大犯罪〕は腰斬〔胴切りの刑罰〕という刑罰で処罰し、当該の罪人と一緒に暮らしていたものは、一族や姻戚を問わず、一律に死刑とした。ただ、一四歳以下の男子は腐刑〔生殖器を切り落として宦官にする刑罰〕とし、女児は〔県の〕官庁に〔奴婢として〕没収した〔『魏書』巻一一一「刑罰志」〕。また、一族以外の親族に養育されている子孫は、それを探し求めて処罰しなければならず、「かくして罪人の親族を根絶やしにし、大逆の罪を明確にさせた[29]」。北魏の法令では、養子も連坐に服さねばならず、養父の犯罪を知っていたかどうかに拘わらず、その家族の成員であれば罪に問われた[30]。北魏は後燕を滅ぼすと、その臣下の高覇や程同らの五族を皆殺しにした〔『魏書』巻一五「元觚」伝〕。清河郡〔河北省清河県〕出身で、司徒の崔浩は〔北魏の歴史を直筆したことによって起こった〕国史事件の発生によって誅殺されたが、世祖〔太武帝〕は、この事件に関係した官僚や召使い一二八人の五族を皆殺しにしようとした。このような幾千人に及ぶ処刑に対して、多くの貴族官僚は異議を申し立て、結局、崔浩の一族は皆殺しにし、その他の人は本人だけが刑罰を受けた。清河の崔浩の同族は遠近を問わずに、全て連坐に遭遇し、姻戚の范陽郡〔河北省涿県〕の盧氏一族〔崔浩の母の実家〕・太原の郭氏一族〔崔浩の妻の実家〕・河東郡〔山西省永済県〕の柳氏一族も一族皆殺しにされた[31]。崔浩の母親盧氏の実家の盧度世〔盧氏の兄弟の孫〕は、逮捕されるときになって、高陽郡〔河北省高陽県〕の鄭羆《ひ》の家に逃げて身を隠した。追手が鄭家に到着して、鄭羆の長男を捕えて盧度世の居所を訊ねたとき、鄭羆は長男に対して打たれて死んでも居所を白状してはいけないと告げ、その結果、長男は拷問され過酷な刑罰を受けて亡くなり、盧度世が災難をやり過ごす手助けとなった。(32) 盧度世は嫡出であって、彼の四人の庶出の兄弟は一族皆殺しの範囲には入っていなかった。ここから、南北朝時期の族滅〔一族皆殺し〕には嫡子と庶子の区別がされていることや、誰の姻戚が誰に巻き添えにされたかが分かる。盧度世は崔浩の「外表侄《てつ》〔母方の侄《おい》〕」で、親族関係としては決して近くはなかったが、一族皆殺しには彼の嫡子という身分が関わっていた。崔浩の妻の郭氏や、その兄弟の郭洪之は連坐を適用されて殺された。郭洪之の子供の郭祚は逃亡したが、郭祚は幼年で顔が人に知られていなかったので、人に認識されずに難を逃れることができた。(33) 長楽郡広宗県〔河北省威県〕の楊氏一族に強盗を行う人間が出て、一族全体が罪に問われて殺されたが、楊範は幼年ということで死刑を免れて宮刑にされた。(34) 党宝が罪を犯して一族が皆殺しにされ、娘婿の封令徳も連坐して処刑されたが、封令徳の子供で党宝の外孫の封津は宮刑にされた。(35)

中古以後、連坐事件は以前と比べてかなり少なくなった。人びとは、犯人に対する処分において、軽々しくその妻や子供を殺戮し、一族を皆殺しにすべきではないと主張した。明の太祖は、それを完全に実現は出来なかったが、それでも「刑事裁判は公平で思い遣りをもって対処すべきである。古《いにしえ》の時代、極悪非道の罪を犯さなければ、罪は当人だけに及んだ。民衆が罪を犯しても連坐制を適用してはならない」と語っていた。(36) 彼の子供の成祖は簒奪して帝位を継ぐと、躍起になって建文帝に忠節を尽くした朝臣を殺戮したが、それは人びとを激怒させるような凶暴な行為であった。成祖は方孝孺の十族を皆殺しにし、方孝孺と一緒に処刑された人には、弟の方孝友がいた。方孝孺の妻の鄭氏と二人の子供は、逮捕令が届く前に首を吊って自殺し、二人の娘は〔都の南京応天府の〕秦淮河に身投げして溺死した。一族で連坐して死んだ人は八七三人で、ただ叔父の方克家の一家だけが、それ以前に犯罪によって軍籍に入れられていたので、処罰を免れた。方孝孺の「姑表〔父の姉妹の子供〕兄弟」の盧原質・盧原樸と門人の鄭公智・林嘉猷は同じ仲間ということで棄市〔死刑に処し、その屍を市中に晒す〕の刑罰を受けた。(37)

連坐法は極めて残酷で野蛮であり、それは中世時代特有の産物であるが、中国において、あれほど厳しく悪質だったのは、宗族主義の盛行とも関わりがあった。つまり、宗族の勢力が相当に強かったために、政府は連坐法を運用して、宗族を規制する一種の手段としたのである。そのことは、一面で宗族団体の存在と活動状態を如実に示しており、連坐法の実行程度の軽重は、宗族勢力の強弱の反映であった。魏晋南北朝時代に連坐法が残虐であったのは、まさしく貴族の宗族制が盛行して強大な力を現出していた時期だからなのである。

## 三　宗族と地域社会生活・地方政府

一族が纏まって居住する宗族は、必然的にそれが存在する地域と様々な関係を生じた。地方の基層政権とも関係が生まれたが、それは宗族が地域社会において生活してゆく上で切っても切り離せない関係にあったからである。

### 1　強力な宗族が地方勢力を代表する

ここにいう強力な宗族とは、地方の情勢を左右する能力のある宗族を指している。それは貴門・世族・貴族・官僚に属する人をその中に含む宗族と言ってよいが、他方、一部の強力な宗族には平民宗族もあって、ともかく一地方の情勢に影響を与える力がありさえすれば、そう呼ぶのである。ここでは、まず、団堡《だんほ》〔砦〕を建設し、親族を統率して遠方に出かける勢力を紹介し、その後にさらに強力な宗族と地域社会との関係を分析しようと思う。

後漢初め、現在の河北南部・河南北部・山東西北部には、多くの大族が集住していたが、清河県〔河北省清河県〕の大姓の趙綱は勢力範囲を拡大して、県境には塢堡《うほ》〔砦〕を作り、武器を製造して、族衆に訓練を施していた。この地域一帯の事務は全て彼の制約を受けていた。(38)

後漢末、無終県〔天津市薊県〕出身の田疇は天下が大いに乱れているのを見て、数百人に及ぶ宗族と追従者を引き連れ、徐無山〔河北省玉山県東北〕に入って戦乱を避けた。そのことを知った付近の人たちが相次いでやって来て、数年間に五〇〇〇余戸に達した。田疇は社会秩序を維持するために二〇余条の規約を制定し、それに依拠して、殴り合い、窃盗、訴訟沙汰を処理した。また、嫁取りと嫁入りの儀礼を制定し、学校を創立した。人びとは、彼の統治を楽しんで受け入れ、社会秩序は整然とし、道に物が落ちていても、それを拾って自分のものにする人がいないという状態に至った。かくて、彼の威名が四方に伝わり、近くに居住する烏丸や鮮卑といった民族の集落も使節を派遣してきた。後になって、田疇は、曹操の烏丸に対する攻撃の先導となって、遂に家族と一族の三〇〇余家を曹操の本拠地の鄴〔河北省臨漳県〕に移した。曹操は、彼に車馬・糧食・絹帛を褒美に取らせたが、彼はその全てを宗族と古い友人たちに分け与えた[39]。

漢代、巴蜀の郪《し》県〔四川省中江県〕の大姓の王氏一族・李氏一族・高氏一族・馬氏一族は、多数の部曲〔地主に隷属する賤民〕を抱えていた。劉備が蜀を統治していたとき、高勝と馬泰はその支配に服属しないために殺された。朱提郡〔雲南省昭通県〕にも多数の大族が存在していた。たとえば、朱・雷・魯・興・仇・逓・高・李などの諸姓である[40]。

西晋時代、八王の乱のとき、庾衮《ゆこん》は同族や他姓の人たちを率いて禹山〔河南省禹県〕に逃れ、その地で規則を制定し、軍事訓練を施し、塢堡〔砦〕を修築し、障壁を設けた。反乱兵が押し寄せてきても、守りを堅くして待ち受けているのを見て、戦闘することもなく撤退していった。〔やがて〕庾衮は禹山が小さすぎて、長期には持ちこたえられないと感じて、林慮山〔河南省林県〕に移住した。人びとは、今度も付き従ってきた。庾衮は人びとを指揮して耕作を行ったが、不幸にも崖から墜ちて亡くなった。「このようなわけで宗族や郷党の人びとは、彼を尊敬しないものはなく、門人たちも彼を慕って、彼を記念する石碑を建てた[41]」。

河間王の司馬顒《ぎょう》が叛旗を翻すと、侍中の劉沈は皇帝の命令を受けて兵士を集め、一万余人ばかりとなった。兵士の中には「塢壁の甲士〔武装兵〕」もいたが、そのことは、また劉沈の部隊に宗族の武装成員が投入されていたことを示している。[42] 金城郡〔甘粛省楡中県〕の豪族の麴允《きく》は、西晋の愍帝の時代に雍州〔現在の陝西・甘粛・寧夏・青海を含む地域〕刺史に任命された。前趙の劉曜が長安に侵攻すると、麴允は兵士や民衆と官僚を落ち着かせるために恩賞を大盤振舞いして、小さな塢主にさえも将軍の称号を与えた。[43] この二つの事例から、当時、塢堡が普遍的に存在し、そこには多数の民衆や兵士もいて、官軍に招致されていたことが知られる。

　北魏が南方に侵攻した時期、南朝が設置した山陽戍〔江蘇省淮安県〕と淮陰戍〔江蘇省清江市〕らの戍〔陣地〕は、その名前があるだけで、そこには役所も軍隊も存在していなかった。彭城郡〔江蘇省徐州市〕以南で淮陰以北の地帯は、南北の政権が双方とも勢力を及ばせず、民衆は宗族を中核として、様々な姓氏の住民を集めて、自分たちの郷里を守っていた。これが、いわゆる「民は皆な保聚す〔民衆は皆が集まって郷里を守っていた〕」であった。[44]

　蕭梁の後期、西昌侯儀同府主簿の蕭引は戦乱を避けようとしたが、かつて亡父が始興郡〔広東省韶関市〕の太守となっていたことに考えが至り、ついに弟〔の彤《とう》〕と一〇〇人余りの宗族を率いて嶺南に逃れた。[45]

　隋末の大乱時期、瀛《えい》州饒陽県〔河北省饒陽県〕の劉君良の一族は、四世代同居を行っていたが、輩行を同じくする族人たちは、同母兄弟のように仲が良かった。この地域では治安維持のために、近隣の人たちは劉氏一族を頼りにして集まってきて、共同で堡寨〔砦〕を築き、「義成堡」と名付けていた。後になって、唐の太宗は、この地方を義門《ママ》〔道徳上、優れた行為をした一族〕の郷里だと褒め称えた。[46]

　こうした砦を築いて雄を唱えるような団体の、その多くは前漢から隋唐にかけての時期、とくに戦乱の時期に活動していた。それは戦争の産物と言えるのだろうか、あるいは全てがそうとは限らないのだろうか。つまり、戦乱の産物だと言えるとすれば、相当の部分が戦乱を避けるために一か所に集まったのである。他方、必ずしもそうとは言えないというならば、それは単純かつ消極的な避難のためではなく、また積極的に団体の発展を図ろうとする一面もあったといえよう。そして、それと同時に、それら二つの要素の組み合わせは、決して偶然の原因によるのではなく、しっかりした社会的基礎があったからである。つまり、どのような組み合わせであっても、その全ての首領は宗族とその従属人による推戴を受けており、それ以外の些かの成員とは近隣関係にあった。この種の団体は、同宗と異姓との統合されたものであって、純粋の宗族組織ではなく、また指導の中核を持たない郷里組織でもなかった。確実に言えるのは、それは宗族を基礎とし、宗族の指導者を中核とする郷里組織だということである。すなわち、それは郷里の各姓氏の住民を糾合するが、ただし一つの宗族を主力とし、その宗族の宗主を首脳として、そうして初めて一つの団体として凝集できたのである。したがって、この種の塢堡〔砦〕は、宗族と地域社会とを繋ぎ合わせて、地域社会の中に積極的に加わったものである。このときに主力となった宗族は、世族・貴族・豪族であったが、彼らは他の一族の人たちを自分の周囲に団結させるだけの能力をもっていた。そして、事実、彼らは地域社会の代表であり、地域的勢力を保有していた。正に彼ら自身が大宗族の豪族であったので、塢堡を建設するに充分な条件を具有しており、砦を築いて雄を唱える現象の出現は決して偶然ではないといえよう。

こうした現象は、漢から唐に至る時期に頻出したが、それはこの時期には世家大族が多く、彼らは自分たちが存在している地域を統制できる勢力を持っていたからである。後世になると、状況は変化し、長期にわたる政治的特権と強大な地方勢力を擁する大族は、ほとんど存在しなくなり、再び中古時代的な塢堡を建設したり、百戸千戸にも及ぶ族人や従属人口を統率することは不可能になった。こうしたことに対して、顧炎武は明確な見解を示しており、彼は五代以後の宗族に関して、「大族や名門一族は召使いにまで落ちぶれた。靖康の変以後は他の一族を統率して自存できる家は一つとしてなくなった」と述べている。[47]

## 2　基層政権と宗主督護制・族正制

各地に分散した宗族は、一定の条件下で塢堡を建設した。つまり、宗族は極めて基層政権の趣きを有していたのである。とすれば、宗族と基層政権とは、どのような関係にあるのだろうか。この問題は政府が考慮して処理しなければならない事柄であった。

北魏は、かつて宗主督護制を実施して、基層政権と族長権力とを一つに結びつけた。宗主とは宗子や族長である。督護とは両晋南北朝時期の、州・郡・軍府の属僚であり、軍事を管理する、地位はかなり低い官職であった。要するに、宗主督護制とは、族長と都護の職務を一身に集めた存在だと理解されるのである。族長は確かに宗族内部の責任者であるが、それと同時に政府は彼を当該一族の存在する郷里の、小吏に似た軍事指導者に任命して、政府を代表して県以下の基層組織を治めさせたのである。つまり、族長は、督護に任用されて、州県の長官の地方統治を手助けし、彼らの助手となった。かくして、北魏は宗主督護制を実施して、宗族と郷里政権とを一つに組み合わせ、大族の首領は、さらに州県の主要な官僚やその助手となったのである。このような州県では、その管轄内において政権と族権との統一が実現されていた。北魏がこの制度を推し進めたのは、主に平城〔山西省大同市〕に都を定めた時期であって、実行できた地域は、これと相応するかのように、〔鮮卑族などの〕少数民族の居住地域と晋北〔山西省北部〕と燕北〔河北省北部〕の地域であって、それ以南の地域では、全面的な推進は不可能であったと推測される。宗主督護制が実現された地域は、宗族勢力が地域を統制し、各姓氏の民戸は宗族の管理下に置かれ、数家あるいは数十家が集まって初めて一戸とされたので、政府は彼らから直接に徴税する術をもたず、そのために国庫の収入にも影響を与えていた。北魏の孝文帝のときになって、南部給事中の李沖は、この問題を解決しようとして、宗主督護制を廃止して三長制を実施するようにと提案した〔『魏書』巻五三「李沖」伝〕。三長とは党長・里長・隣長のことであり、彼らが宗主督護制に代わって戸口を調査し賦役を徴発しようとしたのである。政府は、この提案を採用したが、それが実施されても、北周に至るまで一貫して、なお大族の地方に対する統制権が尊重され、名族の成員が州県の長官に任用されていた。

北魏の三長制の具体的な組織方法について、史料にその記載はないけれども、北斉の河清三年〔五六四〕に実施した方法は、次のとおりである。すなわち、一〇家を一比鄰とし、五比鄰（つまり五〇家）を一閭里、二閭里（一〇〇家）を一族党とするものである。隋代の開皇初年に制度を改め、五家を一保として保長を設け、五保（二五家）を一閭として閭正を設け、四閭（一〇〇家）を一族として族正を設けた。京畿〔都の近辺〕には〔閭正に擬《なぞら》えて〕里正が設けられた。(48) 閭正・族正・党正は、いずれもが郷里から選ばれて任用されたものであって、これらは最も基層の社会から選出されるものではあったが、政府は、それらを相当に重視していた。西魏の大行台度支尚書の蘇綽が起草した「六条詔書」は、統治の要諦を全面的に論述したものであり、その第四条は賢良〔才徳兼備の人〕を任用すべしとするものであり、とくに閭の族正の選択〔に賢良の人を任用すべきだということ〕を強調している。すなわち、「党・族・閭・里の正長という職務については、皆な採択を慎重にして、それぞれ郷里の最適任者を選択し、互いに監督・統率すべきである。そもそも正長とは、民衆統治の基本であり、基本が覆されなければ、上の方も必ず安泰なのである」とある。(49) 族と閭の組織は基層政権の基礎であって、それは、丁度、土台のようなもので、土台がしっかりしておれば、政権は自然と安定するのであるから、統治者はその建設をなおざりにすることはできないのである。そして、この種の基層政権は、どのようなものであれ、宗族という存在から離れられなかった。基層政権の「族」と呼ばれるものは、宗族の「族」と同一の称謂であり、それは、政府が族と宗族とは基本的に同じ事柄だと捉えていることを意味している。政府は客観的に存在する宗族を、鄰里保閭といった郷里組織の規格に従って、族戸として編成し、さらに宗族中から人員を選び出して、保長・閭長・族正に任命し、依然として宗族に政権の基礎としての隣組組織の性質を持たせたのである。補注5

こうしたことから、中古時代に実施された地方の隣組制度は、宗族と密接不可分であり、地域社会は、ほとんど宗族社会であった。とりわけ大族の居住地区がそうであった。

商品経済が発展し、人口が増え、あまつさえ官僚が本籍で任官することを回避する制度が推進されて、人口の空間移動が増加することによって、小さい地域では様々な姓氏が混じって居住する現象が次第に多くなってきた。これは隣組組織の変遷に影響を与えた。かくて、北宋の王安石の新法は保甲制を実施し、元代では里社制を推進し、明代は里甲制を実行し、清代も保甲制を提議した。宋代の保甲制は募兵のためであり、明代の里甲制施行は賦役を徴発するためであり、清代の保甲制実施は治安のためであって、それらの目的は、どれも中古の閭族制とは異なる。しかし、宋代以後の隣組制度は、それぞれ保甲・里甲・里社と呼び方は違っていても、そのどれも「族」という称謂を再び使用せず、見たところ宗族との関係は中古と比較すると疎遠になってしまっている。そうしたことは、宋代以後の宗族と隣組組織とは完全に別個のものであり、地域社会を制御する宗族の能力は弱体化していたことを明確に示している。とはいえ、統治者は地方に対する宗族の影響力を完全に軽視していたわけでは決してなく、どの統治者も宗族を利用して如何に地方に対する規制力を強化するかといった問題に考えを巡らせていた。かくして清朝になって族正制の実験が現れたのである。

清の世宗〔雍正帝〕は、雍正四年（一七二六）に命令を下して、宗族内に族正を設置し、族内の人びとの行為が道徳規範に適合しているかどうかを実地に調査し、模範的人物を表彰し、違反者を糾弾させるようにした。族正は政府が指定したが、それは宗族の族長でもよく、あるいは地方官が族正に相応しいと認定した人物でもよかった。この法令の立法意図は、保甲制が施行できない地方で、族正制を施行しようということであった。とりわけ西南少数民族の地区では、統制の行き渡らない村落をなくそうとした。その具体的な遣り方は以下のとおりである。すなわち、族人が一〇〇人以上も集居する全ての村堡は、一族の中から剛直な人柄の人物を選んで族正とし、族正は無頼の徒を取り調べた。かくして、〔盗賊や邪教の防止のための〕保甲が機能しない地域にも、治安を管理する人を置いた。このような意図をもち、そのような遣り方をしたのは、やはり地域社会の秩序を維持しようとするためであった[50]。雍正末年から乾隆初年にかけて活躍した凌燽《ちゅう》は、江西の按察使として、建昌府〔江西省南城県〕の知府の報告を受けて、〔盗賊や邪教を防止するために〕保甲を設置する以外に、さらに族正を選出して族人を取り締まることを求め、直ちにそれらの措置を後押しした。[51] それから程なく、陳宏謀は贛《かん》州巡撫に任命されたが、これらの事柄に対してさらに熱心となり、「選挙族正約檄〔族正を選挙するの約檄〕」を布告して、各宗族の族長・房長を族正や族約に任命した。族正と族約の職責は、次のとおりである。すなわち、①本分を守らない人や窃盗略奪をする人に対しては、族正と族約は指導を行い、もしそれらの悪行を改めない場合は、役所に告発して処罰してもらう。②一般的な口論と経済上の争いは、祠堂内で勧告指導して解決する。③もし、一族以外の人と争いが生じたときは、原告と被告の双方の族正たちが公平な会議を開いて、双方をなだめる。もし当事者が役所に訴え出たときは、一方に肩を持ってはいけない。そうでなければ処罰する。④族内に孝悌や節義といった善行があれば、役所に報告して表彰を願い出る。本来、保甲に属する事柄は、族正は関わり合わない。[52] 当時、江西の半分以上の民戸には祠堂が存在し、それによって族正制は江西で貫徹できた。ここから、族正制は保甲制の実施された地域でも普及し、しかもその実施の最有力地区は江西・福建・広東の三省であったということが知られる。宗祠の族長・房長は、当局によって族正や族約に任命されることを通して、法律を奉じて族人を規制したが、その規制は保甲という手段と比べても、かなり強かった。乾隆二二年〔一七五七〕、清朝は地方官に命じて保甲組織を調査させると同時に、一族が集居して人口が多い村落に対しては族正制を推進させた。それから何年も経たずに、江西巡撫の輔徳は、些かの祠堂が訴訟を起こしたり、賭博を行ったり、罪人を匿ったりすることに利用されているとして、それを禁止すべきだと皇帝に要望した。しかし、その一方、御史の張光憲は、また大姓の族正を設置するようにと奏請した。乾隆帝は各方面の条件や些かの宗族による犯罪を比較検討した後に、族正の設置を許可しなかった。そして、その理由として、乾隆帝は、不法を行う連中が宗族を利用して騒動を起こし、さらに族正の名義の下に、地域社会を牛耳り、強者に付き従って弱者を虐げ、かえって弊害を造成していると語った。しかし、族正問題は、このときに決して決着したわけではなかった。乾隆五四年〔一七八九〕、福建巡撫の徐嗣曾の報告によると、福建は族正を設置していると述べている。そして、彼は併せて族正を奨励する方法を提議した。彼は、族正の中には、勉学によって道理をよくわきまえる人物がいて、族内に犯罪者があれば、役所に通知して、直ちに捕縛して送致していると考えていた。そうした認識の上に立って、徐嗣曾は次のような提案をしている。もし一年以内に宗族に殺人・窃盗・殴り合いの事件が起きなかったときは、族正を褒め称える額を掛けさせる。そして、三年以内に盗賊事件がないときは、栄誉を頂戴させる、と。それに対して、乾隆帝は、族正の大半は紳衿・土豪であり、必ずしも全てが国家のために法律を守ろうとしているわけはなく、もし表彰するならば、かえって彼らに官衙を掌握されてしまい、それでは世襲の土司〔少数民族の族長が世襲的に与えられた官職〕と大差なくなってしまうと判断した。そのためにその奨励方法は許可されなかった。[53] 嘉慶年間〔一七九六―一八二〇〕になって、雲霄《しょう》庁同知の薛凝度は、雲霄庁〔福建省龍渓区雲霄県〕の六〇保の民衆が凶暴な気風を有していて、少しも礼儀作法を守らないことを強調して、命令を下して族正・族副を設置して、取り締まりの便宜を図った。[54] この一例から、乾隆以後も族正制が決して杜絶していないと分かる。

族正は役所と協力して、社会の不安集団を処罰する役割を果たしていたが、他方で、それが政府に任命されて、その地位が向上したことによって、不徳の族正は、かえって宗族を利用して紛争を引き起こし、社会治安を破壊していた。族正制は、正に、政府にとって、こうした正負両面の作用を有していたが故に、採用と禁止という両種の主張が交互に起こり、かなり長期にわたる検討がなされたのである。清朝後期になって、馮桂芬は「復宗法議〔宗法を復する議〕」という文章中で、封建は廃止すべきであるけれども、宗法は除去すべきではないと述べたが、それは国家が民衆を教化することに宗法が手助けとなるからであった。[補注6] この種の認識を根拠として、馮桂芬は各宗族が族正と族約を設立するように主張した。族正の選択基準は、社会的地位であり、まず進士、次に挙人と貢生である。科挙に関わる資格を持つ人がいない場合は、年齢と輩行の高い人から探し出した。また馮桂芬は、宗法と保甲を結びつけること、つまり「保甲を以て経と為し、宗法を緯と為す〔保甲を縦糸とし、宗法を横糸とするような、両者を緊密に結び付けて組織する〕」ことを提議した。[55] すなわち、保甲制の実施とは、中央から省府を経て州県に至り、そこからさらに保甲に至る、いわば上から下に至るような一組の垂直的な統治系統のことである（経線）。宗法制の推進とは、各村鎮に散在する宗族を横方向に連携することである（緯線）。そして、経と緯とを一つに結びつけ、民衆を緻密な統治のネットワークの中に編み込めれば、太平無事な社会となるということであった。これは、一種の政治的制度設計であり、一種の理想であるとともに、一種の幻想でもあった。

宗族は、政府機関の外にある一種の社会団体であり、それ自身の特性と独立性とを有しており、塢堡の出現はその明証であった。だが、その小団体としての観念意識を有することによって、各宗族間には衝突も発生した。械闘〔武器を持って争う〕は、その激烈な現れ方をしたものである。それ故に堅固な緯線〔横糸〕と経線〔縦糸〕を一つに編み上げて、漏れ穴のないようにすることは極めて困難であった。実際、各王朝は宗主督護制・閭族制・族正制を実行し、それら全ての制度上の実験を行ったのであるから、どのようにしたら政府と宗族が基層組織の中でうまく結びつくかを検討すべきであった。そして、もっと上手に宗族が政権の価値を守って、負的作用を生み出させないようにすべきであった。だが、実験の結果からすると、これらの方策は利害相半ばし、施行を継続させることは難しかったということを示していた。こうした事実は、政府がどのような政策を実行しようとも、政府が主導権を握っていて、他方、宗族は受動的な地位に置かれ、政府の制御を受けていたことを物語っている。しかし、これらの事実は、一方では、宗族勢力が農村では一貫して保持され、それは農村の社会秩序、つまり安定か混乱かに対して影響していたことをも如実に示している。宗族は、一種の強大な社会的勢力であり、したがって統治者はそれとの関係を上手に処理するように努力していた。

## 3　宗族と自治

宗主都護制や族正制は、ある種、政府が宗族に賦与した自治権であった。事実、いずれの宗族も自治的な側面を有していた。宗族はその成員を管理し、村落に集居する住民の社会生活の組織者であり、その管理者となって、族人に対して「教化権」を行使し、「自教養〔宗族自身が族人を教育すること〕」を実施していた。少し具体的に言うと、族人の戸口を登録し、祖先祭祀の活動を組織し、族人の行動規範を制定して、家法を実際に施行した。そして、宗族の共有財産を管理し、それに依拠して、救済物資を放出して族人を救済していた。また、族譜編纂を組織し、人倫道徳の宣読を組織し、族人同士の揉め事を調停し、宗族の集居する村落を管理していた。多くの姓氏が集まる村落では、各宗族は共同で地域社会の治安と正常な生活秩序の維持活動を行い、共同で地域社会の信仰や文化娯楽活動、たとえば「迎神賽会〔神廟から神像を担ぎ出し、街を練り歩く祭り〕」や「廟会〔寺廟の縁日〕」の計画を立て、その準備をした。要するに、このような活動を通して、宗族同士の衝突を調停していた。そのために各宗族は共同で地域社会の寺廟や道観を管理した。また、各宗族は連帯して地域社会の治安維持を保持し、風俗習慣に基づく民衆活動の組織化に当たっては、互いに協力したり援助したりしていた。こうした宗族内部と地域社会に対する宗族の管理の様相をみると、そこに近代民主主義の「自治」とある種の共通点をもっている。しかしながら、前近代の宗族の自主管理は、飽くまでも政府が許す範囲内で行われるものであったので、当然、それと併せて宗族は政府の厳格な統制を受けていた。しかも、宗族内部で行われていた宗法的な族長制は、民主的要素が極めて不充分であるとしか言いようがなく、全体的に言って、自治の程度は相当に低く、近代的な自治概念との差も極めて大きい。それ故に、ここでは「自治的」という概念を使用して、この種の状況を表現したのである。宗族の「自治」は、宗族の凝集力を強化し、政府による社会秩序の維持に協力し、ある種、政府と社会の仲介となっていた。そして、地域社会における貧窮な族人の生活状況に変化をもたらした。

前近代の王朝は、当然ながら自治という観念を持ち合わせていなかったし、また明確に宗族に対して自治権を賦与するとも宣言できなかった。しかし、歴代の王朝政府は、上述したように、宗族の教化権を実際上は認めていた。そして、教化権は政府が保有するものでありながら、かえって宗族に分かち与えていたのである。その上、政府は多くの政策を立案し、あるいは行政を実施してゆく中で、それらに対する宗族の参加と執行とを命令して、宗族に政府の認めるある種の自治権をもたせていた。これが、司法上の審査送付権や、審判参与権と執行協力権であった。そして、官吏制度の中において、些かの内容を実行するとき、宗族の協力を必要とした。たとえば、官員の服喪と起復〔喪が明けて再び官職に就く〕、改名と旧姓復活、官職の継承、封贈〔死後に贈られる官位〕といったものは、いずれも族人が証文を提出したり族譜による検証を必要としていた。出継〔養子になる〕と兼祧〔一人が二つの家の祭祀権を相続する〕に対して、さらには出継後に再び元の家に戻った官員に対しては、いずれも審査がさらに厳しく行われ、宗族による証明材料が益々必要とされた。他方、比較的些細な民事案件は宗族に処理が任されていた。たとえば、民間の、養子を立てて後継ぎにするといった問題は、県の官僚は常に宗族にその解決を委ねた。また、それほど大きくない財産をめぐる宗族内部の紛争や、宗族から除名される族人の案件も、時として政府は宗族内部で調停させた。宗族の共有財産の保護も宗族の仕事である。こうした上述の事務に対する宗族の参与は、宗族の内部活動の範疇を出ており、官と民の中間に介在する範囲内で行われる活動であって、そこには宗族の力とその管理能力が無視できない存在であることが明確に示されている。そして、それは宗族の自治性が忽せに出来ない表れであるといってよいだろう。

## 4　宗族の醸成する地方社会問題

宗族は族人同士や房支間に種々の利害衝突を起こしていた。たとえば、祠堂の管理は、一方では族人と祠堂の管理要員との衝突を生み出していた。また、一つの地域社会に暮らす誰彼の宗族同士の間にも揉め事は少なくなかったし、宗族と地方政府との間にも軋轢があった。こうした種々の矛盾は、しばしば殴り合い・訴訟沙汰・械闘という形で現れてきて、その結果、宗族内の不和や地方秩序の不安定を醸成し、それに対して政府は手を焼き、そのことがさらにこれらの問題の重要性を意識させていた。

宗族内部を構成する各家族間の貧富の格差は、古い時代から見られるけれども、宋代以後になって、それはさらに顕著になっていった。宗族内には、富貴な家族がいる一方では、貧賤な家族も存在していた。しかし、両者は互いに血縁関係をもっているのであり、そうした状況下で、宗族には一人の祖先から分化してきたという「一本」の観念や、血縁者は互いに財産を融通し合うべきだという観念〔一種の平均主義の観念〕があって、それらの観念は宗族内の幾らかの人たちに影響を与えていた。それと同時に、金持ちが同族の貧乏人を虐げ、逆に貧窮者が同族の富者を嫉妬するという現象が相当に深刻に存在していて、かくして宗族内部には矛盾が形成されていった。族人たちは、そうした矛盾の解決方法を探し求め、そこに宗族共有財産が出現し、さらに富貴な族人は若干の族内救済に携わって、貧窮族人の不満感情を緩和しようとしたのである。祠堂は、一族の規約を設けて族人を取り締まる一方で、人びとに対して貧富は運命に依拠し、富貴は天が定めるところだから、人間は自己の分を弁えて、ほどよいところに止まるべきだということを信じさせた。それと同時に、規則を制定して、族人の財産の侵害を禁止し、多くの金銭を持つ人を保護した。たとえば、宜興県〔江蘇省宜興県〕篠里の任氏一族は祠堂を設置すると同時に、次のような族規を制定した。すなわち、各家の田地・園圃〔農園〕・山地の作物の窃盗を厳禁し、その違反者は三〇叩きとし、それに加えて損失の二倍を弁償する。また、墓地のある場所から竹木を伐採したり、燃料とする柴や草を採取したり、家畜を放し飼いしたりすれば、三〇叩きとし、違反者は損失の倍を弁償しなければならない、と[56]。また、一族の田地の作物を盗んだ人が、同族関係を頼みにしたり、情実に訴えたりして、処罰が困難であると予め推測された場合、祠堂は、特別に、違反者に対しては軽い罰則ですまされるべきではなく、そうした僥倖に恵まれる気持ちを絶って、決して他人の財産を侵犯することにないようにと説明していた。〔こうした宗族の規定と〕同様に、政府も、法令によって宗族の共有財産を保護しており、すでに説明したように先祖の墳墓を含む山地や宗族の義荘を盗売することを厳罰に処する法規が存在していた。また、地方官は任地の実際の状況に拠って、当地に相応しい条例を公布した。たとえば、明代の浙江諸曁《しょき》県の富貴な家では奴婢が収養されており、同族の人でさえ奴婢として購入され、族外の奴婢と同じように使役されるという風習が存在していた。諸曁県の知県の劉光復は、この風習に対して、「禁買同宗子女為奴〔同宗の子女を購入して奴婢とすることを禁止する〕」と題する告示を発布した。その中で、劉光復は、族人間には血縁関係があり、世代の順序が決まっていて、昭穆の順番も弁別できる上に、相互の間には親族としての称謂もあるのだから、どうして族人を奴婢に充てることができようかと述べていた。(57)

たとえ国法や家法がより厳しくなっても、家産をめぐる言い争いはなくなりはせず、必ず「家難〔家の災難〕」という状況が出現していた。嘉慶一九年（一八一四）、江蘇省儀徴県に発生した一族内の殺人事件は、人びとを実に驚倒させた。事件は次のとおりであった。既に故人となっていた張能烜《けん》には五人の息子がいて、分家も終わっていた。長房〔長男の家〕は貧困に喘ぎ、二房〔次男の家〕はかなり豊かであった。三男〔「老三」〕の張暁嵐は秀才の学位を有していて、山西商人から借金をして知県にお金を納めて、空きポストを待つために、河南知県の友人の役所内に仮住まいしていて、その地で亡くなってしまった。その少しばかりの衣装箱だけが本籍地に送り返されて、二房の家に預けられていた。長房の張北潭には三人の息子がいたが、その三番目を亡くなった三房の養子にと決め、張暁嵐の衣装箱を二房のところに取りに行かせて、箱を開けてみたところ金銭は見つからなかった。すると、長房は二房がお金をくすねたと考え、二房のところを粗探しして騒ぎ立てた。その騒動の中で、長房の長男は首を吊る真似をして二房を脅かそうとしたが、首を吊る真似をしたときに、故意に長房の次男が踏み台の腰掛けを取り払ったので、件《くだん》の長男は自分の意図に反して死んでしまった。そこで、長房の人たち全部が出てきて、その機会に二房の金銭や物品を強奪し、二房は一家を挙げて逃げ出した。事件発生の後、儀徴知県の屠倬は真面目に審理しようとはせず、審理の引き延ばしをしていたが、その後、黄輿が県令代行となると、長房を咎め立てして、二房との往来を禁止した。(58)張氏一族の「家難」をみてみると、亡くなった長房の長男は、二房と祖先を同じくする、いわば期親〔一年の喪に服すべき親戚〕の近親である。しかし、人命という大事なものを持ち出して騒ぎ立て、金銭と財物をめぐって諍いを起こし、肉親の情に頓着せず、宗法や国法も遵守しなかった。地方官にとって、こうした類の事件の処理は困難であり、これが正にいわゆる「清廉な官僚でも家族に関わる事柄に判断を下すことが難しい〔清官難断家務事〕」ということであった〔清・呉敬梓『儒林外史』第二九回、『紅楼夢』第八〇回など〕。それ故に屠知県は事件の追究をしようとはせず、お茶を濁してけりをつけようとしなかったし、黄知県も両房に関係を断絶させても、この紛糾から殺人事件となったことに対して、決して処断を下そうとはしなかったのであった。

財産をめぐる紛糾に関して、族人が内部で解決する手立てがなくなると、役人の手を煩わして処理せざるをえなくなる。この種の状況は、その多くが、強暴な族人が孤児や寡婦を虐待したり、跡継ぎの子供がいなくて絶戸となった家の財産を騙し取ろうとしている事例に属している。明代、河南確山県に劉氏という一人の寡婦がいた。夫が亡くなったとき、息子は僅かに六歳であった。族人は残された田畑のほとんど全部を不法に占拠し、そのため劉氏は糸を紡いだり機織りをして幼子を育てあげるはめになった。そもそも、亡くなった同県の劉偉は、豊富な家産を持っていたが、死去した際、子供は幼く、そのために悪辣な族人と強欲な隣人とが一緒になって劉偉の家産を横領したのであった。未亡人の劉氏は御上に訴え出て、初めて残された財産を保全できたのである。こうして、劉氏は、以前どおり、祖先祭祀に勤《いそ》しみ、毎月の朔望〔一日と一五日〕の早朝には、家中の男女を引き連れ、身嗜みを整えて、祖先の位牌の前で拝礼を行った。それに続いて長幼の順に従った挨拶を行い、それが終わって各自の事柄を処理するために、その場を立ち去った(59)。清代、常州府武進県〔江蘇省常州市〕出身の呉頡《ご》鴻は山西崞《かく》県の県令に任命され、任地で亡くなった。妻の顧氏と子供の呉唐林は郷里に帰ったが、家屋の多くは、一族の豪強〔権勢をたてに横暴に振る舞う人物〕によって占拠され、顧氏母子は怒りを抑えて我慢して現実を受け入れた。後に呉唐林は学業に進展があって、世間の評判を獲得すると、それらの人たちは恐れをなし、次第に呉頡鴻の家屋を返却してきた[60]。

明清交替期に活躍した銭謙益と柳如是の夫婦は、ともに有名な人物であって、現代の演劇や映画に、彼らの姿を見つけることは難しくない。その銭謙益が亡くなると、百数十人の族人が葬式の邪魔をしにやって来て、死者は彼らに借金があると述べて、柳如是にその遺産を引き渡すようにと迫った。彼女はそれを聞いて直ちに自殺した。柳如是の自殺は、これだけが原因ではなかったけれども、族人が強引に遺産引き渡しを迫ったことが、少なくとも導火線の役割を果たしていた[補注7]。

それでも子供のいる寡婦は、族人が騒ぎ立てることに対して何とか対処が出来たが、残された子供が男子ではない場合や、娘さえいない場合は、寡婦が一族に留まることは族人に受け入れられ難く、死ぬことや再婚を迫られたりして、いずれの場合も財産を一族に差し出すように求められた。政府は、このことは社会問題だと認識していたので、娘や寡婦による財産相続権の法律を定めた。唐朝の律文には次のようにある。つまり、息子がいなくて死んだ場合、死者の近親者が全ての財産を売り払い、その代金で埋葬費用を賄い、その余りは全て死者の娘に渡される。もし、娘さえもいない場合は、死者の近親に財産が渡る。もし死者に親戚がいない場合は、全ての財産は国に帰属する[補注8]、と。この法令に拠れば、女子にも財産相続権を認めている。しかし、娘は外姓に嫁ぐ人であり、実家と嫁ぎ先の両方の親に孝養を尽くすことはできず、加えて理論上からいうと、実家の遺産を娘は受け継げない。したがって、宋朝は別の手立てを案出した。つまり、養子孫・贅婿〔入り婿〕・再婚した母親の連れ子・接脚夫〔寡婦が婿として招いた夫で、寡婦の元夫の姓氏に改められ、元夫の戸籍を受け継ぐ〕のどれかであれば、〔正統な継承者の〕半分の遺産を受け継ぐことができる、と。元代には、養子を立てるやり方が定められ、男児がいない人は、同宗中から子供の輩行に当たる人を養子に立て、その身代を継承させることを認めた[補注9]。この法律は、明清時代も引き続き実施された。そして、地方官によっては、さらに詳細な遣り方が打ち出されていた。たとえば、明代の山西巡撫で刑部侍郎の呂坤《りょこん》が定めた法規は次のようであった。寡婦に養子が有れば、遺産の三分の一は彼女に与えることが考慮され、残りは夫の一族に帰属して均分される。娘がいるときも、三分の一の遺産が寡婦に与えられる。息子も娘も全くいない場合でも、もし、財産が多ければ、寡婦は生活費として二頃の土地を自分で保有し、余りは夫の一族に帰属する。土地遺産が一頃に満たないときは、亡夫の財産の全てが未亡人に帰属し、他人は手を出してはいけない。寡婦が再婚して、亡夫の一族を出て行くときは、夫の家の財産を持っては行けない。もし、寡婦の田畑を勝手に売り飛ばせば、厳重に処罰し、土地は元の所有者に戻され、売って儲けたお金は国に没収される、[61]と。清末に制定された「男女婚姻条例」には、娘のために婿を招き入れて隠居する人は、また一方で同宗の中から承継者となるべき人を選び、それに祖先祭祀を引き継がさせねばならぬことが求められていた。その場合、家産はその承継者と娘との間で均分されると規定されていた。宗族と〔息子がいなくて家が断絶することになった〕絶戸との遺産継承問題を解決するために、唐宋以前は女子の継承が認められたが、元明清は承継者を立てることが強く求められ、遺産を当該一族から流失させないようにして、宗法を強化した。しかし、それは実際生活とは合わなかった。それというのも、当時、異姓養子や招婿〔入り婿〕、母親の連れ子・接脚夫〔寡婦の入り婿〕は見慣れた現象であって、こうした人たちの他に、わざわざ族人を養子に据える必要はなく、もし、そのようにすれば、これらの人たちの間に紛争が発生し、加えて応継〔同宗で嗣子たる資格をもつ人〕と愛継〔養子を立てる人の好みの嗣子〕の問題も起こり、継承権をめぐる訴訟沙汰が絶えず発生したのである。

族人間の紛糾は、他方で祠堂の活動によっても増加したのである。宗族は族産を設置するとき、沢山の規則を定め、慎重に管理人を選択した。しかし、時間が少し経つと、不肖の管理人や不肖の族人が一族共有の財産を使い込んだり、族産を売り飛ばしたりしてしまい、そのため共有財産を守っている人が官庁に訴え出ることになるのであった。それは、丁度、義荘がかなり多い蘇州において、「荘田を売り飛ばす事件が頻出する」という現象が出現しているとおりである。[62]小規模な一族の中には祭田が極めて少ないために、各房が祭田を輪番で耕して、祭祀費用を賄っていた。しかし、規則を遵守しない族人もいて、殴り合いや殺傷事件まで起こっていた。北京の中国第一歴史檔案館所蔵の檔案には、清朝の少なからざる宗族に関わる殺人事件の記録が存在する。たとえば、湖南芷《し》江県の楊氏一族には三つの房があり、一組の祀田を一族で共有し、第二房がその耕作に当たっていて、一〇石の穀物を祭祀用に納めていた。祭祀は三つの房が順番で行っていたが、穀物不足は四〇石に達してしまい、祭祀の当番に当たっていた人物が第二房に催促したところ、遂に殺害されてしまった。(63) 安徽省の方氏一族の方鎮泰は大勢の人を引き連れて、方廷添の祠堂の樹木を伐採したところ、大喧嘩になってしまい、方廷添の弟の方廷糈《しよ》を殺害してしまった。この殺人事件の案件は、この地方から真っ直ぐに道光帝の面前にもたらされた。(64) 正に、こうした状況から、本来は義田を称賛する文章を多く書いてきた清代嘉慶・道光年間に活躍した李兆洛〔一七六九―一八四一〕も、その弊害を指弾して、「語り尽くせないほど多い」と述べている。つまり、義荘が共有財産を多く設置すれば、それだけ貪欲な人が、その共有財産を独り占めしようと図り、そのために紛争が起こり、訴訟が起こされ、かえって族人同士を不和にさせてしまっていた。極端な場合、人によっては、一族が盛大で財産も多いことを鼻に掛けて、郷里社会に横暴を働いている、と。こうした点からみて、李兆洛の一族は祠堂と義田を拡充しようとはしなかった。(65) 本来、祠堂を設置する意味は、祖先を敬い一族同士が仲良くすることにあるが、その結果は、かえって家族内に敵対関係を引き起こし、他人に対して笑いの種を提供しており、これは元来の意図からは大きくかけ離れてしまっていたのである。

人によっては、族譜作成の機会を利用して偽物を作って人に害を及ぼすこともあった。清代浙江青田県人は、族譜を編纂するとき、習慣として異姓で一族の人の跡継ぎとなった人を藍色で書写し、元から一族であった人を紅い字で記していた。ところが、ある人は〔異姓の継承者を〕藍色で記すという手段を転用して、他人の財産を自分のものにしようと図り、勝手に族譜を改竄した。そのやり口は、財産を有する元来の族人を藍色の字で書いて、その人は異姓であると無実の罪を着せ、その上で、その人の財産を新たに分割すべきだと要求したのである。また別の案件では、異姓で一族を継承した人がいたが、その獲得すべき財産は、何年も前から、養子に立てられた当人と族人との間で協議して確定されていた。だが、それが済んで多少の年月が過ぎた後、一族の人がそれらの財産を独占しようと考えて、異姓の人が一族に入ってきて血縁関係を乱していると〔「異姓乱宗」〕役所に告訴した。この種の事件は繁雑であったので、乾隆時代の青田知県の呉楚椿は、次のように告示した。つまり、妄りに「異姓乱宗」だとして他人を告発することを許さないし、族譜は事実に依拠せずに書写してはいけない。また藍色で書写された人物だからだといって、それを異姓の跡継ぎだとする根拠には出来ない[66]、と。

家長と祠堂とは家法を執行した。宗族には、人命を損なうに至った事件が次々と尽きることなく現れ、事件の中には役所に届け出る場合もあったが、それ以上に多くの場合、示談で済まされた。宗族は、元々、宗族自身の法規を持っており、政府は宗族に審査送付権を与えていた。宗主督護制・閭族制・族正制が行われていた時代にも、族長には多少の司法権限が与えられていた。一族の尊位にいる人たちは、こうした政府の認可に依拠して、みだりに暴威を振るい、尊位の族人が族内の人間に体罰を与え、「さながら家族内に政治が行われている」ような局面が形成されていた[67]。北宋、潁州〔安徽省阜陽市〕の民衆の劉甲は、弟の劉柳に迫ってその妻を鞭打たせた。劉柳は、元来、そんなことを行いたくなかったが、家長に迫られたために、打ち据えた後に、夫婦揃って抱き合って泣き叫んだ。〔それを見て怒った〕劉甲は、もう一度打ち据えることを迫り、遂に弟の妻を死亡させてしまった[68]。また、清代、安徽省南陵県、劉氏宗祠の族長の劉魁一が首謀者となって、緦麻服の族弟の劉種を生き埋めにしたので、劉種の母親は、それを傷んで自殺し、結果として二人の人命が損なわれることになった[69]。南方においては、宗祠が主体となって族人を生き埋めにしたり、池に沈めて処刑するといったことが一つに止まらずに存在する。筆者が某村を訪問したとき、当地の人が、一つの池を指さして次のような話をしてくれた。以前、ここでは族人を溺れ死にさせていたが、そうした人は決して大きな過失があったわけではない。ただ、こそ泥やスリを働いたり、他の宗族の人に陰口をたたかれたりして、当該宗族の名誉を傷つけ、この地方における一族の社会的地位や族人の生計に影響を与えたときは、それを理由に重く処罰し、一人を殺して見せしめとしていたのだ、と。このように、少しの過ちが、人を死地に置くわけで、宗祠の法規作成の残虐性は、ここにその一斑が見られる。こうした種類の事柄は、決して当局に上申されるわけではなく、政府による事件審理にも見出せない。地方政府も片方の目は開きながら、もう一方は閉じる有様で、輿論が騒がなければ、知らないふりをしても、それで終わってしまっていた。とはいえ、法律上から言うと、宗族は家法を実行して人を殺したのであり、もしそれが処罰されないならば、それは宗族に司法権を与えたに等しく、政府の司法権の統一性を破壊してしまうことになるのである。それ故に、政府方面から言うと、宗族を多少とも激励しようと考えたとしても、他方で制約も厳格に行うべきであって、司法権上での譲歩はできない相談である。だからこそ、通常の時期には、宗族の族人処刑は認められず、ただ宗族は罪を犯した族人を拘束して役所に引き渡し、法に基づく取り調べを受けて処分を待つことだけが許されるのだ。

同じ地域で生活をしている各宗族の族人たちは、各自の生活空間を拡大するために、それぞれが生産手段を有し、生産資源を利用していたが、そのことは不可避的に人びとの連携とともに衝突をもたらした。彼らは土地の境界が接したり、墓地が近接していたり、あるいは同一の河川を利用したり、同じ定期市で交易したり、一つの渡し場を共用したりするなどの可能性があったのである。そうすると、誰かが田畑や墟市〔定期市〕を独占したり、逸早く自分の田畑を灌漑しようとするかも知れない。あるいは、子供たち同士が一緒に遊び戯れているとき、相手が道を少し譲っても、こちら側からぶつかってしまうかも知れないのである。こうした大小の事柄が、もし時期を移さずに解決されないままに、少しずつ積み重なっていけば、世代を超えた仇同士となり、官庁に訴えを起こしたり、大勢で騒ぎ立てたり、挙げ句には械闘にまで至ってしまうはずである。元代、湖広行省蒲圻《き》県〔湖北省蒲圻県〕の魏雲端という人物が亡くなり、多くの財産が残されたが、子供は幼かった。その隣人の周氏一族は豪族で、龔《きょう》という姓氏の食客を養っていた。龔は周に向かって、「俺は魏の筆跡を真似て字を書くことができる。そこで、俺は奴《やつ》の字を真似てお前さん宛てに問題の土地の証文を書けば、お前さんは彼奴《あいつ》の財産を独り占めにできる」と語った。周某《なにがし》は、この悪巧みを使って、魏家の資産を自分のものにしようとした。そこで、魏家は御上に訴えを起こしたが、何年経っても解決には至らなかった。後になって、魏雲端の妻は亡夫の手書きしたものを探し出して、役所に持っていって証文の真偽を明らかにし、そうして初めて自分の家の資産を保てた。[70] 清代、福建省永福県では、鄢《えん》と陳の両姓が持ち山の境界線を巡って争っていたが、鄢《えん》一槃《ばん》の長兄と次兄は二人とも、陳氏一族の奸計に陥れられて亡くなってしまった。そこで鄢一槃は仇討ちの決心をして、武芸を習い、〔武科挙の〕武秀才に合格して、御上に告訴し、勝訴できた。[71] 浙江建徳県には甲と乙という二つの姓氏をもつ宗族があった。甲氏一族には祖墳田があり、族譜には埋葬された人の姓名と生没の年月日が記されていたが、土地契約書は存在しなかった。一方、乙氏一族にはこの墳山の土地売買契約書があった。両姓は訴訟を起こしたが、一方は土地契約書を根拠とし、他方は族譜を拠り所としたが、知県の段光清は、どちらが正しいのか判断しにくかった。折良く、県では八角形の亭を建てることになり、建設資金が必要になったので、甲一族には三〇万文を出させて、乙一族の名義で県に寄付させた。その竣工を記した碑文には乙姓の名前を掲げ、乙一族が祖先の財産を売りに出したという悪名の責めを負わせず、義挙を行ったという名声を獲得できるようにさせた。それと同時に、甲一族には祖墳の契約書を発行してやったので、ようやく紛争が解決した。[72]

　上に訴え出るということは、政府が公正な立場を守って、宗族間の紛争を解決してくれるという期待の現れであった。しかし、多くの宗族は政府を信用せず、自分の力で、つまり械闘を通して相手方に勝利しようと企てていた。械闘の深刻な状況は、福建汀漳龍の道員〔監察を職掌とする各省の官吏〕の張集馨《けい》が、その著『道咸宦海見聞録』の中で生き生きと描写しており、それを転載して、本書の読者と共通の理解を得ることとしよう。張集馨は道光二二年（一八四二）に実際に見聞した状況を次のように記している。[補注10]

漳州は、広東省の潮州に連なり、本省〔福建〕内では泉州に隣接し、その風俗習慣は潮州や泉州と同様である。漳州は、とくに械闘を行う気風が強く、中でも尤渓《ゆうけい》・漳浦・雲霄《うんしょう》の三県が甚だしい。大姓〔勢力のある一族〕は紅い旗を立て、小姓〔あまり勢力のない一族〕は白い旗を掲げて、人を捕まえてきては身代金を要求し、人びとを糾合しては残虐な殺人を行っており、こうした行為が日常化している。この気風は、明の永楽年間〔一四〇三―一四二四〕に起こり、人びとは武器を探し求め、現在は益々熾烈になっている。その原因を遡ると、御上に訴え出ても、無実は晴らされず、そのために遂に自分たちで報復を行い、向こう側が当方の父親を殺すと、こちら側は、相手の兄を殺すといった具合であったが、それと同時に怒りの矛先を相手側の同郷人にまで拡大して殺害してしまい、互いに解けない仇同士になってしまっていた。械闘は日にちを決めて互いに戦うが、大姓は一族内の人たちが助け合い、小姓は幾つの小姓組織が纏まって助け合う。その村で壮丁が不足すれば、外部から召募するが、いずれの場合も必死に戦ってこそ能力ありと認められる。いざ戦いとなれば、妻や子供は笑って戦闘員を送り出し、夫や父の生還を望まない。ときには父子二人きりの家庭にも拘わらず、父親が大姓に雇われる一方、子供は小姓に雇われて、敵味方に分かれる場合もある。それでも、戦場に臨めば、父子はそれぞれの陣営のために、互いに知らない同士のように死力を尽くす。戦闘に雇われた人が死ぬと、死者一人当たり、雇い主は洋銀〔メキシコ銀貨〕で三〇元を遺族に支払い、祠堂には死者のために「忠勇」と書かれた牌位〔位牌〕が設けられ、死者の妻と子供は生活の面倒を見てもらえた。戦闘は銅鑼を鳴らして進み、松明を振ると退却し、大声を一声挙げると、銃声が一斉に放たれた。戦闘が終わると、双方は戦死者の人数を数え、同数の戦死者を控除して、その余の戦死者の人数だけ、御上に訴えて賠償金を求める。戦っているときは、官軍は敢えて関わり合おうとしない。もし、官軍が親しくその戦場に出ていって、戦いを阻止しようとすれば、矢石が直ぐさま飛んでくるので、ひたすら双方が矛を収めるのを待って、下級役人を派遣して械闘費を徴収した。近頃では戦う人たちも、日に日に困窮してきて、その械闘の手数料の支払いを滞納する人が多く、械闘を利益の目当てと出来なくなっている。こうした械闘の発生する事態は、〔私、張集馨から見ると〕まるで別の天地の出来事のようで、皇帝陛下の徳化が及んでいない状況に由来するといえよう。何しろ、漳州城から数里も隔てていないところで、銃砲の音が聞こえても、官吏たちはその戦うままに任せているだけである。〔中略〕もし戦闘費用を支払えないならば、官は直ちに千余人の役人を派遣して、双方の村を隈なく捜索して、家屋敷や樹木も、一切を伐採してしまえばよい。〔中華書局、一九八一年、六一―六二頁〕

このように、張集馨は械闘の起源、当時の実際状況や、当局側の態度の全てにわたって語っている。以下、少し補充説明をしておこう。

械闘の淵源をたどってゆくと、上古の、血族による仇討ちの影響を受けていると言わざるをえない。そして南方は移民が多く、土着人戸籍と外来人戸籍との問題もあって、容易に宗族同士の矛盾が激化していった。しかも、〔この地域に見られるような〕宗族集居〔宗族が一か所に纏まって居住する〕は、械闘発生の不可欠の客観的条件でもあった。

漳州に関していうと、械闘は、早くも明初の永楽年間〔一四〇三―一四二四〕に始まっていた。また、全国規模に拡散したという点から言うと、械闘は清代に盛行し、中華民国時代にも続き、二〇世紀下半期になっても一部の地方に見られた。械闘は福建・広東に多発し、時折、長江流域の省区でも発生していた。たとえば、道光二年〔一八二二〕、江西・湖南・浙江・広西では、いずれも械闘による死者を出す事件が発生していて、しかも広東の潮州はそれらの事件が最も多くて、三七回も発生している。[73] 張集馨と同時期に活躍した黄爵滋は、「飭査械闘情形及会首銃楼各款疏〔械闘の状況及びその首領・銃楼を慎重に調査した結果の上奏文〕」〔『黄爵滋奏疏』巻一四所収〕の中で、晋江県〔福建省泉州市〕石獅郷の許氏一族・蔡氏一族、磁灶《そう》郷の呉氏一族、前浦郷の蘇氏一族、恵安県張坑郷の張氏一族などの宗族は、「戦いをしない日はなく、命を失わない戦いもなかった」と語っている。たとえば、道光一四年〔一八三四〕と道光一八年〔一八三八〕、許氏一族と同県辺湖郷の呉氏一族が相次いで械闘を行い、一八三九年には、この呉氏一族はさらに蔡氏一族とも械闘を行った。その年と次年（一八四〇年）には、蘇氏一族と磁灶郷の呉氏一族が械闘を行っていた。

普通、械闘は異なる二つの宗族同士で行われるが、福建や広東の若干の地方では、幾つかの宗族が連合して別の宗族連合に立ち向かう形態に発展していた。たとえば、張集馨は、〔上記の引用文で〕小姓同士が「纏まって互いに助け合う」と言っている。しかし、実際は大姓も小姓も、いずれも纏まっていたのであろう。一度、福建省同安県で起きた械闘は、いわゆる「包会」と「斉会」との戦闘であった。「包会」は大姓の連合で、その中に李・陳・蘇・荘・林の数姓が含まれていたので、「包会」と称し、この連合は大姓であることを鼻に掛けて小姓を侮り、一切を独断で実行していたのである。そこで各小姓は一つに団結して大姓に抵抗したが、彼らは皆が力を合わせれば、どんな困難も克服できる〔「衆志成城」〕と考えて、心を一つにし、力を合わせたので、「斉会」と呼ばれた。閩浙総督は軍隊を派遣して両会の首領を逮捕して、漸くこの件は一段落したのである。(74)

械闘の首謀者は、多くの場合、紳衿の族長であり、彼らは族内から械闘を扇動して、自己の利益を図ろうとしていた。福建省雲霄県の民間歌謡に、「三年も械闘をしないと、家長は生活の手段をなくす」とある。それというのも、械闘の導火線は、いつも一顧だに値しない些細な事柄であり〔それを利用して械闘が扇動されていた〕からである。つまり「少しの言葉の食い違いが、略奪を横行させ、睨み付けたといった些細なことに対する怒りが、武器を交えるまでになってしまう」のであった。(75)だが、これらは表面的現象を言っているにすぎない。本質的には、大が小を欺き、勢力ある者が弱者を虐げる状況の中で、一言でも行き違いが出来ると、期日を指定して行われる械闘が絶えず発生したということなのである。

械闘は、戦闘の日にちを事前に決めて始めるので、双方とも前もって準備を整える。つまり、祠堂では、械闘担当の機関を設け、族長の指揮下に、参謀・文書係・庶務・偵察の各係を置き、武器を準備し、戦闘部隊を組織し、械闘の費用を工面し、規律を制定するのである(76)。

武器は戦闘に際して製作されるのではなく、早くから準備される。江西省楽平県では、男子が誕生すると、その家では一〇斤あるいは二〇斤の鉄を祠堂に献納し、親戚や朋友が誕生祝いにやってくると、三斤の鉄を贈り物とした。祠堂に献納された鉄は、兵器製作に便宜を提供していた(77)。

械闘に参戦した人は、当該宗族の族人であったり、あるいは雇われた人もいた。たとえば、張集馨が触れているように、また『清稗類鈔』〈風俗類〉「閩広以人為鳥」に載せているように、雇われた人は「鳥」と呼ばれ、契約が交わされ、毎日三〇〇文が支給され、もし戦死すれば「鳥飛」と称されて、一〇万文の弔慰金を支払うと規定されていた[補注11]。雇われた人は、戦闘時に突撃の最前線にいて、死ぬことをものともしなかった。漳州漳浦県〔福建省漳浦県〕に無頼少年の一団がいて、もっぱら人に雇われて仕事をして、「浪子班」と呼ばれていた。ところで、械闘において、一族の人間は強制参加であった。広東省掲陽県の黄氏宗族は、もし械闘に参加しようとしない族人がいれば、宗族はその人を殺害すると規定していた(78)。

械闘の様々な側面については、今、一つの実例を挙げて、その一斑を示そう。咸豊六年〔一八五六〕、広東の中部で械闘が発生し、新寧県・陽春県・新興県などに蔓延した。械闘を引き起こした双方の中堅人物は、平民宗族の上層部と郷紳とであり、近隣の「郷勇」や他所の「壮勇」〔義勇兵〕が戦闘に参加し、人数は一〇〇〇人以上に達した。彼らは長矛・大刀・紅毛槍〔洋式銃〕・大砲・地雷を使用し、また騎馬隊も保有していた。一八五七年になって、両者ともに破れ傷つき、致し方なく和議を結んだ(79)。

械闘は重大な結果をもたらした。死傷者を出し、婦女は強姦され、財産に損失を与え、村々は血にまみれ、生産が破壊された。械闘は宗族と家族に対して、極めて大きな危害を与えたが、それと同時に社会的動揺を引き起こし、地方の安寧に影響を与えたのである。その上、政府は、械闘を「国家の法理を全く無視して」、政府の権威を軽視していると考え、その対策を講じないではいられなかった。政府の中には、保甲制の強化を求める人や、族正制を採用することを建議する人もいた。一方、宗族共有財産を弱体化させて、械闘を行う力を失わせようという提案もあった。また、別な人は、械闘懲罰令の制定を提案している。たとえば、道光二年（一八二二）の「刑部議奏法辨械闘章程（刑部の議奏せる械闘を法辨する章程）」である。（つまり、刑部は内部で議論を尽くした上で、械闘処罰法を上呈した）。しかし、これらの議論や法令は、全てうまくゆかず、械闘は延々と絶え間なく続いた。このように、械闘の取り締まりに効果がなかったのは、地方行政の腐敗と大きな関係があった。張集馨が暴露した官界の状況のように、現場では械闘を金の成る木と見なし、事に当たって、それを制止しないだけでなく、その収束後に械闘費を徴収していたのである。械闘費を納入しなければ、村里は（官憲による）殺戮に見舞われたのであり、それは悪逆の極みといえよう。また、官界には、これとは別の事態も存在していた。つまり、地方官はいざこざを恐れて、宗族の勢力が大きくなると、械闘の徹底的な解決が困難となり、自分も任地に何年も居られないということを充分に知っていたので、いい加減な態度をとって、真面目に調査して処置しようとはせず、離任して万事を終えるようにごまかした方がよいという態度である。この種の因循姑息な態度が械闘の蔓延を客観的に助長したといえよう。

なお、宗族は、場合によって、官庁と直接に敵対する行為を行っていた。中古時期、些かの豪族の宗族は地域に覇を唱え、旅行者から略奪し、無頼の徒を匿い、当局と敵対して捕縛に抵抗していた。近古になっても、こうした状況が見られた。祠堂を拠点として、密かに兵器を製造し、そこを賭博場に提供したり罪人の隠れ場所としていたが、そもそも少人数の差役（民衆の徴発された労役）による警察行為では、敢えて犯人の逮捕を行おうとしなかったのである。こうしたことは、要するに政府に勢力のある宗族や大族を頼りとさせ、役所の補助機能を果たす祠堂を重視させ、政府は、それらに依拠して法令や規範から宗族の行動を逸脱させないようにしようとしていたのである。

宗族・地域社会・政府という三者の関係の中で、どの特定の宗族も常に自身の利益を考え、地域社会を構成する他の社会成員とも生活上の資源と権益を争っていた。それ故に、宗族は地域の安定に影響を与えていたのである。政府が考えていたのは、宗族を利用して、一軒一軒の民衆を管理しようとすることであったので、宗族が揉め事、つまり訴訟・械闘・官庁への敵対行為を引き起こして、治安に影響することを望まなかった。政府と宗族とは双方とも互いに足並みが揃うことを念願していたが、どうしても両者には相違点が存在していた。これこそが政府の宗族に対する政策が変化し、調整され、検討されていった原因である。

## 5　政権維持の役割としての宗族

もとより、宗族の活動の中には地方の治安を阻害するものもあったが、その騒動の多くは民事上の紛糾に属するものであって、政治的・思想的に異端とされる方面に関しては、宗族は政権側に立ち、政府を手助けして族人を処罰し、政権を維持する役割を果たしていた。これが、政府との関係の主要な側面であった。宗族の、国家に対する役割は、以下のように帰納される。

### (1) 宗族による倫理教育は、人びとを順良な民衆にさせた。

宗族は三綱五常〔君臣・父子・夫婦の三綱と仁・義・礼・智・信の五常〕という倫理教育に尽力し、忠や孝を重視した。そして、族人に対して、家族内や一族内において、父母を敬愛し、目上の人を尊敬し、族人同士は仲良くし、果ては近隣とは仲良くし、友人に信頼されることを求めた。また、帝室に対しては税金を完納し、兵役や賦役を果たすことを求め、国政の批判は許さなかった。もし出仕したならば、職務に精励し忠節を尽くし、敢然として自己の責務を果たし、賄賂を取って民衆を害してはいけなかった。こうした倫常〔人倫の道〕教育が、社会に強大な輿論を形成していって、倫常に従順な人は、人びとの模範と考えられ、それに背く人は、恥ずべき下賤な人間と見なされた。しかも、政府は輿論を拠り所として、順良な人間を生み出した家族と宗族を表彰し、それを「孝義之門」とした。そして、当該の個人に対しては「孝子順孫」という栄誉を与え、祖先の名誉を輝かせると称揚した。こうした輿論の機能が、いわゆる「郷里の評判は、人を断罪して処刑する斧や鉞よりも手厳しい」ということであり、輿論によって人びとを威圧し、三綱五常の倫理を受け入れさせ、善良な民衆となるようにさせたのである。

（2）家法は国法の補助となって、民衆統治を効果的にした。

宗族は一連の規約を制定したが、ともすれば、それを根拠として族人に対しては経済的・肉体的・人格的な懲罰を行使し恥辱を与えた。そして、族人には自分の立場や身分をわきまえて、決して家法に背かないようにさせた。また、宗法を執行する族長の多くは、それ自身が貴族・官僚・士大夫・紳衿であって、族人を統御する力を持っていた。かりに官位を持たない紳衿であっても、当局との付き合いがあり、民衆は御上を恐れているので、彼ら紳衿をも怖がっていた。だから、彼らが民衆に何をさせようとしようとも、それに従わざるを得なかったのである。彼らは、族内で家法を実行し、族人同士の普通の揉め事は族内で解消され、政府に対して多くの面倒を省いてやり、多くの行政コストを減らしてやっていた。諺に、「国法は家法には及ばない」とあるが、この言葉は家法の力の反映であり、国家統治の中における家法の重要な位置を反映している。

（3）宗族の義産〔族産〕は、結果的に国家の心配事を除去してやり、経済上から政治社会の安定を保証した。社会において、貧富の不均衡は、若干の貧窮者には不満の気持ちを醸成させ、社会的不安定の要因となったであろう。

しかし、宗族の義産〔族産〕は、人びとに幻想を抱かせて、一定の不満解消の役割を果たした。そのため、人びとに「一緒に礼法に準拠して勤勉に働いて、道徳に外れた行為をしない」ようにさせることが出来たのである。[80]そして魏源も、次のように語っている。もし数百の義荘が各州県に散在して、「〔義荘をもつ大族に〕自ら子孫を教え育てさせ、郷里を守らせれば、妻のいない男・夫のいない女・孤児・子供のいない年寄り・身体障害者も全てが扶養され、水害・旱害・凶作といった自然災害があっても、頼みとする後ろ盾があり、地域の風俗習慣も常に監視が行き届く。そして、こうした大姓に他の小姓が身を寄せて付き従えば、人びとの気持ちは互いに結びついて、〔地域社会が〕盤石となって動揺することなく、かくて盗賊が発生するような事態を生じない」と。[81]つまり、義産は地方官や皇帝の心配事を解決してやっていたのである。

（4）政府を助けて社会の不穏分子を監視する。

宗法が盛行した地域では、族人は法律を守り、決して悪事を行わなかった。そこで、社会の不穏集団は、その勢力を伸長させることは困難であったし、その落ち着き先を探し出すことも容易ではなく、勢力は発展できず、政府と渡り合うことは出来なかった。清代の官撰・私撰の地方志の中では、そのどれもが宗法の行きわたった地域社会は安定して、不安定要素は発展する術をもたないと指摘している。たとえば、朱雲錦の『皖省志略』巻一「徽州府」に、「一族が纏まって居住し、各人が家を守り、子孫を養育する気持ちを持っていれば、匪賊の潜伏を心配せずに済む」と語っている。〔また、『嘉慶旌徳県志』巻一〈疆域〉「風俗」にも、「各宗族が宗祠をもち、毎年、春と冬に一族揃って宗祠で祖先祭祀を行えば、族人同士は連繫するのである。そして各姓氏が族譜を持てば、一族が各支派に分裂しても、族人同士の昭穆の順序がつけられる。そうなると、どの家も誰がいるかの調べがつき、悪賢い連中の居場所がなくなる」と記している（一九九六年版によって補う）〕。

(5) 民衆の秩序ある生活に対して、積極的な意義をもっていた。

宗族は社会の安定を維持し、族人が安心して暮らし、各自の仕事に勤しむために客観的条件を作り出してやった。とりわけ、祖先を尊敬し族人同士を仲良くさせるという、いわば三綱五常に基づく倫理は、族人にとって族内・姻戚・隣近所の人間関係を処理する準則となり、それに準拠すれば、生活を順調に進めてゆかせることができたのである。

要するに、宗族制の盛行は、地域社会安定の目印なのである。前近代中国の人びとの政治思想は、〔『大学』に言う〕斉家・治国・平天下〔各家が秩序づけられれば、魯や斉といった各国が治まり、各国が治まれば、天下は平和となる〕ということを重視しているが、何よりも家が斉《ととの》ってこそ、そうして初めて国が治まるとされていた。それ故にこそ、前近代中国において、人材の任用は、しばしば当該人物の家風を見て、その家庭を治める能力を見たのである。もし、家が立派に治まっていなければ、官位の上昇は極めて困難であった。これに関して、漢代の人は、すでに「忠臣は孝子のいる家から求める」という道理を認識するに至っていた。このことは、また明の太祖が、ろくに審査もしないのに、義門の鄭氏一族は反逆をするはずがないと是認した原因でもあった。蘇軾は、「〔眉州〕遠景楼記」の中で、彼の郷里の眉州眉山県〔四川省眉山県〕を取り上げて、「〔この地域の士大夫たちは〕氏族を重視し、〔民衆は〕官吏を尊敬し法律を恐れ謹んでいる。そして、農夫たちは二人が鋤を並べて耕しながら助け合っている。それは夏・殷・周の三代や漢代と唐代の遺風と思われ、他の州郡は、この美風には及びもつかないのである」と述べている〔『東坡前集』巻三二、中華書局版(一九八六年)『蘇軾文集』巻一二〕。この文章に、氏族を重視すると記されていることからすると、〔この地域も〕こうした境地に到達していたといえよう。清代、休寧県〔安徽省休寧県〕の知県の丁応泰は当県に関して、「〔休寧県は〕旧家や名族が至る所に見られ、聖賢の教え〔「詩書礼楽」〕を生業《なりわい》としたり、現役と退官した官僚も相次いで出現しており、その有様は名だたる都市と同様であった」述べている。[82] つまり、本来、休寧県は辺鄙な山間《やまあい》にある小さな県でありながら、著名な都市や大きな県に匹敵できるのは、大族が存在して、人材を輩出しているためであって、それによって当地に栄誉をもたらし、地域の名声を高めているからだというのである。光緒年間〔一八七五—一九〇八〕に編纂された『嘉定県志』巻八「風俗」には、当地の人びとの風俗習慣について、「県内では名家〔「望族」〕が重視され、その子孫は没落しても、人びとは彼らに遜《へりくだ》って『旧家』と呼んでいる。〔それに対して〕急に金持ちになった人を『暴発』と呼んでおり、たとえ、幾千万のお金を積み重ねようとも、それら〔にわか分限者〕を重く見ることはしないのである」とある。嘉定県は、現在の上海市に属し、光緒年間には、すでにかなり開けた土地であったが、それでもあのように旧家や大族を重視し、それを栄誉と考えていたのである。この点は少しも奇妙ではなく、望族こそが地方の代表であり、栄誉であったのであり、その存在が当該地域発達の標識であったのである。

注

(1)『呉越春秋』巻一「王僚使公光伝」。
(2)『史記』巻六六「伍子胥」伝。伍子胥が平王の死骸を鞭打ったかどうかについては、異なる見方がある。
(3)『史記』巻一三〇「太史公自序」。〔補注：無論、この司馬談の言辞は『孝経』第一「開宗明義章」に典拠をもっている〕。
(4)『三国志』巻一一「邴原」伝。〔補注：馮爾康氏は、この話しの出典を『三国志』の邴原伝だとしているが、陳寿の『三国志』の本文ではなく、劉宋・裴松之が『三国志』に付けた注に引く『原別伝』の記事である。〕。
(5)民国『毗陵高氏宗譜』巻一「家訓」。
(6)『洪氏家譜』「原譜祖訓」「続訓」〔補注：浙江人民出版社、一九八二年、二〇頁〕。
(7)『光緒華亭県志』巻一四「人物」。
(8)『華氏伝芳録』巻五「翰林学士鴻山華公志略」。
(9)『民国陸川県志』巻二三「呂安徳公納糧田租記」。〔補注：当該史料によると、最初の祭田を設置したのは呂安徳であるが、その祭田が廃れて以後、新たに資産を購入したのは、この「呂安徳公納糧田租記」を書いた呂錫蕃の父親の呂文毅である〕。
(10)『後漢書』本紀巻三「章帝」紀、元和三年正月乙酉の条。
(11)『後漢書』列伝巻五二「荀爽」伝。
(12)『後漢書』列伝巻四八「蓋勲」伝。
(13)『後漢書』列伝巻七一「向栩」伝。

(14)『周書』巻七宣帝本紀、宣政元年八月壬申の条。
(15)『明史』巻二九六〈孝義伝〉「王澄」伝。
(16)『清稗類鈔』〈風俗類〉「閩人好名尚気」。〔補注：元・明時期の孝子や節婦の旌表を、当時の政治や社会情勢と絡めて論じた好論に酒井恵子氏の論文がある（「孝子から節婦へ――元代における旌表制度と節婦評価の転換」『東洋学報』八七―四、二〇〇六年）、「明代正統・景泰年間における義民旌表と納粟入監」『名古屋大学東洋史研究報告』三三、二〇〇九年）。なお、歴代の旌表制度について通時的に論じた書物として李豊春『中国古代旌表研究』（雲南大学出版会、二〇一一年）があるが、旌表制度の歴史的変遷の意味が不明だけでなく、史料読解や論証不足など多くの問題を抱えている〕。
(17)『清宣宗実録』巻一四四、道光八年一〇月辛巳の条。
(18)瞿同祖『中国法律和中国社会』（中華書局、一九八一年）一頁。
(19)『明史』巻九三「刑法志」。〔補注：『明史』巻九三「刑法志」の原文が、「明刑所以弼教」とあるのを、馮爾康氏は、「用刑法懲治罪人、也是為了教化」と解釈しているが、「刑法志」の原文は「明朝の刑罰は教化の補助のためにある（つまり教化が主で刑罰はそれを補助する従的な役割）」と簡単なことを言っているにすぎない。だが、本文の全体の文脈からすると、馮爾康氏の解釈にそっても、大きな変化がないので、馮氏の原文のまま翻訳している〕。
(20)『明史』巻九三「刑法志」。
(21)『高宗実録』巻三八四、乾隆一六年三月癸卯の条。
(22)『清世宗実録』巻五七、雍正五年五月乙丑の条。
(23)『後漢書』列伝巻三四「張敏」伝。
(24)『明史』巻九三「刑法志」洪武元年諭省臣の条。
(25)『漢書』巻二三「刑法志」。
(26)『三国志』巻九「諸夏侯曹」伝、『晋書』巻四〇「賈充」伝。
(27)『晋書』巻四〇「楊駿」伝。〔補注：馮爾康氏は楊駿らが殺害された理由を述べていないが、同氏が典拠とする『晋書』巻四〇「楊駿」伝によると、西晋の恵帝の皇后の賈氏が実権を握ろうとして、その阻害要素となった楊駿らを殺した。この間の政治的背景については、安田二郎「西晋武帝好色攷」（同氏著『六朝政治史の研究』京都大学学術出版会、二〇〇三年）に詳しい〕。
(28)『魏書』巻一一一「刑罰志」。
(29)『魏書』巻四一「源賀」伝。
(30)『魏書』巻五三「李沖」伝。
(31)『魏書』巻三五「崔浩」伝。〔補注：崔浩の誅殺をめぐる朝廷内の遣り取りなど、国史事件をめぐる詳細は『魏書』巻三五「崔浩」伝ではなく、『資治通鑑』巻一二五、文帝元嘉二七年四月壬子の条と六月己亥の条に見える。ここの記述も、この『資治通鑑』

の記事に拠ったと思われる。この崔浩誅殺事件は、北魏の歴史を論じた多くの研究書や概説書に必ず言及されているが、北魏政権が異民族王朝から中国的普遍王朝に脱皮してゆく段階に結びつけて論じた古典的研究書として、谷川道雄『隋唐帝国形成史論』（筑摩書房、一九七一年）「第Ⅱ編　第一章第三節　北魏国家の諸段階と漢人貴族」がある。同氏は、一般向けの概説書『世界帝国の形成』（講談社現代新書、一九七七年）一二二―一二三頁でも、この事件を紹介している〕。

（32）『魏書』巻四七「盧度世」伝。

（33）『魏書』巻六四「郭祚」伝。

（34）『魏書』巻九四「楊範」伝。

（35）『魏書』巻九四「封津」伝。

（36）『明史』巻九三「刑法志」。

（37）『明史』巻一四一「方孝孺」伝、『明書』巻一二一「方孝孺」伝。

（38）『後漢書』列伝巻六七「李章」伝。

（39）『三国志』巻一一「田疇」伝。

（40）『華陽国志』巻三「蜀志」、同書巻四「南中志」。〔補注：朱提郡を馮爾康氏は、四川省宜賓に比定しているが、訳文は譚其驤『中国歴史地図集（三国・西晋時期）』（地図出版社、一九八二年）によって雲南省昭通市に訂正している〕。

（41）『晋書』巻八八「庾衮」伝。〔補注：後漢末から六朝期の混乱時期に、豪族が一族や郷党を率いて山地に塢堡を築いて自衛したことについては、古くは那波利貞「塢主攷」（『東亜人文学報』二―四、一九四三年）があるが、それを中国中世社会の特質と関連させて論じたものとして、谷川道雄「中国における中世――六朝・隋唐社会と共同体」（『中国中世社会と共同体』国書刊行会、一九七六年）、同「六朝名望家社会の理念構造」（同氏著『中国中世の探求――歴史と人間』（日本エディタースクール出版部、一九八七年）がある。また、この時代の宗族組織との関わりから塢堡に言及したものとして、徐揚杰『中国家族制度史』（人民出版社、一九九二年）「第五章第三節第二項　家族自衛的武装塢堡」（二三三―二三九頁）がある〕。

（42）『晋書』巻八九「劉沈」伝。

（43）『晋書』巻八九「麴允」伝。

（44）『宋書』巻五一「長沙景王道憐《れん》」伝。

（45）『陳書』巻二一「蕭引」伝。

（46）『新唐書』巻一九五〈孝友伝〉「劉君良」伝。〔補注：『新唐書』の「劉君良」伝は、この地域の人びとが「義成堡」を造ったという記述の後に、唐初、ある官僚が劉君良一族の暮らす家を訪れたとき、子弟が礼節ある態度であったということが記され、最後に「貞観六年、表異門閭」とある。つまり、太宗が旌表したのは、この地域というよりは、あくまで劉君良の一族の在り方に対してであった〕。

(47)『顧亭林文集』巻五「裴村記」。〔補注：「裴村記」の当該部分は、「自唐之亡、而譜牒与之倶尽、然而裴枢輩六七人、猶為全忠所忌、必待殺之白馬駅、而簒唐氏、族之有関於人国也如此、至於五代之季、天位幾如奕碁、而大族高門降為皂隷、靖康之変、無一家能相統帥以自保者」とあり、この原文からすると、「五代以後」ではなく、「五代末以後」となるが、訳文は馮爾康氏の文章のままにしている〕。

(48)『隋書』巻二四「食貨志」。〔補注：『隋書』巻二四「食貨志」の当該箇所には、「及頒新令、制人五家為保、保有長。保五為閭、閭四為族、皆有正。畿外置里正、比閭正、党長比族正、以相検察焉」とあることからすると、里正が設置されたのは、馮爾康氏の指摘するような京畿ではなく、畿外であり、それは畿内の閭正に擬えられ、その他にも党が設けられ、そこにも族正に擬えられる党正が設置されたというべきであろう。ただ、訳文は馮爾康氏の記述に沿っている〕。

(49)『周書』巻二三「蘇綽」伝。〔補注：北魏の三長制に関しては、古くは、松本善海『中国村落の史的研究』（岩波書店、一九七七年）「第二部第三章　北魏における均田・三長制の制定をめぐる諸問題」に詳論されている。また、蘇綽の「六条詔書」の歴史的意義については、谷川道雄「西魏『六条詔書』における士大夫倫理」（同氏著『中国中世社会と共同体』国書刊行会、一九七六年）が専論としてある〕。

(50)『清朝文献通考』巻一九「戸口」。

(51)凌燾『西江視臬紀事』（中国社会科学院歴史研究所清史研究室 編『清史資料』第三輯、中華書局、一九八二年）。

(52)『清経世文編』巻五八「寄楊樸園景素書」。

(53)『清高宗実録』巻一三三五、乾隆五四年七月庚戌の条。

(54)『嘉慶雲霄庁志』巻三〈諭禁〉「諭雲霄六十保一十三村族正族副」。

(55)『顕志堂稿』巻一一。

(56)『宜興篠里任氏家譜』巻二。〔補注：この規定は、馮爾康 主編『清代宗族史料選輯』下（天津古籍出版社、二〇一四年）一七二九・一七三〇頁に見える〕。

(57)『光緒諸暨県志』巻一七「風俗」。

(58)張集馨『道咸宦海見聞録』〔補注：不分巻、甲戌十五歳の項、中華書局、一九八一年出版本、六―八頁〕。

(59)『乾隆確山県志』巻一九「列女伝」。

(60)『毗陵薛墅呉氏族譜』巻八「顧太淑人行状」。

(61)呂坤『実政録』民務巻三「悪風当戒者」。

(62)『民国呉県志』巻三一「義荘」。

(63)『内閣全宗・刑科題本』〈土地債務類〉「嘉慶朝題本」。

(64)『清宣宗実録』巻一五六、道光九年五月丙辰の条。

(65) 李兆洛『養一齋文集』巻一一「祠堂記」。
(66)『光緒青田県志』巻四〈風俗〉「家牒」。
(67)『道光懐寧県志』巻九「風俗」。
(68)『宋史』巻二九九「張洞」伝。
(69)『清高宗実録』巻一三三五、乾隆五四年七月辛亥の条。
(70) 宋濂『鑾坡集』巻七〔補注：『宋学士文集』巻一七〕「魏賢母宋夫人墓銘」。
(71) 光緒『麟陽鄢氏族譜』巻五「世紀」。
(72) 清・段光清『鏡湖自撰年譜』道光二七年四月の条〔補注：近代史料叢刊七九所収〕。
(73)『清宣宗実録』巻三三、道光二年閏三月壬午の条。〔補注：馮爾康氏が引用する『清宣宗実録』の同条には、「潮州府掲陽一県、積至数百案未獲」とあるので、潮州が三七件の械闘事件が起きたというのではなく、潮州の一つの県だけでも未解決事件が数百もあるということだろう。なお、この条には三七という数字は見られず、数字の根拠は不明〕。
(74)『民国同安県志』巻三「大事記」。
(75)『民国雲霽県志』巻四〈地理下〉「風土」。
(76) 郎擎霄「中国南方械闘之原因及其組織」(『東方雑誌』三〇巻一九期、一九三三年)。〔補注：械闘に関しては、日本の中国史研究においても戦前から注目されて、様ざまな形で言及されてきたが、ここでは、械闘に関して包括的な記述をしているものとして、仁井田陞「中国の同族部落の械闘」(同氏著『中国の農村家族』東京大学出版会、一九五二年)を挙げるに止める〕。
(77)『清稗類鈔』〈風俗類〉「楽平械鬭」。
(78)『清宣宗実録』巻六、嘉慶二五年一〇月丁酉の条。〔補注：この年七月に仁宗嘉慶帝が亡くなり宣宗道光帝が即位しているが、当然ながらこの年内は嘉慶の年号が使用されている〕。
(79) 鄭徳華「広東中路土客械闘研究(一八五六―一八五七)」(『現代与伝統』第四輯、一九九四年)。
(80) 銭大昕『潜研堂文集』巻二〇「陸氏義荘記」。
(81) 清・魏源『古微堂外集』巻八「廬江章氏義荘記」。
(82)『道光徽州府志』巻二「風俗」。

補注

(1) 八議の意味や八議のそれぞれの内容は、古くは『唐律疏議』巻一「名例七条」の最後に載っている。それを基にした八議については、梅原郁『宋代司法制度研究』(創文社、二〇〇六年、五五七頁)が簡単な説明を加えている。

(2)「常赦所不原」という原則は、清律だけではなく、明律や、唐律にまで遡る歴史のある規定である。清律は、『大清律例』巻四「名例律上」に載っている。こうしたことに関しては、仁井田陞『中国法制史〈刑法〉』(東京大学出版会、一九五九年)の至る所で論及されている。

(3)『隋書』巻二五「刑法志」に、「及楊玄感反、帝誅之、罪及九族」とある。

(4)方孝孺が殺された際に、「十族」が皆殺しにされたことは、『明史』巻一四一「方孝孺」伝を初め、『明史』には見あたらないが、『明史』よりも先に編纂された谷応泰『明史紀事本末』巻一八「壬午殉難」や傅維麟『明書』巻三一「方孝孺」伝には、方孝孺の殉難の様子が詳しく語られ、「十族」が殺害されたことを記している。このときの状況は、永楽帝に関する伝記にも必ず触れられる。ここでは二つだけを紹介する。寺田隆信『永楽帝』(中公文庫、一九七七年)一二八—一三三頁、檀上寛『永楽帝』(講談社学術文庫、二〇一二年)一九七—二〇一頁。

(5)中国歴代の郷村組織に関しては、その組織原理だけでなく、機能面をも論じた古典的著作として、清水盛光『中国郷村社会論』(岩波書店、一九五一年)がある

(6)馮桂芬「復宗法議」の冒頭に、「三代之法、井田封建、一廃不可復、後人頗有議復之者、窃以為復井田封建、不如復宗法、宗法者佐国家養民教民之原本也」とある。それを見ると、馮桂芬は馮爾康氏の解釈するように、封建制は廃止すべきだが、宗法制は廃止すべきではないと主張しているのではなく、井田制や封建制の復活よりも、宗法制が国家の民衆教導に有益であると、その復活を積極的に提唱しているにすぎない。

(7)この話は、清・無名氏 撰『牧齋遺事』に載る。陳寅恪は柳如是を題材とした「柳如是別伝」(『陳寅恪文集』七、上海古籍出版社、一九八〇年所収)を著し、これを基に演劇や映画が作成されている。

(8)馮爾康氏は、この説明に典拠を示していないが、仁井田陞『唐令拾遺』「喪葬令第三十二」に依拠すると(東京大学出版会、一九六四年復刊本、八三六頁)、これは『宋刑統』巻一二「戸絶資産」所引の「唐喪葬令戸絶条」(唐令は書物として残っていない)に載っている。なお、仁井田陞『中国法制史〈奴隷農奴法・家族村落法〉』(東京大学出版会、一九六二年)三八〇—三八一頁を参照。

(9)こうした養子・贅婿・接脚夫の問題は、滋賀秀三『中国家族法の原理』(創文社、一九六七年)「第六章　不正規な家族員」の「第二節　義子」「第三節　招婿と招夫」に詳細に論じられている。また川村康「宋代贅婿小考」(『柳田節子先生古稀記念　中国の伝統社会と家族』(汲古書院、一九九三年)、柳田節子『宋代庶民の女たち』(汲古書院、二〇〇三年)「宋代の女戸」「元代女子の財産継承」を参照。

(10)馮爾康氏の原文は、道光二一年(一八四一)となっているが、『道咸宦海見聞録』(中華書局、一九八一年、五九頁)に「壬寅四十三歳(道光二十二年一八四二年)とある表題の記述に従って、訳文のように訂正している。

(11)張集馨『道咸宦海見聞録』の中、本文に引用されている部分には、雇われたり、戦闘でなくなった人の呼称や、給金の話は載っていない。

# 第七章　宗族と譜牒編纂

族譜〔譜牒〕の編纂は、宗族活動の基本的な内容である。つまり、族譜とは宗族活動の産物であり、後世の人たちは、それを通してその本体、つまり宗族を認識するのである。族譜は、祠堂・祖先墓・族産と一緒になって、共に宗族の実態を形作っている。言い換えると、宗族の宗族たる所以《ゆえん》は、族譜が重要な構成要素なのである。そのため、宗族の族譜編纂の活動を叙述することは、宗族の歴史にとって不可欠の内容なのである。その上、族譜は、私たちの前近代文献の中で一つのジャンルを形成しており、中国の古典文学の重要な構成部分である。しかも、現在残っている中華民国以前の家譜類の数量は千をもって数えられ、その文献資料の内容は極めて豊かであり、私たちの貴重な文化遺産である。要するに、中国の歴史を研究するに際して、その史料的価値は軽視すべきではなく、そこで、ここに専門の章を設けて説明を行うのである。

族譜編纂は、先秦時代には開始されていた。その製品である譜牒という言葉は、古くからある名詞である。司馬遷『史記』巻一三《マ》「三代世表《マ》」には、「そもそも、三代〔夏・殷・周の三代〕は遠い昔のことであり、その年代を考えるすべがない。そこで、譜牒や古い言い伝えから〔年代を〕採用するのである」とある。[補注1] 引用文には「譜牒」という名称が使用されており、その上、それは明らかに宗族の歴史を記載する文献の体裁であったといえよう。現代人の研究によれば、「牒」

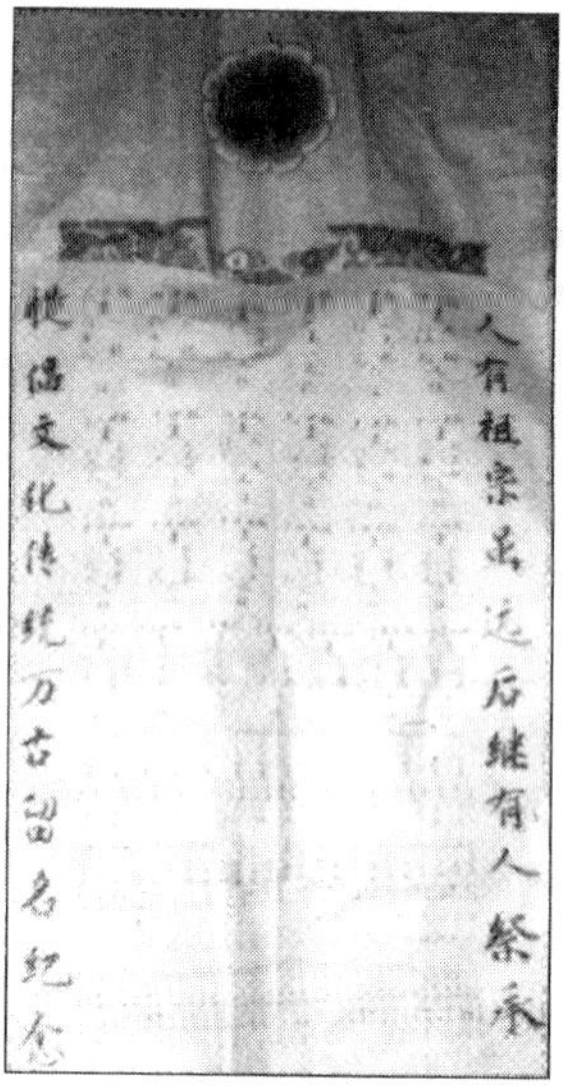

江蘇大豊一族の蕭氏挂譜(1993)

とは、元来、帝王の世系や諡号を記録するものであったが、後になって譜書形式の伝記に発展していったと考えられている。そして、「譜」とは、元来は帝王や貴門の血縁の遠近関係、すなわち世系関係を記述したものであるが、後世になって譜書形式の世表に発展していったというのである。

文字が存在して以来、宗族の歴史は甲骨・青銅器・石塔・絹布・紙類に書かれたり刻み込まれたりして、その創作は歴代・歴朝に絶えることがなかったが、とりわけ紙質のものが多かった。譜牒の名称は非常に多いけれども、よく見かけるのは、玉牒・天潢玉牒・宗譜・族譜・家譜・家乗・支譜・房譜であり、百家譜・氏族譜・州郡譜・氏族譜などいうものもあった。紙質の譜牒は、その形式と内容の違いから挂譜と臥譜とに区分でき、後者は書譜とも称する。

〔歴史の流れをみると〕族譜編纂は官修から私撰に発展していった。官修時代、譜牒は帝室・貴族の後裔・士大夫・官員といった身分的区別や、襲爵と官職就任に利用されており、それは主に政治的機能の役割を果たしていた。それに対して、宋元以降の私修〔私撰〕の族譜は、宗族が族人たちを凝集させる一種の手段であり、社会的機能の役割が増大していった。私撰の譜書の発展と、宗族の民間化や大衆化とは、ほとんど同時に発生した。つまり、宗族が民間化し大衆化したことによって、私撰の譜書の数量も増加し、後世に万を以て数えられるほどのものを残すことになった。

族譜の体例は、簡単なものから周到なものへという発展過程があり、近古〔宋元明清〕以来、族譜は正史や地方志の体例を絶えず吸収して、世系表・人物伝記・大事記・図録・文献といったものを包摂する総合的な体例を形成していった。そこで、族譜は宗族の歴史に関わる大量の内容を収納できるようになり、それによって歴史研究に豊富な素材を提供して、学者からは文化の貴重な宝物と呼ばれている。

## 一　先秦時期——官修譜牒の萌芽

先秦時代は宗法制と分封制が実行され、そのために王室や貴族の成員同士の血縁関係や嫡庶関係を明らかにする必要があった。王室の血縁関係や貴族成員同士の血縁関係〔の明確化〕は、王位の確定や爵位継承、さらには祭祀参加〔誰がどの祭祀に参加するのか〕、封爵の進行〔誰が封爵を受け継ぐのか〕といったことに便宜を与えた。このために、一族の歴史記録が必要となってくるが、これこそが譜牒が生み出された客観的必然性なのである。統治者は、事柄が〔国家の創業という〕大業の伝承に関わるので、一族の歴史を記すことに対して、必ず高い関心を寄せた。

殷と両周〔西周と東周〕には「小史」という官職が設けられた。『周礼《しゅらい》』には「小史は邦国の志を掌り、系世を奠《さだ》め、昭穆を弁じ、若し事有れば、則ち王の忌諱を詔《つ》ぐ〔小史は諸侯国の記録を司り、諸王と諸侯の系譜を確定し、諸王や諸侯の昭穆を明確にしている。だから、祭祀があると、王に対して、王として避けねばならぬ先王の忌日と諱とを告げる〕」とある。(1) 小史は、中央の史官であり、主な任務は帝王と諸侯の系譜や、両者の間の昭穆関係を整理することであり、そのために『帝系』や『世本』が著述された〔帝系は周室の系譜、世本は諸侯の系譜〕。一方、諸侯の国では、三閭大夫という官職があって、諸侯一族の歴史を記録していた。[補注2]

周代の小史が残した成果は、後世の人たちには漠然と『周譜』と称せられてきたが、原書は既に失われ、僅かにその残簡が残っているにすぎないけれども、それも後世の人が逸文を集めたもので、その全貌を窺うことは難しい。現在では、伝世の文献や司馬遷が『史記』作成に利用した状況から、幾らかの譜書の存在を窺い知ることができる。つまり、『春秋暦譜牒』という書物は、時間の順序に従って、周王や諸侯の世系や諡号を記したもので、記載内容は極めて簡略で、宗族の歴史の詳しい状況を知り得ることはできない。それ故に、司馬遷は、「其の辞は略にして、諸要を一観せんと欲するも難し〔譜牒に記される言辞は簡略で、要点でも見たいと考えても、それも難しい〕」と言っている。[2]『五帝徳』という書物は、黄帝・顓頊《せんぎょく》・帝嚳《こく》・尭・舜・禹の世系を説明したものであり、現在、それは『大戴記《だたいき》〔礼〕』『孔子家語《こうしけご》』の中に見られる。『世本』は、既に漢代には失われ、〔前漢末の〕劉向が収集して整理を行ったが、後になって再び散逸してしまい、清朝の茆泮林《ぼうはんりん》[補注3]が散逸した『世本』を収集した。そこには帝王・諸侯・卿大夫の世本と氏族篇が含まれている。帝王の世本は、伝説中の黄帝から始まって、〔東〕周の敬王までの歴代の帝系が記述されている。たとえば、「〔周〕成王は康王を生み、康王は昭王を生み、昭王は穆王を生み、穆王は恭〔共〕王を生み、恭王は伊扈を生み…」とあり、記述されているのは、王位を伝承した王名であって、他の説明は皆無に近い。現存する『世本』をみると、それは後世の手になる佚文の収集ではあるけれども、それでも最も早い時期の譜書だといえよう。

先秦時代には、譜牒を専門に編纂する官員が存在していて、その著述は刊行され、しかも現在でも残っている。当然、その時期に譜牒の学問は既に萌芽していたといえるだろう。しかし、この時は王室・諸侯のために役所が編纂していたのであって、編纂は政府の行為であり、個人的な事柄ではなかった。

## 二　両漢時期――私家修譜の出現

両漢時代は世家大族が興起し、宗族が貴族の大宗法制から民間の小宗法制に向かう過渡期であった。これに応じて私家の譜書が生まれ、加えて族譜の形式も多様化し始めた。

### （1）私家族譜の編纂

世家大族は、自身の組織作りと社会的地位を強化するために、自己の歴史を必要とした。そもそも、当初、譜牒は政府の官員が編纂していたが、漢代になると私家が自身の宗族の譜書を撰述し始めた。例を挙げておこう。汝南〔河南省平輿県〕の袁氏一族は四代にわたって三公〔臣下として最高の三つの位〕を輩出した大族であり、一族で後継者を立てるときは、「上は祖霊に告げ、下は譜書に書く」という儀式が行われた[3]。ここからは、当該一族の族譜が編纂され、しかも絶えず続修されていたことが知られる。前漢の揚雄の一族は「家牒」を編集し、それは後代の研究者に注目されている。孔子の子孫は族譜を持っていたが、『漢書』の「孔光」伝の顔師古の注には、「孔氏一族は譜牒を自分たちで作成した。それは祖先に対する敬意を示すためであった」とある。孔氏一族の成員の名称を記録する方法は、最初に字を記し、次に名前〔諱〕を書いている。たとえば、孔子の子供は名前〔諱〕が鯉で、字が伯魚であるが、「伯魚鯉」のように、まず字が記される。それは先祖に対する尊敬の気持ちを表している[4]。戦国時代の縦横家の蘇秦は、兄弟が数人いて、彼の名前は一時有名となった。まず、司馬遷は『史記』巻六九「蘇秦」伝の中で、蘇秦の兄弟は三人と記している。次に、三国時代の譙《しょう》周は蘇秦の兄弟を五人と記し、唐代の司馬貞の『史記』「索隠」は「蘇氏譜」を根拠にして、やはり五人兄弟と主張している[補注4]。この「蘇氏譜」は、漢代に作られたものであるが、司馬遷の『史記』以後のものである。それ故に、司馬遷は蘇氏の家譜に依拠して蘇秦を書いたわけではない。後漢の雲台二八将〔後漢建国の功臣〕の筆頭は鄧禹であるが、その子孫の興廃は、ほとんど後漢王朝の命運と連動していた。この一族は「鄧氏官譜」を作成している。ある研究者は、この書物は専ら一族の成員の任官状況を記したものであり、譜牒ではないけれども、それに近いものだと考えている[5]。司馬遷は『史記』巻一三〇「太史公自序」の中で自身の系譜を書いており、班固は『漢書』巻一〇〇「叙伝」の中で自分の家の歴史を語っている。司馬・班の両氏の場合、書物となった譜牒を必ずしも持っていたわけではなく、また、彼らは一族の世系を詳細に述べたとは言い難いけれども、それらは両漢時代の人びとの家譜編纂の隆盛を表している。しかし、少なくとも漢代において、民間で一族の歴史に注意を向けていたことを反映しているとはいえよう。以上の、幾部かの家譜や家譜に類似した作品からは、両漢の大族が自己の一族の歴史を編纂していたことを明瞭に示している。それらは、個々の一族が主体となって進めて編纂したものであり、先秦の「世本」が諸々の族を一冊に纏めて書いたものとは異なり、これは単一宗族の譜書の出現であって、両漢の譜学に対する一大貢献となっている。しかも、この種の譜書は、現代に至るまで、一貫して後世に影響を与えてきた、そこで、この種の歴史的地位は、自ずと大いに肯定するに値するのである。

### （2）官庁による譜牒の撰述

漢王朝は、周代の、王室の譜牒を官修した伝統を継承し、宗正官〔宗室の事を司る官職〕の職責の一つとして、宗室の成員名簿を編集させて、『帝王年譜』というものを作った。『隋書』の「経籍志」に、この書物が著録されており〔巻三三「経籍志二」中華書局、標点本、第四冊九八八頁〕、それと同時に『漢代《ママ》帝王譜』〔三巻〕も記載されている。[補注5] この書物が、もし漢代に編纂されたものでないとしても、漢朝の政府当局の譜牒資料を利用して作成されたものである。前述したように、劉向は「世本」を整理したけれども、それは当然ながら当局が帝王譜牒を編纂していたことと関係していたであろう。そもそも、劉向は漢の帝室の一員であって、前漢の宣帝・元帝・成帝の三帝に仕えた。だが、外戚の王氏の政権壟断に反対し、そのために抑えつけられ、光禄大夫になってから三〇余年も昇進できないでいた。彼は引見されると、いつも皇帝〔成帝〕に対して、「公族〔帝室一族〕は国家にとって枝葉に当たる。だから、枝葉が散り落ちてしまえば、根幹を覆って庇うものが何もなくなってしまう。現在、帝室の一族は疎《うと》んぜられ、それに反して、皇帝の母親の一族が政治を専断している。公室から俸禄は取り除かれ、政治の権限は外戚にある。この状況は漢朝の宗室を強化して、人臣の家を低い位置に抑えて、社稷を保ち、漢室の子孫を安全にさせる所以ではない」と述べた。[6] 劉向の「世本」整理は、皇室・諸侯の歴史を研究して、その結果、宗室の地位を強化し、劉氏による国家の支配権を守ろうとするためであったかも知れない。こうしてみてくると、漢室当局の譜学は政治闘争とある種の連関があったのである。

## （3）漢代の通国譜の編纂

潁川太守の聊氏は、『万姓譜』を作成して、[補注6] 天下の各姓の族史を収集した。それは譜牒の類型からすると、「通国譜」と呼ばれ、両漢以後の中古時代、この類型の宗譜が極めて発展した。万姓譜の出現は、通国譜の先駆けをなしたといえる。しかし、それは決して水源のない水ではなく、先秦の「世本」類の譜牒を基に、それから生まれ出て変化したものというべきであろう。

譜牒学と双子関係にあると思われる姓氏学は、既に漢代に出現している。応劭『風俗通義』には「姓氏篇」がある。また、王符『潜夫論』の第三五篇は「志氏姓」であって、そこでは多くの大姓の来歴とその変化や世系を述べている。たとえば、韓王信の一族は、元来、晋国の姫姓から出ており、公族〔諸侯の同族〕の成員であった。その中に韓当という名前の大夫がいて、その子孫は遂に韓を姓とし、韓王信に至ったが、彼は匈奴に投降した。子孫の一部は漢朝に戻り、以前のように貴顕となった。一方、匈奴に止まった者も貴族であった。漢初の三傑の一人の張良も、元来は韓の公族であったが、秦の始皇帝暗殺に失敗して姓を張に変えたのであった、と。このように、王符は大族の淵源と祖先、及びその姓氏が生まれた理由を説明している。一族の淵源は、正に譜牒学が探求をしようとしている内容であった。一族の起源と姓氏の起源とは、ほとんど同じことであって、それらは譜牒学と姓氏学の各研究の交差点、あるいは重複箇所となっている。そして、この二つの学問は相互に影響し合い、相互に発展していった。漢代は、正にこうした状況にあった。

## 三　魏晋南北朝――官修譜牒の黄金時代

この時期、九品中正制〔九品官人法〕が実行され、貴族制が発展して、それが最高峰に到達した。これに歩調を合わせて官修の譜牒も大いに興隆し、そのため現代の学者楊殿珣《しゅん》の「中国家譜通論」と題する論文において、この時代が譜牒学の黄金時代だと認められている。(7) この時期、官修譜書に関する制度が備わっていて、その専門家や監督も存在し、譜書の実用価値も大きいものがあった。それと同時に私家撰述の譜牒も多く、譜牒の類型は既にかなり揃っていた。鄭樵の『通志』巻六七「藝文略〔四〕」や、前述の楊殿珣「中国家譜通論」は、いずれも譜牒の分類を行っているが、筆者はそれらを借用し総合して、譜牒は帝王玉牒・諸侯貴冑世譜・通国氏族譜・地方氏族譜・家族譜という五分類に区分できるだろうと考えている。両晋南北朝時期、譜牒の類型は整い、加えて全面的に発展しており、譜学史上、隆盛した時代であった。

### (1) 官修の通国貴族譜

東晋の孝武帝は、太元年間〔三七六―三九六〕に員外散騎侍郎賈弼之に修譜を主宰させ、そのために令史・書史らの助手を配備した。賈弼之は各種の宗族の家譜を収集して、それを考訂し、『百家譜』を撰述した。そこには天下の一八州一一六郡の貴族が載っていて、少しも遺漏はなかった。『百家譜』は二組が浄書されて、一組は秘閣に所蔵され、もう一組は尚書省左民曹に置かれた。(8) 賈弼之の子供の驃騎将軍賈匪之と、賈匪之の子供の長水校尉賈淵は、代々、譜牒製作に携わり、賈弼之の著作に手を加え、最終的に一〇〇冊に仕上げた。それは七〇〇余巻に達する大部な書物で、また『姓氏簿状』という書名にした。劉宋と蕭梁の時代、譜牒は充分に完備しておらず、「役門」〔庶民〕[補注7]の中には貴族を偽称する者もいて、「士庶分かたず〔貴族と庶民の区別がつかない〕」という状況を作り出していた。蕭斉〔南斉〕朝の衛将軍王倹は賈淵の援助を得て、元来の『百家譜』に検討を加えて、幾つかの貴族を増やしたり削ったりして、新たに『百家集譜』という書物に纏め上げた。梁の武帝は「士庶分かたず」という状況を知って以後、北中令咨議参軍の王僧孺に百家譜の修訂の責任を負わせた。王僧孺は雁門の解氏一族ら九族に代えて范陽の張氏一族ら九族を付け加え、また東南部の貴族のために、それらの単独の譜書を編集した。こうして、『十八州譜』七一〇巻、『百家譜』三〇巻、『百家譜集抄』一五巻、『東南譜集抄』一〇巻が出来上がった。王氏一族と賈氏一族は譜学の名門の家柄となった。また、領軍将軍の劉湛《たん》は官吏選考の責任を担ったとき、その仕事の便宜のために、『百家譜』二巻を編集した。以上が東晋・南朝の官修通国譜であるが、北朝政府も同様に同類の譜書を編集していた。しかし、それを『百家譜』とは呼ばずに、『方司格』と称していた。北魏の孝文帝は各郡の中正に詔を下して、当該郡の貴族の序列を排列させ、官吏選任のために使用させていた。こうして作成されたのが『後魏方司格』であり、それは唐朝に至っても人びとに称賛された。

（2）官修の州郡譜

通国譜は、各州郡の中正が上申する材料によって編纂されたものであるが、州郡の中には、当地の族姓を譜書に編集する場合があった。それが郡譜である。郡譜の中で、南北朝時期に作られ、隋代にも広く伝わっていたものには、『益州譜』・『冀州姓族譜』・『洪州諸姓譜』・『吉州諸姓譜』・『江州諸姓譜』・『袁州諸姓譜』・『揚州譜抄』などがある。

（3）帝室の修譜

各王朝は当該王朝の帝室の譜牒を編纂していた。『隋書』巻三三「経籍志二」の記載によると、南朝には『宋譜』・『斉帝譜属』・『斉梁帝譜』・『梁帝譜』があった。北魏は道武帝の天賜元年〔四〇四〕に大師と小師という官職を設け、帝室一族の成員とそれぞれの血縁関係を識別させることにした。後になって、大師と小師の資料を利用して『後魏皇帝宗族譜』を編集し、そこに皇帝一族から出自した八氏十姓を記録した。すなわち、拓跋氏・普氏・長孫氏などがそれであり、その中に遠い血縁関係の一族も含めた。(9) 北朝の北斉と北周の各帝室にも宗譜が存在していた。つまり、『後斉〔北斉〕宗譜』・『周宇文氏譜』である。

(4) 私修〔私撰〕の家族譜

両晋南北朝の時期、官修の譜牒が隆盛を極め、そのために私家の修譜はそれに埋没して目立たないけれども、実際は個人による氏族譜の編集は極めて多かった。その最初に出現したのが晋代の摯虞《しぐ》の書物である。彼は京兆長安の人で、才能と学問に秀でて博学であった。彼は、後漢末の大乱で、譜牒・伝記・図書の大部分が失われてしまっていたのを受けて、自分で『族姓昭穆』一〇巻を著述し、それを朝廷に進呈した。彼は、その書物が実際に役立ち、それによって見聞を広めることができると考えていた。(10) 体例という点から言うと、摯虞の編集した書物は通国譜であったが、私家編集の場合、多くは自分の一族を編集する単一の宗族譜であった。たとえば、渤海の封氏一族も当地の「望族」〔名族〕であり、族人の封偉伯は『封氏本録』六巻を撰述した。(11) また、渤海の高氏一族も著姓〔名族〕で、驍騎将軍の高祐《ママ》は『親表譜録』を作成し、そこに「五世より以下、内外曲尽す〔五世代前から以下の族人を記し、一族だけでなく姻族も全て載せた〕」とあるように、族人の姻戚も書き記しておいた。(12) 私家の譜書は多く、蕭梁の劉孝標注『世説新語』は、族譜資料を広範に引用している。たとえば、『羊氏譜』・『摯氏世本』・『袁氏世紀』などで、筆者が大雑把な統計を取ってみたところ、二八種の譜書が載せてあり、引用された箇所は六〇~七〇条にも及んでいる。

私修の編纂状況は、次のようだと言えよう。つまり、政府による譜牒編纂は一貫して行われており、とりわけ東晋・蕭梁・北魏と北周がそれに対して関心を払っていた。そして、州郡の中正は譜牒編纂のための基礎作業を行う責務を負わされ、その上に立って、指名された中央の専門の官員が全体を統合する作業に従事して、多くの譜牒が編纂されていた。民間もそれと同様に自己一族の歴史の撰述に留意し、少なからざる著作を世に出していた。しかし、この種の作品は政府による事実確認を経て、初めて有効とされた、と。

（5）譜牒の体例

現在残っている譜牒と、『世説新語』の注に引用されている資料、及びその他の幾つかの文献材料から、譜牒は譜序・世系・伝記の三部分から構成されていたことが分かる。譜系は男性を主体として、譜牒の当事者の基本状況が記録され、その中には名前〔諱〕・字・資格・職務・配偶者の名前・伝承関係〔父祖との関係〕が含まれていた。伝記は、かなり簡略であった。たとえば、『世説新語』〔賞誉第八〕の注に『羊氏譜』の「羊繇」伝が引かれているが、それには「字は堪甫、泰山の人、祖は続、漢の太尉となるも、拝せず。父は秘、京兆太守。繇は車騎掾を歴し、楽国禎の女《むすめ》を娶る。五子を生む。秉・洽・式・亮・悦なり」とある。伝は、どの人にもあるというわけではなく、名族や有名人の場合に、伝がある機会が多くなっている。序は姓氏の淵源と譜牒作成の理由とが述べられている。たとえば、『世説新語』〔品藻第九〕に『温氏譜』の「序」が引用されていて、そこに「晋の大夫郤《きゃく》至、温に封ぜられ、子孫因りて氏とす。太原の祁《き》県に居り、郡の著姓と為る」とある。序・世系及び小伝を有する族譜は、その構成が完備しており、宗族の基本的な状況やその歴史を反映することができている。

（6）通国譜は、官員の選考機能という点によって発展した

政府は、貴族たちから官員を選んでいたので、士庶の区別には気をつけており、そのために譜牒の編纂を重視していた。九品中正制〔九品官人法〕は貴族を等級づけて、貴族の中から官員を選び出した。それと同時に庶族を貴族から

区分して、彼らから租税と夫役を徴収しやすくしていた。それ故に、賈弼之やその子供と孫の作成した『姓氏簿状』は、「士庶を甄析《けんせき》して遺《のこ》す所なし〔士庶を余すところなく区別した〕」のであった(13)。政府当局は、このようであったが、個人という側面からしても、宗族の地位は、その仕官の前途を決定していたので、当然に士庶の区別や貴族内の等級を大切に考えていた。本来の貴族は官位の等級を上げようと希望し、他方、庶族は身分を偽って、貴族の仲間に紛れ込もうと企てた。こうした状況は、とくに南朝の宋と斉の両代に甚だしかった。たとえば、蕭斉の時期、低い身分の王泰宝は賈淵に賄賂を贈って、彼を特別の貴族とされる琅琊の王氏の譜牒内に入れてしまおうとして、本物の王氏一族に発見されて当局に告発された。皇帝〔明帝〕は賈淵を極刑に処した。他方、賈淵の子供は地面に額《ぬか》ずいて謝罪し、そのために満面が血だらけになって、初めて罪を許された[補注8]。このように、人材任用には専ら家柄を重視することが、自然と詐称を生み出すことになってしまっていたのである。そして、この事件は、貴族が譜牒を通じてその特権を維持していたことを明瞭に示している。

### （7）婚姻には族譜が必要

譜牒の機能として、さらには人びとが婚姻するに際して、姻戚を選択するための資料を提供するということがある。それによって、同じ家柄同士が結婚して、当該一族の社会的地位を強固にしたり高めたりできるようにしたのである。南宋の鄭樵は『通志』巻二五「氏族略」〔の氏族序〕の冒頭に、「隋唐以前は、政府に簿状があり、各家には譜系が存在していた。政府が官員を選び出すときは、必ず簿状に依拠し、各家が婚姻を結ぶときは、必ず譜系を根拠としていた」と述べている。すなわち、譜系を確認しない限りは、貴族は決して軽率に婚姻を結ぶということはしなかったのであった。

要するに、譜牒は、人びとが人間関係を処理するに際して使用される資料であったといえよう。人びとは、譜学の知識を活用して交遊対象を選択していたし、それとともに、その活用によって交際中にも相手側を尊重して、決して相手の祖先の諱を犯すような振る舞いはせず、かくして相手側の好感を獲得していた。南朝の太保の王弘は、毎日、数多くの部下や賓客を接待していたが、各貴族の成員の譜牒上の名前を諳《そら》んじていたので、一度も相手側の祖先の諱に関わる言葉遣いをしたことがなかった（『南史』巻五九「王僧孺」伝）。北斉の建国者高歓の父親は名前を高樹といった。あるとき、官員の辛子炎は、高歓の面前で「署」という漢字を「樹」と発音した。高歓は激怒して、「小人は他人の家の人たちの諱を避けるということを知らないのか」と言ったかと思うと、いきなり辛子炎を杖で打ち据えた。(14) このように、宗族成員の諱を尊重することとそれを犯すこととは、異なった社会的結果を生み出したので、人びとに対して譜牒に関する知識に習熟し、その知識を上手に運用させるように促した。

## 四　隋唐時期――官修譜牒から私家修譜への変化・過渡期

隋唐時期、新旧貴族間の闘争と交替や、貴族と庶族との間の闘争と交替という時代状況の変化が、官修譜牒に昔日の栄光を終わらせ、大規模な官修族譜の時代の終結という結果をもたらした。一方、この時期に私家修譜が興隆してきたという状況は、貴族階層の分化という時代的な特徴を反映している。また、族譜の体裁方面からいうと、通国譜から家族譜に向かう過渡期となっている。譜牒の機能という点からすると、以前の、官吏の選任が第一、婚姻は第二という状況が逆転化してきた。そして、劉知幾による譜牒学の理論が生み出された。

「肉譜」という言葉は、人びとの譜学に対する高い関心を反映している。隋朝は『開皇氏族』を編纂し、唐初にも大規模に（『貞観氏族志』などの）譜書が修訂された。補注9 そのことは、この時代の人びとが譜学に対して極めて関心を寄せていたというべきであって、そうした背景の上に立って、さらに「肉譜」という典型的な故事が現れてきたのである。「肉譜」とは、李守素という人物の綽名であって、それは彼が宗族の歴史と譜学に精通していたからであり、そのために人びとから「肉譜」・「行譜」・「人物志」と称され、彼は譜学の資料庫としての役割を果たしていたのである。聞くところによれば、一度、彼と余姚の人で博学の、秘書監の虞世南とが各地の人物を話題にした。その折り、李守素は江南と山東の世家から説き始めると、虞世南もそれに応答できていた。ところが、北方の氏族に話が及ぶに至っても、李の話は一々筋が通っていて、どの家の重要な事柄を話すときも、譜書を援用して証拠立てていた。それに対しては、虞世南は全く知識がなく、ひたすら手を揉みながら微笑んで彼の話を傾聴するだけで、一言も応答できなかった。話が終わった後、虞世南は感歎して、「肉譜は実に恐るべき人だ」と語った[15]。

唐代には、三度にわたって大型の譜牒編集がなされ、やがて大規模な官修譜牒は終結してしまった。本書の第二章では、唐代前期に三度にわたる修譜がなされ、『氏族志』・『姓氏録』・『姓系録』が作成されたことを論じた。三度にわたる修譜は、新しい貴族勢力の増大を反映しているが、貴族の中には〔新しい譜牒に対して〕反対者もいて、この種の、前時代からの修譜の傾向を未だに改変できないでいた。たとえば、氏族学に深い学識のある著作郎の孔至は『百家類例』を撰述し、譜牒に載せる条件は、「婚姻によって家は受け継がれ、冠冕を被るような高位高官が尽く備わる」ような家柄だと述べて、宰相の張説は新貴族だという理由から、『百家類例』に載せなかった。そのため、張説の子供で駙馬都尉の張垍《き》は不満を漏らし、天下の族姓の等級に関して、どうして孔至ごときが勝手に決めて良いのだろうかと語ったという。そこで、孔至に対して張説の一族を付け加えたらどうかと勧める人がいたが、右補闕の韋述は別の見解を持っていて、「大丈夫が筆を振るって一家の言を為したのだから、どうして一人のためにその主張を変える必要があるだろうか」と語り、結局、孔至は断固として変えなかった[16]。政府当局は、三度、氏族志を編纂して以後は、再び修譜を行わなかった。

（1）私家修譜とその特徴

個人による家譜〔私家譜〕の撰述は、その数量が極めて多くなっていた。隋朝の韋鼎は『韋氏譜』を作成し、それは宋代になっても伝わっていた。唐朝の人たちが編纂した譜書は、『新唐書』巻五八の「藝文志」〔譜牒類〕に二六種が著録されている。その中には、絳州出身で成州刺史となった裴守貞の『裴氏家牒』、咸陽出身で太子左庶子となった王方慶の『王氏家牒』、陸景献の『呉郡陸氏宗系譜』、吏部尚書となった劉晏の『劉晏家譜』、『鮮于氏家譜』、『趙郡東祖李氏家譜』、『李氏房従譜』などがある。私家譜は極めて多くの特色がある。その第一は、古くからの貴族が族譜を撰述しただけでなく、それを上手に保存していた点が挙げられよう。上述の裴・王・陸の各氏は、いずれも両晋以来の大姓であった。第二は、些かの宗族は房支の譜を編纂していた点が挙げられる。上に掲げた譜牒の、最後の二種類は全て房支譜である。第三は、譜牒に記す土地名であるが、あるものは古い先祖の居住地であって、別のものは新しい居住地であったりした。たとえば、王方慶は琅琊の王導の一一世孫ではあるけれども、『旧唐書』巻八九「王方慶伝」には、彼が雍州咸陽出身の人であり、彼の曾祖父の王褒は北周時代に咸陽に移住し、そのために子孫は咸陽を居住地としたとある。したがって、彼の家譜には、もはや「琅琊」の文字を冠することをしなかったのである。裴守貞の祖先は、元来、河東聞喜に居住していた人であったが、後になって絳州稷山に戸籍を移した。このように、居住地を変えるのは、旧貴族の分裂を反映しており、分裂した一部の貴族は新貴族の顔つきをして現れてきた。家譜は、こうした状況を正に表している。

（2）劉知幾の譜牒学理論

唐代譜学のもう一つの成果は、譜学理論の発展であり、それは主に劉知幾の研究中に表れている。劉知幾は、前近代中国を代表する史学理論の大家である。彼は、その著『史通』の中で譜牒学の原理を論述した。併せて自身でもそれを実践し、『劉氏家史』一五巻と『劉氏譜考』三巻を撰述して、とくに劉氏一族の源流や〔彼の所属する〕彭城叢亭里の劉氏一族の房支を詳述した。さらに重要なのは、彼は氏族志を史学の一部門にすべきだと考えたことである。『史通』〔内篇巻三〕の「書志篇」の中で、王朝史の「志」には三つの部門があるべきだと主張した。その一は都邑志、二は氏族志、三は方物志である。そして、氏族志に相応の地位を与えた。彼は、周代の「世本」以来の譜牒編纂の歴史を通覧して、「譜牒の撰述は、中古に盛んで、漢代になって趙岐の『三輔決録』があり、晋には摯虞の『族姓記』があり、江左〔南朝〕には二王の『百家譜』があり、中原〔北朝〕には『方司殿格』があった。思うに、氏族に関する事柄は、全てこれらに尽くされている」と述べている。彼は、中国の譜牒の機能を指摘して、「これを官庁に用いれば、士庶の区別をすることができ、これを国家に用いれば、中華と蛮夷とを区別できる」と語っている。彼が論じている譜学の発展史とその機能とは実際と相当程度に符合していた。彼は、これまでの歴史編纂が譜学を軽視して、その記載がないことを批判し、そのために「一体全体、国史を撰述しようとする者は、氏族志を書いて、百官志の後に置くべきである」という提案をした。『史通』は、唐の中宗の景龍四年〔七一〇〕に完成している。ところで、その『史通』以前に、貞観一〇年〔六三六〕に完成した『隋書』の、その「経籍志」には「譜系篇」があって〔巻三三〕、四一部の譜書が著録されており、それと同時に、そこには簡単な譜書の説明があって、譜牒の歴史が紹介されている〔中華書局、標点本、第四冊九九〇頁〕。この記述からは、唐初の史官は既に譜牒の価値に注意を払っていて、中古の譜牒発展の事実を、史書の中に反映しようとしていたと見るべきである。とはいえ、劉知幾は、理論上から譜牒と国史の関係を論証しようとしたのであり、それはやはり一種の発見だったといえよう。唐代以後になって、歴代の王朝の国史編纂に際して、史家は譜牒に留意するようになった。『旧唐書』〔巻四六〕の「経籍志」には「雑譜牒」の類目があって、そこに五五種の譜書が著録されている。一方、『新唐書』〔巻五八〕の「藝文志」にも「譜牒類」の類目があって、一七家三九部の作品が記載されている。『宋史』や『明史』にも同類の著録がなされている。かくして、劉知幾の理論と唐

初の史家の実践とは、紛れもなく譜牒学の学術的地位を引き上げたに違いない。[補注10]

（3）選挙第一、婚姻第二という譜牒機能の逆転

両晋南北朝の譜牒は、仕官に関係することが一番大切な機能であって、婚姻機能に関しては第二の位置にあった。唐代になると、この順序が逆転して、婚姻の選択に際して譜牒が使用されることが主要な地位を占めた。唐の太宗は氏族志の編纂を命令したが、その出発点は旧貴族の売婚と、婚姻を通じて没落旧家の地位を維持しようとすることに対する禁止にあった。したがって、詔令の最後に、「これ以後、明確に告示するので、婚姻相手の家柄の等級をそれによって認識して、典礼に合致させるように努めるべきである。これが朕の意図に添うゆえんである」と説いていた。[補注11]この詔書は、『全唐文』に、「刊正氏族詔」と題して載っているが、一方、『唐大詔令集』には「誡励氏族婚姻詔」という題名になっていて、婚姻問題を際立たせており、それが正に詔令の主旨だということを反映している。唐代は、とくに名門貴族同士の婚姻が禁止され、北魏以来の隴西の李宝や太原の王瓊《けい》ら七姓一〇家間同士の相互の通婚を許可しなかった。それと同時に貴族と非貴族との婚姻、とりわけ賤民との通婚も許さなかった。そのことは、譜牒中にも明確な説明がなされている。「敦煌唐写姓氏録残巻」の最後の部分に、「この命令が発布されて以後、禁止事項は明確になった。前述の郡姓出身者は、その通婚を許可する。婚姻の開始に当たっては、以前のような好い加減な遣り方では駄目で、必ず相手の家柄を精査をして、相手側の譜牒をよく知り、嘘偽りがないことを確認して、互いに配偶者となるべきである。貴族として認められる三九八姓以外に、雑姓が二一〇〇もあるけれども、それらは史籍に載っていない。それ故に、貴族同士の婚姻相手としては、三九八姓に限るとはいっても、中には官と好みを通じて、それに入り込もうとしたり、あるいは賤民から良民に入った例もある。ところで、営門〔兵士上がり〕の雑戸や慕容族の商賈〔商人〕の類は、譜牒があっても、通婚は許さない。もし、違反すれば、戸籍から排除する」と書いてある。(17) ここから、通婚に当たっ

ては、必ず族譜を調べねばならぬこと、貴族と賤民身分とは結婚できないこと、そして譜牒が婚姻の保証と監督の役割を担っていることが知られる。

（4）通国譜から家族譜に向かう過渡期

最後に、私たちは譜牒類型の変化の意義を見てみよう。〔唐・玄宗の〕開元以前は官修の通国譜が盛行していたが、その後、政府当局は、この種の譜書の編纂事業を再び行わなかった。これと対応して、私家修撰の家族譜がそれを引き継ぎ、絶えることなく継続していった。しかも、唐代以後、もはや官修譜牒の盛況が元に戻ることはなく、私家修譜がそれに取って代わり、宋代以降、私家修譜が長期に栄えて衰えることはなかった。だから、唐代は譜牒の類型からすると、通国譜と家族譜が交替する過渡期だと言えるのである。龔鵬程は「唐宋族譜之変遷」という一文で、次のように言っている。唐代の譜牒は〔単なる〕南北朝の譜書の延長ではなく、〔隋唐という特殊な〕時代を背景として、あらゆるものが衝突しあい、議論の的になり、摩擦を起こしていた。そして、この時代は、世代を重ねた豪族が勢力をもつ社会構造〔それ自体〕が変化して行く真っ直中にあったし、その証拠も存在する。それは、また魏晋型から宋代型に次第に転化して行く転型期でもあったのである、[18]と。筆者と龔鵬程氏の説く譜牒の変化と転換とは、もしかすると、以下に述べる図式を使用することによって、より明瞭になると思われる。それは、〈魏晋の通国譜と州郡譜→唐代の通国譜と家族譜→宋代以降の家族譜〉という図式である。

## 五　宋元時期――私修譜牒の体例の定型化

宋元は譜牒変化の完成期であり、この時代に官修を主とする時代は終わりを告げ、私修〔私撰〕を主とする段階に入っていった。つまり、①譜牒の体例に巨大な変化が生まれ、家族譜に新しい体例の類型が作り出されたが、その影響は深く社会に浸透して現在に至っている。②譜牒の社会的価値にも大きな変化を生じ、譜牒が仕官と婚姻に果たした主導的役割は消え去り、それに代わって倫理教育の機能が著しく上昇した。このことは、人びとの関心が宗族の社会的地位よりも族内の人間関係を重視するという観念の変化と一致している。③譜書の編纂事業は、唐代やそれ以前のように、人びとの心に深く浸透して、貴族以上の特権階層に広範に関心を寄せられていたというような状況ではなくなった。④政府当局は、以前のように譜牒を重視しなくなり、帝室の玉牒以外の譜牒に対しては、如何なる興味も感じなくなっていた。以上、これらのことが、概ね宋元時期の譜学の特徴といえよう。

## 1　譜牒に対する宋人の認識

南宋の鄭樵は『通志』巻二五「氏族序」で譜牒学の歴史を論じて、「五代以来、官吏採用に家柄を問題にしなくなり、婚姻も家柄を問題にしなくなった。そのため譜牒は散逸してしまって、譜牒学も伝わらなくなった」と語っている。[補注12]鄭樵のこの言辞を出し抜けに見せられると、鄭樵は譜学が五代になって失われ、宋代には譜学がなくなってしまったと語っているようにみえる。しかし、その実、彼は官修譜牒とその表現形式、つまり通国譜を語っているだけなのである。つまり、唐末五代の戦乱を経過して、譜書は失われ、宋朝も、この種の譜書を再び編纂することはなくなり、人びとの出仕や婚姻選択にも、この種の書籍を調査する必要はなくなり、したがって譜学は伝えられなくなったと言っているのである。ここでは、単に、私たちにとって、鄭氏の説明は中古の通国譜と譜学が伝えられなくなったが、それは決して後世に譜学がなくなった訳ではないということを明瞭にすれば良いのである。当然、彼は宋代の人間として、当代人（すなわち宋朝人）が族譜を編纂している事実を敏感に捉えきっておらず、それに対する説明を出来ないでいた。それ故に、彼は譜学発展の道筋を完全には語り得ないでおり、人びとに誤解を容易に生じさせている。宋代以後の家族譜の隆盛と発展とに対しては、後世の人びとは鄭樵に比較すれば、より明瞭に認識できる。清代の李兆洛は『養一齋文集』の「薛氏族譜序」の中で、「宋以後、隋唐の譜学は廃れ、それに代わって欧・蘇の譜法が興ってきた」と記している。[補注13]すなわち、李兆洛は、欧陽脩と蘇洵の譜学が中国史上の譜学発展の一段階を画していることを明確に指摘している。そうしてみると、譜学史上の認識からすれば、次のように言えよう。唐宋の間は実に巨大な変化であり、この時期に中古の譜学は歴史の舞台を降り、新譜学が誕生した。そして、それは欧・蘇の譜学を代表とし、譜学の新しい時代が切り開かれた、と。

## 2　欧陽脩・蘇洵の族譜撰述とその体例

欧陽脩は、郷里が江西廬陵であり、官僚としては参知政事〔副宰相〕に到達し、『新唐書』・『新五代史』を撰述し、「欧陽氏譜図」を記した。[補注14]「欧陽氏譜図」は『欧陽文忠公集』に収められている〔居士外集巻二一所収〕。彼は譜牒学に対して多くの研究を進め、『新唐書』の「宰相世系表」は新しい体例を作ったものであるが、それは唐朝に出仕し、宰執となった人物を、一族を単位として、その氏族の淵源や系譜、及びその房支や伝承を一つずつ明らかにしている。彼は歴史編纂に携わった経験を基にして、それを自分自身の一族の歴史方面に用いて、一族の成員名、成員の科挙合格の有無、成員の仕官の状況を調査した。そして、十余年の資料収集を経て、資料の異同を考察し、嘉祐四年（一〇五九）に「欧陽氏譜図」

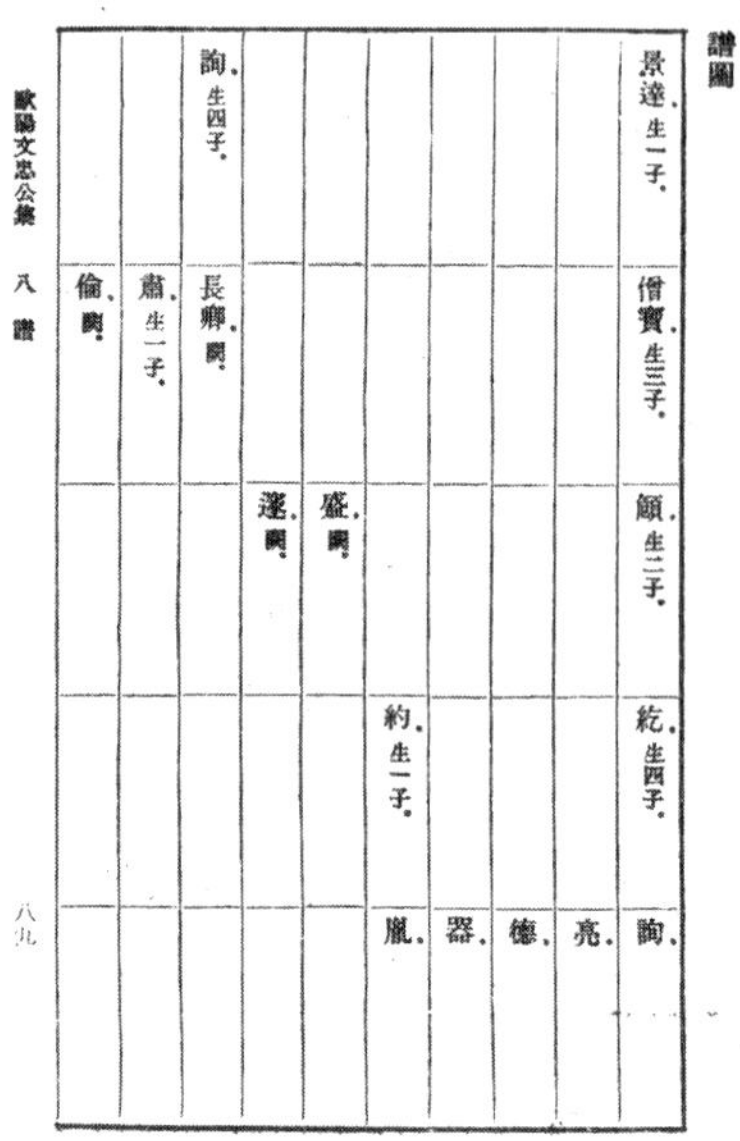


欧陽氏譜図（その１）

欧陽氏譜図（その２）

を編纂した。「欧陽氏譜図」は二種類の形式が残っていて、一つは碑文に刻み込まれた「石本」と呼ばれるもので、もう一つは『欧陽文忠公集』に入っている「集本」と呼ばれるものである。二つの文章の文字には少し差異が存在しているが、それは恐らく石碑に刻み込まれた後に、改訂を行って〔集本を作成した〕けれども、石碑の文章は改変できなかったからであろう。[補注15]〔石本の〕「欧陽氏譜図」は四つの内容を含んでいる。それは譜序・譜図・伝記・譜例である〔集本には「伝記」がない〕。「序」は、欧陽氏の先祖の歴史、欧陽という姓氏となった理由、修譜する理由を概述している。「譜図」は欧陽氏の世系図を描いたものである。「譜図」の後が族人の小伝である。「欧陽氏譜図」の原書には篇目がなく、以上は筆者が纏めたものである。「譜例」は編著の原則が語られている。原書を細かく読むと、欧陽脩の族譜撰述の考えと方法とを知ることができる。すなわち、〔欧陽脩からみて〕身近な族人は詳述し、遠い族人は簡略に記すという著録対象者に対する原則である。それ故に、「譜例」には「宜しく遠近親疎を以て別と為し、凡そ遠い者・疏なる者は之を略し、近き者・親しき者は之を詳《つまび》らかにす。此れ人情の常なり〔族人を遠近と親疎によって区別し、疎遠な親族は略述し、近い親族は詳述する。これは人情として常識的なことである〕」と記されている。欧陽脩は、〔「譜例」の中で〕各房支がそれぞれ修譜することを主張しているが、それは、それによって各族人同士の関係が明確になり、族人同士の関係を考察できるからであった。そして、もし各房支が修譜をしっかりと行えば、それらを持ち寄ったときに総族譜となるのではなかろうかというのである。彼は、この原則に基づき、「譜図」は欧陽万から欧陽脩に至る九代の人たちの世系を記録するに止めた。世系は図の形式で表示し、五世代を一つの図に収めた。そして、図は「旁行邪上」という方法を採用した。それを具体的に言うと、まず第一世代の名前が記され、その名前の下にその生まれた子供の人数が注記される。続いて〔第一世代の下の枠内に〕第二世代の名前が記され、その名前の下に誕生した子供の人数が注記される。こうして順番に第三世代、第四世代、第五世代と記されていって、一つの図が完成する。そして、次の図になると、前の図の第五世代を一番上に書いて、その後、第六世代、第七世代、第八世代、第九世代と記される。この第二図は、図の位置からすると、第一図と並列している。欧陽脩の場合、第九世代までを書いて、第一〇世代は書いていない。もし、第一〇世代やさらに多くの世代を記そうとするならば、この「譜図」の遣り方に従って、五世代を一図とすればよく、その方法は〔服喪の〕五服制や小宗の考え方と符合している。五世代ごとを一図として、各図を並列させる遣り方は、司馬遷の『史記』巻一三の「三代世表」の方法を参考にしたものである。昔の人たちは、それを「旁行邪上」と称しており、それは実際上は周代の譜牒の伝統を継承し発展させたものである。〔「欧陽氏譜図」の〕伝記は、該当者の簡単な履歴と重要な事柄を記し、その中に名前〔諱〕・字・科挙の合否・仕官・封贈・享年・埋葬地・配偶者の記述を含んでいる。欧陽脩が「欧陽氏譜図」を作成しようとした理由は、一族の「忠孝」の伝統を伝えようとしたためであった。それは、〔集本〕「譜序」に、欧陽氏一族の家風は「忠を以て君に事《つか》え、孝を以て親に仕え、廉を以て吏と為り、学を以て身を立つ〔君主に忠義を以て仕え、親には孝行を以て接し、官吏なれば廉潔であり、学問によって身を立てる」」と記されているとおりであり、その家風を子孫が伝承して、一族が代々にわたって続くことを望んでいるのである。補注16

「蘇明允は二七歳になって、発憤して、書籍を読み始めた」補注17。『三《マ》字経《マ》』補注18を書いた蘇洵は、四川眉州の人で、蘇軾と蘇轍という二人の子供と一緒に都の汴京〔開封〕にやって来て、欧陽脩に認められ、広く世間に喧伝してもらった。蘇洵には『嘉祐集』という文集がある。彼は、唐末以来、修譜制度が廃絶して、そのために、とりわけ貧賤から富貴になった人が、〔祖先に関する〕事実を語ることを恐れて、殊さらに譜牒を求めなかったという状況を目の当たりにしていた。蘇洵は祖先を忘れるべきではないと考えて、欧陽脩と族譜編纂の事柄を議論し、併せて至和二年（一〇五五）に「蘇氏族譜」を書き上げた。その中には「譜例」・「族譜」・「族譜後録」〔上下〕・「大宗譜法」・附録・「蘇氏族譜亭記」〔『嘉祐集』巻一四〕が含まれている。蘇洵は譜義法を撰述したが、とくに注意に値するのは次のとおりである。すなわち、彼は小宗法を採用し、族譜には六世代の族人を著録しただけであった〔四代先の高祖から自分の子供の世代までを記す〕。そして、五世代目の彼から上は高祖〔四代先の祖先〕まで遡り、それ以上は書かないことにした。その理由は、四代先の高祖で〔服喪すべき〕身近な親族は尽きてしまっているので、それ以上の先祖は書き記す必要はないというのである。また、蘇洵は、譜牒の保存と、修譜の継続を主張している。つまり、譜牒が完成すれば、〔その譜牒に載る〕高祖の子孫はその一組を各家に保存しておく。そして、子孫の世代が下って五世代に達すれば、そのときに再び家譜を続修する。このようにして修譜を繰り返せば、全体から見て、修譜は断絶することなく、家系は混乱するはずがない、と。ところで、世系の書き方は、「表」方式を採用し、六代が一つに纏められており、それは欧譜の五世代を一つにした方法と異なっている。修譜の目的は、族人同士の「孝悌」を大切にするためであった。蘇洵は次のように説いている。五服の関係にある族人同士は、喜びと悲しみを共にしなければならず、譜書を見ることによって、族人は互いの服喪関係を知ることができて、かくして「孝悌の心、以て油然として生ずべし〔孝悌の心が油が盛り上がるように浮かび上がっ

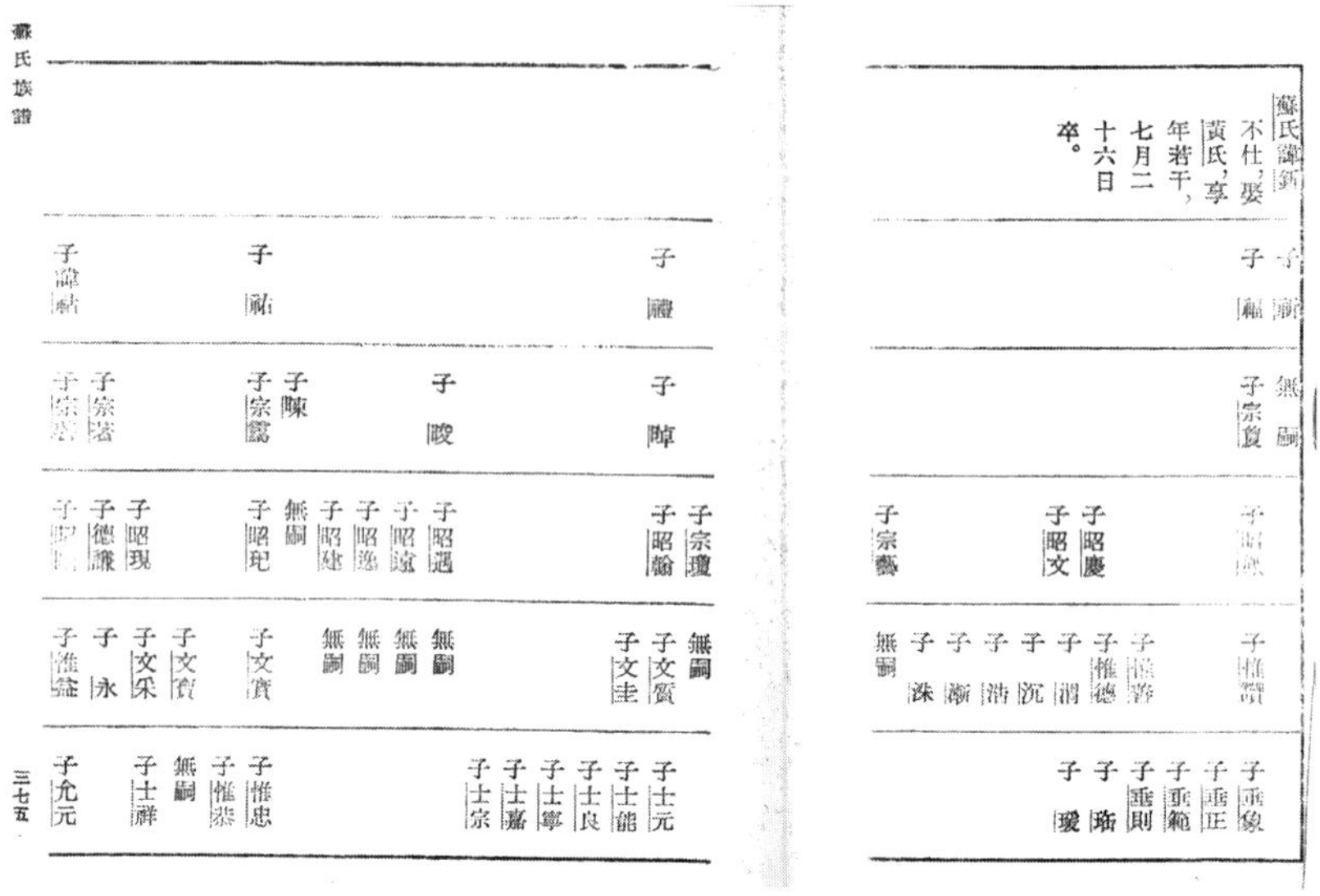

蘇氏族譜

てくる」」と。譜牒は石に刻み込まれ、その石碑は蘇洵の高祖の墓地付近に立てられた。石碑の上は四阿《あずまや》で覆われて保護された。それと同時に、碑亭では祖先祭祀と族人を教導する儀式が執り行われた。附録には、「欧陽氏譜図」と欧陽脩の手になる「題劉氏碑後」が載っている。補注19

上で具体的に紹介してきたことから分かるように、読者は既に欧・蘇二譜の比較をして、その異同を見出すことが可能となった。二譜の共通点は、次のとおりである。体例としては、①いずれも譜序・譜例・世系・伝記があり、②小宗法が採用されて、近い親族を詳述し、遠い親族を略述することが行われた。③伝記に含まれる要素は、いずれも諱・字・仕官の有無・人柄・生卒・享年・埋葬地・配偶者・子供数であった。④修譜の意図も近く、忠孝を子孫に教育して家門を代々に伝えて行こうとした。⑤一族の始原や祖先を考証して、それらが充分に信用できないにもかかわらず、欧陽脩も蘇洵もそれらに対して重視する態度を示していた、と。ところで、欧譜は図を使い、蘇譜は表を使い、両者の世系の表示方法には相違があった。図による表示方法は、当該宗族が何世代にわたるかに関わりなく、族人がどれほど多くても、便利に記録することができた。しかし、その方法は世代と族人が多くなれば、族人を調べて見つけるには、それほど便利と言えなくなる。一方、表による表示方法は、族人の世系と血縁関係が一目瞭然となりやすい。しかし、世代が遠くなり族人が多くなれば、表は作成が難しくなり、書くのが極めて不便である。このように、譜図も譜表も、それぞれ利点と欠点があり、互いに補う必要がある。後世の修譜者は、常に欧蘇の二者を総合し、同時に併用していたのは、こうした理由による。

　欧蘇二譜には、共通の問題があると筆者は考えている。すなわち、族祖を重視しているが、遠くて古い祖先は決して明瞭ではなく、その上、それらを調べ上げて明らかにすることも不可能であるからである。たとえば、欧譜は、欧陽氏が〔夏朝を創始した〕禹の子孫で、また越王勾践の子孫でもあると述べている。一方、譜序と伝記の叙述からすると、唐初の欧陽詢と唐末の欧陽琮の間は、五世代しか離れていないことになる。これは三〇〇年近く〔続いた唐朝の最初と終わりで〕僅かに五世代が経過しただけと述べていることになる。また、それとは別に欧譜は唐末の欧陽琮と〔五代の〕欧陽万は八世代を経過し、欧陽万と欧陽脩の間は九世代離れていると記している。そうすると、欧陽万が重複しているのを除けば、欧陽琮から欧陽脩までは一六世代となる。ところが、唐末から欧陽脩が修譜するまで一五〇年に過ぎず、一世代を三〇年ではなく二〇年として計算したとしても、一六世代では三二〇年となる。一五〇年で、どうして一六世代の世代を重ねることができようか。そして、欧陽琮以前の三〇〇年は、無論、どうしても五世代では伝えることはありえない。つまり、このように記録されていることと、欧陽氏一族の世代の繋がり方の実際とは極めて合致しないのである。[補注20]このことに対して、清朝の銭泳は、『履園叢話』巻三「宗譜」の中で次のように批判している。後世、多くの家譜は、姓氏の起源、一族の始祖、遠い先祖を書くとき、欧蘇を手本としているが、実際は良い伝統とは思われない、と。

　欧譜と蘇譜は、いずれも小宗法に基づく修譜の方法である。欧陽脩は自分の修譜には欠陥があって、他人が模倣するには差し障りがあると感じていた。そこで蘇洵は、また大宗法の修譜を案出しようとして、それを「蘇氏族譜」に記録し、他人の参考に提供した。

　欧譜と蘇譜が共通するところは、その主旨・体例・書例であり、それは近古以後の、宗族譜書の体裁を確立した。そして、それは前近代の図書文献中で一つの形態、つまり家族譜の形態を形作った。両譜は、疑いもなく中古の譜牒とは継承関係にあるけれども、しかし、その趣旨や体例には多くの相違点が存在する。とくに中古の族譜は、多く代々官僚を輩出した一族の家譜であるが、欧陽氏一族にしても蘇氏一族にしても、族譜が作られたときは、一族からの官僚輩出の時間が経っていなかったので、[補注21]そこには両族のどちらも官と民の間に介在するという状況が反映されていた。彼らの譜書の体例は、こうした類型の一族の修譜欲求に適合しており、さらには宋代以降の社会状況にも適していた。これ以後、一つの宗族が自分の一族の歴史を編纂しようとするとき、欧蘇の体例は、その手本を提供し、人びとから規準と見なされた。元代の徽州教授程復心は、延祐元年（一三一四）に武進（江蘇省常州市）の姚氏一族の族譜に「序」を記し、そこで欧蘇の族譜を学ぶ必要性を主張し、「蘇氏と欧陽氏が相継いで起こってきて、それぞれが族譜の形式を作り出して、昭穆を明確にし、近い親族と遠い親族を弁別していた。それらは詳細で稠密であり、実に後世の修譜の模範となったといえる」と述べた。[19] 明代の大学士の邱濬『大学衍義補』には、「唐以前は譜牒を官修したが、宋以後は私家が自分の一族の譜牒を撰述した。最初に盧陵の欧陽氏と眉山の蘇氏二家が自族の族譜を編纂し、明の士大夫も、それに倣って、しばしば自族の族譜を作成した」とある。[20] この文章は、元・明の士人の修譜が、欧蘇の修譜行為を学び、その体例を真似たことを明瞭に示している。つまり、疑いもなく、欧蘇の体例が後世の人びとに準拠され、私家修譜の主要な体例となった。そして、そのことは家族譜というジャンルが成熟したことを示している。

## 3　その他の宗族の修譜及び体例の完備

宋元時代には一群の家族譜が出現した。現存する明末編纂の『新安蕭江宗譜』には「譜説」という項目があって、そこに宋人による家譜編纂に関する発言が収録されている。[補注22] その中には欧陽脩・蘇洵・司馬光・王安石・胡宏・蔡文《ママ》〔元?〕定・程頤・王十朋・呂東萊〔呂祖謙〕・黄庭堅・陸九淵・陳淳らの発言が載っており、家譜に関心を寄せる人が多少なりとも存在していたと知られる。『宋史』巻二〇四「藝文志」〔の「譜牒類」〕には、一一〇種の譜牒が著録されている。その中で、筆者が宋人の撰述したものだと確証できたものには、江西南豊の曾鞏《そうきょう》・曾布・曾肇《そうちょう》の兄弟による『曾氏譜図』、浙江衢洲出身で吏部郎中であった毛漸の『毛氏世譜』、河南陳州の人で、外戚の符承宗の『符彦卿家譜』、開封の向緘《しょうかん》の『向敏中《しょうびんちゅう》家譜』、呉越王銭鏐《りゅう》の子孫で、枢密使となった銭惟演の『銭氏姓系録』がある。この他に、王安石の『王文公文集』巻三三には「許氏世譜」という一文が載っていて〔『臨川文集』は巻七一に所収〕、臨川の許氏一族に族譜があったことを明瞭に示している。後世に詩詞と書道で名前を知られる江西修水の黄庭堅一族にも族譜があって、黄庭堅はその序言を書いている。[補注23] 明朝の人が編纂した『許氏統宗世譜』には、許漢の「休寧許氏支派」という一文があって、その「按語」には一族の家柄・移住・修譜の状況が記され、そこから宋代に四度、元代に一度、合計して五度にわたって族譜が編纂されていたことが知られる。元代、浙江麗水の祝大朋は、郷里の外に分散してしまった族人を訪問して、各地の族人を家牒に書き記した。[21] 元代の修譜に関しては、常建華氏が「元代族譜研究」と題する一文に論じており、それによると、一六九種に及ぶ元朝人の文集の中で、四〇余部の文集に家譜の序文や跋文が載っているという。[22] ここから、元代には少なくとも数十種の家譜が割と有名であったと判明する。

南宋と元代の族譜編纂においては、欧・蘇の体例に補充が加えられ、宗族生活の内容が豊かになるに従って、体例の内容も豊富になり、次第に完備するようになっていったのである。ここでは、単に、元代の、江蘇武進の『姚氏宗譜』の譜例だけを取り上げて説明を行う。姚氏譜の第一項は、「王言」で、そこに姚氏一族が帝室から獲得した恩賜が示されている。第二項は「徳業」で、そこに族人の功績が推賞されている。第三項が「世系」で、姚氏の淵源と遠祖が記述されている。第四項は「世次」で、近い時代の族人が表の形式で載せられている。第五項は「伝讃」で、族人の伝記を記して先祖を顕彰している。第六項は「表志」で、宗族の事務を記している。第八項が「著述」で、族人の著作を転載し、族人の著作の伝播に便宜を図っている。[補注24]この譜例は、欧譜と蘇譜に比較すると、王言・徳業・表志・著述・〔文献〕が増やされており、また世系は、世系と世次の二項目に区分され、かくして欧蘇の体例を大いに豊富にしていた。一方、この姚氏の譜例の出現は偶然ではなく、当時の風潮であった。そこで、程復心は、この八項目の後に、「皆な近世の尚ぶ所にして、譜系の宜しき所とする者なり〔全て、これらは近頃、推奨される項目であって、それらの項目は譜系にとっても適切とされるものである〕」と説いているのである。(23)

宋元時代、当時の人は、私家修譜の状況に対して、不満に感じる部分があった。その一つは族譜編纂が、それほど広まっていないことに対する不満である。二つ目は、譜書の、事実とは異なる点に不満を抱いていた。実際上、当時の修譜は、一族内の事柄であって、最早、官僚選任とは関係なかったので、政府当局もその内容の真実性を必ずしも調べたりはしなかった。他方、個人は、自族の譜牒の管理が必要なだけで、その上、他族の修譜には口を出せなかったので、族譜に偽りの内容があっても、それに気づかなかった。こうして、家族譜の真実性を欠くという問題は、それが問題として発展していったとしても、矯正できなかった。

## 4 族譜の特徴と機能

呂思勉は「宗族小史」〔すなわち「宗族」〕の中で、「宋学が盛行すると、人びとは親族と仲良くし、同族を結束させる気持ちを持つようになり、かくして族譜編纂が再び盛んになった」と述べている。[補注25]これは、宋以後、人びとが族譜を編纂したのは、「敦宗収族〔親族と仲良くし同族を結束させる〕」ためであったことを、実に一つの語句に中に的確に示している。筆者は、呂思勉の言辞をさらに一歩進めて、宋代以降、「収族〔同族の結束〕」は、各宗族の活動の共通目的となり、修譜は収族方法の一種あるいは手段となったと考えている。そもそも宗族が分封制の権利〔封土を貰う権利〕を失い、〔中古の〕貴族が恩蔭による免役の権利を喪失して以後、族人が再び一つに結びつこうとするとき、新しい条件が必要となった。それが北宋に出現して開始された宗族の共有経済、つまり義荘・義田と、それに修譜であった。このように、義荘・義田・修譜が、宋代以後の、いわゆる収族の手段となってきたのである。ところで、修譜と収族の関係を重視する理由は三つ存在する。その一は、修譜活動それ自体が族人の同族としての観念を強めるということである。修譜には編集者がおり、彼は族人と連絡をつけ、族人相互の関係を理解し、旧譜を探し、その収蔵者と連絡せねばならなかった。そして、族人を率いて編纂事業に参加させ、修譜を宗族全体の行為として、同宗観念を増強させ、宗族の凝集と形成に有益あるようにせねばならなかった。元明時代の游《ママ》黙斉は、既に、こうした道筋を説いて、「〔周代に存在していたような〕宗法が既に壊れてしまえば、〔宗族を統轄する〕宗子も存在しなくなった。そのような状況で、どうして同族同士を仲良くさせることができようか。しかし、ただ族譜という一事があれば、宗族を合わせ、血脈に繋がる人を結集させることができるのだ。こうして、先人たちは修譜に心を傾けたのである」と論じていた。[24] その二は、修譜は、人びとに対して思想上から「尊祖〔祖先を尊ぶ〕」という旗印を打ち立てて、宗族を建設させることになった点である。族譜作成の主な業務は、族人の世系を識別し、古い祖先が誰かを確定し、そうして族人同士の関係を明らかにすることである。それ故に、程頤は、「族譜作成の要は、一族の根源がどこにあるかを明確にして淵源にたどり着くことである」と述べている。[25] その三は、修譜によって、人びとに人倫の道や孝悌の道を遵守して、同族同士が睦み合い、宗族を形成させることである。つまり、人びとは族譜の世系図表の中に自分の位置を見つけ出し、それによって、族人間の昭穆関係が明白になり、その結果、宗法を理解するのである。それが、蘇洵の説く「孝悌の心、油然として生ず〔孝悌の心が油盛り上がるように浮かび上がってくる〕」ということである。

# 六　明清時期——私修族譜の発展期

明清時代は、前近代における私家修譜の集大成の時期であり、修譜の理論が発展した。族譜の体例も一層完備されて、官修の国史や方志〔地方志〕の体裁に似てくるようになった。その著述自体も次々に現れ、千を以て数えられるほど多くなり、古文献の重要な要素を構成するようになった。また、族譜の機能も多様化し、教化機能が強調され、政治思想の領域から時の政権を支えるようになった。とはいっても、その機能は、中古時期に官員の選任と婚姻に奉仕していたのとは異なっている。

## 1　政府当局が族譜編纂を主唱

宋元時代、民間の修譜に対して、政府は口を差し挟まない態度を採っていた。恐らく、それは政府がまだ民間に対する修譜の教化作用を認識していなかったからであろう。明清の政府は、それとは違って、積極的に修譜を主唱する方針を採用した。明の太祖は民間に向けて「六《りく》条聖諭」を発布し、民衆に、「父母に孝順たれ、長上を尊敬せよ、郷里と和睦せよ、子弟を教訓し、各の生理を全《ママ》くし、非違を作すこと勿かれ〔父母には孝行を尽くし、目上を尊敬し、郷里の人たちとは仲良くし、自分の子弟は教え導き、各人は自分の仕事の本文を尽くし、法に悖《もと》ることはしないように〕」ということを求めた。[補注26] これは、家庭に対して、宗法倫理をその成員に教育するように呼びかけたものである。正に、この種の奨励の下で、些かの宗族は活動を展開するとき、聖諭六言を読み上げ、併せてこの種の聖諭の宣読を族規に規定し、聖諭を族譜の中に記録した。そこから、聖諭が民間の宗族活動と修譜活動の展開を促進させていたと見ることができる。清代の皇帝は、明朝よりもさらに一歩進め、康熙帝は「聖諭十六条」を公布して、民間に「宗族を篤くして以て雍睦を昭らかにせよ〔宗族同士の関係を深め、一族は仲睦まじくせよ〕」と要求しており、雍正帝はさらに明確に、「族譜を修めて以て疏遠を聯《つら》ねよ〔族譜を編纂して、一族の遠い親族とも聯繋を強めよ〕」と説いている。これは民衆に家譜を編纂して、「疏遠を聯ねよ」という目的を実現せよと呼びかけている。「疏遠を聯ねよ」という以上は、必ず一族内の大きな範囲を対象として修譜しなければならず、五服内の親族だけではなかったはずである。康熙帝と雍正帝の説諭は、家譜の撰述が民間の重大な活動の一つであって、修譜は宗法思想を体現し、従順な民衆を育て上げるのに有効な方法であり、それを鼓舞して提唱する必要があると皇帝が充分に認識していたことを明瞭に示している。

明清両朝は、それぞれ帝室の玉牒を編纂した。明朝は『天潢玉牒』・『宗支』などの書物を完成させた。清朝は特に玉牒編纂を真面目に行い、一〇年ごとに一回ずつ玉牒を編纂し、それを頑なに守り続け、『宗室玉牒』・『列祖子孫宗室横格玉牒』・『列祖子孫宗室竪格玉牒』などを編纂した。それらは別々に満州文字と漢字の両文で作成され、またそれぞれ二部が清書されて、北京と盛京（現在の遼寧省瀋陽市）に所蔵された。

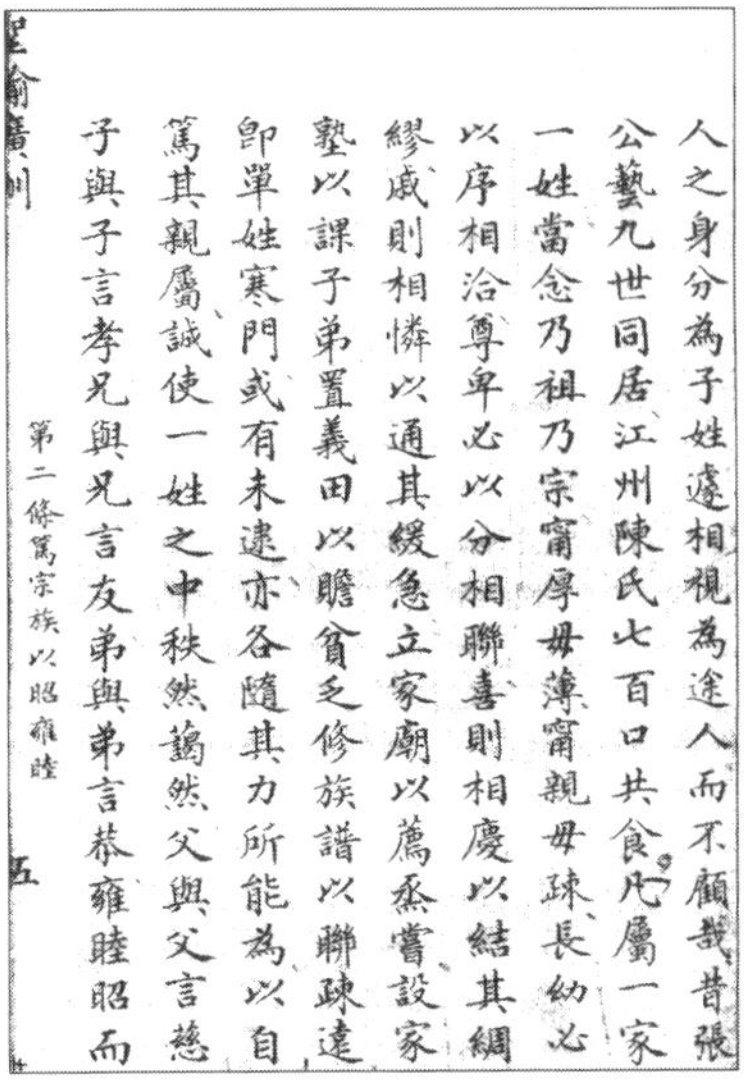
聖諭廣訓

人之身分為子姓遠相視為途人而不顧哉昔張公藝九世同居江州陳氏七百口共食凡屬一家一姓當念乃祖乃宗寧厚毋薄寧親毋疎長幼必以序相洽尊卑必以分相聯喜則相慶以結其綢繆戚則相憐以通其緩急立家廟以薦烝嘗設家塾以課子弟置義田以贍貧乏修族譜以聯疎遠即單姓寒門或有未逮亦各隨其力所能為以自篤其親屬誠使一姓之中秩然雝然父與父言慈子與子言孝兄與兄言友弟與弟言恭雍睦昭而

第二條篤宗族以昭雍睦　五

雍正帝が「聖諭広訓」で「宗族を糾合するために修譜の必要性を説いた箇所」

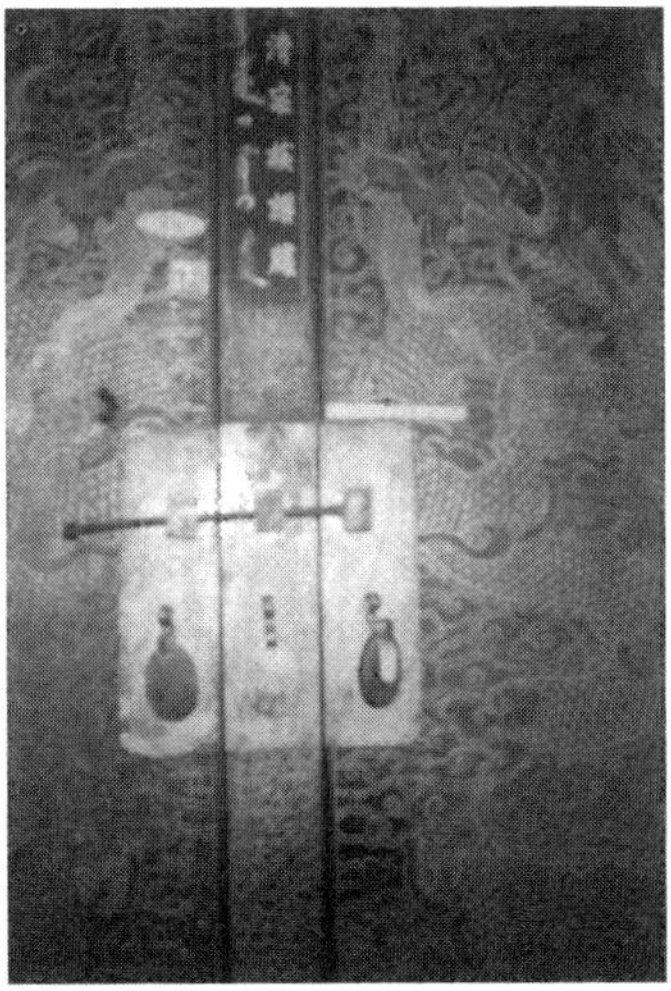
清朝帝室の玉牒収納箱

清朝は、満州人が皇帝となったことによって、政府において旗人（満州八旗・蒙古八旗・漢軍八旗）が重用され、一定数の職位、すなわち「旗缺」（「缺」は職位の意味）が彼らに与えられた。旗人は、また世襲の爵位と官位を持っていることも多い。かくして、清の旗人としての戸籍や身分を明瞭にしなければならず、このために八旗用の族譜を編纂する必要があった。乾隆初年、親王の弘昼は『八旗満州氏族通譜』（八〇巻）の編纂責任者に任命された。それは、中古の通国譜に類似しているけれども、掲載されている氏族は旗人に限定されたものにすぎなかった。この書物は、満州の各氏族や、早期に清朝に帰順したモンゴル人・朝鮮人・漢人の各一族の源流を書き記し、各氏族の著名人の小伝とその子孫の世系や官職を叙述していて、全満州旗人の一族史となっていた。この書物を著述するために、各旗人の一族は資料を提供する必要があった。一方、旗人側からすれば、爵位を継承し、官職に就くためにも、一族員としての証明を有する必要があり、そのためにも当局が認可した家譜を提供せねばならなかった。二〇世紀八〇年代以前、中国国家図書館は満文本の満州族譜一一種、モンゴル語文の族譜五種を所蔵していた。中国第一歴史檔案館には多くの内務府の荘頭（荘園・銀荘・綿花荘などの管理者）の族譜が収蔵されていた。これは、彼らの派遣に当たって必ず上申し

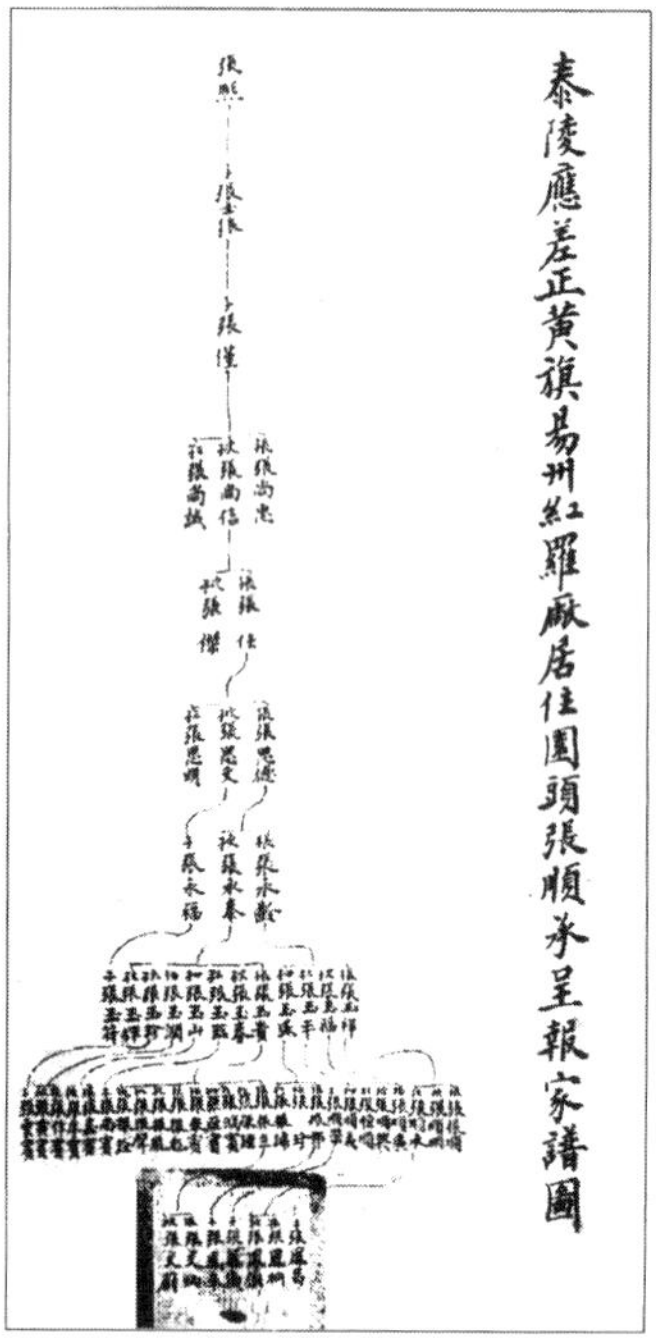

清朝の内務府所蔵の荘頭家譜

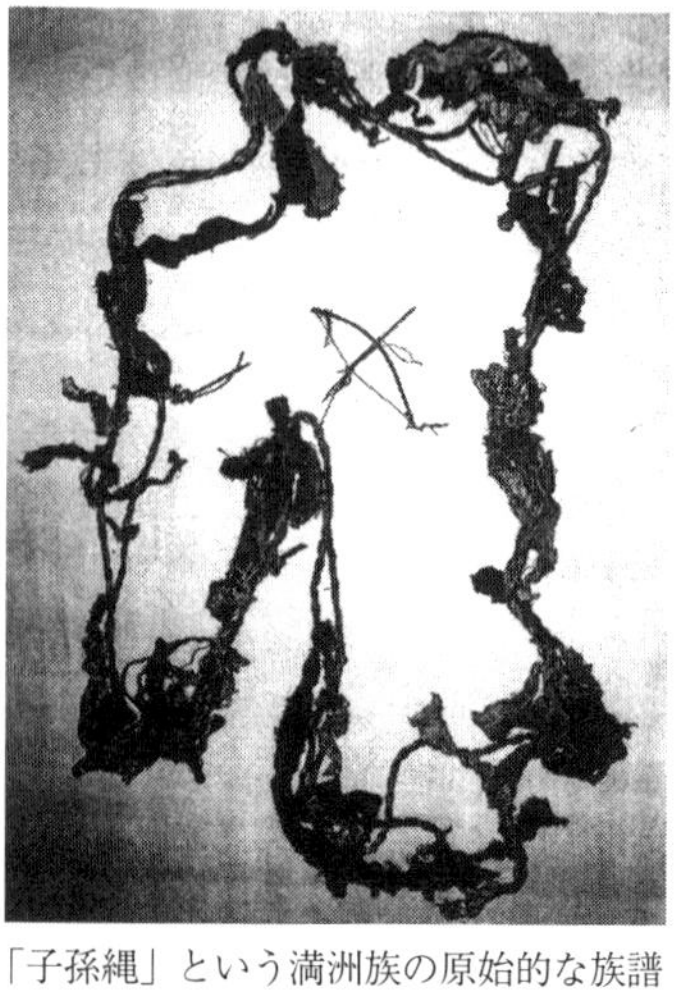
「子孫縄」という満洲族の原始的な族譜

なければならない文書であった。孫文良主編の『満洲大辞典』は、八〇部の満人族譜に対する紹介を行っているが、その中には多くの清代に編纂されたものが存在する。修譜をめぐって、訴訟事件も出現していた。道光時期、正黄旗蒙古の馬甲玉柱は、保慶が勝手に宗譜を改訂し、自分を偽って官位を継承したと告訴したが、取り調べの結果、保慶は事実に依拠して継承したと判明し、玉柱の告訴は誣告とされた(26)。この事件は旗人の族譜が実用的な機能を持っていたことを明瞭に示しており、それ故に朝廷でも民間でも大切にされたのである。

清朝時代、家譜をめぐる文字の獄が出現した。しかし、これは皇帝が主唱する修譜とは抵触せず、その上、民間の修譜熱にも影響しなかった。雍正七年（一七二九）、湖南瀏陽で朱という姓氏をもつ一族の家規をめぐる事件が発生した。それというのも、家規の中に「侏離左衽《じん》は、華夏を変ずべし〔夷狄の言語と衣服を左前に着るような夷狄の風俗は、中華文化を変化させるだろう〕」という記述があったのである。つまり、漢人の着る上着は、礼装は右側にボタンがあり、これが「右衽」であるが、〔満州人を含む〕少数民族は「左衽」であった。湖南巡撫は、この記述は満州統治に反対するものだと認定し、朱姓の人間を逮捕して尋問した。併せて当時の特別な大事件となっていた湖南人の曾静の事件と関連づけた[補注27]。実際は、朱姓一族の謀叛という事実は全くなく、最後には朱姓の人たちは無実ということで解決した。乾隆年間、河南巡撫は、皇帝の命令を受けて、致仕して郷里にいた彭家屏の家を徹底的に調べた。すると、その家の『大彭統紀』と題する族譜の祖先名に、皇帝の諱を避けるために、別な漢字を用いたり、あるいは缺筆〔漢字の一部の字画を書かない。缺画とも言う〕したりしていないということが判明した。元来、彭家が調査されたのは、明末の野史を収蔵していたからであって、その調査中に家譜に皇帝の諱が避けられていないという重大な不敬罪を発見したのであった。巡撫は、乾隆帝に対して彭家屏を自殺させるように促した。この種の事件は、修譜に対する民間の警戒心を呼び起こし、言葉遣いに留意し、皇帝の諱を犯さないようになった。たとえば、広東宝安県鼇《ごう》台の王氏一族は、乾隆晩期に族譜編纂を行ったが、とくに一つの凡例を定めた。そこには「族譜中に載せる漢字は、清朝歴代皇帝の諱だけでなく、今上帝の御名をも当然に避けて、尊敬の気持ちを明らかにする。ここに歴代皇帝の功績を受けて改正し、そのことを特に明示して、後世にその意図には考えがあってのことだと知らしめる」と記されていた。こうした事実は、文字の獄が残虐性を増した乾隆時代の人びとが今までどおりに族譜編纂を実施しながらも、極めて慎重にであったことを明瞭に示している。

## 2　族譜編纂の盛況

明清時代の人たちは、朱熹の、三代にわたっても修譜しないことは不孝だという警告に対して特別に留意し、修譜が極めて大切な事柄だということを充分に知っていた。宗族の中には、族規という形式を借り、絶え間ない族譜編纂の決心を表明していた。徽州の徐氏一族は、六〇年ごとに修譜すると決めており、併せて甲子の年を編纂の年度としていた。[27]宗族の中には三〇年ごと、あるいは二〇年ごとに編纂するというものもあった。実際、多くの一族は、その規定どおりにしていたようである。たとえば、広東博羅の林氏一族は、明の正統六年（一四四一）に初めて家伝を編纂し、正徳一〇年（一五一七）に二回目の編纂を行い、万暦三九年（一六一一）に三回目、清の康熙三七年（一六九八）に四回目、嘉慶六年（一八〇一）に五回目、道光一一年（一八三一）に六回目、咸豊一一年（一八六一）に七回目行い、宣統三年（一九一一）に九度目の編纂が実施されている。この一族は、前後四七一年間に九度の編集を行い、平均すると五二年に一度となる。また、江蘇武進の馮《ふう》氏一族は、明清時期に全部で九度にわたって宗譜を編纂しており、その最初は明の正徳六年（一五一一）であり、第九回目は清の光緒二九年（一九〇三）であった。平均すると、四四年に一度で、林氏一族に比較して、編纂の間隔の密度が高いといえよう。江蘇宜興篠里の任氏一族は、明の景泰四年（一四五三）から清の光緒一五年（一八八九）に至るまで一二回の修譜を行っており、それは平均すると、三六年に一回の続修となる。これらの族譜は、いずれも明代に編纂が開始され、清代になって続修が頻繁に行われ、それが怠ることなく続けられていた。

修譜の仕事は繁雑なので、大量の人力・物資・財力があって、初めて完成できる。だから、宗族は修譜に当たっては、毎回、充分な準備をして、編集スタッフを探して、それを組織し、広く族人を動員して編集に参加させ、その上、経費捻出の計画を立てねばならなかった。修譜の編集責任者の選択は、真面目に行わねばならず、そのために幾つかの宗族では、このことを族規に定めている。たとえば、上述したばかりの広東博羅の林氏一族の規定によると、編集責任者は進士出身である必要があった。もし、その条件に適合した人物がいなければ、その次は恩貢生を推挙し、それも駄目ならば、順次、抜貢・副貢・歳貢・優貢・廩貢・増貢・附貢・増生・附生が推薦されて、それぞれ一名の「主修〔編集長〕」と「副修〔副編集長〕」となった。また、各房支はさらに采訪〔各地の族人を訊ねて取材する人〕や編集委員を族人から推挙した。[28] 宗譜の編集には、毎回、多くの人力《マン・パワー》を動員しなければならなかった。たとえば、湖南平江の葉氏一族は、前後七度の族譜編集を行い、房長の参与は第一回が一五人、第二回が一二人、第三回が一五人、第五回が一七人、第七回は一七人であった。一部の宗族は、修譜の前に、多くの基礎作業を行った。たとえば、「紀念簿」と「長生簿」を設置し、毎年、それに各戸の人口の増減といった各戸の変化状況を記しておいた。あるいは、事前に修譜に必要な材料を準備していた。たとえば、前述の安徽省徽州の徐氏一族は、甲子の年に修譜したが、それと同時に編集開始の二年前に、各房に通知を出して、各戸に対して資料に確実に必要事項を記入させ、それらを整理して宗族に手渡し、編集時に宗譜を既定どおりに編纂できるようにすると規定していた。修譜のときには、前から保存していた文献材料を探し出しておかねばならなかった。それらの文献には、朝廷が族人に発給した詔勅や誥命〔爵位を与える辞令書〕、族中の共有財産の契約書・

江西新建石埠の『方氏族譜』（族譜を収納する箱が屋内の壁際に置かれている）

証文・納税証明書が含まれていて、それらを宗譜に記録できるようにしておいたのである。一部の宗族は、さらに政府当局の文章と個人の著作中から資料を探し出して、そこから族人の伝記や関連する文字を抜き書きしておいて、族譜に記入したのである。したがって、修譜に当たっては、毎回、非常に多くの人員を動員して、それに参与させ、多方面の事務をこなさなければならなかった。

明清時期、結局、どれほどの族譜が編纂されたのかを、正確に述べることは困難である。ここでは、中国の国家図書館に収蔵する族譜にだけ言及しておこう。そこでは一九八七年六月時点で、二七七〇種の譜牒を所蔵し、(その時点で)二二五〇種の全面調査が終わっている。その中で、宋元に編纂されたものは三種、明代のものは二四〇種、清代のは一一六〇種、中華民国以来のものが八四四種であって、明清時代のものを合計すると全体の六二%である。清代のものが最も多く、全体の五二%を占めている。[29] これとは別に、一九九三年、梁洪生氏が著した論文によると、江西省図書館は三二六種の族譜を所蔵し、その中で明代のものが四種、清代のものが二六一種、中華民国時代のものが六一種あって、明清時代のものの合計数が全体の八一%を占め、清代だけだと全体の八〇%となるという。[30] 国家図書館と江西図書館の蔵書からみると、清代の修譜が最も多く、中華民国期がそれに次ぎ、第三番目が明代であり、宋元時代のものは、かなり少ない。これは、当然、修譜の実際状況と符合しているだろう。しかし、多少とも理解する必要があるのは、明代に編纂された族譜は、その数量は少なくないはずであり、宋元時代のものも現存状況ほど少ないとはいえないことだろう。いずれの場合も編纂された頃は、かなり数量も多かったはずであるけれども、長い時間が経過して、毀損されたものも多くなったのだろう。そのことに対して、私たちは、編集の実際状況を知る術がないのであるが、明清時代に編纂された家譜が極めて多いのは事実であったであろう。

明清に修譜が盛行していたことは、聯宗修譜という方面にも如実に表れている。聯宗修譜(同姓同士が同祖の下に族譜を統合すること)は、唐代では「合譜」・「聯譜」と称されていたが、明清時期になって相当に多く出現してきた。たとえば、明代には『新安程氏統宗世譜』・『新安許氏統宗世譜』・『張氏統宗世譜』・『新安黄氏統宗世譜』などというものがあった。清代、鄒氏一族の各支派は常州・無錫・天台に別々に居住していたが、江蘇の常州と無錫の両支派は宗譜を合同で編纂していた。宗族の中には、聯宗して修譜を行ったけれども、後になって、互いに同宗ではないと認識するようになって、遂には合譜をしなくなったという場合もあった。たとえば、常州輞《もう》川里の姚氏一族は、乾隆年間に〔同じ江蘇の〕犇《ほん》牛の姚氏一族と聯宗して宗譜を編纂した。だが、嘉慶年間になって、再び修譜したとき、犇牛の支派は、依然として合譜を要求したけれども、輞川里の支派は一族の系譜を調査して、犇牛の姚氏一族は同じ祖先の子孫だとは認めがたいとして、合譜を拒絶した。聯宗して修譜するという行為は、明清時代の、宗族がその組織を拡大しようとする願望を反映しており、同姓の中から血縁関係の可能性をもつ人たちを探し出してきて連合を進めたのである。しかし、そのような行為の結果、同宗ではないのに、祖先を偽り、互いに相手に取り入るという状況が常に出現してきて、有識者に軽蔑されていた。かくして、一九世紀には合譜の現象は減少した。

　聯宗して統一譜を作成するという行為の中には、一種、特殊な状態のものが存在していた。すなわち、それは、中国の歴史上、代々伝承されて衰退しなかった唯一の貴族の、山東曲阜の衍聖公孔氏一族の修譜である。衍聖公府は定まった決まりがあって、それは甲子の年ごとに、族譜は大がかりに編纂され、甲午ごとに少し改変した族譜を編纂して、大がかりのときは族譜を版木に刻み込んで印刷し、少しの改変時には空欄に必要事項を記入して、それを冊子にするというものであった。そして、各小宗も修譜を行い、修譜が終わると、それを衍聖公府に送り、その審査が終わると捺印されて、それが各小宗の正式の族譜として認可された。編纂された統宗譜は、衢洲に住む南宗孔子の子孫を除いて、各地に居住する族人を全て含んでいる。現在、曲阜には各種の孔子の子孫の宗譜檔案を所蔵しており、全部で一〇三八巻ある。その中で最も早い時期のものは、明も嘉靖年間に作成され、最も遅いものは一九三九年製である。[31]

## （1）少数民族の修譜

満州と蒙古の修譜については、既に、仕官に際しての必要性という観点から言及しているので、ここでは繰り返して述べない。それ以外の少数民族も族譜を編纂していた。チベット族や彝《い》族〔主に四川・雲南・貴州に居住〕は氏族の譜書を撰述し、それらは国家図書館にチベット語文が四本、彝族のものが二本収蔵されている。雲南の白《ペー》族の文化は高く、氏族による家譜の編纂が些か多い。少数民族中、ウイグル族の撰述した譜牒は相当に多いが、現存するものも若干多く、現在、地区ごとにウイグル族の族譜が抄録されて編集されている。たとえば、一九八〇年に出版された『泉州回族族譜資料選編』には、『丁氏譜牒』・『茶山李氏族譜』・『清源金氏族譜』・『燕支蘇氏族譜』を所収し、そこには明代の各一族の活動が反映されている。遼寧の少数民族に関しては、古籍整理出版企画辦公室《べんこうしつ》の編集した『遼寧回族家譜選編』があり、この書物は鉄・脱・戴・張・楊・黒・金・尹・白など十幾つかの一族が譜書を撰述していたこと明瞭に示している。別の報道記事によると、陝西では西夏の帝室の家譜『李氏世譜』・『李氏世系図考』などが発見されたという。その中には乾隆年間に作成された二部の譜書があった。西夏王室は党項羌《タングートきょう》族の李氏であって、この世譜は西夏の末帝の李晛《けん》を先祖としている。[32]

## 3　修譜理論と体例

明清時代、民間の家族譜は、多く編纂されただけでなく、質と量ともに宋元時代に比べて顕著に向上した。それは、主に修譜理論の発展と譜例のさらなる整備に表れていた。この時期、譜学の理論家が次々と現れていた。ここでは、それに関して紙幅を多く割くつもりはなく、ただ、明初の方孝孺と清後期の朱次琦との譜学に関する観点のみを述べようと思う。方孝孺〔一三五七―一四〇二〕は、宗法・宗族・族譜に関する多くの文章を書いており、それらは『遜志齋文集』に収められている。とりわけ、「族譜序」〔『遜志齋文集』巻一三〕は、大規模に宗譜を編纂するときの視点を、かなり整然と展開している。そこでは、まず「譜とは普である。つまり、普《あまね》く、宗族の近くと遠い親族の諱・字・年齢・号を載せるという意味である」と説明している。方孝孺は、明確に、族譜には当該宗族の全ての人を載せ、それは親族としての遠い近いを問題にすべきではないと要求している。彼は、また、この議論を掘り下げて、「譜とは布である。つまり、百世にもわたる人としての規律や、万代にも通用する宗法の根源を敷布する〔敷衍する〕という意味である」と説いている。その意味は、族譜こそが宗法倫理と宗族の源流を明瞭に語っているのであって、そのために族人たちにそれを通暁させ遵守させて、親族と仲睦まじくさせるのだというのである。要するに、彼は譜学の権威である欧・蘇二氏の説く小宗の譜法に反対したのである。すなわち、近い親族を詳述して遠い親族を略述するという欧・蘇二氏の主張を退け、親族の遠近を問わずに、祖先を同じくする一族の人たちは一つの宗譜に全て記録すべきだと主張しているのである。それでは、どうして、このような大きな範囲にわたる宗譜の編纂を強く主張したのだろうか。方孝孺の理論的根拠は、祖先崇拝に関して、根源は一つという考え方に基づいている。彼は、それを多くの枝を張り葉を茂らせている樹木も、一つの根から生み出されているという喩えを使って説明している。そして、根の状態が枝や葉の枯れたり栄えたりを決めるのであり、人間もそれと同じようだというのである。すなわち、族人たちは、確かに五世代を規準として近い親族と遠い親族の区分をしているけれども、いずれの親族も一人の祖先から生み出されてきたものであり、したがって族譜は同姓同宗の親族をその中に記載する必要がある。「〔そうすれば、族譜に載っている〕先祖の足跡をたどって、それを後世の子孫に示せる」というのである。方孝孺は、〔宗族全体を網羅する〕大きな族譜を作成するというところから出発して、〔この文章の最後に〕族譜の体例を提示している。それは一〇項目の内容を含んでいる。①姓氏が獲得された起源を順を追って述べる。②一族の世系を記載する。[補注28] ③族人の獲得した爵禄の高下を述べる。[補注29] ④官職を有する族人の伝記《マ》を作成《マ》する。[補注30] ⑤墳墓の所在地やその状況を述べる。⑥妻妾の実家の歴史を叙述する。⑦一族の出身女性の嫁ぎ先を記載する。⑧功績があったり、忠孝倫理を重視する族人のために伝記を作成する。⑨道徳に優れた隠逸を推賞する。⑩郷里社会で優れた行動をした族人を称揚する。このように、方孝孺の十項目は、欧蘇の体例に比べると、増やしたところがある。それは墳墓と嫁入りした族人女性という二つの項目である。また、詳細になったのは、伝記作成の人物を別々の類型に区分したことであり、かくて、実際上、族人のために作成する伝記の範囲と内容が拡大している。彼が案出した墳墓類は、少し紀伝体の正史の「志」に似ていて、人物の分類も正史の列伝の分類に近い。要するに、方孝孺は、宋元族譜の内容を吸収して、その上に立って、記録の範囲を拡大する大族の譜法を提示し、さらに正史の体例から族譜の体例を学び取ったといえよう。

　広東南海出身の進士、朱次琦（一八〇七―一八八二）は「南海九江朱氏家譜序例」という一文を記しており、それは彼の『朱九江先生集』に収められている（巻八）。「序例」という題名は、彼の創造ではなく、既に、『四庫全書』の総纂（編集の総責任者）紀昀《きいん》が「景城紀氏家譜序例」という一文を書いて、[33]「序例」という語句を題名に使用している。紀昀の「序例」は、一般的な意味での序言や凡例ではなく、族譜編纂の方法を論述しており、族譜の体例と書例を重視し、併せてそれらの論証も行っていて、譜学理論の作品だといえる。朱次琦は清代の修譜理論とその実践を総括して、その譜学に関する見解を「序例」・「南海九江朱氏家譜序例《ママ》」・「朱氏伝芳集凡例」などの文章を使って展開している。[補注31] その要点は三つである。①系統的に族譜編集の体例と書例を提示している。体例は七種類に分かれている。すなわち、宗支・恩栄・祠宇・墳塋・藝文・家伝・雑録である。具体的な表現方法、つまり書例方面に関しては、祖宗の諱・官爵・妻妾・子女・立嗣・除名などの内容に対して、その書き方をめぐる指針を作成した。このようにして、彼は紀昀の後を継いで完備した族譜の体例と書例を提示し、それによって、それらは後に続く後学に肯定され真似られるようになった。②朱次琦は実証を重視するという指導的な修譜の思想を提言した。彼は、「譜牒の学問は、史学である」と述べている。史学であるからには、史実を重視しなければならず、家譜撰述の要点は根拠を必要としているということであり、それは必ず文中に資料の出所を注記することであった。族譜の中に現れる、先賢に仮託したり、虚偽を交えて先祖を誉めあげたりするような悪弊に対しては、朱次琦は極めて不満を持っていた。その点から欧蘇二氏、及び著名人の帰有光と黄宗羲といった人たちを批判していた。③譜牒学の歴史の輪郭を描いた。彼によると、譜牒学の歴史は四つの段階に分かれるという。まず、先秦時期の官修譜牒の時代であり、そのとき譜牒は宗法制と連繋していた。第二は両漢の譜牒学のない時代である。第三は魏晋から隋唐に至る貴族制が盛行した時期であり、それに伴って、この時期は譜学が復興した。第四は五代以後の、少数の人たちが修譜した時期である。この時期は、かつての貴族に仮託したり、虚勢を張って門閥と称したりといった欠陥があった。こうした彼の見解は、全てが譜牒史の実際状況と符合しているわけではないけれども、譜学を宗法制と関連づけ、物事の内在的本質を掴み取ろうとした点は、方法論として取り上げるに値するといえよう。

各種の譜学家の理論と、実際の宗族の修譜実践とを総合すると、譜書の体例は一七項目に帰着する。①は「序」であり、一族の修譜の歴史とその要旨を語っている。②は「恩綸録」であり、族人に対する朝廷や地方政府の表彰文を集録する。③は「像賛」であり、先祖の画像や画賛〔絵画などに書き付ける文〕、及び遺墨や遺物を収録する。④は「先祖に関する考察」であり、一族の起源や移住史を叙述する。⑤は「世系」であり、図表形式を使って一族の成員の世系や族員同士の関係を、そこに反映させる。⑥は「世系録」であり、世系上の成員の名前の下に生没という要素を注記する。⑦は「祠堂」で、宗祠の構成〔宗祠を構成する建物や各建物の役割など〕や宗祠建造の歩み〔創建・再建などの記事〕を記録する。⑧は「墳墓」で、墓地の場所、被葬者名、埋葬地の方角といったことを記述する。⑨は「祠産」であり、宗族の共有財産に関わって、元来の文献や管理規定などを集録する。⑩は「宦績」であり、仕官した族人の事迹を記録する。⑪は「伝記」であり、そこに善行のあった族人の事迹を反映させる。⑫は「宗族規約」や「祖訓」〔先祖の訓誡〕である。⑬は「著述」であり、族人の著述を紹介したり、その篇目を記録したりしている。⑭は「派語」であり、一族の輩行字の

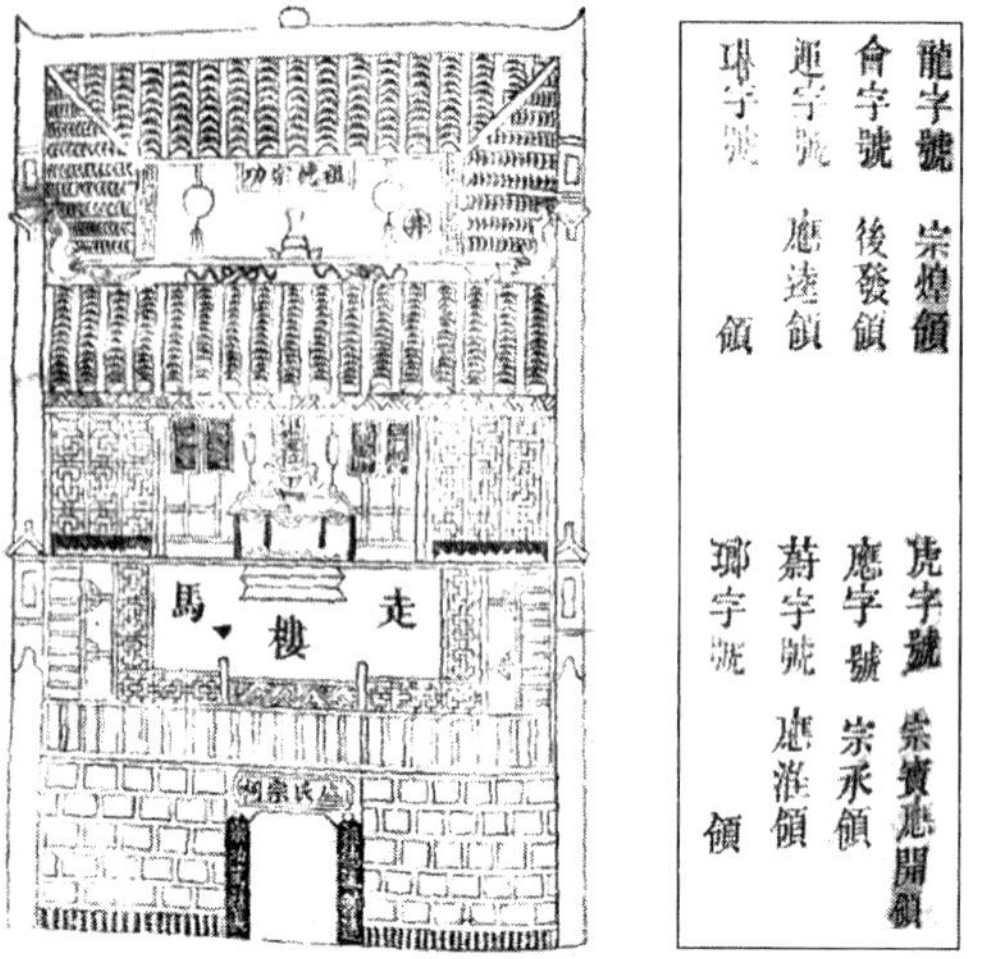

湖南漢寿『盛氏族譜』（光緒 27〔1901〕広陵堂活字本）の巻首に載る領譜字号

字句を記載する〔世代ごとの輩行字を示す〕。⑮は「政府当局の重要文書を転載する」であり、聖諭や五服図などを転記しておく。⑯は「余慶録」であり、族譜の末尾に何頁かの白紙を綴じ込み、そこに「余慶録」という字句を書き記しておく。それは子孫が永遠に続いて行くようにという願いを表している。⑰は「領譜字号」であり、族譜を受け取った人や当該譜書の符号を書き込み、それによって族譜が丁重かつ大事に保存することが表明されている。

こうした項目は、表・伝・志の三種類に概括できよう。「表」は譜書の主要部分であり、全ての宗族成員の名称や世系内の位置を書き記し、宗族内における成員の適切な位置づけをする。「伝」は各種の人物に対する伝記を作成するというもので、官僚から孝子・順孫〔祖父母に孝養を尽くした孫〕や節婦〔夫の死後も再婚しない女性〕・烈女〔貞節を守るために命をかけた婦人〕に至るまで、評価に値する全ての人物が書き記される。「志」とは、正史・典志史〔『通典』や『通志』といった、いわゆる政書〕・地方志で使用される名称を借用したのである。たとえば、正史の食貨志・礼志・藝文志といった部類と同様に、族譜の中の祠堂・墓地・宗規・著述といった部類に対して、それぞれの個別分野の歴史を書くのであり、これは正史や地方志の「志」の体裁に相当する。たとえば、祠産は食貨志に比定でき、著述は藝文志に擬《なぞら》えられる。このように、族譜が表・伝・志の体例を有するまでに発展してくると、まさに国史や地方志に接近してくる。つまり、このことは体裁上において、族譜が規格化と史志化していったことを示し、それと同時に、それによって豊富な宗族資料を族譜に入れ込むことができたことをも表明している。

## 4　譜学機能の多様化

宋元の譜牒に比較すると、明清の族譜の機能は著しく増強された。その機能は、四つの方面に表れている。第一は教化作用である。族譜に載っている族規・祖訓・宗誡・聖諭は、いずれも忠孝を重視し、祖先を尊んで族人同士が仲睦まじくし、人倫を実践するということであるけれども、それは宗法思想に依拠して族人に対して教化を実施するということである。乾隆朝の協辦大学士の荘有恭は、〔江蘇武進〕『毗陵荘氏族譜』の「序」の中で、修譜には「五善」があると説いている。つまり、「祖先の功徳を基本に据えること、同姓の人たちと親しくすること、子孫を教え導くこと、旧知と仲睦まじくすることであり、またその中で一番に大きなことは、国恩に報いることである」と。そこには、譜牒は忠孝倫理の宣揚という教化の役割を担っていることが極めて明白に説かれている。とくに最後の「国恩に報いる」という一点をみると、荘有恭は族人に対して皇帝に忠節を尽くすことが最も重要であり、それが人倫の最高の規範であると教え導いているのである。このように、教化機能は実質的には一種の政治機能であった。つまり、譜牒は、人びとに各自の立場や身分をわきまえて、それを越えないように振る舞わせ、かくして社会の好ましくない集団、とりわけ秩序の破壊者とならないようにさせるからである。族譜の規約に、祠堂祭祀に参加することや、族譜への記載を禁止される人を規定しているが、それは不忠・不孝の罪を犯したり、盗人や匪賊となったり、異端や邪説を信仰したり、仏教や道教を信仰したり、卑しい身分に身を持ち崩し正業に就かなかったりした人たちである。こうしたことは、政治が求める規準を使って族人の行為を評価しているのであり、規約それ自体に政治思想の内実を充満させているといえよう。第二は、宗族建設という役割である。そもそも、宗族の族人同士は血縁関係を有している。しかし、もし、宗族の組織が族人に連繋を働きかけなければ、族人同士の関係は散漫となってしまう。だから、族譜編纂を通して族人同士は連繫し、宗族が一つに纏まるのである。そのとき、族譜の編纂者は宗族の中核となり、族人を組織化させて、その結果、〔組織化された〕宗族が生み出される。だから、それまでの宗族組織が形骸化していたとしても、譜牒の編纂ということによって、宗規や族誡が制定され、祠堂・祖先の墳墓・族産の管理が強化され、その結果、宗族建設が完備に向かって進む。第三は、直接的な政治機能である。すなわち、旗人の族譜は、旗人の出仕や襲爵に際して、その証明材料となっていた。第四は、民間の紛争を処理するとき、一種の拠り所の機能を担っていたという点を挙げられよう。民間では、財産や継嗣をめぐって紛争が生じ、極端な場合、殺人事件にまで発展していた。政府は、そうした紛争を処置するとき、必要に応じて、原告と被告の両者の族譜を掌握して、それを一種の証明材料の補助としていた。要するに、明清の族譜の主な役割は、宗族を建設し、族衆に対する教化を行うことであった。

## 七　譜牒編纂史の小結

前近代の譜学は、総括すると大きく二つの発展時期に分けられる。すなわち、唐代を画期とする官修時期と私修〔民修〕時期とであって、それぞれの時期は、編纂者・類型・体例・機能といった方面で明瞭な差異があった。官修時期、撰述者は朝廷が指定する官員であり、編纂は政府の役所で行われた。これは、王朝や他人のために作成されたのであって、当該一族自身のためではなかった。一方、私修時期、その編纂者は官員か庶民かを問わず、いずれも全て自身の宗族のために修譜したのであり、しかも大多数の状況下では他人の力を借りなかった。官修時代、人びとは通国譜と州郡譜とに関心を寄せて、その成果も実り多いものであった。私修時代の家族譜は、かつての副次的な地位から、譜牒の主流に上昇していった。そして、通国譜や州郡譜は稀少なものになってしまった。体例方面からいうと、官修譜は、一族の起源・世系・人物の小伝に関心を寄せ、他方、私修譜は、それらの点を受け継ぎながらも、さらに重要なのは、譜牒の体例・書例を発展させ豊富にしたことであり、最終的には譜書を正史化させ、表・伝・志を擁して、当該宗族の歴史を全面的に反映できるような完備した史籍の体裁となっていった。社会的機能という方面からすると、官修時期は政治性が強く、官僚となる人物の選択や、社会の上層階層の婚姻選択のために譜牒は使用された。他方、私修時期、譜牒は、族衆に対する教化という役割を発揮し、この点から伝統社会の政治を維持し、それと同時に族人同士を繋ぐ（聚族）という社会的機能を果たしていた。

## 八　譜牒——学術上の資料的価値と民衆の歴史との関わり

前近代の族譜及びそれに記述された内容は、いずれもそれが生み出された時代の必要性に適応していたのであり、族譜は、社会にとって実用的価値があったし、当該社会の政治制度を強化し、人びとの社会生活を組織する役割を果たしていた。歴史が発展して現在に至ると、古文献としての宗族譜は自然とその実用性を喪失してしまったが、民衆の史書としては永遠に光彩を放っていて、そこに保存されている豊富な歴史資料は、学術研究の利用に提供されるべきものであって、中国の貴重な文化遺産なのである。

### 1　前近代の人びとによる族譜史料の活用

譜牒は、それが生み出された時代にも、学術研究の文献として研究者に採用されていた。前述したように、司馬遷が『史記』を撰述したとき、そうした資料を使用した。その後も、裴松之は『三国志』に注を施し、劉孝標が『世説新語』に注をつけたとき、大量に譜書の材料を採用していた。そのために唐代の人は譜書を〔経籍志や藝文志などの目録類の〕史部に入れて、それに高い位置を与えていた。宋代以後、族譜の内容に些かの誤りが存在するということによって、そうした譜書の名声は低下してしまったが、乾嘉の学者はその名誉回復を行った。銭大昕は、「譜牒の学は、史学なり」と指摘している。(34) 章学誠は『文史通義』の中で、族譜は地方志を編纂するに際して、その資料の出所の一つであるとしている。[補注32] 梁啓超の『中国近三百年学術史』ではさらに族譜を称揚して、「重要な史料の一つである」、「実に歴史世界の貴重な宝物である」と述べている。[補注33] このように、前近代の人たちによる族譜の利用程度や、前近代の人びとや現代人の族譜資料の価値に対する理解度からすると、学術的資料としての族譜の価値は充分に証明されていると言わざるをえない。

## 2 族譜——民衆の史書

正史は帝王・貴族や社会の上層階層を記した史書であり、地方志も社会の上層階層や地方エリートを記す史籍であった。したがって、社会の下層階層や普通の民衆の歴史は、正史や地方志とは無縁であり、ただ族譜だけが彼らの史書であった。

清代の人びとは、族譜の編纂を行いながら、常に、「家に譜牒があることは、丁度、国に史書があると同じ事である」と語っていた。この言葉は、家譜を国史の類比《アナロジー》とさせたものであり、衆人が認める国史を使って家譜の地位を浮き出させ、族譜を広く知らしめる意図はあるが、それは飽くまで比喩としては適切であるといえるにすぎない。その一方、族譜は、間違いなく家族史・民間史・民衆史といえるのである。族譜の世系表や世系図には、どの族人もその基本的な情報が記載されている。その中には彼の父母(乃至祖父母以上の先祖)・兄弟(及び堂兄弟(父方の従兄弟))・妻・子息・姉妹・娘とその嫁ぎ先、さらには本人の年齢(生没の年)・職業・科挙及第や仕官(もし有ればの話だが)・墳墓の場所が含まれている。つまり、宗族に譜書があるということは、個人の歴史記録の存在を示しているのであり、他日、子孫が譜書を探し出して、そこから子孫自身が当該一族に帰属しているという満足感を歴史的に確認できるのである。それ故に、二〇世紀九〇年代に、筆者が農村でフィールド調査を行っていたとき、村民は家譜に自分が載せられるに際して、その費用を納めねばならないとしても、その支払いに喜んで応じていたことを知ったが、その原因は、それによって個人が歴史の記録を持つということであったからである。そのことに比較すると、政府の行う人口調査に対しては、かえって関心を示さず、それは個人と何の関係もないと考えていた。族譜の中に、極めて普通の個人の歴史記録があるという点からすると、族譜は確かに立派な文献なのである。宗族という観点からしてみれば、族譜は一族の歴史であり、そのことは苦労して論証する必要もない事柄であった。そこで、ここでは族譜と宗族の歴史との関係の輪郭だけを描き出してみよう。それは以下のとおりである。族譜は第一に宗族の組織や構成を記録している。その中には、祠堂組織、祠堂の規則、祠堂の機能とその建物自体、宗族の行う祭祀と儀礼、族産とその経営、宗族の倫理教育と文化教育、宗規・祖訓の制約下に置かれる族人の職業選択、嫁取り・嫁入り・葬儀・埋葬、交遊の原則、文化娯楽生活などの記述が含まれている。正に、族譜は人びとの宗法観念と修譜の指導理念が盛られているのである。これらの全ては、宗族が如何なる社会組織なのかを反映しており、そして、宗族と族人の家族や、地域社会と政府との関係、要するに宗族の社会的機能を映し出している。たとえば、直隷〔河北〕故城の『祕氏族譜』は、当該一族の歴史を記述し、宗族の移住と定住の歴史に言及している。それには、「先祖は〔江蘇〕北通州里児寺から、故城に移住してきて、鄭鎮北方の五戸村に定住した。この族譜が存在してからは、県や里での移住状況が証明できるようになった」とある。そして、先祖は耕作をしながら読書もするという在り方をしていたが、そうしている中に、仕官をする人を生み出していった。つまり、「初めて移住してきた祖先〔始遷祖〕以下、先祖たちは農業に携わっていたが、始遷祖から三代目に庠生《しょう》〔府学や県学の生員〕になる人が出て、以後、代々、儒〔学問〕を生業とするようになった。かくて、始遷祖から六代目には郷里で貴顕な存在となり、七代目と八代目は相い前後して孝廉に推挙され〔省で行われる郷試の合格者となって〕、九世代目になって進士となった。貢生〔生員から国子監に推挙された人〕となって仕官したものは数え切れないほどである。この族譜が存在するようになってから、文章で生計を立てたり、官吏となったものを突き止められるようになった」と述べている。また、族譜には、一族から現れた徳行の高い人を記載している。すなわち、それには「〔一族の中に〕孝行に篤い人、国難に殉じた人、正直や優秀な人、徳行に篤く学問好きな人も存在していたが、この族譜が存在してから、その隠れた徳行や優れた才能をもつ人をたどれるようになった」と記されている。たとえば、徳蘭という族人は気高い人で、伯父の養子になって数十年も孝養を尽くし、伯父が亡くなると、儀礼どおりに葬儀を営んだ。一方、実兄の仲枝は若くして死去したので、その家の暮らし向きは衰退してしまっていた。そこで、徳蘭は、自分の財産を等分して、兄の後継者を決めてやって、それを分け与えた。また、母方の伯叔父の袁某《なにがし》が貧乏暮らしであったので、母親が自分の兄弟を想う気持ちを察して、それに惜しみない援助をし、併せてその子供や孫にも物質的援助をした。さらに、この族譜には、貞女や烈婦がいれば、その立派な行いを載せてそれを公にしていた。つまり、「〔賊に〕捕えられても、それに屈せずに貞節を全うした女性は称揚された。たとえば劉氏は貞節を守って死んで、幼子だけが残されたという。〔訳者：脱文があるかも知れない？〕そして、この族譜が存在してから、こうした婦人の貞節は以前にも増して表彰されるようになった」とあるとおりである。このために、この族譜の序文を書いた人は、「祕氏一族の族譜には、正統な史書の内容が揃っている」、「その叙述行為は、史書と光明を競っているようである」と認めている。[35] このように、この族譜は、耕作と読書とをしながら、その家を子孫に伝えていた一族が、やがて仕官をする人を輩出する宗族となっていった様子を、それを読む人間の眼前に現出するように書かれている。この一族は、伝統社会の個別事例であり、また一種の典型事例であった。清朝の謝履忠は雲南出身で、康熙年間の進士で、学政になった人物だが、江西〔撫州府〕宜黄の謝氏一族の族譜のために序文を作成し、その中で、次のように述べている。すなわち、当該族譜に載っているのは、人物・藝文など、『通典』や『文献通考』などにある項目は全て揃っている。そして、祭祀のための一族の族産や墳墓は、全て名所となっている。また、大宗図や小宗図によって、宗法が明瞭になっている[36]、と。謝氏一族も耕作と読書をしながら、やがて仕官をする人物を輩出していた。このように、祕氏一族や謝氏一族のような、耕作をする一方で読書もする家は、正に伝統社会の人びとの職業や理想が展開されており、そこには当時の宗族の基本的な歴史状況が反映されている。

族譜が記載する家族・宗族の歴史に反映されているのは、次のような状況や状態である。すなわち、社会の基本的な状況や主流観念、そして正常な社会秩序と非正常な状態下での生活との比較、人びとの生活に対する社会変革の影響や、社会変革によって惹起された人びとの意識の変化といったものである。したがって、家族や宗族の歴史は、規模の小さな国史だといえよう。それに反して、国史は一つ一つの宗族の歴史の統合体あるいは総合物だといえよう。この両者は、互いに裏と表の関係にある。すなわち、族譜は民衆史であって、当然に尊重されねばならない。民間には歴史があり、民衆にも歴史がある。こうした史料状況こそが、中国史学の伝統であり、それは特筆大書するに値する。

## 3　族譜はあらゆる方面の歴史資料を提供する

近現代の学者で、族譜資料を使用して学術研究を行って、豊富な成果を挙げている人は少なくない。たとえば、潘光旦は人口や婚姻という視角から族譜資料を利用し、併せて譜学の歴史も研究して、『明清両代嘉興的望族』という書物を著した[37]。羅香林は民族移動史と社会発展史を研究する中で、族譜資料を使用して、それは『中古族譜研究』という専著に結実した[38]。潘氏も羅氏も、人口史・民族史に注意を向けた結果、族譜資料を使用するに至った。この二つの事例は、族譜が研究文献として利用できるということを明瞭に示している。当然、族譜は人口史や民族史の資料に限定されるわけではなく、史学のあらゆる領域にとって研究の素材となり、その学術的価値は多方面にわたっている。ここでは、その概略を次に記す。

（1）人口史

人口統計・出生率・死亡率・人口増加率・寿命・年齢構造・就業と職業・教育と文化・移民と融合・婚姻と出産などの方面に対して、譜牒は些かの素材を提供し、それを研究データとして使用できる。なぜならば、族譜に載る世系や人物伝記は、性別・寿命・配偶者・出産・科挙の称号や官職の等級・職業を説明しており、人口学に必要な具体的な素材を提供してくれるからである。実際、劉翠蓉・呉建華・王躍生といった学者の、それに関連する研究成果は、既に人びとの注目を浴びている。[補注34]

（2）歴史人物

ここにいう歴史人物とは、ある種の影響をもったり、学者に注目される人を指している。この種の人物は史書・地方志・文集などに、往々にして伝記があるけれども、しかしその材料は必ずしも全面的・具体的とは限らない。そこで、族譜に載る世系・履歴・伝記といったものが彼の家柄や本人を知ることにある種の資料を提供してくれる。

（3）下層社会史と無名の人物

無名の人物の歴史は正史では等閑視されており、文集・地方志・雑史（筆記）にも少しの記載も見出しにくい。しかし、唯一、家譜だけがその世系・履歴・配偶者の記述があるだけでなく、一部は伝記まで存在し、下層社会と民衆史の研究にとって得難い材料を提供してくれる。したがって、家譜には中小の地主・商人がどのようにして家を興したのか、それから学問をしながらも科挙に合格できなかった人は、如何に困窮し落ちぶれたのか、さもなければ、彼らはどのようにして農業や商業に鞍替えをしたのか、さらには両親や祖父母に孝養を尽くした人は、どのように孝行に真面目に取り組んだのかといった、種々の状況の資料があって、それらはいずれも研究者の視界に入ってくるだろう。

（4）女性史

正史や地方志の烈女伝や列女伝に載る女性は、伝主の人数や掲載された経緯を問わず、いずれも族譜資料とは比べものにならないほど少ない。他方、族譜は配偶者を記録しようとするが、そこには最初の妻と後妻や、子供を産んだ妾は必ず書き込まれる。族譜は、貞女・烈婦・節婦・孝婦に対しても伝記が作成されて、かなり豊富な女性生活史の素材を保存している。

（5）民族史と辺境史

一般的に言って、前近代における少数民族と辺境地域の文化はかなり遅れていて、それに関する文献も少ないが、辺境地域の少数民族の家譜は、多少とも民族史や辺境史の資料不足という欠陥を補ってくれる。たとえば、羅香林は、一九三九年に雲南の昆明で李士厚の『鄭和家譜考釈』を閲覧して、これを基礎として、一層明瞭に、鄭和の先祖が回教徒であったことを実証した。この見解は『中国民族史』〔台湾・中華文化出版事業委員会、一九五三年〕第七講「対外交通的発展」に記されている。羅氏は、翌年、桂林で新たに発見された『蒲寿庚家譜』や、後に南海県甘蕉の『蒲氏族譜』と崖県の『三亜港通村蒲氏簡譜』を見て、これらの譜書材料を使って『蒲寿庚研究』〔香港・香港中国学社、一九五九年〕という書物を著し、その書物の「蒲寿庚先代之貫籍与行実」という部分では、蒲寿庚の先祖は確かに西域から中国に来たイスラム教徒であることと、宋元交代期に多くのアラビア人が広東籍となったことを証明した。[補注35]

（6）地方史

宗族の特徴は、族望〔一族としての名望〕と地望〔地域における名望〕とが緊密に結びついていることであり、宗族とそれが居住する地域社会とは一つに繋がっている。だから、宗族の歴史を記載する譜牒は、宗族とその地域社会における名望との関係を語る上で欠かせない資料である。そもそも、族譜の名前の前に、某州某郡某県某郷といった名称が付けられているのが、その明証といえよう。さらに言うと、宗族の歴史は必ず地方の歴史を構成する一部分となっており、そのために地方の歴史や地方の地誌を記述するに際しても、自然と宗族の歴史を考慮に入れねばならない。

### （7）その他の方面

譜牒資料は、上述のように、学術領域に対して価値を持っていると同じく、贅言を必要としないけれども、経済史・災害史・政治史・戦争史・宗教史・学術史・中外関係史及び些か特殊な歴史問題に対しても、資料的意義をもっている。以上、若干の社会生活の領域から族譜の資料的価値を述べてきたが、もし、社会問題の方面から物事を観察しようとする場合も、やはり譜牒資料の価値は欠かせない。たとえば、民間や社会に対する戦争の影響を記録する場合である。族譜は、往々にして、戦乱による破壊的な結果や悪影響、たとえば族人の殉難・族譜の焼失に言及している。そして、戦乱の後に、人びとは宗族団体の被害の程度を調査して、宗族活動の再開や譜牒の続修に尽力する。たとえば、直隷滄州の劉氏一族は、光緒九年（一八八三）に族譜を編纂して、明清交代期に一族が遭遇した不幸を回顧している。まず、「崇禎末年、劉氏一族の家廟・族譜・あらゆる家屋は全て火災に遭遇した」と記し、それに続いて、「国朝〔清朝〕の天下統治の初め、あらゆる田畑は旗人に占拠され、再び立ち上がれないほどの被害を受けた。被害状況は、ここに極まった。数世代を経過して、家譜を継続して修譜しようとしたけれども、財力が追いつかずに、その志を遂げられなかった。その上、必要な文献も不足して遂に筆を断つという事態に至った」と述べ、そして乾隆四六年（一七八一）になって、初めて族譜を編纂できたと記している。(39)「圏地〔旗人の荘園設置のために民間の土地を取り上げる〕」とは、「剃髪」「易衣冠〔服装を満州風に変える〕」・「遷海〔鄭成功らの勢力と沿岸地区の人たちの接触を禁止するために、東南沿海地域では海岸から一定の範囲内の住居を内陸に強制的に移させた〕」などと並ぶ清初の五大弊政の一つであり、そのことを劉氏一族は清末になって初めて勇気を奮って書き記したのである。広東恵来の洪氏一族は、明代に福建漳州から移住してきた。その康熙三三年（一六九四）の譜序には、明清交代期に族人たちは災難に遭遇したと述べている。つまり、族譜は兵火に遭って失われてしまい、康熙八年（一六六九）には「皇帝の御恩によって沿岸から引き離され、沙墩郷に移住させられた」のであった。[40] ここに言う清初の遷海令は、福建と広東の沿岸住民を路頭に迷わせ、一大災難となった。後年、遷海令は取り消されて、民衆は初めて安定的生活を取り戻した。洪氏一族の「譜序」にある「皇帝の御恩によって沿岸から引き離された」は、遷海令の下における民衆の災難を語っている。江蘇常州宜興『篠里任氏家譜』は、光緒一四年（一八八八）の「第十二譜序」で、次のように語っている。つまり、咸豊四年（一八五三）には一一回目の修譜が行われ、そのときの族員の成人男性数は四〇〇〇〜五〇〇〇を下回らなかったが、咸豊一〇年（一八六〇）に太平天国戦争に遭うと、族員数は一〇のうち二ほどしか残らなかった。族譜も散逸し、僅かに残ったものも、大半が不完全であった、と。[41] 同じ常州〔武進〕の荘氏一族も太平軍の影響を被っていた。荘氏一族の族譜の「光緒元年修譜序」には、咸豊末年、「祖先の遺徳で爵位を受けていた人は、大半が国家に殉じ、生き残ったものも、散り散りになって、四方に移転してしまった」とある。それが同治三年（一八六四）に清軍が常州を取り戻してから、族人たちは連れだって戻ってきたが、成人男性の族人は三八〇人余りしかおらず、戦前の三分の一にも及ばなかった。生き残った族人たちは集まって、譜牒編纂や、生存者と死亡者の援助を図る方法を相談して、遂に光緒元年（一八七五）の譜牒の続修に成功したというのである。[42]

さらに族譜資料は、社会変化と時代の息吹きとを反映している。宣統元年（一九〇九）、山東黄県、王氏一族の族譜の、王常翰の手になる譜序は、前近代にはなかった「倫理学」や「進化論」の概念を活用して、一族の人間同士の親等関係や、家族と国家の関係を述べている。つまり「君臣・朋友・国家は、いずれも家族を起源としており、社会は家族から始まる。礼制は親族を根幹としており、法律は親族を規範の中心に据えている。だから、倫理を研究する学者が、必ず五等の親族関係から研究を開始するのは、そのためである。〔中略〕親等から始まって一族、一族から始まって人種に至る。競争にしても助け合いにしても、近くから遠くに及ぶのであって、それは進化の原則である」と。[43] 光緒三四年（一九〇八）、江西浮梁出身の劉燮《しょう》材は「光緒戊申続修族譜序」で、生物学の知識を社会学に援用して、大衆同士の関係を三つに区分して論じている。すなわち、「同じ土地に集まる人びとは〔「地合」〕境界で区分でき、気が合う人びと〔「人合」〕は同じ品格によって集まり、生まれつきで自然と集まる人びと〔「天合」〕は系譜によって統率される」と。劉燮材によると、「天合〔生まれつきで自然と集まる人びと〕の集団」とは宗族であり、宗族が集まれば、それは宗法に依拠して維持されるという。そこから彼は、さらに話を発展させて〔光緒帝によって行われた〕戊戌の変法や、その後の〔庚子〕新政に言及して、「窃かに考えるに、朝廷は変法によって国家統治を図ろうとして、日夜、改革を試みている。〔中略〕〔そこで〕科挙を廃止し、学堂を新たに設置して、農・工・商・軍・医に携わる人も、士人と同じくこの辟雍〔学校〕に入学させた。かくして、人びとは、上古の聖世を超越するほどに申し分ない状態となった。近頃、また各府州県に詔が発布され、地方自治が行われることになった。〔中略〕現在、地方自治が実施されようとするに当たって、我が一族の族譜が完成をみた。そうであるならば、現在、私たちがこの族譜に対しては、ひとえに祖先祭祀用の犠牲の羊となることを目指すのではなく、私たちを先導してくれる馬となることを直接に目指すというのも、それはそれで良いと言えるのである」と論じている。[44] 劉燮材は地方自治の中で、宗族という「天合」の集団が振興し発展するようにと望んでいるのである。

こうした族譜の学術的価値について、それを総括して言うと、族譜は中国史の全貌を描写するために、豊富で欠くことの出来ない素材を供給し、その上、一層に史学の総合的研究を進展させるためにも、その可能性を提供してくれるものなのである。総合研究は史学の主要な方法であり、当然、この種の方法に族譜資料を使用できないとすれば、それは成し遂げ難いといえよう。なぜならば、資料それ自体はいずれも全面的なものはないのだから、族譜を除外して、どうして全面的な総合研究を行えようか。

上述の譜牒に記録されている各分野の資料は、歴史学の範疇を大きく突き破ってくれて、歴史学と同時に文化人類学・民族学・民俗学・人口学・優生学・社会学などの諸学の資料となっている。したがって、族譜研究は、史学とその他の社会科学の研究との結節点であり、また人文科学研究と社会科学研究・自然科学研究・工学研究との結節点ともなっていて、族譜という材料を見事に利用すれば、人文科学や社会科学の発展に、極めて大きな意義を有することになる。

譜牒は、このように高い学術的価値を有するが、しかしそれを利用するときは細心の注意を払い、それに騙されないようにする必要がある。なぜならば、族譜の記事には事実と合わない部分も少なくないからである。それは主に二つの点である。その第一は、大体、一族の起源は事実に反しており、祖先を詐称したり、有名人に事寄せたりして、宗族の地位を高めようと望んでいる点である。このことは、官修時代の、政府による厳格な審査と民間の監視があっても、時として発生していたのである。宋代以後の、私修が主流となった時期は、政府が事実を確認するわけではなく、民間でも相互の監視を行えなかったので、偽称という現象は益々深刻になり、それを糾すこともできなかった。さらなる弊害の第二は、自族の不名誉な事柄を記述しないという点である。絶対多数の譜牒の作者は、悪いことは隠し、良いことだけを称揚するという気持ちを抱き、自分よりも目上に対しては差し障りは言わないという態度であり、先祖の悪事は省略した。その上、深刻な過失を犯して族譜から消し去られたり一族から追放された人は、族譜には載らないので、宗族資料としては不完全である。この、族譜をめぐる二つの大きな欠陥を研究者が充分に留意せずに、その内容を誤って信ずれば、著述しても立派な著作とはならない。しかしながら、こうした点があるからといって、全面的に譜書の学術的資料価値を否定して、一切は偽物だとしてしまえば、それは全く価値ある意見とはいえない。

その実、族譜が真相を失ってしまう主な原因は、以上に述べた二つであり、その他の内容は基本的には真実であって、こうした点を識別して利用することはできる。つまり、譜牒の、学術資料的価値の彩りは、誤謬があるからといって、暗然として色を失うというものでもなく、依然として梁啓超の説く「瑰《かい》宝〔貴重な宝物〕」であって、事柄としては研究者が如何に正確に譜牒に対応し、有効にそれを使用するかにかかっているといえよう。

注

(1)『周礼』巻二六〈春官〉「小史」（『十三経注疏』中華書局、一九八〇年、八一八頁〔補注：『周礼注疏』十三経注疏整理本、北京大学出版社、二〇〇〇年、第八冊八二一頁〕）。

(2)『史記』巻一四「十二諸侯年表」。

(3)『後漢書』列伝巻六四下「袁紹」伝。

(4)『漢書』巻八一「孔光」伝。

(5)楊冬荃「漢代家譜研究」（『譜牒学研究』第三輯、一九九二年、三七頁）。〔補注：後漢における鄧氏一族と政権との関わりは、東晋次『後漢時代の政治と社会』名古屋大学出版会、一九九五年、「第四章第一節　鄧氏政権の構造」を参照〕。

(6)『漢書』巻三六「劉向」伝。

(7)楊殿珣「中国家譜通論」（『国学季刊』第三巻一・二期、一九四六年）。〔補注：この時期の譜牒については、多賀秋五郎『中国宗譜の研究』上巻、日本学術振興会、一九八一年、「第一章　宗譜成立の複線としての古譜の研究」、徐揚杰『家族制度与前期封建社会』湖北人民出版社、一九九九年、「第七章　魏晋至唐代的中古譜牒略論」、王鶴鳴『中国家譜通論』上海古籍出版社、二〇一〇年、「三、中国家譜的興盛（上）」などがある〕。

(8)『南斉書』巻五二「賈淵」伝。『南史』巻三三「王僧孺」伝。〔補注：『南史』巻三三「王僧孺」伝は『百家譜』の編者を賈弼、『隋書』巻三三「経籍志」は賈執と記す。賈弼之と記すのは『南斉書』巻五二「賈淵」伝〕。

(9)李裕民「北朝家譜研究」（『譜牒学研究』第三輯、一九九二年）。

(10)『晋書』巻五一「摯虞」伝。

(11)『魏書』巻三二「封彝」伝。

(12)『魏書』巻五七「高祐」伝。〔補注：この列伝の関係箇所には、『親表譜録』を作成したのは高祐ではなく、高諒とある〕。

(13)『新唐書』巻一九九〈儒学伝〉「柳沖」伝。〔補注：『新唐書』の当該箇所それ自体には、「賈弼之祖孫」ではなく、「賈弼譔姓氏簿状」

とある〕。

(14)『北斉書』巻二四「杜弼」伝。

(15)『旧唐書』巻七二「李守素」伝。『新唐書』巻一〇二「李守素」伝。〔補注：話の最後にある「肉譜定可畏」は『新唐書』の記事。『旧唐書』は、「行譜定可畏」に作る〕。

(16)『新唐書』巻一九九「孔至」伝。『唐会要』巻三六「修撰」。〔補注：「婚姻承家、冠冕備尽」という記事は、『唐会要』にのみ記載。なお、『唐会要』は孔至ではなく、賈至に作る〕。

(17)毛漢光『中古社会史論』（台湾・聯経出版事業公司、一九八八年）からの引用。

(18)龔鵬程「唐宋族譜之変遷」（『第一届亜洲族譜学術研討会会議記録』台湾・聯経出版事業公司、一九八四年）六八頁。〔補注：馮爾康氏が引用した箇所は、龔鵬程の原文の言葉を多少省略しているので、意味が取りにくくなっている。訳文は原文に基づき、言葉を足している〕。

(19)光緒『網川里姚氏宗譜』巻一「家乗原序」（一九〇三年版）。〔補注：著者は『網川里姚氏宗譜』を中華民国版としているが、『中国家譜綜合目録』（中華書局、一九九七年）をみると、該当する族譜は光緒二九（一九〇三年）版であり（二八四頁）、またネット上で公開されているユタ系図協会所蔵の族譜にも、一九〇三年度版の姚氏族譜に著者が本文で引用している程復心の「序文」が載っているので、一九〇三年と訂正した〕。

(20)邱濬『大学衍義補』巻三五「家郷之礼」下。

(21)宋濂『芝園後集』巻八〔補注：『宋学士文集』巻五八〕「元故処州路総管府経歴祝府君墓銘」。

(22)常建華「元代族譜研究」（『譜牒学研究』三、一九九二年）。

(23)光緒『網川里姚氏宗譜』巻一「（程復心）家乗原序」（一九〇三年版）。

(24)明末『新安蕭江宗譜』の「譜説」。

(25)明末『新安蕭江宗譜』の「譜説」。〔補注：本文の引用に正確に対応する程頤の言辞は、管見の限り見出せない。あるいは、程頤の譜牒の重要性を説いた「管摂天下之心、収宗族、厚風俗、使人不忘本、須是明譜系世族与立宗子法」（『河南程氏遺書』巻六、『二程集』中華書局、一九八一年、第一冊八五頁）か〕。

(26)『清宣宗実録』巻一六三、道光九年一二月甲子の条。

(27)『新安徐氏宗譜』巻首之三。〔補注：馮爾康 主編『清代宗族史料選輯』中（天津古籍出版社、二〇一四年）一二五四頁、それに拠ると、この族譜は乾隆二年の刊本〕。

(28)広東博羅『林氏族譜』巻六。〔補注：『中国家譜綜合目録』（中華書局、一九九七年）二〇四頁によると、当該書は宣統三年（一九一一）刊の排印本で、所蔵は南開大学である〕。

(29)楊宝華「北京図書館蔵家譜簡介」（『譜牒学研究』一、一九八九年）二六五頁。

(30) 梁洪生「江西現存譜牒簡介」(『古籍生理出版情況簡報』二七二期、一九九三年)。
(31) 張秀栄「孔府檔案概述」(『歴史檔案』一九五九年第一期)。
(32) 『天津日報』一九九四年一二月二六日の報道。
(33) 紀昀『紀文達公遺集』巻八。
(34) 銭大昕『潜研堂文集』巻二六「鉅野姚氏族譜序」。
(35) 故城『祕氏族譜』(宣統二年〔一九一〇〕重修本)康熙間の「序」。
(36) 謝賦文等修纂『宜邑謝氏六修族譜』(同治九年〔一八七〇〕刊本)の康熙五八年(一七一九)「初修旧序」。
(37) 潘光旦『明清両代嘉興的望族』(商務印書館、一九四七年)。〔補注:潘光旦の生涯と業績に関しては、廖慶六『族譜文献学』(台北・南天書局、二〇〇三年)「第五章第四節　潘光旦与族譜文献」が簡にして要を得た叙述をしている〕。
(38) 羅香林『中古族譜研究』(香港中国学社、一九七一年)。
(39) 滄州『劉氏族譜』の光緒「序」(劉辛荘・劉徳瀛等蔵)。
(40) 洪宗海・洪己任編潮州『洪氏宗譜』第一冊に載る康熙三三年の「恵来族譜序」(一九二二年、汕頭名利軒印務局鉛字排印本)。
(41) 任承弼編『宜興篠里任氏家譜』巻一「第十二譜序」(中華民国一六年一本堂刊本)。
(42) 常州『毗陵荘氏増修族譜』「譜序」(光緒元年本)。〔補注:訳文は馮爾康氏が「団聚而謀修譜牒・恤存亡之道」とあることに基づいている。しかし、当該の原文には「団聚而謀曰、兵燹之後、死者死、生者生、不可得而詳也、非従事譜牒、曷以糾存而恤亡」とあるので、意味としては「族人たちは集まって、協議して次のように語った。亡くなった者や、生きている者がどれだけは明確になっていない。そこで譜牒を修めなければ、どうして生きている族人を糾合し、亡くなった族人に慈しむことが出来ようか云々、と」ということであろう。馮爾康氏の纏め方と若干のニュアンスが異なるように思われる〕。
(43) 王次山編集『黄県太原王氏族譜』「重修譜序」(宣統元年刊本)。
(44) 劉燮材『南陽劉氏宗譜』(光緒三四年刊本)。

## 補注

(1) 馮爾康氏は、引用文が『史記』巻一三「三代世表」に載っているとするが、ここの記述は「三代世表」ではなく、巻一三〇「太史公自序」にある。
(2) 三閭大夫は、どの諸侯国にも置かれていたわけではなく、楚の官職であり、かつて屈原も就いていた。『史記』巻八四「屈原」伝の集解に王逸の「離騒序」を引いて、「三閭之職、掌王族三姓、曰昭屈景」とある。周代の史官に関しては、内藤湖南『支那史学史』(『内藤湖南全集』巻一一、筑摩書房、一九六九年、平凡社・東洋文庫、一九九二年)の「周代に於ける史官の発達」を参照（『支那史学史』は、馬彪氏の手になる中文訳『中国史学史』上海古籍出版社、二〇〇八年があり、そこでは「第二章　周代史官的発達」）。

(3) 茆泮林は江蘇省高郵県の人で、道光年間の諸生。本文で、馮爾康氏は茆泮材と記すが、日本語訳では訂正している。清朝における『世本』の輯本に関しては、内藤湖南『支那史学史』の「清朝の史学」（『内藤湖南全集』巻一一、筑摩書房、一九六九年、三八七・三八九頁、『中国史学史』「第十二章　清朝的史学」、上海古籍出版社、二〇〇八年、三〇三頁）を参照。なお、『世本』は『槐廬叢書』や『幾輯叢書』に所収。

(4) 『史記』巻六九「蘇秦」伝。ここの記述は、中華書局、標点本、第七冊二二四一頁に引く「索隠」。なお、この箇所の「索隠」には、「蘇氏譜」の記述はない。

(5) 『隋書』巻三三〈経籍志二〉「史部」は、「漢氏帝王譜三巻」とある。

(6) 潁川太守聊氏『万姓譜』は、鄭樵『通志』巻二五「氏族略」にみえる。

(7) 「役門」に関しては、宮崎市定『九品官人法の研究』（中公文庫、一九九七年）二六八頁に、「役門は明らかに庶民であり、恐らく三五門というのと同じと思われる」とあることに従って庶民と訳した。

(8) この事件に関しては、『南斉書』巻五二「賈淵」伝と『南史』巻七二「賈希鏡」伝に記載されている。

(9) 『新唐書』巻一九九「柳沖」伝（中華書局、標点本、第一八冊五六七八頁）に、「隋開皇氏族以上品・茂姓則為右姓、唐貞観氏族志凡第一等則為右姓」とある。

(10) 馮爾康氏は、「劉知幾」をいずれも「劉知己」と記すが、訳文は全て劉知幾に訂正している。劉知幾『史通』に関しては、日本でも古くから研究がなされているが、近年の成果としては、稲葉一郎『中国史学史の研究』（京都大学学術出版会、二〇〇六年）に四章にわたって詳細な記述がある。なお、夙に『史通』の全訳が増井経夫氏によってなされているが（平凡社、一九六六年、研文出版、一九八一年）、訳文に多くの問題を抱えている。『史通』の翻訳としては、西脇常記 編訳『史通内編』（東海大学出版会、一九八九年）、同『史通外編』（東海大学出版会、二〇〇二年）の方が精度が高く信頼するに足る。

(11) 馮爾康氏の引用文の最初は、「自茲以後」となっているが、『全唐文』も『唐大詔令集』（四庫全書本）も「自今以後」となっている。なお、『全唐文』で「務合典礼」となっているところは、『唐大詔令集』は「合典礼」に作る。

(12) この鄭樵の指摘は有名で、家柄を問わない宋代の婚姻の特色を論じた著名な論文として、張邦煒「試論宋代〝婚姻不問閥閲〟」（同氏著『宋代婚姻家族史論』人民出版社、二〇〇三年）がある。

(13) 管見の限り、『養一齋文集』の正編にも続編にも「薛氏族譜序」と題する文章は見あたらない。また、引用文に近い文章として、巻四「句曲東湾村馮氏族譜序」に、「蘇氏欧氏之譜卓然、遂為後世法程」とあるが、無論、引用文とは異なる。

(14) 欧陽脩の郷里は正確に言えば、江西省永豊県であり、廬陵県ではない。しかも、彼の誕生地も、育った場所、隠居した場所も郷里ではない。詳しくは、拙著『欧陽脩　その生涯と宗族』（創文社、二〇〇〇年）「第一章　欧陽脩小伝」「第九章　欧陽脩における族譜編纂の意義」を参照。ただし、宋元時代、府州の所在地の県名によって、その府州を指し示す言い方がなされており、吉州出身という代わりに、廬陵出身という言い方は許容される。

(15) 馮爾康氏は、石碑に刻まれた「石本」が先で、「集本」は「石本」を基に改訂したように記すが、それは岑仲勉氏の所説に拠ったと思われる。しかし、その考えは両者を詳細に検討すれば矛盾がある。拙文「欧陽脩における族譜編纂の意義」でも詳細に論証したように、「集本」が先で、「石本」は、煕寧三年(一〇七〇)に郷里の吉州永豊県沙渓鎮に石碑を建てる際に使用した文章である。また、「欧陽氏譜図」の最初の完成は、至和二年(一〇五五)であって、嘉祐四年(一〇五九)は、その改訂版であり、煕寧三年になって郷里に立碑されて内容が確定した。なお、「欧陽氏譜図」と蘇洵「蘇氏族譜」に関しては、森田憲司「宋元時代における修譜」(『東洋史研究』三七—四、一九七九年)や笠沙雅章「北宋中期の家譜」(笠谷和比古編『公家と武家Ⅱ——「家」の比較文明史的考察』思文閣出版、一九九九年)を参照。

(16) この「欧陽氏譜図」作成の意図については、前掲拙著『欧陽脩　その生涯と宗族』「第九章　欧陽脩における族譜編纂の意義」「第十章　北宋中期における宗族の再認識について」を参照。

(17) この蘇洵に関する記述は、字句どおりには、管見の限り、どの史料にも見えないが、ほぼ同じことは『宋史』巻四四三「蘇洵伝」、欧陽脩「故覇洲文安県主簿蘇君墓誌銘并序」(『欧陽文忠公集』居士集巻三四)などに見られる。

(18) 『三字経』は、初学者向けに、韻を踏んで儒教の経典内容などを覚えやすくしたものだが、一般的には南宋の王応麟、あるいは南宋の屈適士の編纂と言われる。したがって、馮爾康氏の記述の典拠は不明(明・黄佐『広州人物伝』巻一〇、清・屈大均『広東新語』巻一一「三字経」を参照)。

(19) 『嘉祐集』巻一四「譜例」の最後に、夾注として「欧陽氏譜及永叔題劉氏碑後不具於此」とあって、もともとは、馮爾康氏の指摘するように、「欧陽氏譜図」と「題劉氏碑後」が載っていた。ちなみに、「題劉氏碑後」とは、『欧陽文忠公集』集古録跋尾巻二「後漢太尉劉寛碑陰題名」を指しており、その最後の部分には、宋代になって譜牒が衰えたことや家譜編纂の必要性が説かれている。

(20) こうした批判は、南宋時代に一族の子孫に当たる欧陽守道が展開している(『巽斎文集』巻一九「書欧陽氏族譜」)。これついては、前掲拙稿「欧陽脩における族譜編纂の意義」や拙稿「南宋晩期吉州の士人における地域社会と宗族——欧陽守道を例に」(『名古屋大学東洋史研究報告』三六、二〇一二年)を参照。

(21) しかし、欧陽氏一族の場合、欧陽脩が最初の科挙出身者ではなく、父親や叔父も真宗の咸平三年(一〇〇〇)には科挙に合格して官僚生活を始めていた。五代に南唐に仕えていた先祖を含めれば、官僚の家としての歴史は、もっと古くなる(前掲拙稿「欧陽脩における族譜編纂の意義」)。

(22) 『中国家譜綜合目録』(中華書局、一九九七年)には、明確に明末と思われる『新安蕭江宗譜』が二種類載っているが(六五三頁)、著者はそのどちらを指しているのか不明。しかし、明中期の嘉靖本が南開大学の所蔵となっているので(六五二頁)、あるいはこれを指しているのかも知れない。

(23) 管見の限り、黄庭堅の書いた黄氏一族の族譜の序文は見あたらない。あるいは、『黄庭堅全集』(四川大学出版社、二〇〇一年)補遺巻一〇に載り、一族の在り方を説いた「家誡」を指しているのだろうか。

(24) 本文には第七項が抜けているが、『網川里姚氏宗譜』の原文には「次文献、顕良也」とあるので、第七項は「文献」で、族人の優れた行為を顕彰するということだろう。

(25) 呂思勉『中国制度史』(上海教育出版社、一九八五年)「第八章　宗族」(三八八頁)。

(26) 馮爾康氏は「六諭《りくゆ》」の第五条を「各全生理」としている。しかし、意味はそれほど変わらないけれども、どの史料を見ても第五条は「各安生理」とある。

(27) 曾静事件は、清朝の文字の獄でも、とりわけ有名で、清朝を扱った概説書に必ずといってよいほど記されている。湖南の曾静は、四川の岳鍾琪という将軍が、南宋の岳飛の後裔だと聞いて、彼に面会を求めて清朝に対する謀叛を勧めた。驚いた岳鍾琪の当局に対する訴えで曾静は逮捕・尋問されたが、雍正帝は、曾静の主張が根拠のないことを一々説き聞かせ、彼を放免した。さらに、その経緯を『大義覚迷録』として纏めて公表した。しかし、乾隆帝のときになって、彼は処刑された。こうした経緯は、宮崎市定『雍正帝』(岩波新書、一九五〇年)「六　忠義は民族を超越する」、同『中国文明の歴史九――清帝国の繁栄』(中公文庫、二〇〇〇年)「筆禍事件続出す」を参照。

(28) 馮爾康氏は①「序」、②「記」とするが、方孝孺の原文は、「一、序得姓之根源、二、記族数之遠近」とあり、「序」や「記」という見出しではなく、「序」は順序を追って記述する、「記」は記すという、いずれも動詞であろう。

(29) 馮爾康氏は、③の「爵禄」を「説明宗族的根基(宗族の根源あるいは家柄を説明している)」とするが、原文は「明爵禄之高卑」とあることからすると、族人が獲得した爵禄の高下を明示するということであろう。

(30) 原文は、「四、序官階之大小」であり、それだと単に族人の有する官位の高下を叙述するという程度で、馮爾康氏の説く族人の伝記までは入らないように思われる。

(31) ここで著者が述べている「序例」は、「南海九江朱氏家譜序例」のことであろうから、この記述のままだと、同じものが重複して載っていることになる。『朱九江先生集』巻八には、「南海九江朱氏家譜序例」とは別に、「南海九江朱氏家譜序」と題する文章も載っており、そこにも譜牒学に関する見解が展開されているので、恐らく「序例」の後は「南海九江朱氏家譜序例」ではなく、「南海九江朱氏家譜序」となるのだろう。もっとも、『朱九江先生集』巻八は「南海九江朱氏家譜序」「南海九江朱氏家譜序例」「朱氏伝芳集凡例」の順に載っている。

(32) 章学誠『文史通義』巻六「和州志氏族表序例」。

(33) 梁啓超『中国近三百年学術史』「十五　清代学者整理旧学之総成績(三)」(初版一九二四年、『飲冰室合集』中華書局、一九八九年、第一〇冊所収『中国近三百年学術史』の三三六頁)。

（34）これら三氏の代表的な業績を以下に掲げる。劉翠蓉『明清時期家族人口与社会経済変遷』（台湾・中央研究院経済研究所、一九九二年）、呉建華『明清江南人口社会史研究』（群言出版社、二〇〇五年）、王躍生『中国人口的盛衰与対策——中国封建社会人口政策研究』（社会科学文献出版社、一九九五年）、同『十八世紀中国婚姻家庭研究——建立在一七八一—一七九一年個案基礎上的分析』（法律出版社、二〇〇〇年）、同『清代中期婚姻衝突透析』（社会科学文献出版社、二〇〇三年）、同『社会変革与婚姻家庭変動——二〇世紀三〇—九〇年代的冀南農村』（生活・読書・新知三聯書店、二〇〇六年）。

（35）羅香林氏の生涯と業績に関しては、廖慶六『族譜文献学』（台北・南天書局、二〇〇三年）「第五章第六節　羅香林与族譜文献」に簡にして要を得た叙述がある。

# 第八章　結論

ここまで書き進めてくると、前近代の宗族と祠堂に対する中間的な総括を行い、筆者の考えに基づいて、それらの特徴と発展・変遷の軌跡とを整理しておく必要があるだろう。

（1）宗族は古い歴史をもつ上に、長年にわたって継続してきた社会団体である

宗族は上古〔漢代以前〕に誕生したが、それは近隣組織・宗教組織・職業組織・政治団体のいずれと比べても早期に、しかもそれらよりも、とても早くに生み出されたのである。宗族が誕生して以後、それは幾たびも打ち壊されたけれども、その後に再建され、宗族組織は踏襲されてきたのである。最初の大きな破壊は戦国時期であり、宗子宗族制（大宗法制）が崩壊し、宗族組織は基本的に消失してしまった。両漢時期、宗族は、その数百年の回復時間を経過して再建され、後漢時代に至ると、世族宗族時代に入った。その後、直ちに魏晋南北朝隋唐の貴族〔「士族」〕宗族時代に発展していった。この時期中、新旧の貴族が交替し、唐末五代になって、貴族制は衰亡して、宗族組織も再び稀な存在となった。しかしながら、その後、両宋時期の官僚や理学〔宋学〕家の唱道・組織化を通じて、また宗族は新たに生まれ変わった。とはいえ、今回の場合は、官僚の宗族を、宗族の主体とするものであったが、やがて平民の宗族も相

次いで出現してきた。明清時代に至って、紳衿階層が社会の重要な勢力となり、彼らは宗族建設に一層大きな情熱を注いだ。彼らの宗族も全社会の宗族組織の主体となり、この時期を紳衿宗族時代とさせたのである。二〇世紀中葉、社会制度の巨大な変化につれて、古い宗族組織はほとんど消え去ってしまった。それでも、二〇世紀末まで、些かの地域では宗族が出現し、そして台湾・香港、それに海外華人の社会では宗族組織が変化して宗親会というものになった。

周知のように、前近代は君主に権力が集中した社会であり、社会独自の団体の出現は許されていなかった。それでは、どうして宗族はその例外となり、長期にわたって維持されてきたのだろうか。これは、当然、宗族が政権の補完物となり、政府に利用されたことと関係している。

（2）宗族が強力な政治的機能をもつ時代から、宗族が社会的機能をもつ時代への転化

宗子宗族制の時代、君統〔天子の血統〕と宗統〔宗族の血統〕とは一致していて、宗法制と分封制〔封建制〕とは、いわば周代君主制の双子の兄弟であって、互いに補完関係にあった。宗法制それ自体は一種の政治社会制度であり、分封制〔封建制〕と君主政治の形態とはそれによって維持されていた。中古の時代、君統と宗統は分離し、貴族制〔「士族制」〕が政府の基本制度となった。貴族の宗族は君主にとって力強い支持者であり、また君主制の社会的基礎であった。そこで政府も貴族に対して多くの特権を与え、双方は互いに利用し合っていた。宗子制と貴族制の時代、宗族の内部構造と社会的な身分階層構造とは一致していた。そうした時代の社会的階層構造は、〈皇帝↓皇族↓貴族官僚↓平民↓賤民〉であり、宗族の類型構造は、〈宗室〔王室・帝室〕宗族↓貴門〔諸侯の公室〕宗族↓貴族〔士族〕宗族↓平民宗族〉であった。こうした社会階層構造と宗族の類型構造とは互いに対応関係にあり、賤民が宗族を有しないということを除けば、両者の構造は合致し、貴族〔「士族」〕以上の宗族はいずれも特権を具有した。つまり特権宗族と特権階層とは一致していたのである。特権宗族と特権階層とが結びついて、それらが一緒になって中央から地方に至る権力を掌

握し、政権を維持していた。したがって、上古と中古の特権宗族の社会的機能は、主に政治方面に体現されていた。この時期の平民宗族は、非常に弱い政治上の役割を果たしていたにすぎず、特権宗族の政治的機能がその時代の宗族全体の存在価値を表していた。宋代以後の、官僚の宗族や紳衿の宗族は、それらの宗族の社会的地位を反映しているにすぎず、以前の貴族宗族が有していた政治的特権を喪失していた。宗族全体としていうと、宋代以後の官僚以下の宗族は特権宗族ではなく、その成員中の官僚本人や紳衿本人が多少の特権を持ってはいたけれども、それは宗族団体全体に及んでいたわけではない。この時期、特権をもつ人以外の他の族人は、最早、中古におけるような恩蔭や免役の権利を持ってはいなかった。宋代以来、官僚以下の宗族は、社会の階層構造からは切り離されていて、宗族の政治機能は、専ら祠堂を有する有力な宗族が地方の地域社会の勢力として政権を支えるという点に現れるだけであり、その支える力の程度も貴族時代とは比較にならないものであって、宗族の機能は社会的な方面に向かって転化していった。祠堂は族人に対して三綱五常の倫理教育を進めて、族人が思想上で忠孝の道に親しみを覚えるようにさせた。そして、一部の祠堂は一族共有の財産を持ち、それによって宗族の凝集力を強化し、その上、宗族に多少の社会保障の機能をもたせた。祠堂を掌握する紳衿は、宗族や地域社会を代表して地方政府と意志を疎通させ、ひいては地方の慈善事業を主宰した。これらは全て、宗族が発揮した社会的機能である。宗族も、これによってある種の自治的団体となった。

（3）宗族は民間化と大衆化の方向に発展し変化していった

宗族を指導者層の側面からみると、〔歴史をたどると〕宗子から紳衿に至ってゆくように、宗族の指導者の社会層は〔時代を経過して〕一歩ずつ下方に移っていった。〔宗族組織に〕参加する構成員からみると、貴門・貴族を主体として、基本的に平民を含まない段階から、次第に平民が増加し、やがては平民が絶対多数となる段階となっていった。宗族の社会的地位からみると、宗族が特権を有する段階から、宗族が基本的に階層性を喪失して、場合によって階層観念で宗族の社会的性格を測る必要がなくなる段階まで発展していった。それというのも、皇族を別にすれば、全てが非特権宗族になってしまったからである。要するに、宗族の形態が変化してゆくごとに、全体として民衆化の方向に発展していったのであって、宗族は少数の貴門・貴族組織から、広大な民衆が参加する社会団体に変化していったのである。それというのも、宗族が下層の特権階層と平民の要求に適応したためである。階層制度は清代になると、衿士の特権は非常に少なくなり、彼らは失った権力を埋め合わせしようとして、宗族の組織化を通じて、地域社会の代表となり、そのことによって政府に対して特権外の些かの社会的権力を認めてもらおうとするようになった。平民も宗族団体に自己の利益を反映させるようにと考えて、祠堂に心を傾けて、問題が何であれ、結局は祠堂に多少とも解決してもらうようにと望んだ。こうした願望こそが、平民も宗族の活動に熱中させたのである。宗族社会の階層身分の民間化は、宗族成員の大衆化と大衆性とを意味している。したがって、〔宋代以後の〕近古の社会では、平民大衆は宗族団体を作って互いに結びついて、帰属感を満足させ、彼らの社会生活に役立たせたのである。

（4）宗族制度は弱体化の趨勢に沿って変化していった

宗族は、元来、宗法に基づく団体であり、その上、政治性を有する強力な団体であって、宗法制と分封制とは併存していた。しかし、分封制が消失すると、宗法制度はその全部を実現させることは困難となった。そして大宗法制から小宗法制に変化して行くにつれて、次第に宗族は政治制度から離脱してしまい、一種の制度としては弱体化してきたといえる。要するに、宗族制は西周時期が典型であり、後世の宗族はその時期を模範として、「尊祖敬宗収族〔祖先を敬い、宗族を敬愛して、一族の結束を図る〕」を強調した。しかし、完全には西周の状況を回復できず、「尊祖敬宗収族」という目標は、相当程度に一種の理想でしかなく、また一種の幻想であって、現実性に乏しかったといえよう。宗族制度の衰退と宗族団体の民衆化とは、一つの事物の両面を表した内容であって、政治組織としての宗族は、あらゆる社会制度中でその地位を低下させて、衰退の道に向かって滑り落ちていって、一種の社会団体となったが、その成員は日増しに拡充されて、広大な民衆を吸収していった。また宗族団体の発展は壮大であったので、したがって宗族が衰退し、宗法制が弱体化して行く過程は、直線的な下降ではなく、衰退と同時に復興もあり、その変態も存在していたのである。こうした展開の趨勢は、宗族が紆余曲折して変化してゆく中で、そのそれぞれが一つの歴史的時期を支えていたということを予め示していたかも知れない。

（5）宗族文化の小団体的狭隘性と中国民族の精神的一体性

前近代の宗族意識と実践で形成されきた宗族文化とは、中国の伝統文化の一つの構成要素である。現在、一面では、その小団体的狭隘性は、私たちの一種の思想的陋習となっており、重苦しい感覚として負担となっている。他面、それらは中華民族の凝集力保持に対して、それなりの役割を果たしている。

それらが民族精神の負担となっていると言うとき、その理由は三つほどある。第一は、前近代の宗族文化は三綱五常の道徳倫理とその実践の宣揚に力を入れており、これはまさしく中国の封建主義文化の基本的内容であったからである。第二は、前近代の宗族文化は小団体主義的文化であり、閉鎖的ひいては愚昧な特徴を些かもっているからである。第三は、前近代の宗族文化は、個性や人間性を束縛し否定するからである。こうした宗族文化の消極的要素は、社会の迅速な発展にとって不利であり、一掃する必要のある思想的重荷である。

それでも、前近代の宗族文化の中に、多くの積極的要素も含まれ、それらは伝承し発揚させる必要がある。その第一は、人生規範に対する前近代の宗族文化の合理的要素であり、それは人類社会の規範にとって有益な要素となっている点である。第二は、前近代の宗族文化は、中華民族の一体性にとって極めて高度に重視するに値する点である。

第三は、海外の華人と連繋する上で、前近代の宗族文化は忽せにできない価値を持っている点である。

中国の宗族の歴史を見渡すと、それは如何にも古めかしいけれども、社会に対して一定の適応力を持っていて、時代の変化に従って自身の組織原則、組織構造、活動方式を調整していって、一定の活力を保持してきていた。そのために、中国宗族史の研究は、宗族が変化発展して行くのだという観念を根底にして、その認識論と方法論とにしなければならないといえよう。

# あとがき

ここで、私は主に今回の改訂版と原版の相違点を述べ、また今回の改訂の事情を説明しようと思う。改訂版は三つの方面に力点を置いている。一、内容を増やし、原版の一一万字から一四万字に拡張した。二、挿絵は数点から五〇余点となった。三、注釈の方式を変えた。このように、全体から言って、改訂版は内容を拡充し、小著の学術性を些か向上させている。したがって、もし、こうした措置によって、本書の全貌に多少の変化をもたらしたとすれば、それは私にとって望外の喜びである。

内容の増加は、一つには原版で使えなかった元原稿の中、使用可能の文章を入れ込んだことと、二つ目には今回新たに書き起こしたこととのためである。原版の草稿は一九九五年に執筆され、一五、六万字となったが、翌年に商務印書館版として発刊されるとき、草稿の一一万字が使用できただけであり、冒頭の「現在から説き起こす」の部分は大半が採用されず、第七章の「家族の譜牒編纂」は、草稿が三万字であったのに対して、採用されたのは十分の一にも満たなかった。その後の台湾商務印書館版も、以前としてそのままであった。旧稿が原版で圧縮された原因は、当時の「〔中国古代生活〕叢書」全体の規格のためである。そもそも、この叢書は一般向けの読み物であって、字数も多くできなかったので（記憶は曖昧だが、一〇万字以内に限定されていたようである）、私も「割愛」されたという不快性は感じていなかった。今回の叢書新版では、文字数を増やそうと企画されており、私は喜んで上述の元原稿の二つの部分の文字を大量に挿入した。〔第一章の〕「現在から説き起こす」は、現代の我が国と海外華人の宗族と宗親活動とを述べたが、それは主に私が二〇世紀九〇年代の農村で行ったフィールド調査や、現今の国外で獲得された素材に基づいて書き記したものである。確かに、国内の民間で家譜を作成する熱情は今でも続いているが、宗親活動の状況が二〇世紀の八〇、九〇年代のようであるかどうかに関しては、現在、非常に変化して衰退してきているのではないかと私は想像している。世の中が全体的に変化してきているので、宗族や宗親活動に対するこのような見方は、物事の真相に近いのではなかろうか。

ところで、中国宗族史は私が長期に研究してきた方面の一つであり、一九九五年以後も依然として関係史料を収拾し、その上、当今の優れた論著を閲読し、そこに何らかの収穫があると、論文を書き起こしてきた。併せて『一八世紀以来中国家族的現代転向』（上海人民出版社、二〇〇五年）と題する一書も著した。しかしながら、今回の増訂は新たに細目を増やし、新たな内容を付け加えはしたものの、決して新たな研究成果を大量に集めて、それを入れたわけではない。それは、私の些かの著述中において、すでに少なからず資料を何度も使用しており、論点も繰り返しているので、この種の状況を再現すべきではないと考えたためである。それ故に本書が基本的に完成しているという点から出発して、少しの内容を増やすに止めたのである。

注釈に関しては、原版は文章中と脚注という二種類の方式を採用していたが、今回は一律に脚注〔訳文は各章ごとの後注としている〕とした。しかし、この変更は注釈の規準が画一化されていないという欠点となってしまっている。すなわち、ある注釈は完全に学術上の規範に従い、別のものはそうではないという結果になってしまった。たとえば、本文で出典名を書けば、一般的には注に再び書かないのであるが、時たま注を付けて出典を示している場合がある。だが、それは該書が重要であると考えたとき、特別に注を付けたということである。また、現在からみて、注を付ける必要があるのもかかわらず、それをしていない場合があるが、それは〔原版〕当時の図書の普及状況からして、一々、注を付ける必要はないと断定したからである。そして、現在、それらに注を付けようとしても、時代が経っていて、史料の出所を思い出せないし、また精力にも限界があって、図書館での検索もしにくい。このような種々の原因からして、規範に合わない欠点は、読者の御寛恕を願う次第である。

原版は多くの誤字があって、今回はそれを校正し、それと同時に若干の不適切な語句を改正した。

図版材料や視覚資料の利用は、私にとって、学術上の関心事である。本書の初版では挿絵は少なく、それに対して私は不満をもっていた。今回、新版の機会を利用して多少の挿絵図を増やした。それによって、図と文章との配合が少し良くなり、読者の閲覧に便宜を与えられるようにと望んでいる。

# 訳者解説

本書は、馮爾康《ふうじこう》『中国古代的宗族和祠堂』(邦訳名『中国の宗族と祖先祭祀』)を訳出したものである。本書の内容解説に当たって、まず本書を選択し、訳出するに至った事情を、私事を含めて叙述しておこう。

私自身の中国の家族・宗族に関する関心は、一九八〇年代初頭にまで遡る。私の研究は、当初、一一世紀半ばに活躍した欧陽脩(一〇〇七―一〇七二)という、時代に傑出した士大夫を中心に据えて、北宋時代の政治と社会の特質を解明しようという目的をもって開始された。その探求の過程で、欧陽脩が宋代以後の、いわゆる「近世譜」の模範を作成した人物の一人であることを知り、彼が編纂した欧陽氏一族の族譜(「欧陽氏譜図」)に彼自身が何を託そうとしたのかを明らかにしようとして、「欧陽脩における族譜編纂の意義」(『名古屋大学東洋史研究報告』六、一九八〇年、拙著『欧陽脩 その生涯と宗族』創文社、二〇〇〇年所収)と題する論文を書き上げた。その後、欧陽脩をめぐる様々な問題の研究を進める一方で、この論文が契機となって宋代の士大夫が宗族に対して、どのような関わり方をしてきたかにも関心を寄せてきた。とりわけ、「宋代史研究における宗族と郷村社会の視角」(『名古屋大学東洋史研究報告』八、一九八二年)という一文を公表して以後は、宋代の基層社会を形作る郷村社会(地域社会)という「場」に着目して、士大夫が地域社会の秩序維持や秩序再生に関わってゆくとき、自己の宗族の再生産はその「場」とどのような繋がりをもっているかという観点から少なからざる論文を書き綴ってきた。そして、現在の勤務先でも折りに触れて、このような関心から、中国の家族や宗族を取り上げた講義や史料講読を行ってきた。講義や講読を行うに際しては、当然ながら学生に対して中国の家族・宗族に関する研究の参考文献を提示してきた。それは、中国の家族・宗族に関する知見を少しでも深めて欲しいと考えたからである。そうした作業を行ってみて気づくのは、日本語で書かれた中国の家族・宗族を、それらの特色とともに歴史的変遷をも十二分に考慮した論著、とくに学部の学生でも理解できる一般向けの著作物が思いのほか少ないことである。

たしかに、戦前から戦後初期にかけての研究成果を盛ったそうした書物には、現在でも興味を喚起する著作が多く見られる。思い付くものを手当たり次第に挙げても、清水泰次『支那の家族と村落』(文明書院、一九二八年)、陶希聖(天野元之助訳)『支那に於ける婚姻及び家族史』(生活社、一九三五年)、西山栄久《えいきゅう》『支那の姓氏と家族制度』(六興出版社、一九四四年)、オルガ・ラング(Olga Lang)『中国の家族と社会』(岩波書店、一九五三年)、『牧野巽《たつみ》著作集(中国家族制度研究)』第一巻(お茶の水書房、一九七九年)に載る中国家族制度概論など、数えきれぬほどの、中国の家族・宗族制度の特色を概述しようとする書物が存在する。そして、中国の家族・宗族に関しては、一九八〇年代半ば以後、日本の学界は、再度、関心を寄せて多くの研究成果を挙げてきており(拙稿「日本における中国家族・宗族研究の現状と課題」『東海大学紀要文学部』七八、二〇〇三年、遠藤隆俊「家族宗族史研究」『日本宋史研究の現状と課題』汲古書院、二〇一〇年)、その成果を反映した概説書としては、瀬川昌久『中国社会の人類学』(世界思想社、二〇〇四年)が欧米の家族理論や日中の中国家族研究を紹介するとともに、氏自身の実地研究を踏まえた中国家族・宗族の特質に関する言及を含む優れた書物として挙げられる。また、現在、中国の宗族研究に対して大きな理論的刺激を与えているモーリス・フリードマン(Maurice Freedman)の著作も邦訳されている(『中国の宗族と社会』弘文堂、一九八七年、『東南中国の宗族組織』弘文堂、一九九一年)。また、瀬川氏は西澤治彦氏とともに、中国の家族・宗族に関する欧米と中国の研究者の主要な論文を訳出した編書を『中国文化人類学リーディングス』と題して出版している（風響社、二〇〇六年）。これらの著作物は確かに優れていて有用であるけれども、清水・牧野・西山ら各氏の書物は、あくまでも戦前・戦後直前の研究成果に基づいた古いものであり、瀬川氏やフリードマン氏のものは、人類学的関心や社会学的関心を中軸に据えて纏められているという性質上、家族・宗族の歴史的展開は二の次に置かれているのであって、いずれも私としては常に不満を抱かざるをえなかった。

一方、一九九〇年代以降、大陸中国や台湾でも家族・宗族研究が再び隆盛してきており、それを反映して中国人研究者の著作物は専門研究でも一般向けであっても、陸続と公刊されてきていて、量と質の両面で目を見張るべきものがある。それらは、上記の不満を解消してくれる論著も少なくない。このような研究成果については、私は折りに触れて書評などを通して紹介してきたつもりであり、翻訳を試みた著作物もあった。とはいえ、学部の学生を主な読者の対象とするとき、どのような優れた著作物であっても浩瀚な書物では読んでくれない恐れが充分に存在する。その点からすると、本書は、最初に手にして拝読していたときから、中国の宗族の特色とともに、その歴史的変遷を簡潔に記した、分量も手頃な好著であると感じていた。それが本書の翻訳を思い立った理由である。

本書は、最初に一九九六年七月に『中国古代的宗族与祠堂』と題する簡体字本として（中国古代生活叢書〔全部で四〇冊〕の一冊）、大陸の商務印書館から出版された。その後、一九九八年九月に繁体字本が台湾商務印書館から発刊され、そして二〇一三年五月になって大陸の商務印書館から大幅な改訂を伴った簡体字本が公刊された。最初の簡体字本は本文一七五頁、繁体字本は本文二一〇頁、二〇一三年の簡体字本は本文二七一頁である。いずれの書物も、本文を終えた後に、わずか一頁の簡単な「主要参考書目（参考書目）」（書目としては簡単すぎるし、また二〇一三年の改訂本の第一章には宗族に関する主な書物を挙げているので、この訳文では省略した）が付けられている。なお、二〇一三年度本は「参考書目」の後に二頁にわたる「後記」が新たに附されている。いずれの版とも、全部で八章から構成され、二章から六章までの文章は、大半の部分はほとんど一緒である（一九九六年版と一九九八年版は各章・節・項は算用数字であるが、二〇一三年版は漢数字となっている)。二〇一三年版はその「あとがき」にあるように、第一章と第七章に大幅な書き直しがなされている。とくに第八章「結語」に至る直前の第七章は、繁体字本でも増補がなされているけれども、二〇一三年版は繁体字本を大幅に超える増訂がなされている。そして、この改訂作業を行う中で、繁体字本にはあった殷周時代の譜牒に関する記述や南洋華人の系譜保存の努力といった興味深い記述は、残念ながら全て削除されている。また、第二章・第四章・第五章・第六章は、補訂の程度の差はあるものの、各章の最後、あるいは最後に近い部分に増補がなされている。さらに細かい点を挙げるならば、一九九六年の簡体字本は各章の題名の前に章の順番を示す数字が付けられているが、一九九八年の繁体字本は各章の数字を省略して題名のみとなっているのに対して、二〇一三年の大幅改訂本は、各章節の番号が復活しただけでなく、節や項の数も増やされ、全体として章節の組み立てが目次を見ただけで分かりやすくなっている。しかも、「あとがき」にあるように、二〇一三年度版は、前二版の挿絵を大幅に差し替えたばかりでなく、それらに比べて挿絵が大量に増やされている。このような挿絵の増加と、その上、増補による字数の増量も相俟って二〇一三年版は全体の頁数を押し上げる結果をもたらしている。

三版の相違に関して、細かい点を列挙すれば、一九九六年の簡体字本は注が脚注になっているのに対して、繁体字本は各章の本文を終えて、その最後に注を纏めて載せているが、二〇一三年版は「あとがき」にあるように、最初の脚注方式に戻っている。しかも、二〇一三年版は、本文に載る史料の典拠も脚注に移しているので、全体として脚注数が増加している。この訳本は脚注ではなく、各章ごとに後注としてまとめている。

訳出にあたって、訳者は、当初、最初に手にして読んでいた一九九六年の簡体字本を使用していた。しかし、訳出しているうちに、上記のように、七章は繁体字本では大幅に増補されていることに気づき、その章だけは繁体字本に従って訳出していたが、さらに第一章と第七章の大幅な改訂を伴った二〇一三年版が出版されたので、最終的に二〇一三年版に依拠した翻訳となっている。ただし、記述内容によっては前の二版の記述が分かりやすいと思われる箇所もあり、その場合は前二版に依拠した訳出をしている。また、最新版で著者が省略した箇所でも、前二版と同様の記述であった方が読者の理解を得やすいと訳者が判断したところは〔 〕を付けて残している。二〇一三年版は以前と比べて大幅に図版が増えているが、本訳文では本文の説明に必要と思われるものだけを選択して載せている。したがって、たとえば著名な人物の画像は全て省いている。更には、以前の版に載っている図版で、二〇一三年版に省略されている図版も、説明上、必要と思われるものは補い入れている。

ところで、著者の馮爾康氏は、一九三四年、長江下流沿岸で、揚州の西南に位置する江蘇省儀徽県に誕生した。一九五五年、天津の南開大学歴史系に入学し、一九五九年の卒業後は助教として母校に残りながら修士（碩士）課程を終え、その後、講師・副教授を経て一九八五年に教授となり、二〇〇二年に退職されるまで、常建華氏（現在、南開大学教授）を初め、多くの後進を育てながら、主に清代の政治・社会・文化などに幅広い関心を示して多くの論著を残している。とりわけ、中国独特の親族制度である宗族の研究に優れた業績を挙げており、編著の『中国宗族社会』（浙江人民出版社、一九九四年）は、改革開放以後に再び盛んになった宗族研究の成果を基にした優れた宗族史として定評がある。この書物の内容と特色は、拙評を参照して欲しいが（『東海史学』三〇号、一九九六年）、本書は、二〇〇九年になって、上海人民出版社から『中国宗族史』と改名された改訂版として再刊されている。また、二〇〇五年には、南開大学所属の家族・宗族研究者を中心として、「中国家庭・家族・宗族研究系列」という主題の下に全七冊の叢書が上海人民出版社から刊行されているが、その中で馮爾康氏は『一八世紀以来中国家族的現代転向』と題する一冊を担当しており、宗族に関する単独の論文集としては『中国宗族制度与譜牒編纂』（天津古籍出版社、二〇一一年）を公刊している。また、近年の注目すべき書物としては、清代の宗族に関する主要な史料集『清代宗族史料選輯』上中下（天津古籍出版社、二〇一四年）が馮爾康氏を主編として公刊されている。ちなみに、南開大学所属の家族・宗族の研究者を中心としては、二〇〇六年には、全五巻の『中国家庭史』という叢書が出版されていて、中国の家族研究の現状を知る優れた著作群となっている。

馮爾康氏は、こうした家族・宗族の他、清代の政治制度を完成させた雍正帝を扱った『雍正伝』（人民出版社、一九八五年）、清代の様々な階層や団体と人びとの風俗習慣とを、教え子の常建華氏とともに纏めた『清人社会生活』（天津人民出版社、一九九〇年）、清代の様々な問題を折に触れて解明した論文を纏めた『顧真齋文叢』（中華書局、二〇〇三年）と題する論文集など、多数にわたる専著や共著を陸続として公刊している。

それでは、馮爾康氏の中国の家族・宗族に対する見方に、どのような特色があるのだろうか。そして、これらの問題をめぐって、他の中国人研究者との一致点と相違点は那辺に存するのだろうか。そうした点は、同じ家族・宗族の研究者として定評のある徐揚杰（傑）氏と対照してみると分かりやすいと思われる。徐揚杰氏は、馮爾康氏よりも一歳年長の一九三二年生まれで、氏には中国の家族・宗族の通史として『中国家族制度史』（人民出版社、一九九二年）、宋代から明清時期にかけての家族・宗族制度を中心に論じた『宋明家族制度史論』（中華書局、一九九五年、この書物の紹介は、拙評を参照して欲しい〔『東方』一九三号、一九九七年〕）、中国の家族・宗族制度に関する論文とともに、古代・中世社会の様々な問題を扱った論文を一冊にした『家族制度与前期封建社会』（湖北人民出版社、一九九九年）を公刊している。

徐揚杰氏によると、中国の家族・宗族制度は、原始社会末期の家父長制家族、殷周時期の宗法式家族、魏晋から唐代までの世家大族式家族、宋代以後近現代に及ぶ「近代封建家族」の各段階の発展を経過してきたという（『中国家族制度史』一八―二〇頁）。とりわけ、宋代以後、近現代に至るまでの約一千年に及ぶ長期間を、「近代封建家族」という言葉で一括りにしたのには次のような理由が存在していた。つまり、魏晋から唐代までの家族制度（世家大族式家族）が唐末・五代の混乱期に崩壊した後、宋代から明代までに形成されていった新たな家族制度は、アヘン戦争以後の近代に入って、帝国主義の侵略や資本主義の発展や、さらには民衆の革命闘争によって、次第に衰退しながらも、その基本的性格は一九四九年の中華人民共和国成立まではその特色を維持し存続していったからだというのである（『中国

家族制度史』二〇頁、『宋明家族制度史論』一三頁）。

問題は、この解放直前までに存在し、その後も中国の進路に陰に陽に影響を与えている「近代封建家族」を、どのように評価するかという点である。氏は次のように主張する。一九四九年の中華人民共和国成立に端的に見られるように、人民民主主義革命の勝利によって、古い家族制度やそれと結びついていた族権は墓に送られてしまった。とはいえ、人びとの頭の中には封建的家族主義の思想や観念が完全に払拭されずに残っており、常に私たちに危害を加えようとしている、と（『中国家族制度史』四七一―四七七頁、『宋明家族制度史論』二頁）。要するに、徐揚杰氏の視角からすると、中国社会を真に近代化させてゆくためには、古い家族制度は障碍や桎梏《しっこく》でしかなかった。氏の著書の中で、エンゲルスの『家族・私有財産・国家の起源』や毛沢東の『湖南農民運動考察報告』（『毛沢東選集』巻一）が繰り返し引用されるのは、こうした考えを補強しようとするためだと思われる。周知のように、『家族・私有財産・国家の起源』は、家族制と国家の誕生をめぐる唯物史観の古典的著作物である。そこでは、一夫一婦制を基本とする「単婚家族」が幾つかの家族形態を経て歴史的に形成されてきたものであり、それは確実に父親の血を受け継ぐ子供に財産を受け渡す制度として生み出された、いわば私有財産制の登場と相即的な関係をもって誕生した制度であると断定し、したがって私有制に基づく階級対立と階級矛盾を抑制するために生まれた国家と同時に生み出された家族形態だと論ずる。そして、それ故に私有財産制の揚棄こそが妻側にだけ貞節を求める片務的一夫一婦制の精算に繋がると主張している。一方、『湖南農民運動考察報告』は、大陸の中国人研究者を中心として、中国の古い家族制度や宗族制度を中国近代化にとって打倒すべき対象とするときの理論的根拠となっている。この視察報告は、一九二七年、毛沢東が郷里の湖南省を自ら実地に調査して、その結果、当時の農民が直面し打倒すべき権力として、土豪劣紳とともに様々な同族（宗族）支配体系と、それと密接に結びついた思想や制度を批判の槍玉に挙げている。その上、女性は夫の権力支配をも受けていると指摘する。そのことは、「この四種類の権力——政権、族権、神権、夫権は、封建的同族支配体系の思想と制度のすべてを代表しており、中国人民、とくに農民をしばりつけているふとい四本の綱である」（中国・外文出版社、一九六八年版『毛沢東選集』巻一、四九頁）という言辞に端的に示されている。

こうした中国の伝統的な家族制度を批判的に見る徐氏の視角は、『宋明家族制度史論』の「後記」に記す日本人研究者に対する批判にも如実に示されている。氏は、日本人による中国家族研究が親族関係や親族間の称謂に限定されていて、家族内部の構造や家族の経済的基礎、封建政権との関係などにはあまり探求が及んでいないという不満を表明している。ここにいう日本人が具体的に誰を指すかは明示していないので判然としないが、恐らく批判内容からすると加藤常賢氏や諸橋轍次氏らの戦前の研究を指しているのであろう。もっとも、徐氏による、こうした日本人研究者に対する批判は、一面的な見方でしかない。たとえば、戦前・戦後に活躍した牧野巽氏や清水盛光氏らの研究は、家族の構造や経済的基礎にまで及んでいたからである。しかも、二人の研究は、当時、日本における中国家族制度をめぐる議論の中核に位置していた。そして、封建政権との関係について言えば、戦後日本の研究でも主要な主題となっていたのであり、とくに仁井田陞氏の中国家族・宗族に関する研究は、『中国法制史研究〈奴隷農奴法・家族村落法〉』（東京大学出版会、一九六二年）に載る諸論文に端的に示されているように、伝統的家族制度・宗族制度が、まさに中国近代化を阻害する封建的地主制度を補完する役割を担っていたという観点からの研究成果であった（拙稿「宋代史研究における宗族と郷村社会の視角」『名古屋大学東洋史研究報告』八、一九八二年参照）。

話が少し脇道に逸れたので、元に戻そう。徐揚杰氏の家族・宗族に対する否定的な見方に対して、馮爾康氏は、肯定的な見解を表明している。まず、馮氏は、中国の家族・宗族の発展過程を、①典型的宗族制時代としての先秦時期、②世族・士族による宗族制時代としての秦唐時期、③大官僚による宗族制時代としての宋元時期、④紳衿・富人による宗族制時代としての明清時期、⑤宗族変移時代としての近現代時期、という五つに区分できるとする。徐揚杰氏の時代区分と比較すると、唐代以前は大同小異であるが、宋代以後を徐氏よりも細分化している点に特色があるといえよう。これは、①宗族は総体的に時代とともに衰退してきている、②宗族は次第に民衆化してきた、③宗族の機能は政治機能から社会的機能に変化してきた、という三つの考え方に基づいているからである。その中で、宋元と明清を区分するのは、宗族の民衆化という観点に立ってであり、近現代の宗族を前近代から切り離しているのは、宗族の衰退化と機能変化に着目しているからである（『中国宗族社会』一二一―一二二頁、本書「第二章　宗族の構造と変遷」「第八章　結語」）。

中国の家族・宗族の発展過程に関する徐・馮両氏の区分の仕方に示されるように、両氏の見解の相違は、宋代以後の時代に対する見方に集約的に表現されている。徐氏は、宋代以後に形成されてゆく中国の家族・宗族は、アヘン戦争以後の近代に入っても基本的な変化を被ることなく、解放直前までつづいており、中国の近代化の桎梏となっていたと断罪する。それに対して、馮爾康氏は、宗族は時代の要求に応じて変化し、社会に適応できる柔軟性をもっているとし、台湾や南洋・欧米の華僑の、近代化された組織運営や、郷鎮《きょうちん》企業に代表される現代企業のかなりの部分が血縁集団によって担われ成功していることを指摘する（『中国宗族社会』三二三―三二四頁、『一八世紀以来中国家族的現代転向』「第十章　二〇世紀最後二〇年社会各界の家族観」「第十一章　現代社会的宗親会」）。無論、馮爾康氏は本書でも折りに触れて言及しているように、中国の家族・宗族に対して手放しで礼賛しているわけではなく、その時代にそぐわない点に対しては手厳しい批判を展開するけれども、徐揚杰氏の全面的否定に近い見解と比較すれば、その肯定的側面が目立つといえよう。

最後に、訳出に当たって気づいた点を記しておきたい。まず、原書は、大幅な改訂がなされた第一章と第七章を別にすれば、前二版と同様に、第二章から第六章までは、引用史料の多くに巻数が記されていない。それは問題点であると思われる。どうして、これが問題かというと、当初、本書を読んで論旨を理解するだけのときには、巻数の不明記という点はそれほど気にならなかったが、訳出を始めると、中には引用史料が短すぎて、ときとして充分な意味が取れない箇所に突き当たってしまった。そのときは仕方なく史料の原書に当たるけれども、引用史料の巻数が記されていないと、引用原文を直ぐには探し出すことができず、大きな戸惑いを感じたのである。とりわけ正史の引用の場合、ほとんどが正史の名称とそれに載る列伝名を記すだけに止まっている。その点は正史に止まらず、文集・地方志・筆記類・族譜などの引用文にも同じ問題を抱えている。そのため、翻訳を進める傍らで、引用されている史料の巻数を検索し、史料内容を確認する作業を行った。そうした作業を始めてみると、恐らく著者は記憶を頼りに叙述を進めていったと思われる事情もあってか、まれには史料名それ自体や当該史料内の題名に間違いのある場合もあることに気づいた。それと関わって、引用史料を原文に当たってみると、著者の史料解釈にも疑義を感じる場合もあった。そのため、一応、翻訳を終えた時点で、引用史料を逐一原典に当たって確認する作業を行わねばならなくなった。そうした作業の結果は、「補注」あるいは本文中に〔 〕という形で補足したり疑義を示したりして本書の訳文に生かされている。また、著者は、「あとがき」で一九九六年版の誤記を訂正していると述べているけれども、訂正されていない箇所も相当数に上り、それも必要な場合は補注として注記した（単なる誤記は注釈を加えず訂正している）。さらに補注には、日本の読者、ことに初学者の学習に便利なように、関連する研究論著を記している場合もある。なお、第七章は、正史の引用は巻数のみならず、中華書局本の頁数が、掲載されている冊数を含めて注記されているけれども、他の章は書名と列伝名だけであり、それは極めて平衡を欠くと思われるので、他の章と同様に、書名・巻数・列伝名を記すに止めた。なお、本訳書には、読者の便宜のために、原本にはない索引をつけた。

　とはいえ、全ての引用史料を確認できたわけではない。確かに、正史・文集・地方志・筆記類などは、手元にあるものや勤務先（勤務先の東海大学の図書館は、四庫全書・続修四庫全書・百部叢書・近代史料叢刊・〔台湾の成文出版社〕中国方志叢書などの大型コレクションの大部分が揃っている）、あるいは日本における他の研究機関（東京大学東洋文化研究所や東洋文庫など）で大部分を確認できるのであるが、残念ながら引用されている族譜の多くは実際に当たることができなかった。それというのも、族譜は『中国家譜綜合目録』（中華書局、一九九七年）を検索してみると、中国にしか存在しないものが多いだけではなく、馮爾康氏が勤務していた南開大学だけにしか所蔵されていないものもあるからである。無論、米国ユタ州ソルトレーク市郊外にある「ユタ系図協会」所蔵の厖大な中国族譜（マイクロフィルムだけのも含む）は、現在、インターネット上で公開されており、また日本の研究機関にも多くの族譜が所蔵されており、それらは、実際に見て確認作業を行った。そして、著者の『顧真齋文叢』に載る関連する論文や、前掲の、近年発刊された著者主編『清代宗族史料選輯』をも適宜参照した。それでも、本翻訳では、族譜の原典の多くに目を通すことは叶わなかった。族譜以外にも、本文に盛られている内容の原典に、私の力量不足からたどり着かなかったものも些か存在する。また、私の語学力不足からする誤訳も、かなりあると思われる。そうした点に、私は多くの心残りを感じるとともに、読者には御寛恕と御教示を請わねばならない。

最後に私事にわたるが、欧米人の家族制度に関する中国語訳の著作で日本の研究機関にないものに関しては、南京師範大学の李済滄氏のお手数を煩わして内容を確認できた。史料の入手や典拠に関して、山口大学の高木智見氏や東海大学非常勤講師の榎本あゆち氏のお世話にもなった。また、二〇一三年版の入手に関しては、明治大学名誉教授の氣賀澤保規先生を通して、中央民族大学の馮立君氏のお世話になった。深甚の謝意を示したい。

# 写真・図表一覧

## タ



## ナ



## ハ



## マ



## ヤ



## ラ

ハ



ヤ



ラ



〔書名索引〕

ア



カ



サ

### ラ



## 〔人名索引〕

### ア



### カ



### サ



### タ

## タ



## ハ

# 索　引

## 〔事項索引〕

### ア



### カ



### サ

著者紹介
馮 爾 康（ふう　じこう）

1934年江蘇省儀徴県生まれ。

1959年南開大学歴史系卒業、同年、同大学助教となりながら、大学院修士課程を修了。その後、講師･副教授を経て、1985年に教授となり、2002年に退職。現在、南開大学社会史研究中心学術委員会主任。

専攻は中国宗族史、清代史。

著書に、『雍正帝』（人民出版社、1985年）、『顧真齋文叢』（中華書局、2003年）、『一八世紀以来中国家族与譜牒編纂』（天津古籍出版社、2011年）、『中国古代的宗族和祠堂』（商務印書館、2013年）など。

編著に、『清人社会生活』（天津人民出版社、1990年）、『中国宗族社会』（浙江人民出版社、1994年〔『中国宗族史』と改題され、上海人民出版社から2009年に出版）など。

編纂参加に、『中国家譜綜合目録』（中華書局、1997年）、『清代宗族史料選輯』（天津古籍出版社、2014年）など。

訳者紹介
小林 義廣（こばやし　よしひろ）
1950年岩手県松尾村松尾鉱山（現、八幡平市）生まれ。
1980年名古屋大学大学院文学研究科博士後期課程満期退学、1984年東海大学文学部史学科東洋史専任講師となり、その後、助教授、教授を経て、2015年4月から同大学特任教授。博士（歴史学/名古屋大学）
専攻は宋代史。
著書に、『欧陽脩　その生涯と宗族』（創文社、2000年）、『王安石――北宋の孤高の改革者』（世界史リブレット、山川出版社、2013年）、訳註書に、『宋代地方官の民衆善導論――『琴堂諭俗編』訳註』（知泉書館、2009年）、論文に、「内藤湖南の中国近世論と人物論」（内藤湖南研究会『内藤湖南の世界――アジア再生の思想』河合文化教育研究所、2000年）、「宋代蘇州の地域社会と范氏義荘」（『名古屋大学東洋史研究報告』31、2007年）、「南宋初中期吉州の士大夫における家族と地域社会――楊万里を中心として」（『名古屋大学東洋史研究報告』40、2016年）など。

中国の宗族と祖先祭祀

2017年7月10日　印刷
2017年7月20日　発行

著 者　馮　爾康
訳 者　小林　義廣

発行者　石井　雅
発行所　株式会社　風響社

東京都北区田端4-14-9（〒114-0014）
03(3828)9249　振替 00110-0-553554
印刷　モリモト印刷


ISBN 978-4-89489-241-5 C1022